Steinwede
Religionsbuch Oikoumene
Werkbuch 4

Religionsbuch Oikoumene

Werkbuch 4

von Dietrich Steinwede
unter Mitarbeit von Kerstin Lüdke

Patmos

Meinem verehrten Lehrer,
Professor Karl Witt,
dem großen Anreger in der Ev. Religionspädagogik nach 1945,
gestorben – alt wie das Jahrhundert – 1990,

meinem Freund, Professor Dr. Ingo Baldermann,
dem treuen Helfer und Wegbegleiter
in Fragen Biblischer Didaktik ebenso wie im Engagement für den Frieden,

dem Religionspädagogischen Institut Loccum,
dem Pädagogisch-Theologischen Institut Bonn-Bad Godesberg,

den unzähligen Grundschulkindern
in Niedersachsen und Nordrhein-Westfalen,
in Rheinland-Pfalz und im Saarland,
deren religiöse Kreativität und Spontaneität
mich immer wieder begeistert haben,

und den Lehrerinnen und Lehrern, den Vikarinnen und Vikaren,
die ich 32 Jahre lang begleiten durfte,

in Dankbarkeit

Dietrich Steinwede

© 1997 Patmos Verlag Düsseldorf
Alle Rechte vorbehalten

Gesamtherstellung: Bercker GmbH, Kevelaer

ISBN 3-491-78475-1

INHALT

Vorwort

Liebe Religionslehrerin, lieber Religionslehrer

»Ob ein Kind zu einem warmherzigen, offenen, vertrauensvollen Menschen mit
Sinn für das Gemeinwohl heranwächst oder aber zu einem gefühlskalten, de-
struktiven, egoistischen Menschen, das entscheiden die, denen das Kind in dieser
Welt anvertraut ist, je nachdem ob sie ihm zeigen, was Liebe ist oder ob sie dies
nicht tun.«[1]
Das gilt weiterhin: Nur die in der Sache engagierte, von der Sache erfüllte
Lehrerin,[2] die den Kindern Vertrauen entgegenbringt, die ihnen Zuwendung,
Wärme zuteil werden läßt – dies muß Entschiedenheit, ja Strenge nicht ausschließen –, wird so unterrichten können, daß Kinder sich öffnen, daß sie aufnehmen, annehmen, betroffen gemacht und dadurch geprägt werden. Vorschulkinder
und Grundschulkinder befinden sich (vor der Pubertät) in einer Lebensphase, in
der sie als »höchst lernfreudiges und aktives Publikum« (James Krüss) die
entscheidensten Impulse für ihr späteres Leben empfangen.[3]
Der pädagogische Eros, der nichts mit falscher Gefühligkeit zu tun hat, ist in den
letzten Jahren ein wenig in Vergessenheit geraten, dabei steht er ohne Zweifel in
Korrespondenz zum Jesuswort »Liebe deinen Nächsten, so wie du dich selbst
liebst«. Das Kind in der Schule ist mir nahe – mein Nächster. Es hat Anspruch
auf meine Liebe. Das gilt generell, vor allem aber auch im Religionsunterricht,
wo die Kinder Gelegenheit finden, gegenüber dem Lernstreß anderer Fächer von
ihren Sorgen, Schmerzen, Wünschen zu erzählen, wo ihnen zugehört wird, wo
sie Wegweisung, Hilfe erfahren.
Für das Religionsbuch ›Oikoumene 4‹, das unter dem Titel ›Den Frieden suchen‹
ein Buch zum konziliaren Prozeß ›Gerechtigkeit – Friede – Bewahrung der
Schöpfung‹ ist,[4] gelten weiterhin die im Werkbuch 1/2 entfalteten drei didaktischen Grunddimensionen. Sie seien hier noch einmal – variiert – in Erinnerung
gerufen.

1. Das oikoumenisch-ökumenische Lernen:
Oikoumenisch lernen heißt grundsätzlich, sich in allen Bereichen der Welt (konkret geschieht dies allerdings in exemplarischer Auswahl) beheimaten, die fernen Nächsten annehmen, voneinander lernen, indem man ein Stück in den

---

1 Astrid Lindgren in ihrer Dankesrede anläßlich der Verleihung des Friedenspreises des Deutschen Buchhandels 1978.
2 Hartmut von Hentig: »Das wichtigste Curriculum ist die Lehrerin/der Lehrer selbst. Nur wer
von seiner Sache überzeugt ist, kann sie auch überzeugend lehren.«
3 Daß diese Impulse in unserem Bildungssystem vorwiegend von Frauen ausgehen, daß die
nachfolgende Generation in ihrer entscheidenden Lebensphase in die Hand (in die Verantwortung) von Frauen gegeben ist, sollte diese selbstbewußt, ja stolz machen. Politisch wird von
den Frauen aus dieser Situation allerdings erstaunlich wenig Kapital geschlagen.
4 Neuerdings werden die drei Leitbegriffe des konziliaren Prozesses in der ökumenischen
Bewegung ersetzt durch den Konfessionen und Religionen überspannenden Begriff ›Theologie des Lebens‹.

Mokassins der andern zu gehen versucht, wie das indianische Sprichwort es ausdrückt. Für die Grundschule heißt dies im Sinne der didaktischen Reduktion, in Toleranz, Frieden, gegenseitigem Respekt z. B. mit den Muslimen, die vielerorts in Nachbarschaft und Schule gegenwärtig sind, zu lernen und zu leben.[1] *Ökumenisch* lernen heißt einerseits, sich in der Ökumene, der Gemeinschaft christlicher Kirchen in der Welt, beheimaten (Kenntnis gewinnen von den ökumenischen Versammlungen und dem Ökumenischen Rat der Kirchen in Genf), andererseits das Miteinander der Konfessionen (insbesondere in der Ökumene Evangelisch–Katholisch) zu pflegen, auch hier das Gemeinsame stärker zu betonen als das Trennende.

Unsere 10jährigen, die wir in den Jahren um die Jahrtausendwende unterrichten, haben die Welt der Jahre 2020–2050 zu gestalten. Dafür haben wir sie vorzubereiten. Sicher, wir wissen nicht, wie diese Welt sein wird, welche Schrecknisse, Bedrohungen, welche Chancen und Visionen sie haben wird. Doch eines ist unübersehbar: Die Völker der Welt, die Hautfarben, Nationen, Religionen[2] und Konfessionen werden stärker aufeinander zugewachsen sein. Die Menschen nah und fern werden sich stärker als Miteinanderlebende auf diesem Stern, diesem blauen Planeten, auf dieser ›Rarität im Kosmos‹ empfinden.

2. Das biblische Lernen

Wenn wir wirklich zusammenleben wollen und nicht nebeneinander her, dann kommt man um die Frage nach der eigenen Religion nicht herum. Jeder bekennt aus seiner Tradition heraus, in die er hineingeboren, hineingewachsen ist. Und die Tradition des anderen gilt es, vom eigenen Standort her behutsam wahrzunehmen, in kleinen Schritten, aber von Jahr zu Jahr mehr. Es geht darum, die eigene Religion in sich zu tragen, fest im Glauben zu sein, daß er nicht verlorengehe, aber nach außen hin die eigene Religion als eine Religion unter anderen zu sehen, den anderen nicht zu tangieren, ihn in dem Seinen zu belassen, gleichzeitig für ihn als ein anderer erkennbar zu bleiben. Darum will das Religionswerk Oikoumene bei aller Offenheit für Denken und Glauben nichtchristlich orientierter Menschen im eigenen, im christlichen Glauben unterweisen und behaften. Das ist ein Hauptanliegen: »Was ich gehört habe und weiß, was mein Vater mir erzählt hat, das will ich dir nicht verschweigen, daß du auf Gott deine Hoffnung setzt und seine Taten nicht vergißt und seine Gebote hältst« (Psalm 38,3,7).[3]

---

1 ›Oikoumene‹: »Das große Haus, in dem wir leben, verlangt, daß wir eine weltweite Nachbarschaft in eine weltweite Bruderschaft verwandeln« (Martin Luther King).

2 »Alle Religionen bedürfen einander, nicht nur in ihren Gemeinsamkeiten, vielmehr auch in ihren Unterschieden, durch die sie einander ergänzen. Wir sollen in der eigenen Religion daheim und in der anderen Gäste sein – Gäste, nicht Fremde« (Paul Schwarzenau). Darüber hinaus läßt sich bemerken, daß die abrahamitischen Religionen (Judentum/Christentum/Islam) so weitgehende Konvergenzen haben, daß einem (auch in der Auswahl der Inhalte) elementarisierten Unterricht für Grundschüler kaum große Probleme erwachsen dürften.

3 Jedoch ist zu bedenken: »Die Religionslehrerin/der Religionslehrer bildet und erzieht *aus* der Religion, nicht *für* die Religion« (Rainer Winkel). M. a. W.: Sie/er läßt den Kindern die Freiheit, will sie nicht missionarisch zum Christentum ›bekehren‹.

Hartmut von Hentig hat 1968 das biblische Lernen auch von der allgemeinen Pädagogik her gefordert. Mit folgender Begründung: »Wenn die Tätigkeiten und Denkformen der Menschen immer weiter rationalisiert werden und die Einübung in die Rationalität im Leben des Einzelnen folglich immer weiter vorverlegt wird, dann besteht die Gefahr, daß irrationale Erlebnisse und Vorstellungen Einzelner vorzeitig abgedrängt oder oberflächlich rationalisiert werden; sie bleiben unverarbeitet und machen dem Menschen später um so mehr zu schaffen, als es dann keine altersgemäßen Ausdrucksformen, keine ›normalen Verhaltensmuster‹, keine selbstverständliche Verständigkeitsmöglichkeit dafür gibt . . . In der biblischen Geschichte nimmt die rätselhafte Welt nun die Form einer Erzählung an, die dem Kind einen eigenen Nachvollzug, eine ihm verläßlich scheinende Deutung der unverstandenen Verhältnisse erlaubt. Sie antwortet mit verständlichen Abfolgen und Gründen auf Fragen wie: . . . Warum bin ich ich? Warum und durch was ist die Welt? Warum ist sie nicht gut? Warum hat das Recht so oft keine Macht? Was und wer ist böse – was und wer ist gut? Wo führt das alles hin? Kann ich geliebt werden? – In der Antwort der biblischen Geschichte liegt Sinn, Beruhigung, Menschlichkeit. Sie übernimmt – wozu Erwachsene von sich aus immer weniger Mut haben – Verantwortung dafür, daß die Welt so ist, wie sie ist. Sie entlastet das Kind von der Notwendigkeit, für ihren Sinn aufzukommen . . .Wo also die Religion besteht und geglaubt wird, kann sie eingesetzt werden, um den Kindern in ihrer psychischen Stabilisierung zu helfen und den Übergang zu den strengeren Formen der Rationalität zu erleichtern.«[1]

3. Das Lernen an und mit Symbolen

»Symbole sind Fenster zum Geheimnis der Welt« (Hubertus Halbfas). Das läßt sich erweitern: Christliche Symbole sind Fenster zum Geheimnis Gottes. In zentralen christlichen Symbolen – Licht, Sonnenkreis mit der Umschrift ›Von allen Seiten umgibst du mich‹, Hand aus dem Kreis als Symbolen für Gott, Ostersonne (Nimbus) als Symbol für den Auferstandenen, den Christus, ebenso für das Christus-Kind – entfaltet sich die theologische Mitte des Unterrichtswerkes vom ersten Schuljahr an. Dabei begegnen die Kinder den Symbolen in den ersten drei Schuljahren indirekt. Sie sehen, erahnen und spüren etwas von der Transparenz vieler Dinge. Sie singen Symbollieder,[2] sie hören Symbolgeschichten,[3] sie vollziehen Symbolhandlungen.[4] Den Begriff ›Symbol‹ indes erlernen sie vom Buch her erst im 4. Schuljahr (eine erste Einführung im 3. Schuljahr ist denkbar). Sie wenden ihn von da ab (kognitive Unterscheidung von Symbolzeichen – Symbolhandlungen – Ursymbole: S. 64/65) sinngemäß an (vgl. Werkbuch 1/2, S. 12 ff.). Die Fülle der verhandelten Symbole wird in der Auflistung (in diesem Werkbuch S. 165 ff.) deutlich.

---

1 *Hartmut von Hentig,* ›Selbstzwang und Selbstbesinnung‹, Klett Verlag, Stuttgart 1968, S. 101 f.
2 Z. B. ›Brot in meiner Hand‹, Bd. 2, S. 91.
3 Z. B. Gleichnis vom Senfkorn, Bd. 3, S. 16–17.
4 Z. B. Fußwaschung, Bd. 3, S. 75–76.

Im übrigen bringt das Werkbuch 4 wie die Vorgängerbände neben Lernorientierungen, neben theologischen und didaktischen Einführungen, neben Einzelinterpretationen von Texten und Bildern, neben vielfältigen methodischen Anregungen, neben Arbeitsfolgen und Feiervorschlägen wieder eine Fülle zusätzlichen Materials (vor allem Geschichten und Lieder).

Die Benutzer(innen) sind gehalten auszuwählen, nach eigenen Gesichtspunkten jeweils neu zu kombinieren.

Das Jahresthema ›Frieden‹ – die Einleitung zum zentralen Kapitel S. 46–63 macht es deutlich – ist von grundsätzlicher Bedeutung für die Zukunft der Kinder. »Freuen dürfen sich alle, die Frieden schaffen. Sie werden Gottes Kinder sein« (Matthäus 5,9). Unter diesem Zuspruch wünschen Ihnen wiederum Freude an der Arbeit mit diesem abschließenden Band

Kerstin Lüdke und Dietrich Steinwede

VIERTES SCHULJAHR

Den Frieden suchen

. . . daß Gott,
wenn er ein Mensch wäre,
alle Gewehre zerbrechen wird.

Christoph, 9

Unter ihm soll Friede sein,
der Friede, den er gestiftet hat.
Dieser Friede umfaßt die Menschen
auf der ganzen Erde.

aus Kolosser 1,20

Gott ist wie ein großes Symbol für Frieden.

Bettina, 9

Teil 1: Das Schöpfungslob der Menschen (Seiten 4–16)

Absichten
Die Kinder sollen:
– das Wort ›Schalom‹ als einen christliche und jüdische Religion umgreifenden Friedenswunsch begreifen – S. 4/5
– das Nebeneinander von naturwissenschaftlicher Erkenntnis über die Entstehung von Welt und Erde und biblischem Schöpfungslob kennenlernen – S. 6–13
– Schöpfungshymnen anderer Völker und Zeiten wahrnehmen – S. 14/15
– Andere Schöpfungslieder der Bibel kennenlernen – S. 16

Seiten 4/5
Das Foto eines neun- bis zehnjährigen Jungen, der, am Ganzen der Welt interessiert, einen Globus betrachtet, eröffnet das Buch.[1] Die Kinder schauen es sich an, tauschen Erfahrungen aus.
Diese Erde ist in unserer Hand – in die Hand der Kinder, die sie in 20–50 Jahren gestalten werden – gegeben. Wir können diese Erde tragen, wie sie uns trägt,[2] wir können sie fallenlassen (Gespräch über diese Alternative; dazu die Erzählung ›Wissen und Vergessen‹). Mit ›Schalom‹ = ›Friede‹ = ›Alles wird gut‹ ist das Jahresthema ›Den Frieden suchen‹ angesprochen. Im Jahreslied ›Schalom für Dorf und Stadt‹ – die Melodie hat rhythmische Feinheiten, ist dem Text ganz und gar adäquat – wird es erstmals entfaltet. Insbesondere Strophe 2 beruht auf der Verheißung Jesaja 11,6.[3]
Wie Bettinas Zeichnung[4] verdeutlicht, läßt sich das Lied (u. U. auch in einer Gemeinschaftsarbeit mit Farbkreiden an der Tafel) bildnerisch gut umsetzen. Als Memorierlied wird es die Kinder durch das ganze vierte Schuljahr begleiten. In seinem utopischen Charakter[5] entspricht es der nicht aufzugebenden Hoffnung der Christen, daß in der neuen Welt Gottes hier und jetzt jedermann den Frieden wirklich finden kann.

---

1 In den Sinn kommt der Satz des brasilianischen Erzbischofs Dom Héldèr Câmara: »Ich möchte jedem Kind eine Weltkarte schenken oder einen Leuchtglobus, daß sein Blick sich weitet für die Welt und Interesse und Sympathie entsteht für jedes Volk, jede Hautfarbe, jede Religion« (vgl. Werkbuch 1/2, S. 10).
2 Vgl. Bd. 1, Foto S. 18.
3 Vgl. Bd. 2, S. 42; Bd. 4, S. 62–63.
4 Häuser = Dorf und Stadt / Gottes Zelt – Strophe 1–3; Schmetterlinge und zwei Kinder, die sich die Hand reichen = Schalom für Mensch und Tier – Strophe 2; die Nachtigall mit ihrem Lied – Strophe 1; dazu: Friedensbaum, Lebenskreuz des auferstandenen Christus (rechts oben), Herzen als Liebessymbole und die Inschrift »Kein Krieg, das wäre schön«.
5 ›Utopie‹ = ›Ort Nirgendwo‹ = Es hat hier keinen Ort. Es ist Träumerei. Aber wer nicht mehr träumen kann, keine Visionen (Utopien) hat, dem fehlen Kraft und Motivation, diese Welt wirklich wahrzunehmen, um sie verändern zu können. Darum ist es wichtig, daß die Kinder sich wie Bettina Bilder von einer friedlichen und heilen Welt machen. Alle ›Visionen‹ der Bibel vom Gottesreich, von der neuen Welt Gottes, wie wir sie bei Jesaja ebenso wie bei Jesus finden, sind genauso zu verstehen.

In ihrer friedlichen Grundstimmung gibt die Doppelseite dazu einen Impuls. Die Kinder mögen ihn aufnehmen und sich damit in die Gesamttendenz des Buches einstimmen.

Susanne Kilian erzählt in ›Wissen und Vergessen‹ von dem Jungen, der über dem Globus meditierend, an Tschernobyl sich erinnernd, über die Gefährdung allen Lebens auf der Erde nachdenken muß. Damit klingt eines der wichtigen Themen des Buches erstmals auf.

Wissen und Vergessen

Als Daniel zum ersten Mal einen Globus sah, dachte er:»Wenn wir hier«, und er tippte mit dem Finger auf den Namen der Stadt, in der er lebt,»aufrecht gehen, so müssen die Leute da«, und er drehte den Globus halb herum, »auf den Händen gehen, von oben in ihre Häuser klettern, alles muß auf dem Kopf stehen.« Nie hat er vergessen, welche Vorstellung er sich damals von der Erde gemacht hatte.

Inzwischen weiß Daniel aber, wie das ist. Er, er sitzt hier auf seinem Stuhl, im Zimmer, im Haus, in dieser Stadt, in diesem Land . . . ein winziger Punkt auf der Weltkugel, die sich dreht und dreht und dreht . . . im grenzenlosen Universum selbst nur ein kleiner Punkt. Und überall auf dieser runden Welt gehen die Menschen aufrecht. So ist es wirklich. Daniel weiß es, aber er merkt nichts davon, außer daß nun Tag ist, und dann kommt die Nacht, und wieder wird es Tag werden. Das erinnert ihn dann an diese Wirklichkeit, die ihm so unwirklich vorkommt, daß er sie meistens vergißt.

Manchmal vergißt Daniel fast, daß er nicht allein ist auf dieser Welt, wenn er auf seinem Fahrrad den langen Berg hinterm Haus hinunterrast. Der Fahrtwind zerrt die Haare nach hinten, preßt die Kleider an seinen Körper, die Beine strampeln wie verrückt. Daniel selbst kommt es vor, als würde er wachsen, Flügel bekommen und alles wissen, alles können. Nichts scheint ihm unmöglich. Unbesiegbar, unerreichbar ist Daniel und frei. Was er nur will, kann er noch werden. Daniel ist ganz er selbst. Die Augen möchte er schließen, mit seinem Fahrrad abheben . . . geradewegs in den Himmel hinein. Aber nein, er weiß, er darf nicht vergessen, daß Motorräder, Mofas, Autos und Busse auf der gleichen Straße fahren wie er.

Und dann gibt es etwas, das weiß Daniel auch.

Aber das will er vergessen.

Das fällt ihm ein, wenn er nach der Erdbeermarmelade greift, um sein Frühstücksbrot damit zu bestreichen, oder in einen Apfel beißt. Dann denkt er schnell an andere Dinge, um diesen Mai zu vergessen. Es gab keinen Spinat und Salat oder Frühlingskräuter zu essen, obwohl alles frisch und grün wie jedes Frühjahr auf den Gartenbeeten wuchs. Er durfte nicht mit den andern auf der Liegewiese rumbolzen und Fußball spielen, obwohl das junge Gras genauso aussah und roch wie in jedem Frühling. Die Schuhe mußte er vor der Tür stehenlassen, wenn er nach Hause kam. Etwas war geschehen mit den Pflanzen und der Erde und vielleicht auch mit den Menschen, etwas, das man nie wieder ungeschehen machen kann. Nie. Noch heute sprechen seine Eltern von *dem Unfall.* Dann sieht er Angst in ihren Gesichtern und fühlt sich allein gelassen mit seiner eigenen Angst. Aber diese Furcht war schon lange vorher in Daniel. Sie steigt in ihm auf, wenn er im Fernsehen Raketen sieht, Menschen, die in einem fernen Erdteil Krieg führen, Bomben. Er weiß, hat es wieder und wieder und oft genug gehört, daß alle Waffen zusammen genügen, um die Welt vollkommen zu vernichten.

Und Daniel sieht weg, hört weg. Will vergessen, was er doch weiß, ganz schnell vergessen. Will nichts wissen von der Angst, die er genauso bei seinen Eltern spürt, will vergessen, wie hilflos ihn gerade das macht. Wegdenken schützt ihn. An andere Dinge denken hilft ihm. Und meistens vergißt Daniel das alles sowieso.

Susanne Kilian[1]

Seiten 6/7

Schöpfung ist das erste Hauptthema des vierten Schuljahres. Gott als den unmittelbaren Macher des Erdballs anzusehen, wird nicht mehr notwendiges Glaubenszeugnis sein, aber seine Kraft, seinen Willen und seine Macht hinter dem Geheimnis allen Werdens zu sehen, das ist vielen sehr nahe.[2] Die Schwarz-weiß-blau-Töne der beiden Bilder[3] geben einen starken Gesamteindruck. Links der blaue Planet[4] als Beispiel für das, was wir Menschen über die Entstehung von Erde und Weltall mit unseren wissenschaftlichen Mitteln exakt erforschen können, rechts als Glaubensbild gemalt, eine riesige Hand mit dem mathematischen Zeichen für Unendlichkeit in der Handfläche, hineingreifend in die Planetenbahnen hinter dem Erdkreis: Gott hat seine Hand im Spiel, sagt der Glaube. Die

---

1 Aus: ›Kinderkram‹, © 1987 Beltz Verlag, Weinheim und Basel, Programm Beltz und Gelberg.
2 Zur Schöpfungsthematik insgesamt vgl. *Hubertus Halbfas,* ›Religionsunterricht in der Grundschule. Lehrerhandbuch 3‹, Patmos Verlag, Düsseldorf 1985, S. 130–179. Auch ›Lehrerhandbuch 4‹, Patmos Verlag, Düsseldorf 1986, S. 104–105, 134; ›Religionsunterricht in Sekundarschulen. Lehrerhandbuch 8‹, Patmos Verlag, Düsseldorf 1995, S. 167–170, 224–228, 245–251.»Auszuschließen ist, daß die biblische Schöpfungsgeschichte den Anspruch stelle, darzulegen *wie* Gott die Welt geschaffen habe. Dies war für die Menschen der alten Welt nie eine Glaubensfrage. Schöpfungsvorstellungen waren nicht ein für allemal festgelegt, vielmehr konnte es jede Zeit nur so sagen, wie es ihr faßlich war. Deshalb gibt es im Alten Testament nicht einen Schöpfungstext oder zwei sondern viele« (S. 136).
3 Rechts: Sieger Köder: ›Schöpfung‹, Glasfenster Hohenberg (Ausschnitt). Vgl. *Dietrich Steinwede/Kerstin Lüdke,* ›Religionsbuch Oikoumene‹. Folien 3/4, Patmos Verlag, Düsseldorf 1998, Folie 17.
4 »Die Erde sehen, wie sie wirklich ist, klein und blau und schön in der ewigen Stille, in der sie schwebt, das heißt uns als gemeinsam auf der Erde Reisende zu sehen, als Schwester und Brüder auf dieser leuchtenden Schönheit in der ewigen Kälte – Schwestern und Brüder, die nun wissen, daß sie es wirklich sind« (Archibald Mac Leish). In diesem Zusammenhang ist in Erinnerung zu bringen, was im 1. Schuljahr zu dem Foto Bd. 1, S. 17 gesagt wurde: Diese Erde ist ein Stern: »Die Welt ist groß. Die Erde ist bloß ganz klein. Sieh in den Himmel hinein, wenn es klar ist und dunkel: Das Sternengefunkel erzählt dir von Weiten und Ewigkeiten« (*Michael Kumpe,* vgl. Werkbuch 1/2, S. 52). Dazu auch:»Man fragt das Kind: ›Kannst du einen Stern berühren?‹ – ›Ja‹, sagt es, neigt sich und berührt die Erde« (Hugo von Hofmannsthal). Diesen Erden-Stern Gottes können wir (die Kinder) liebhaben (vgl. Bd. 1, Zeichnung S. 19).

Hand Gottes[1] hat mit dem allen zu tun, sie hat erschaffen. Die unendliche Welt und der unendliche Gott symbolisieren sich in der einen schaffenden Hand.[2] Biblischer Schöpfungsglaube steht dahinter: »Als der Herr am Anfang seine Werke schuf, da bestimmte er jedem seinen Platz. Er gab den Gestirnen die ewige Ordnung und legte ihren Auftrag für immer fest. Sie ermatten nicht und werden nicht müde; nie lassen sie ihre Arbeit im Stich« (Sirach 16,26–27). »Durch sein starkes Wort hält er das Weltall zusammen« (Hebräer 1,3). »Die ganze Schöpfung steht dir, Herr, zu Diensten« (Weisheit 16,24).

Text: Jochen Rieß, Melodie: Matthias Nagel

1. Die Er - de ist des Herrn. Ge - lie - hen ist der Stern, auf dem wir le - ben. Drum sei zum Dienst be - reit, ge - stun - det ist die Zeit, die uns ge - ge - ben.

2. Gebrauche deine Kraft.
   Denn wer was Neues schafft,
   der läßt uns hoffen.
   Vertraue auf den Geist,
   der in die Zukunft weist.
   Gott hält sie offen.

3. Geh auf den andern zu.
   Zum Ich gehört ein Du,
   um Wir zu sagen.
   Leg deine Rüstung ab.
   Weil Gott uns Frieden gab,
   kannst du ihn wagen.

4. Verlier nicht die Geduld.
   Inmitten aller Schuld
   ist Gott am Werke.
   Denn der in Jesus Christ
   ein Mensch geworden ist,
   bleibt unsre Stärke.[3]

---

1 Vgl. Bd. 1, S. 72; Bd. 4, S. 64 und 107.
2 Von Sieger Köder finden sich in Bd. 4 (S. 38, 81, 95, 98) weitere Bilder. 1925 geboren, hat Sieger Köder zunächst als Kunsterzieher gearbeitet, ehe er das Studium der katholischen Theologie aufnahm. Anfang der 70er Jahre trat er in den priesterlichen Dienst der Diözese Rottenburg ein. Seine Bilder, »gleichermaßen geprägt von einer eindrücklich sinnenhaften Darstellung wie einer theologisch fundierten Gleichnishaftigkeit« (Mario Kaifel), erzählen vom Glauben. Sie wollen verkündigen. Für Köder ist das Malen selbst ein Handeln aus Glauben.
3 © Strube Verlag, München/Berlin. © Jochen Rieß.

1. Er hält die gan - ze Welt in der Hand, er hält die
wei- te Welt in der Hand, er hält die gan - ze Welt
in der Hand, er hält die Welt in sei- ner Hand.

2. Er hält den Tag und die Nacht in der Hand,
   er hält die Erde und den Himmel in der Hand,
   er hält das Land und das Meer in der Hand,
   er hält die Welt in seiner Hand.
3. Er hält die Sonne und den Mond in der Hand,
   er hält den Wind und den Regen in der Hand,
   er hält die Quellen und die Flüsse in der Hand,
   er hält die Welt in seiner Hand.
4. Er hält die Vögel und die Bäume in der Hand,
   er hält die Schlangen und die Bienen in der Hand,
   er hält die Blumen auf der Erde in der Hand,
   er hält das Leben in der Hand.
5. Er hält den Vater und die Mutter in der Hand,
   er hält den Bruder und die Schwester in der Hand,
   er hält das kleine Baby in der Hand,
   er hält die Welt in seiner Hand.
6. Er hält auch dich, mein Bruder, in der Hand,
   er hält auch dich, meine Schwester, in der Hand,
   er hält auch dich, mein Freund, in der Hand,
   er hält uns alle in der Hand.[1]

»Zwar kann niemand Gott sehen, aber er zeigt sich den Menschen in seinen Werken. Weil er die Welt geschaffen hat, vermögen sie seine ewige Macht und sein göttliches Wesen zu erkennen« (Römer 1,20).
Wie Erwachsene, so können auch die Kinder beides verbinden, die Urknalltheorie mit dem Glauben an eine alles gestaltende, alles durchwirkende Macht, die wir Gott nennen. Und sie können glaubend mitsingen: »Die Erde ist des Herrn, geliehen ist der Stern, auf dem wir leben.« Ebenso: »Er hält die ganze Welt in der Hand.« Denn nicht nur der Schöpfer ist er, sondern auch der, der alles erhält.

---

1 Spiritual, durch Mahalia Jackson weltberühmt geworden.

Seiten 8–13

Vorbemerkung

Daß Welt und Mensch erschaffen sind, ist uralte Tradition, uralter Glaube der Menschheit. Alle Kultur-, ebenso alle Stammesvölker des Planeten kennen in Märchen[1] und Mythen Schöpfungsdarstellungen, in denen sowohl die Entstehung der Welt ·wie die des Menschen im Mittelpunkt steht (Buch S. 14–15). Immer ist eine Gottheit (eine göttliche Kraft) im Spiel. Darum handelt es sich nirgendwo etwa um – altertümliche – Evolutionstheorien.[2] Schon gar nicht in den ganz einzigartigen Schöpfungsdarstellungen der Bibel – wenn diese eine wissenschaftliche Erklärung der Frühgeschichte des Menschen (der Erde) auch nicht ausschließen.

In Genesis 1,1–2,4a und in Genesis 2,4b ff. finden sich bereits zwei ganz unterschiedliche Schöpfungsdarstellungen. Anderswo in der Bibel wird wieder anders von der Schöpfung erzählt. Das heißt: der Mensch kann das Geheimnis der Schöpfung niemals durchdringen. In der Bibel sieht er sich – staunend über die Größe und Tiefe alles Geschaffenen – immer wieder zum zitternden Bekennen des Schöpfers aufgerufen:

> *Alle Welt fürchte den Herrn.*
> *Es bebe vor ihm, wer den Erdkreis bewahrt.*
> *Denn: Er sprach – und es geschah.*
> *Er gebot – und es stand da.*
>
> *Psalm 33,8–9*

Genesis 1,1–2,4a

Der Text entstammt der sogenannten Priesterschrift, die vermutlich im 5. vorchristlichen Jahrhundert, uralte Traditionen aufnehmend, im babylonischen Exil aus Kreisen der jüdischen Priesterschaft hervorgegangen ist. Anlaß war die abwehrende Auseinandersetzung mit dem babylonischen Marduk-Schöpfungsmythos, dem Israels Priester Jahwe als den alleinigen Schöpfer und Herrn der Welt entgegensetzen wollten.

»Der Text von Genesis 1,1–2,4a kennt keinen Verfasser im Sinne des Wortes. Er ist seinem Wesen nach nicht Sage, nicht Mythos, sondern als Priesterlehre uraltes sakrales Wissen, das in Generationen durchgeformt und immer wieder durch neue Überlegungen und Erfahrungen des Glaubens vermehrt wurde. Sprache und Ausdruck sind in äußerster Konzentration auf das rein Theologische ausgerichtet. Sie vermitteln den Eindruck von verhaltener Kraft und lapidarer Größe.«[3]

---

1 Vgl. ›Wo die Sonne übernachtet‹, Schöpfungsmärchen der Völker, GTB 880, Gütersloh 1980.

2 »Die Zeit geht zu Ende, in der die naturwissenschaftliche Erkenntnis der Entstehung von Welt und Menschheit gegen die biblische Rede vom Schöpfer und von der Schöpfung ausgespielt wurde«, so der Alttestamentler *Claus Westermann* schon 1969 in ›Die Bibel‹. Die Geschichte Israels und seines Glaubens, Herder Verlag, Freiburg.

3 So der Alttestamentler *Gerhard von Rad* in ›Theologie des Alten Testamentes‹ Bd. 1, Chr. Kaiser Verlag, München 1962.

Claus Westermann präzisiert das noch: »Die Schöpfungsdarstellung der Priesterschrift ist bestimmt von einem stark ausgeprägten Prosarhythmus, der fast lita-
neiartig klingt. Das Ganze wirkt wie ein Lied von der Schöpfung, die in sieben
Tagwerken (sieben Strophen!, unsere Siebentagewoche beruht darauf) alles Ge-
schaffene umfaßt.«[1]
Gott spricht – und es ist da. Das ist die Urformel des priesterlichen Schöpfungstextes. Ein universaler Geschehenshorizont öffnet sich, offen in Raum und Zeit.
Da ist kein Ort, in dem Gott näher angesiedelt wäre. Und doch: Das Wort läßt
den Kosmos entstehen, der, dem Chaos entgegengesetzt, dieses überwindet, ein
Kosmos als geordneter Lebensraum für die Menschen. Nähere Beschreibungen
gibt es nicht. Im Rhythmus der sieben Tage läuft es ab, lapidar, streng: Licht
gegen Finsternis (Tag, Nacht, Morgen, Abend); Himmelsgewölbe gegen das
Wasser oben und unten; Erde und Meer; Pflanzen und Bäume; Sonne, Mond und
Sterne; Vögel und Fische; Tiere, groß und klein. Und alles ist gut.
Höhepunkt des Gotteswirkens aber ist der Mensch. Als Ebenbild (Abbild) des
Schöpfers (imago dei[2]) hat er Hoheitsrechte und Fürsorgepflichten. Damit ist
seinem Leben von vornherein Grund und Sinn gegeben. Endpunkt des Schöp-
fungsaktes aber ist die göttliche Ruhe als Zu-sich-Kommen, als gelassene Di-
stanznahme zum Schöpfungswerk. Nach Exodus 31,12–14 (Einsetzung des Sab-
bats) soll Israel (sollen wir) Anteil haben an dieser Ruhe Jahwes (vgl. ›Gott hält
inne‹, Religionsbuch S. 12/13).
Der erste Satz von Genesis 1 bedarf gesonderter Betrachtung. Er ist so etwas wie
eine Überschrift:»Im Anfang schuf Gott den Himmel und die Erde.« Neuere
Auslegung sieht hier ›Himmel und Erde‹ als eine Totalität, in der ›Himmel‹ der
Bereich ist, der durch Zufuhr oder Entzug von Wasser, Licht, Wärme das Leben
auf der Erde wesentlich bestimmt, und ›Erde‹ die auf den Mensch konzentrierte
Schöpfung, die von ihm zu kultivieren (wahrzunehmen, zu erhalten, weiterzuge-
stalten) ist, zu kultivieren nicht nur in einem agrarischen, vielmehr auch in einem
geistig-schöpferischen Sinn.

Seiten 8–11

Mit Illustrationen aus dem Genesis-Kommentar zur Historia Scholastica des
Petrus Comestor[3] wird S. 8–11 eine Folge gotischer Buchmalereien vorgestellt,
die in acht Bildern den entsprechenden Versen aus Genesis 1 zugeordnet ist.
Um den Hymnuscharakter des priesterlichen Schöpfungstextes zu verdeutlichen,
sind die entsprechenden Partien von Genesis 1 auch im Druckbild als Strophen
kenntlich gemacht. Ein kurzer Einführungstext gibt über den Zusammenhang
von Weltentstehung und Schöpfungsglaube wie über die Situation jüdischer
Priester in der babylonischen Gefangenschaft Auskunft.

---

1 C. *Westermann,* a. a. O. Dem entspricht die Darstellung im Buch S. 8–11.
2 Gottesebenbildlichkeit = der Mensch soll Gott in der Welt repräsentieren, er soll Gott bezeugen, Gott in Erscheinung treten lassen. Vgl. Apg. 17,28:»In ihm leben und weben und sind
   wir.«
3 Frühes 15. Jh., Biblioteca Apostolica Vaticana, Rom.

Wichtig ist, daß die Kinder, um falschen Gottesvorstellungen zu wehren, rasch das Bild S. 8 oben diskutieren: Wo die mittelalterlichen Mönche an die Aufgabe gerieten, den unsichtbaren Gott darzustellen, malten sie immer Jesus Christus mit dem Kreuznimbus.[1] Die Kinder erörtern den Eingangstext S. 8[2], betrachten die Bilder S. 8–10 und lesen die entsprechenden Strophen dazu. Immer ist dabei der Titel des Abschnitts ›Das Lied vom Anfang‹ (ein Glaubenslied) gegenwärtig zu halten. Um den Hymnuscharakter noch knapper, noch liedhafter vor Augen zu führen, folgen hier die sieben Strophen für je einen Schöpfungstag (mit einer Strophe davor) in einer noch stärker verdichteten Fassung, die den Kindern als Arbeitsvorlage zugänglich gemacht werden kann und die sie nach Wunsch memorieren können. Vielleicht improvisieren sie dazu auf dem Orff-Instrumentarium eine freie Musik (Sprechgesang = musikalisch untermalter Sprechtext mit verteilten Rollen). Die 7. Strophe ›Und dann die Stille‹ ist schließlich ein guter Anknüpfungspunkt für die Seiten 12–13.

Das Schöpfungslied vom Anfang

Sieben Strophen wie sieben Tage! Es steht auf den ersten Seiten der Bibel, das Schöpfungslied vom Anfang. Dort ist es wie eine Geschichte. Hier ist es wie ein Gedicht. Priester in Babylon haben es aufgeschrieben, Priester des Volkes Israel. In der Gefangenschaft. Fünfhundert Jahre vor Jesus. In dem Lied ist es so, als ob Gott die Welt in sechs Tagen erschuf. Aber es waren Jahrmillionen, Milliarden von Jahren, in denen die Erde entstand.

Am Anfang bist du,
nur du allein.
Und Finsternis ist
und Irrsal und Wirrsal.

1. Du rufst das Licht,
den Tag und die Nacht.
Danke, Gott.
Es ist sehr gut.
2. Du schenkst uns den Himmel,
das Firmament.
Danke, Gott.
Es ist sehr gut.
3. Du gibst uns das Land
und das weite Meer.
Danke, Gott.
Es ist sehr gut.

4. Du läßt die Lichter des Himmels
leuchten, Mond und Sonne.
Es ist sehr gut.
5. Du rufst die Vögel,
die Fische ins Leben.
Danke, Gott.
Es ist sehr gut.
6. Du gibst uns die Tiere
im Haus, in der Wildnis.
Du rufst den Menschen ins Leben.
Du sagst:
»Hier ist die Erde für euch.
Nehmt sie! Behütet sie.«
7. Und dann die Stille.
Du ruhst dich aus.
Danke, Gott.
Es ist sehr gut.

Nach Genesis 1,1–2,4a

---

1 Vgl. die Bilder S. 11 und S. 22.
2 Die Zeilen »Du hast uns deine Welt geschenkt« sollen dabei das Danklied Bd. 1, S. 19 in Erinnerung rufen.

Zu dem Bild S. 10 rechts (Adam und Eva stehen bereits unter dem Baum der Erkenntnis des Guten und des Bösen aus Genesis 2,16)[1] kann die Frage gestellt werden:»Was macht den Menschen, den Gott schuf, eigentlich aus? Was unterscheidet ihn von den Tieren?« Peter Spangenbergs Tiermärchen »Bist du ein Mensch?« – nicht von ungefähr sind es hier gerade die Tiere, die die wesentlichen Feststellungen treffen – gibt eine plastische (zugleich poetische) Antwort: In einer Vollversammlung der Tiere, die einen offenen Tag durchführen, um die Menschen kennenzulernen, läßt der Autor die Selbstbeschreibungen der eingeladenen Menschen[2] für die Tiere enttäuschend sein. Erst Singen, Danken und Liebe weist die wahren Menschen – es sind Kinder! – aus.

Bist du ein Mensch?

Am Tag, als das Gras nach unten wuchs und die Vögel rückwärts flogen, berief der König der Tiere eine Vollversammlung ein. Auf der Tagesordnung stand ein einziges Thema: »Was ist der Mensch?« Allgemeine Zustimmung fand ein gemeinsamer Vorschlag der Läuse und Flöhe – denn die haben am meisten mit den Menschen zu tun –, die Tiere sollten doch einen offenen Tag durchführen, um die Menschen kennenzulernen. Nachdem das Risiko sorgfältig durchgesprochen war, denn es war immer ein Risiko, Menschen zu begegnen, beschlossen die Tiere einen Tag der offenen Tür. Die Vögel hatten die Einladung in alle Welt zu tragen; und so geschah es. Es sollte ein *Fest der Begegnung* werden, ein Fest der fröhlichen Kreatur. Die Hyänen bekamen den Auftrag, an den Grenzen Posten zu stehen, Wache zu halten und jeden Gast, der vorgab, ein Mensch zu sein, nach seinem Ausweis zu fragen, um die Identität zu prüfen. Nun kam er erste Mensch an die Grenze der Tiere. Würdevoll erhob sich die Hyäne, ging auf den Fremdling zu und fragte ihn: »Bist du ein Mensch?«

»Ja«, sagte der Zweibeiner. »Womit kannst du dich als Mensch ausweisen?« fragte die Hyäne. »Nenne mir drei unveränderliche Kennzeichen.«
Ohne zu zögern antwortete der Gefragte: »Du siehst, ich gehe aufrecht, du siehst, daß ich wie ein Mensch aussehe, du hörst, daß ich wie ein Mensch spreche! Ich bin ein Mensch.«
»Das genügt uns nicht«, sagten die Tiere und wiesen den Gast ab.
Nach kurzer Zeit kam ein anderer und wollte in das Reich der Tiere. Auch ihm wurde gesagt, er solle sich durch drei unveränderliche Kennzeichen als Mensch ausweisen. Er überlegte einen Augenblick und sagte: »Ich bin von einem Menschen gezeugt, von einem Menschen geboren, also bin ich ein Mensch; ich denke über die Vergangenheit nach, und ich plane für die Zukunft! Also bin ich ein Mensch.«
»Schon besser«, sagte die Hyäne, »wir wollen es mit dir versuchen, obwohl auch du uns die eigentliche Antwort schuldig geblieben bist.«

---

1 Vgl. Bild S. 22, Text S. 24.
2 Aufrechter Gang, Aussehen, Sprechen wie ein Mensch; von einem Menschen gezeugt, von einem anderen geboren; über die Vergangenheit nachdenkend und für die Zukunft planend; ich fühle, ich habe einen Beruf, ich habe Geld, ich habe Macht.

Noch viele kamen an die Grenze der Tiere, und ihre Antworten waren: Ich fühle, ich habe einen Beruf, ich habe Geld, ich habe Macht, ich habe eine Wohnung, ich habe Waffen und vieles andere mehr. Aber die Tiere waren enttäuscht. Schon wollten sie den Tag der offenen Tür absagen, da kamen drei singende Kinder. »Warum singt ihr?« fragte die Hyäne. »Weil wir uns freuen«, antworteten die Kinder. »Warum seid ihr gekommen?« fragte die Hyäne weiter.

»Weil wir euch danken«, antworteten die Kinder. »Und warum kommt ihr zu dritt?« wollte die Hyäne wissen. »Weil wir uns so lieben«, riefen die Kinder, überschritten einfach die Grenze und wurden herzlich aufgenommen. »Ja, das sind Menschen!« sagte die weise Eule. »Denn sie reden nicht von Kennzeichen, sondern sie sind es selbst: Freude, Dank und Liebe.« Es wurde ein herrlicher Tag, und die Tiere begannen zu hoffen.

Peter Spangenberg[1]

Arbeitsmöglichkeiten:

1. Rückgriff auf die Beziehung Kind – Tier: »Habt ihr Haustiere? Was findet ihr schön, wenn ihr mit Tieren zusammen seid, was nicht?« (Antworten: Das Miteinandersein, die Pflege, das Miteinanderspielen; man kann einem Tier vertrauen; man hat es lieb).
2. Was weist den Menschen – über die Fähigkeiten zu singen, zu danken und zu lieben – als solchen aus?
   Der Mensch kann kulturelle Taten vollbringen, dichten, musizieren, malen, kreativ etwas schaffen. Ein Tier kann keine Musik machen, auch nicht philosophieren. Menschen können sich gegenseitig mitteilen, was sie denken – und Antwort darauf bekommen. Menschen können Gott ansprechen (sie können ihn ›du‹ nennen) – und sie können von ihm angesprochen werden. Sie können Gott danken. Sie können auch zu Gott sagen: »Wer bist du? Hilf mir. Achte doch auf mich.«
   Gott hat den Menschen wenig niedriger gemacht. »Es fehlt nicht viel, und er ist wie Gott« (Psalm 8,6). Gott hat in das Gesicht des Menschen etwas von sich selbst hineingelegt. Der Mensch ist ›Bild‹ Gottes (imago dei). In Jesus ist Gott selbst Mensch geworden. Und: Gott hat dem Menschen die Erde mit den Tieren (und Pflanzen) anvertraut.
3. Bündelung: Fragen nach der Weltentstehung werden heute weniger in der Familie als vom Medium Fernsehen gestellt und beantwortet. Um dem abzuhelfen, gestaltet die Lehrerin ein Plakat, das in der Mitte das Foto S. 15 in Ablichtung enthält. Auf dem Plakat finden sich Schriftzeilen (›Wer erklärt mir die Welt?‹ – ‹Wie ist alles gekommen?‹ – ›Wozu ist alles da?‹ – ›Warum ist Winter?‹ – ›Warum hat die Schnecke Fühler?‹ – ›Wieso wächst alles?‹ usf.)

---

1 Aus: ›Neues Vorlesebuch Religion 1‹, hrsg. von *Dietrich Steinwede,* © 1996 Verlag Ernst Kaufmann, Lahr, S. 342–343.

und Fotos (Zeichnungen), z. B. ein Baum in den vier Jahreszeiten, ein Tier in
Bewegung, eine Blume in Großaufnahme, Menschen in Afrika, die einander
erzählen, ein Fernseher (die Sendung mit der Maus zeigend) u. ä.
An diesem Plakat kommen die Kinder noch einmal ins Gespräch: Sie erörtern
die Einzelaspekte. Dann:
– Wenn wir auf die Welt kommen, wissen wir nichts. Wir müssen fast alles
  über unser Dasein in der Welt lernen.
– Es ist gut, wenn uns ein Mensch dabei hilft. Man kann ins Gespräch
  kommen, zurückfragen. Das geht mit dem Fernseher nicht.
– Menschen in anderen Ländern haben ihren Kindern immer anders vom
  Werden der Welt erzählt. Das hängt mit den unterschiedlichen Lebensbe-
  dingungen zusammen. Jede Kultur entwickelt in ihrem je anderen Lebensraum andere Vorstellungen. Darum gibt es so viele unterschiedliche Geschichten (Märchen/Sagen) als Erklärung für die Weltentstehung, für die
  Entstehung und Bestimmung der Menschen, für Gott.

Seite 11
Im Vorgriff hält die Seite inne bei Genesis 2,7.[1] Das Lied nimmt die Fragestel-
lung von S. 10 auf: ›Wer ist der Mensch?‹ Auf dem gotischen Bild[2] sieht man,
wie der Atem vom Munde des Schöpfers zum Munde des Erschaffenen hinüber-
geht. Dies ist der Augenblick, da der Mensch zu atmen, zu leben beginnt.[3]
Eckart Bücken nimmt in seinem Lied den Atem zum Anlaß, auf die Schöpfungsgaben von Augen, Ohren und Händen hin auszuweiten. Er verknüpft das Geschenk der Erde an den Menschen mit der Zeitperspektive (›die Zeit bestehn‹,
d.h., die uns jeweils zugemessene Lebenszeit im Sinne Gottes zur erfüllten Zeit
werden zu lassen).
Der Dichter verbindet das Geschenk der Schöpfungsgaben weiterhin mit der
Perspektive auf andere Geschöpfe hin. Menschen werden zu Mitmenschen. Und
die ganze Schöpfung wird zu dem, was es zu bewundern, zu bestaunen, zu
bewahren und zu verändern gilt.
Die Kinder werden sich daran erinnern, was sie im 1. Schuljahr über das Sehen
und Hören, im 2. Schuljahr über die Hände erarbeitet haben.[4] Auf die unablässig
sich erneuernde Schöpfung, die creatio continua, weisen dann Kurztext und
Aufgabe hin.

---

1 Vgl. S. 23: »Und da macht Gott den Menschen, den Adam. Er haucht ihm Atem ein, Atem des
  Lebens. Und der Mensch, der Adam, holt Atem. Er atmet, lebt.«
2 Vgl. ›Folien 3/4‹, a. a. O., Folie 18.
3 Unvergleichlich hat *Johann Wolfgang von Goethe* das Atmen als ursprünglichste Lebensäuße-
  rung des Menschen in Verse gebracht:
  Im Atemholen sind zweierlei Gnaden,
  die Luft einziehn, sich ihrer entladen.
  Jenes bedrängt, und dieses erfrischt,
  so wunderlich ist das Leben gemischt.
  Du danke Gott, wenn er dich preßt
  und dank ihm, wenn er dich wieder entläßt.
4 Bd. 1, S. 6–15; S. 37–39; S. 52–57; Bd. 2, S. 20–23.

Seiten 12/13

Diese Doppelseite zur Stille lädt ein zur Betrachtung des Fotos von Edward
S. Curtis (s. Anleitung), zum Singen der beiden Kanons, und (im Frühling/Sommer/Herbst) zu einer meditativen Wahrnehmung der Schöpfung im Sinne der
nachfolgenden Anregung:

Folgendes (wenn möglich) probieren: Barfuß über die Erde gehen. Den Weg mit
den Zehen sehen. Mit den Sohlen die Steine berühren. Durchs nasse Gras gehen.
Einen Bach aufwärts verfolgen. Gegen die Wellen. Unter einem Wasserfall
stehen. Durchs Moos gehen – die Füße streicheln lassen. Sich hinlegen in die
Sonne – die Wange an die Erde. Den Duft der Erde riechen. In sie hineinlauschen.

»Dann spür, wie aufsteigt aus ihr eine ganz große Ruh'! Und dann ist die Erde
ganz nah bei dir und du weißt: Du bist ein Teil von allem und gehörst dazu«
(Martin Auer[1]).

Alternative: Im Klassenzimmer mit Sand, Blättern, kleinen Steinen, Wolle,
Stoffresten usf. einen Pfad auslegen. Die Kinder gehen mit geschlossenen Augen
darüber, nehmen wahr, spüren, empfinden. An einer bestimmten Stelle steht eine
Rose (Freilandrose) im Glas, an anderer Stelle liegt ein Apfel (daran riechen!).

Hauptthema dieser Doppelseite ist jedoch der siebte Tag, der Tag der Ruhe,[2]
angezeigt in den fünf Zeilen S. 12. Dem Sechstagewerk Gottes entspricht unsere
Woche, dem Ruhetag Gottes bei den Juden der Sabbat, bei uns der Sonntag.[3]
Zuzuordnen ist die Weisung ›Beachte den Tag der Ruhe. Es ist Gottes Tag‹[4]
(Luther: ›Du sollst den Feiertag heiligen‹). Dieser Tag der großen Ruhe, des
Stillewerdens, des Feierns, dieser heilige Tag wird von den Menschen unserer
Zeit oft nicht mehr wahrgenommen. Dazu in Verbindung mit dem Kanon ›Zeit
für Ruhe‹ die Geschichte: ›Der verlorene Sonntag‹.

Arbeitsfolge:

1. Was macht ihr am Sonntag? Austausch im Gespräch.
2. Worin unterscheidet sich der Sonntag von den anderen Wochentagen?
3. Erzählung: ›Der verlorene Sonntag‹. Gespräch.
4. Kanon: ›Zeit für Ruhe, Zeit für Stille‹.
5. Gespräch: »Wie ist der Tag der Ruhe von Gott gedacht?«

---

1 Vgl. Material 2. Diese Zeilen sind bei einer entsprechenden Erfahrungsübung von der Lehrerin zu sprechen.
2 Genesis 2,2–3:»Am siebten Tag hatte Gott sein Schöpfungswerk vollendet und ruhte von
seiner Arbeit aus. Deshalb segnete er den siebten Tag und erklärte: ›Dieser Tag ist heilig. Er
gehört mir‹.«
3 Als Sonnen-Tag zugleich der immer wiederholte Ostertag, der Tag der Auferstehung.
4 Vgl. Bd. 3, S. 63.

Der verlorene Sonntag

»Guten Tag. Kann ich hier anmelden, wenn etwas verschwunden ist?«
Der Polizeibeamte nahm ein grünes Blatt aus der linken Schublade, drehte es in die Schreibmaschine. »Was ist verschwunden oder gestohlen worden?«
»Der Sonntag.«
Die Schreibmaschine verstummte. »Nicht ›wann‹, sondern ›waaas‹?«
»Der Sonntag«, sagte Patrick.
»Ich frage Sie, was ist gestohlen worden oder verschwunden?«
»Genau wie ich sagte: Der Sonntag ist verschwunden. Ich bin in die Stadt gekommen, um zu sehen, was Sonntag ist. Nirgends habe ich den Sonntag gefunden. Haben Sie ihn erlebt?«
»Nein, gestern hatte ich Dienst.«
»Ich will melden, daß der Sonntag nicht mehr da ist.«
»Machen Sie keine Witze. Gestern war Sonntag.«
»Nicht für mich. Und nicht für Sie.«
»Im Kalender stand trotzdem ›Sonntag‹.«
»Aber wenn im Kalender Sonntag stand, dann mußte auch Sonntag sein«, erklärte Patrick. »Wenn ich nichts davon merke, stimmt etwas nicht.«
Der Beamte atmete tief ein. »Nein, das geht nicht.«
»Ich bleibe bei meiner Meldung«, beharrte Patrick. Der Polizist nahm den Telefonhörer und drehte zweimal energisch an der Scheibe. »Könnten Sie schnell kommen.« Und ganz leise: »Ein schwieriger Fall. Ich wäre froh.«
Bald darauf erschien der Chef: »Worum geht's?« Patrick erklärte seine Sache. Der Polizei-Oberbeamte machte ein ernstes Gesicht. Nach einer Weile lächelte er und sagte: »Wir nehmen es zu Protokoll. Einmal etwas anderes als

immer die gestohlenen Fahrräder, Autos oder Geldbeutel.«
Nach zehn Minuten war die Sache erledigt. Patrick mußte das Ganze durchlesen und unterschreiben.
Welche Überraschung, als er am Abend kurz vor den Nachrichten am Radio hörte: »Eine Vermißtenmeldung der Polizei. Vermißt wird ›Der Sonntag‹, früher allgemeiner Ruhe- und Feiertag der Christen; seit längerer Zeit im Lärm und Betrieb und in der Langeweile der Menschen untergegangen. Besondere Merkmale: Der Vermißte ist ursprünglich ein Geschenk Gottes. Er sollte die Menschen glücklicher machen und ihnen Stille und ein Stück Freiheit geben. Mitteilungen über den Verbleib des vermißten ›Sonntag‹ sind erbeten an das nächste Polizeirevier.«
Gab das einen Sturm! Das Telefon bei der Polizei lief heiß.
Ob sie von allen guten Geistern verlassen seien, so ein dummes Zeug herauszulassen, sagte einer. »Ich bin gestern mit Freunden über sieben Alpenpässe gefahren. Das war ein Sonntag wie schon lange nicht mehr.«
Ein Pfarrer meinte, die Polizei übertreibe. Bei ihm und den 300 Gottesdienstbesuchern hätte der Sonntag stattgefunden.
Ein Junge rief an: »Für mich ist der Sonntagmorgen langweilig. Ich kann höchstens leise Radio hören.«
Eine junge Frau sagte: »Ich hasse diesen Tag. Schon vom Mittag an muß ich daran denken, daß am Montag der Krampf im Büro wieder anfängt.«
Kaum war der Telefonhörer aufgelegt, klingelte es von neuem. Ein Schüler erzählte, für ihn sei das ein schöner Tag. In seiner Familie dürfe abwechs-

lungsweise jeder einen Vorschlag machen, was man gemeinsam unternehme. Ein Kind berichtete, es besuche gerne den Kindergottesdienst. Sie hörten dort schöne Geschichten. Auch die Lieder gefielen ihm. Aber zu Hause gäbe es manchmal Streit. Ein Mann war der Ansicht, am Sonntag fühle er sich frei. Da müsse er gar nichts müssen. Er lese oder schlafe oder gehe spazieren. Er lebe einfach. »Für mich ist der Sonntag der anstrengendste Tag«, sagte ein Kellner. Aber das alles erfuhr Patrick erst später aus der Zeitung. »**Ist der Sonntag verlorengegangen?**« stand fett gedruckt auf der Titelseite. Und darunter: »Ein junger Fremder stellt mit einer Verlust-Anzeige die Polizei vor große Probleme.«

Patrick freute sich über die Bemühungen der Polizei. Aber kann der Sonntag gesucht und gefunden werden wie ein gestohlenes Auto? Am Dienstag wollte ein Zeitungsmann mit Patrick sprechen. »Warum haben Sie diese Verlust-Anzeige aufgegeben?« fragte er. »Weil der Sonntag so wertvoll ist, und wenn etwas sehr wertvoll ist und verschwindet, muß man es suchen, bis man es wieder hat.« Patrick sagte, er hoffe den Sonntag doch noch zu finden. »Der kommt sicher wieder«, meinte der Reporter. »In fünf Tagen.« »Ich bin nicht sicher. Es steht auf dem Papier. Das ist nicht das Leben. Im Leben möchte ich den Sonntag finden.«

Robert Tobler[1]

Die Doppelseite ist ebenso dem Sonntag als dem Tag der Stille, wie dem Stillewerden in der Schöpfung Gottes gewidmet. Dazu der Kanon Die ›Herrlichkeit des Herrn bleibe ewiglich‹, der Motive von S. 11 (Schöpfung als Geschenk, gute, schöne Schöpfung) aufgreift, vor allem aber auch der Text ›Wenn du den Indianer fragst‹.[2] Dieser Text sollte sorgfältig gelesen, besprochen (Seine Stimme = Gottes Stimme in der Stille) und auf seine Zielrichtung hin akzentuiert werden: Es gibt Früchte der Stille: Für den Indianer Ohiyesa sind es Selbstbeherrschung – wahrer Mut – Ausdauer – Geduld – Würde – Ehrfurcht. Für den Indianer gilt das insbesondere in seinem Umgang mit der Natur, die seine Mitmenschen einschließt. Wo können diese Früchte der Stille im Leben der Kinder eine Rolle spielen? Darüber ist ein Gespräch zu führen. Bei ›Ehrfurcht‹ ist z. B. an Albert Schweitzer (›Erfurcht vor allem Leben‹) zu erinnern.

---

1 © 1994 Benziger Verlag, Zürich (gekürzt).
2 Aus: T. C. McLuhan, ›Wie der Hauch eines Büffels im Winter‹. Indianische Selbstzeugnisse, Hoffmann und Campe Verlag, Hamburg 1979.
Ohiyesa (Charles Alexander Eastman), Arzt und Schriftsteller aus dem Volk der Dakota, hat in seinen Büchern Wert und Würde der indianischen Lebensart aufgezeigt: »Der Ureinwohner Amerikas verband seinen Stolz mit einer außergewöhnlichen Demut. Überheblichkeit war seinem Wesen und seiner Lehre fremd. Er erhob niemals den Anspruch, daß die Fähigkeit, sich durch Sprache auszudrücken, ein Beweis für die Überlegenheit des Menschen über die sprachlose Schöpfung sei; ganz im Gegenteil, er sah in dieser Gabe eine Gefahr. Er glaubte fest an das Schweigen – das Zeichen vollkommener Harmonie. Schweigen und Stille stellten für ihn das Gleichgewicht von Körper, Geist und Seele dar« (T. C. McLuhan).

Abfolge für eine Feier der Stille:
1. Kanon: ›Zeit für Ruhe, Zeit für Stille‹.[1]
2. Zur Zeile: »Atem holen und nicht hetzen« eine Atemübung wie im Werk-buch 1/2, S. 35 beschrieben. Dazu u. U. das Goethe-Gedicht ›Im Atemholen sind zweierlei Gnaden‹ heranziehen.
3. Wiederholung: ›Zeit für Ruhe, Zeit für Stille‹.
4. Von eigenen Zeiten, Orten und Erfahrungen der Stille (s. Aufgabe S. 13) erzählen (Rundgespräch: die Kinder nehmen sich gegenseitig dran).
5. Kanon: ›Lausche und schaue‹ (Material 1).
6. Zwei Minuten Stille: Lauschen, nach innen schauen.
7. Wiederholung: Kanon: ›Lausche und schaue‹.
8. Genesis 2,2–3 vorlesen; an das Feiertagsgebot erinnern; den Text ›Wenn du den Indianer fragst‹ vorlesen. Gespräch darüber.
9. Von dem Schöpfungsgang(-erlebnis), sofern es stattgefunden hat, erzählen. Alternative: das Schöpfungsgedicht von Martin Auer (Material 2).
10. Kanon: ›Die Herrlichkeit des Herrn bleibe ewiglich‹.[2]
11. Wenn möglich, das Foto S. 12 projizieren. Dazu die erweiterte Fassung der Meditation S. 12 (Material 3).
12. Abschließend den Kanon ›Die Herrlichkeit des Herrn bleibe ewiglich‹ wie-derholen.

Material 1

Text: Christoph Nötzel, Melodie: aus England

Lau - sche und schau - e, du bist vol - ler Le - ben. Sin - ge und be - te.

Material 2

Über die Erde

Über die Erde
sollst du barfuß gehen.
Zieh die Schuhe aus,
Schuhe machen dich blind.

Du kannst doch den Weg
mit deinen Zehen sehen.
Auch das Wasser
und den Wind.

1 Tanzgestaltung in: *Elke Hirsch,* ›Kommt, singt und tanzt‹. Materialien für Schule und Ge-meinde. Mit Musikbeispielen auf CD, Patmos Verlag, Düsseldorf 1997, S. 139–141.
2 Tanzgestaltung: Ebd., S. 51–53.

Sollst mit deinen Sohlen
die Steine berühren,
mit ganz nackter Haut.
Dann wirst du bald spüren,
daß dir die Erde vertraut.

Spür das nasse Gras
unter deinen Füßen
und den trockenen Staub.
Laß dir vom Moos
die Sohlen streicheln und küssen
und fühl
das Knistern im Laub.

Steig hinein,
steig hinein in den Bach
und lauf aufwärts
dem Wasser entgegen.
Halt dein Gesicht
unter den Wasserfall.
Und dann sollst du dich
in die Sonne legen.

Leg deine Wange an die Erde,
riech ihren Duft und spür,
wie aufsteigt aus ihr
eine ganz große Ruh'.
Und dann ist die Erde
ganz nah bei dir,
und du weißt:
Du bist ein Teil von allem
und gehörst dazu.

Martin Auer[1]

Material 3 (Meditation S. 12: Erweiterte Fassung)

Anhalten.
Ruhig werden.
Ganz still.

Schau dieses Foto.
Es ist sehr alt.
Vor 100 Jahren wurde es gemacht.
Ein Indianer in seinem Kanu
auf einem See, ganz still.
Ganz im Einklang mit der Natur,
mit dem Wasser,
mit dem Wind,
mit dem Schilf,
mit den Geräuschen,
mit den Düften.
Ganz still.
Ganz im Einklang mit der Schöpfung.

Der Indianer ist ganz still.
In ihm klingt es:
»Da ist ein Schöpfer,
ein großer Geist.
Wunderbar hat er alles gemacht.
Innegehalten hat er
bei der Sonne, der leuchtenden,
schönen,
beim Mond, bei den Sternen,
beim Wind.
Bei jeder Blume,
bei jedem Tier,
bei mir, dem Indianer,
dem Menschen.

Wunderbar bin ich gemacht.
Staunen überkommt mich.
Ich bin ein Teil der großen Schöpfung.
Kostbar ist sie.
Sie ist ein Geschenk.«

Innehalten.
Alles still.
Die Schöpfung atmet.
Ein Lied klingt auf.

---

1 Aus: ›Überall und neben dir‹. Gedichte für Kinder, hrsg. von Hans-Joachim Gelberg. © 1986
Beltz Verlag, Weinheim und Basel, Programm Beltz und Gelberg.

Seiten 14–16

Das Foto von Will McBride S. 15 fängt den Blick ein: Die Gesichter eines gütigen alten Mannes mit langem Bart und eines lauschenden (nach innen hörenden) Jungen[1] sind einander ganz nahe; die Hände der beiden sind ineinandergelegt. Großvater und Enkel. Wie nachsinnend, zurückblickend schaut der alte Mann: Es ist ein Foto zur Situation des Überlieferns: »Mein Kind, höre auf meine Weisung. Gib acht auf meine Worte. Ich will dich an die Vergangenheit erinnern, dir Gottes geheimnisvolle Führungen zeigen. Ich kenne das alles seit langen Jahren. Immer wieder hörte ich davon. Mein Vater hat es mir erzählt, und ich will es dir nicht verschweigen. Denn auch du sollst hören von der Macht des Herrn, von seinen Wundern, von allen Taten, für die ich ihn preise. Du sollst auf Gott vertrauen, seine Taten nie vergessen und seine Gebote treu befolgen« (nach Psalm 78,1–4.7–8).

In oikoumenischer Weite wird mit den sechs Texten dieser drei Seiten das Fragen und Antworten der Menschheit auf das Woher und das Wohin und das so häufig daraus resultierende Schöpfungslob vorgestellt:

1. Den Dinka, einem ostafrikanischen Stamm, ist angesichts des unaufhörlichen Kommens und Gehens von Sonne und Mond der Gedanke, daß der Mensch auch kommt und geht, jedoch nach seinem Weggang (dem Tod) nicht wiederkommt, wichtig.

2. Für den ägyptischen Dichter 1300 vor Christus ist die Selbsterschaffung der Schöpfergottheit Gegenstand des Nachdenkens (»Er öffnet die Augen und macht sich sehend«), ebenso auch die Zielrichtung des menschlichen Daseins: »Er will, daß alle Menschen einen Weg wissen«. Inmitten des Schweigens beginnt dieser Gott zu sprechen; eine Schöpfungsvorstellung, in der vor allem Anfang das große Schweigen war (vgl. S. 12/13).

3. Wie der Bibel, so ist dem Koran die Erschaffung von Welt und Mensch durch das Wort wichtig: »Er sagt nur ›werde‹ – und es ist gut«. Signifikant für die Schöpfungsvorstellung der Muslime ist darüber hinaus, daß der Lebenslauf des Menschen von der Entstehung des Lebens bis zum Tod einbezogen ist.

4. Der indianische Text ist keine Schöpfungsgeschichte im eigentlichen Sinn, vielmehr wird hier der Schöpfer aus der Beobachtung der Natur abgeleitet: »Wer hat euch gesagt, daß Frühling ist und ihr blühen sollt, ihr kleinen rosa Blüten? – Das, was größer ist als wir, lehrt alle Lebewesen, was sie tun sollen.« Die Größe der Gottheit in der Natur, sie durchwebend, durchseelend, erinnert an panentheistisches Gedankengut[2].

---

1 Vgl. den Lesenden Klosterschüler von Ernst Barlach: Bd. 1, S. 39.

2 Johann Wolfgang von Goethe: »Was wär' ein Gott, der nur von außen stieße, das All im Kreis am Finger laufen ließe? Ihm ziemt's, die Welt im Innern zu bewegen, Natur in sich, sich in Natur zu hegen, so daß, was in ihm webt und lebt und ist, nie seine Kraft, nie seinen Geist vermißt.«

5. Psalm 8 (S. 16) erkennt ebenfalls den Schöpfer in seinen Werken. Himmel und Himmelskörper rufen auf, den Schöpfer zu rühmen. Das Schöpfungszeugnis des Volkes Israel setzt den Menschen in eine spannungsreiche Beziehung zu Gott: Der Mensch ist klein vor Gott, gleichzeitig sein Ebenbild und ihm darin ganz nahe. Er ist Herr über die Schöpfung und damit – in hoher Verantwortung – als in ihr Handelnder für sie zuständig.

6. Psalm 104 in Auswahl sieht eine weise Ordnung in allem Geschaffenen. Als Schöpfer ist Gott der, der seine Geschöpfe sättigt (»Du gibst ihnen ihre Speise zur rechten Zeit«), vor allem aber ist er der Herr der creatio continua: Immer wieder erneuert er die Gestalt der Erde.[1]

Arbeitsmöglichkeiten:

1. Das Foto S. 15 erschließend betrachten. Gespräch über Überlieferung: Überall in der Welt erzählen Großväter/Großmütter, Mütter/Väter ihren Enkeln und Kindern von der Schöpfung. Sie antworten damit auf Fragen. Und je nachdem, welchem Volk sie angehören und wo sie auf dieser Erde zu Hause sind, erzählen sie immer anders. Warum? Weil die Gedanken und Vorstellungen der Menschen über Weltentstehung und Schöpfergottheiten so unglaublich vielfältig sind. Die Beispiele des Buches sind nur wenige unter vielen tausenden. Das biblische Schöpfungszeugnis, das unseren Glauben trägt und bestimmt, ist mit allen anderen Schöpfungszeugnissen der Welt verbunden (vgl. den Einleitungstext S. 14).

2. Die einzelnen Schöpfungszeugnisse lesen und nach den o. g. Gesichtspunkten besprechen. Zum Beispiel das Foto S. 16 heranziehen (Schönheit der Schöpfung in Wasserfall und Lichtbogen; geheime Ordnung, daß bei einem bestimmten Zueinander von Regentropfen und Sonnenstrahlen der Regenbogen entsteht).

3. Das Gebet aus Psalm 104 (Zeile 3–6) kann herausgelöst, aufgeschrieben, gelernt und beim gemeinsamen Frühstück (wenn denn geübt) gebetet werden.

---

1 Zu Schöpfungstexten der Alten Völker vgl. *H. Halbfas*, ›Lehrerhandbuch 8‹, a. a. O., S. 224–228.

Teil 2: Die gefährdete Schöpfung (Seiten 17–21)

Absichten
Die Kinder sollen:
- Die Vergehen von Menschen an Natur und Kreatur wahrnehmen und die Rechte der Erde bedenken – S. 17–18
- Alternativen erörtern – S. 19
- Den Baum exemplarisch als Symbol für Gefährdung und Bewahrung bedenken – S. 20
- Die Erde als anvertrautes Gut für die Nachkommen sehen lernen – S. 20
- Die Erde als Garten, heilig für Gott und die Menschen, würdigen (Gott als Gärtner, die Menschen als Gärtner) – S. 21

Seiten 17–21
Einführung ins Thema
Es müßte uns täglich neu mit Schrecken erfüllen, was wir tun: Wir plündern unseren Planeten, diese blaue Rarität im Kosmos. Wir zerstören unsere natürlichen Lebensgrundlagen (42% des Regenwaldes sind bereits abgeholzt). Wir verseuchen Meere und Flüsse mit Ölteppichen und giftigen Einlassungen. Wir verpesten unsere Atemluft mit CO_2. Wir heizen die Welt auf mit Industrieabgasen. Wir reduzieren die Artenvielfalt von Tieren und Pflanzen. Wir quälen Tiere in Tierversuchen und durch Massentierhaltung. Wir gefährden die Umwelt durch Giftmüll und jahrtausendelang strahlenden Atommüll.
Wer sind wir, daß wir so etwas tun? Die Erde verderben, heißt ihren Schöpfer mißachten. Der Satz ›Am besten, man schaut weg‹ kann und darf nicht unterschrieben werden. »Keiner darf die Augen schließen und das Leiden, dessen Anblick er sich erspart, als nicht geschehen ansehen« (Albert Schweitzer). Was tun wir? Was tun wir nicht?
»Wir schauen den Bäumen beim Sterben zu« (Josef Guggenmos). 10 000 Bäume werden pro Minute in der Welt gefällt. Ein gefällter Baum kann ›schreien‹. Bäume sind keine Ware, die man einfach mitnehmen kann. Bäume sind das Zeichen des Lebens und der Hoffnung. Die Todesstrafe gegen Bäume ist abzuschaffen. Dem Indianer ist er heilig, der Baum. »Tu deine Augen auf und gehe zu einem Baum und sieh den an und besinne dich«, sagt Jakob Böhme.
Wie der Baum, so das Wasser. Für uns ist es ein Gebrauchsmittel. Man kann 145 Liter davon täglich im Duschbad verbrauchen. Man kann es aber auch sparen. Man kann es behutsam wahrnehmen. Man kann es andächtig trinken. Für die, die unter der brennenden Sonne Afrikas täglich mühsam einen vielstündigen Weg zum Schlammloch zurücklegen müssen, um in einem Ledersack den Wasservorrat für die dürstende Familie herbeizuschaffen, wird das Wasser zum Überlebens-Mittel. Für den, der die vielfältigen Funktionen des Wassers meditativ bedenkt, wird es zum Symbol.
Das Brot ist vielen unter uns heilig als ›unser täglich Brot‹, das Gott gibt. Der Garten ist als Paradiesesgarten Inbild der unberührten Schöpfung Gottes.
Bäume, Wasser, Brot und Garten haben ihre Würde; und die Erde hat ihre Würde: Und nicht nur Bewahren, sondern auch Loben und Danken ist eine Form

des Umgangs mit der Schöpfung. Das Loben und Danken erwächst aus dem Staunen über die Lebendigkeit, über die Schönheit, über das Geheimnis alles Geschaffenen, über Marienkäfer und Schmetterling. »Ehrfurcht vor allem Lebenden« (A. Schweitzer) schwingt darin mit und der Wunsch, mit der Schöpfung in Frieden auskommen zu können.

Und die Tiere haben ihre Würde. Tiere sind Geschöpfe Gottes. Sie zeigen offen ihre Gefühle und vertrauen uns. Wie will der Mensch Ebenbild Gottes sein, wenn er einem Tier ohne Grund Böses antut? Aber: »Indem ich einem Insekt aus der Not helfe, trage ich etwas ab von der stets neuen Schuld des Menschen an der Kreatur« (A. Schweitzer).

Nicht immer gelingt das Behüten und Bewahren: Sie seufzt, die Kreatur, sie ängstigt sich (Römer 8,22). Die Tiere sind nicht zum Nutzen der menschlichen Habsucht und Gier geschaffen. Böse ist das brutale Töten um des Profits willen (Pelze, Elfenbein). Wohl darf der Mensch Natur und Kreatur zu seiner Ernährung nutzen, Tiere schlachten, Fische fangen, Gras mähen, Korn ernten. Die Kreatur wird uns zum Segen. Aber niemals dürfen wir gedankenlos töten, auch die kleinste Blume nicht.

Wir müssen sehen: Der Mensch steht nicht im Mittelpunkt der Natur. Er ist nicht ihr Herr und Besitzer. Er darf sich nicht ungehindert ihrer bedienen.[1] Die Natur ist verletzlich. Ihre Ressourcen sind begrenzt. Der Mensch muß erkennen, daß er ein Teil der Natur ist. Er muß lernen, wo sein Platz darin ist – irgendwo zwischen Berg und Ameise.

»Die Erde gehört dem Menschen nicht«, sagt der Indianerhäuptling Seattle: »Vielmehr gehört der Mensch der Erde.« Und diese Erde hat Rechte, so wie die Rechte des Menschen bestehen und einklagbar sind. Das Recht der Erde auf ihre Naturschätze ist zu nennen, das Recht auf Achtung aller Kreatur, die sie hervorgebracht hat, das Recht auf reines Wasser und reine Luft, das Recht auf freundliche Behandlung, ja, das Recht auf Liebe.

Die Erde zu lieben, heißt, im Frieden mit ihr zu sein, Heimat, Schutz und das zum Leben Notwendigste, das sie uns als Kugel, als Stern im Weltraum bietet, immer wieder in Liebe anzunehmen. Noch trägt sie uns geduldig, unsere Mutter Erde. Noch erfreut sie uns immer wieder auf wunderbare Weise mit ihren Gaben. Und nur, wenn wir unsere Erde bewohnbar erhalten als Haus für alle Lebewesen, haben wir eine Chance auf Zukunft. Heilig ist unsere Erde, d. h. ganz Gott zugehörig. »Jeder Teil dieser Erde, jeder glitzernde Wassertropfen, die Frische der Luft, jede grüne Tannennadel, jeder Nebel in den Feldern, jedes summende Insekt ist heilig« (Häuptling Seattle).[2]

Halten wir unsere Erde heilig, sehen wir sie als Garten, die Menschen als Gärtner. Indes: Mensch, Tier, Pflanze heilig und in Liebe beieinander, all das

---

1 »Erst wenn der letzte Baum gerodet, der letzte Fisch gefangen ist, werdet ihr feststellen, daß man Geld nicht essen kann« (indianische Weisheit).

2 Zu den Teilthemen ›Verantwortung für Erde und Leben‹, ›Bebauen und Bewahren‹, ›Rede des Häuptlings Seattle‹ vgl. H. *Halbfas*, ›Lehrerhandbuch 4‹, a. a. O., S. 100–105; 108–110; 130–133.

wird Utopie bleiben. Doch das Bild steht uns vor Augen. Und es hat Kraft. Und es verleiht Hoffnung.

Seite 17
Nun aber ist davon zu berichten, wie der Mensch seinem Schöpfungsauftrag nicht gerecht wird, vom Zerstören durch Leichtsinn (Gedankenlosigkeit) und gefährliche Experimente. Die Wahrnehmung der Kinder soll geschärft werden. Eigene Berichte sind denkbar. Dann folgt die Erarbeitung des Gedichtes. In wenigen Zeilen vermag Josef Guggenmos das Waldsterben bedrückend zu verdichten:»Wir schauen den Bäumen beim Sterben zu« – »Ewige Waldwelt: Es war einmal« – »Wald: Bruder Abel du« (= der du durch deinen Bruder Kain getötet bist!). Durch den Vorgriff auf die Kain-Abel-Geschichte S. 26/27 können die Kinder herausfinden, weshalb Guggenmos den Wald ›Bruder Abel‹ nennt. Den Anklang der Zeile »Über allen Wipfeln Friedhofsruh« an das Goethe-Gedicht »Über allen Gipfeln ist Ruh. In allen Wipfeln spürest du kaum einen Hauch« wahrzunehmen, muß den Erwachsenen vorbehalten bleiben.

Als Kontext zum (Memorier-)Gedicht hier die Erzählung »Alles ist grün« von Gudrun Pausewang: In ihrem Schwarzwaldurlaub entdecken Pia und ihre Eltern die vielen kranken und sterbenden Bäume. Umwelt, Schöpfung, Tod, Gleichgültigkeit, Zorn, Zukunftsangst spielen in dieser eindringlichen Geschichte eine Rolle:

Es ist doch alles grün . . .

Pia und ihre Eltern wollen diesmal im Schwarzwald Urlaub machen. Schon lange hat Mutti von einem Schwarzwald-Urlaub geschwärmt. Ihre Großtante hat bei Baiersbronn gewohnt, dort hat Mutti manchmal ihre Schulferien verbracht.
Jetzt ist die Großtante schon lange tot, aber der Schwarzwald ist noch da, und Mutti möchte ihn gern wiedersehen. Diese herrlichen Wälder! Und nun haben sie vor, einfach ins Blaue hinein zu fahren und sich südlich der Hornisgrinde, vielleicht aber auch in der Nähe von Baiersbronn oder Freudenstadt, ein Quartier zu suchen.
Sie fahren mit dem Zug nach Baden-Baden. Ihre Fahrräder reisen mit. Und dann strampeln sie in den Schwarzwald hinein: vorneweg Vati, in der Mitte Pia, hinten Mutti. Kein Wölk-

chen zeigt sich am Himmel, der so blau ist, daß er gar nicht blauer sein könnte. Und weil die drei nicht im Auto sitzen, können sie auch die Vögel zwitschern hören.
Pia wartet jetzt darauf, daß auch Vati und Mutti zu singen anfangen. Das tun sie im Urlaub oft: immer wenn sie sich so richtig wohl fühlen.
Aber anscheinend fühlen sie sich doch nicht richtig wohl. Denn sie singen nicht. Vati schaut nach rechts und nach links und schüttelt den Kopf. Aber da gibt es nur hohen Wald zu sehen. Was stört ihn daran?
Jetzt dreht er sich um und ruft Mutti zu: »Schau dir das an – nicht zu fassen!«
»Ja«, hört Pia Mutti traurig antworten, »ich hab's auch schon bemerkt. Sieht schlimm aus.«

»In der Zeitung stand's ja schon oft«, sagt Vati, »aber so schlimm hab' ich's mir nicht vorgestellt.«
Pia kann beim besten Willen nichts Schlimmes entdecken.
»In zwanzig, dreißig Jahren ist er tot«, sagt Mutti.
»Wer?« fragt Pia erschrocken.
»Der Wald«, sagen Vati und Mutti gleichzeitig.
Und Vati fügt hinzu: »Schau mal in die Wipfel.«
Pia schaut hinauf, läßt ihren Blick prüfend über die Wipfel der hohen Fichten gleiten. Und nun sieht sie's auch: Sie wirken welk. Schlapp hängen die Zweige herab, wie Lametta, und sie sind so schütter, daß überall der Himmel durchschimmert.
»Wipfel müssen voll und dicht sein«, sagt Vati.
»Das ist ein lautloses Sterben«, sagt Mutti.
»Ein lautloses«, sagt Vati.
In düsterem Schweigen radeln sie weiter.
»Wenn die Bäume schreien könnten«, denkt Pia, »was wäre das hier auf den Bergen für ein Lärm!«
Nach einer Weile kommen sie an einen See. Neben einem Hotel stehen drei Busse, um einen Kiosk drängen sich Touristen, Volksmusik schallt aus einem Radio. Auf einem Parkplatz reihen sich Autos aneinander. Ein buntes, fröhliches Bild.
Pia und ihre Eltern schieben ihre Räder zum Seeufer.
»Hier bin ich oft gewesen, damals«, erzählt Mutti. »Zum Fische füttern.«

»In diesem Wasser regt sich nicht mehr viel«, meint Vati.
Rings um den See ragt hoher Wald auf: große, stattliche Fichten. Ihre Wipfel sind allesamt krank.
»Wie wird es hier aussehen, wenn ich eines Tages mit meinen Kindern herkomme?« denkt Pia.
Ein paar Leute schlendern lachend und lärmend vom Kiosk herüber: drei Männer in Lederhosen, eine dicke Frau in einem Dirndl. Sie halten Pappteller in den Händen, darauf dampfen Rostbratwürste. Ab und zu tunken sie die Würste in den Senf, beißen ab, kauen und wischen sich die Lippen.
»Kaiserwetter heute«, sagt der eine.
»Was für eine Landschaft«, sagt die Frau und schwenkt ihren Arm, an dem ein Täschchen hängt. »da geht einem das Herz auf . . .«
Aus dem Radio ertönt ein Walzer. Alle vier Wurstesser wiegen sich mit vollem Mund im Walzertakt, und die Frau schluckt den letzten Happen herunter und singt mit.
Da kann Pia nicht mehr an sich halten. Sie läuft auf die vier zu und schreit: »Um euch rum stirbt der Wald, und ihr schunkelt und singt!«
Die Frau hört auf zu singen und schaut Pia verblüfft an. Auch die Männer wiegen sich nicht mehr. Sie umringen Pia und beugen sich zu ihr herab.
»Aber Kind«, sagt die Frau und streicht ihr über den Kopf, »wer hat dir nur so einen Unsinn erzählt! Hier stirbt nichts und niemand. Schau dich um: Es ist doch alles grün . . .«
Gudrun Pausewang[1]

Anschließend Gespräch über ›Hinsehen – Wegsehen‹ (vgl. Bd. 1, S. 52–53: Was dort für den Menschen gilt, ist hier auf die Natur anzuwenden).

---

1 Aus: ›Es ist doch alles grün‹. © by Ravensburger Buchverlag, 1991. Zum Thema ›Waldsterben‹ vgl. H. *Halbfas*, ›Lehrerhandbuch 4‹, a. a. O., S. 122–125.

Das Gedicht ›Die Wolke‹ von Rudolf Otto Wiemer fängt die Erfahrungen und
Ängste der Menschen nach der Tschernobyl-Katastrophe von 1986 in Bild und
Sprache meisterhaft ein. Wolke, Regen und Wind sind urplötzlich zerstörerische
Mächte geworden. Die Blumen lassen ihre Köpfe hängen, die Vögel haben ihr
Lied vergessen, die Sonne will nicht mehr scheinen, das Waldlaub (grüne Blätter
als Inbegriff des Lebens) ist wie Staub so trocken – ein tödliches Panorama der
zugrundegehenden Natur tut sich auf. Das alles aber ist so einfach gesprochen,
daß es weniger Angst macht als zum Nachdenken darüber auffordert, welche
Wolke denn hier gemeint sei (s. Aufgabe).[1]

Seite 18
In zwei Fotos und einem die Umweltvergehen der Menschheit knapp zusammenfassenden Sachtext wird die Mißhandlung der Schöpfung Gottes deutlich. Das
›Blut‹ eines gefällten Baumes in dem für den Klimahaushalt der Erde so notwen-
digen tropischen Regenwald ›schreit‹ zum Himmel (Foto oben). Ebenso schreit
die mit Müll zugekippte Erde am Fluß (See?):»Was tut ihr mir an, ihr Menschen?« (Foto unten).[2]
Wenn man den Sachtext zuordnet, vor allem die Erzählung »Es ist doch alles
grün . . .« in Erinnerung bringt, steht der nachfolgende lyrische Text in einem
rasch verständlichen Zusammenhang:

> Alle Tiere, die da mit uns leben, sehn uns an:
> Sagt, ihr Menschen, was habt ihr mit unserm Haus getan?
>
> Alle Bäume, unsre grünen Nachbarn, fragen stumm:
> Sagt, ihr Menschen, warum bringt ihr uns denn um?
>
> Alle Flüsse, alle Seen und die Meeresflut
> klagen: Wißt ihr nicht, ihr Menschen, was ihr tut?
>
> *Hans Baumann*[3]

Zum Thema ›Töten der Kreatur Baum‹ kann Gudrun Pausewangs Erzähltext
›Die Hinrichtung‹ herangezogen werden: Um Raum für einen Parkplatz zu
gewinnen, wird ein großer, schöner Kastanienbaum abgesägt und zerstückelt.
Niemand nimmt ernsthaft Anteil. Das Leiden der Kreatur ähnelt der Passion
Jesu.

---

1 Auch hier kann auf eine Erzählung von Gudrun Pausewang zurückgegriffen werden: ›Nata-
   scha‹, in: ›Neues Vorlesebuch Religion 1‹, a. a. O., S. 246–248 – als Erweiterung der sachli-
   chen Information, vor allem aber auch im Hinblick auf die Folgen der Atomkatastrophe in der
   Ukraine: Natascha aus Tschernobyl, radioaktiv verseucht, ist in einer deutschen Familie zu
   Gast. Drastisch spiegelt sich ihre derzeitige Lebenssituation in dem ›normalen‹ deutschen
   Alltag. Natascha weiß nicht, ob sie noch lange zu leben hat.
   Einleitende Aktion: Eltern – Großeltern zu Tschernobyl befragen:»Erinnert ihr euch an den
   Tag? An die Zeit? Hattet ihr Angst? Habt ihr auch keine Pilze gegessen? Worüber habt ihr
   damals gesprochen?« – Berichte / Gespräch. Zu erinnern ist auch an die Erzählung ›Wissen
   und Vergessen‹ in diesem Werkbuch S. 13–14.
2 Zu ›Abfälle – Müll‹ vgl. *H. Halbfas,* ›Lehrerhandbuch 4‹, a. a. O., S. 115–118.
3 Aus: ›Hab acht auf Gottes Welt‹, hrsg. von Rudolf Krenzer, Limburg 1986. © Autor.

Die Hinrichtung

Am Donnerstag trafen sich drei Herren unter dem großen Kastanienbaum neben dem Bankgebäude, dort, wo der neue Parkplatz hinkommen soll. An diesem Tag lebte er noch, der Baum, war noch so schön wie eh und je, warf Schatten und spreizte seine Fingerblätter. Die Herren starrten in seine Krone hinauf, tauschten Meinungen aus, betrachteten fachmännisch seinen Stamm mit den mächtigen Wurzelansätzen. Dann nickten sie sich zu, schüttelten einander die Hände, stiegen in ihre Wagen und fuhren in verschiedene Richtungen davon.

Noch am Donnerstagnachmittag erschienen ein paar Arbeiter, legten die Wurzeln des Baumes rund um seinen Stamm bloß und machten auf ihnen Zeichen mit weißer Kreide. Und an der einen Ecke des zukünftigen Parkplatzes begann eine Planierraupe zu arbeiten. Viele Leute kamen vorüber, durchquerten den Schatten des Kastanienbaumes, sahen die entblößten Wurzeln. Aber niemand blieb stehen, niemand fragte. Nur drei Schulkinder, Erst- und Zweitkläßler, beugten sich über die Wurzeln und wunderten sich.

Am Freitagmorgen wurde eine große Drehleiter an den Baum herangefahren. Der Baum schrie nicht, als ein Mann mit einer Motorsäge an ihm hochkletterte. Niemand schrie, als der Mann einen Ast nach dem anderen absägte. Eine junge Frau mit einem Kinderwagen und drei alte Männer blieben stehen und schauten interessiert zu. Die Motorsäge kreischte, krachend stürzten die schweren Äste auf den Boden, splitterten, begruben das leuchtendgrüne Laub unter sich. Als der Mann mit der Motorsäge wieder von der Leiter stieg, stand nur noch der Stamm. Ein Lastwagen kam, die Äste wurden in Stücke gesägt, aufgeladen und weggefahren.

Um halb eins schloß die Bank. Mittagspause. Die Bankangestellten gingen heim. Alle kamen an dem verstümmelten Kastanienbaum vorbei. Niemand schrie. Nur ein ganz junger Mann, ein Lehrling noch, sagte leise: »Schade drum.« Um zwei Uhr kamen sie wieder zurück, einer nach dem anderen, gingen stumm vorbei, verschwanden in der Bank.

Ein Gewitter zog auf. Sturm wirbelte die Blätter hoch, die am Vormittag beim Abtransportieren der Äste abgefallen und welkend liegengeblieben waren. Wieder erschien der Mann mit der Motorsäge, diesmal ohne Leiter. Ein paar Arbeiter begleiteten ihn. Der Mann durchsägte Wurzel für Wurzel nahe am Stamm. Die Arbeiter wurden nervös, denn der Himmel verfinsterte sich immer mehr, und es wetterleuchtete. Hastig vollbrachten sie den Rest des Auftrags: Knapp über dem Boden wurde der Stamm durchgesägt. Unter zuckenden Blitzen kippte er und fiel. Donner krachte. Das geschah um die vierte Stunde.

Dann begann es in dicken Tropfen zu regnen. Bald goß es in Strömen. Der Mann mit der Säge und die Arbeiter flüchteten in die Eingangshalle der Bank. Ein Wolkenbruch entlud sich. Ein Blitz schlug in den nahen Kirchturm ein.

Als es aufhörte zu regnen, wurde der Stamm weggeschafft.

Jetzt ist sein Platz längst planiert und asphaltiert. Kein Fremder ahnt, daß da jemals ein schöner, gesunder Kastanienbaum gestanden hat – ein Baum, der achtzig Jahre gebraucht hat, um so

groß zu werden. Ein Baum, der nie-   Der nur im Weg gewesen ist.
mandem etwas Böses getan hat.   *Gudrun Pausewang*[1]

Anschließender Impuls:»Wenn dieser Baum reden könnte!« (Gespräch, Niederschrift).

Erde unser: Als Summe dieser Seite mit einer kritischen Anfrage (»Wie kannst
du, Mensch, noch zum Schöpfer beten, wenn du seiner Schöpfung Derartiges
antust?«) mag die Gedichtstrophe von Josef Guggenmos, deren Titel zum Titel
der Seite wurde, Kindern dieses Alters durchaus zugänglich sein:

Erde unser

Gibt's einen Gott, war er es auch,
der ihn schuf, unsern schönen Planeten.
Wir machen ihn arm. Wir bringen ihn um.
Wie wagen wir noch zu beten?
                                        Josef Guggenmos[2]

Gott schuf diesen schönen Planeten. Davon gehen wir aus. Er schuf ihn mit
Liebe. Und darum hat der Planet Erde Anspruch auf unsere Liebe. Gleich dem
Menschen hat er Rechte. Das Recht der Erde auf ihre Naturschätze mag hier
noch einmal genannt werden, das Recht auf Achtung aller Kreatur, die sie
hervorgebracht hat, das Recht auf reines Wasser und reine Luft, das Recht auf
freundliche Behandlung, ja das Recht auf Liebe. Wer mit Kindern darüber ins
Gespräch kommen möchte, mag darüber die nachfolgenden 10 Artikel zugrunde-
legen. Die von der Autorin Birgit Berg frei verfaßten Texte gehen davon aus, daß
wir der Erde alle Rechte zuzuerkennen haben, die wir als Menschen uns zugestehen und die wir als ›Menschenrechte‹ deklariert haben.
Ehe man mit Lektüre und detaillierten Erörtern der zehn Rechte der Erde beginnt, empfiehlt sich eine Hinführung unter den Fragen: »Was wünscht ihr
euch?« »Wie soll man mit euch umgehen?« »Welche Rechte wünscht ihr euch?«
– Gespräch. Dann: »Genauso hat die Erde Rechte.«

---

1 Aus: ›Es ist doch alles grün‹. © by Ravensburger Buchverlag, 1991. Als weitere Erzähltexte
  sind geeignet: Gudrun Pausewangs Geschichten ›Der Junge und die Möwe‹ (Ein Junge will
  eine ölverklebte Möwe retten. Es gelingt ihm nicht.) und ›Der hat ausgespielt bei mir‹ (Ein
  Lehrer, der im Unterricht gegen Umweltvergehen Stellung bezieht, wird am Nachmittag von
  einer Schülerin als Raser in einer ›Dreckschleuder‹ beobachtet.) in: ›Neues Vorlesebuch
  Religion 1‹, a. a. O., S. 238–240; 227. Ein positives Gegenbild zur letzteren Geschichte
  zeichnet die Erzählung ›Lammermeyers Rötchen‹ (Familie Lammermeyer hat sich ein um-
  weltfreundliches, wenn auch leistungsschwaches Elektromobil zugelegt, dessen Strom aus
  einer Solaranlage gewonnen wird.) ebenfalls von Gudrun Pausewang, ebd., S. 249–251.
2 Aus: ›Wie man Berge versetzt. 6. Jahrbuch der Kinderliteratur‹, hrsg. von Hans-Joachim
  Gelberg, Beltz Verlag, Weinheim und Basel 1981, Programm Beltz und Gelberg.

Dokumentation

Die Grundrechte der Erde

Unser Heimatplanet Erde ist ein lebendiger Organismus – kein Nutzungsobjekt für Machtansprüche, Raubbau oder Bodenspekulation.
Er ist kein ›Hoheitsgebiet‹ irgendeiner Nation, sondern höchstens das der kreativen Kraft, die ihn geschaffen hat, gleich ob der Mensch sich diese Kraft als Gott, als Schöpfungsidee oder als das sinnvolle Zusammenwirken von Naturgesetzen vorstellt.
Die Erde steht im Zusammenhang des gesamten Universums und unterliegt kosmischen Gesetzen, die wir, ihre winzigen Bewohner, zu erkennen und zu beachten haben, wenn wir überleben wollen.
Wir haben der Erde alle Rechte zuzuerkennen, die wir Menschen uns zugestehen und als Menschenrechte deklariert haben.

Artikel 1: Die Würde der Erde ist unantastbar.
Artikel 2: Die Erde hat das Recht auf Leben und Schutz ihrer Gesundheit.
Artikel 3: Jede Form von Ausbeutung, Leibeigenschaft und Erniedrigung ist verboten; die Erde darf nicht verschachert, geschändet, mißbraucht werden.
Artikel 4: Die Erde darf nicht mit Giftstoffen gefoltert, mit Abgasen und Abfällen verseucht, mit Waffen, Viren und Giftgasen mißhandelt oder mit Atommüll und Atomexplosionen vergewaltigt werden.
Ihre Atmosphäre ist schützenswert wie die Privatsphäre des Menschen.
Artikel 5: Alles, was wir Menschen als unser Eigentum proklamieren, stammt von der Erde und gehört eigentlich ihr, von Korn und Holz und Heilmitteln bis zum Erz für Motoren und Geld. Wir haben das Leihgut wohlbehalten (bzw. als Humus) zurückzugeben, nicht als Giftmüll oder radioaktiven Abfall.
Artikel 6: Die Rechte der Erde sollen als wesentlicher Bestandteil in Völkerrecht und Grundgesetze eingehen.
Angriffe und Eingriffe gegen die Gesundheit der Erde sind als ›Erdverbrechen‹ bewußtzumachen.
Die Todesstrafe gegen Bäume, Gewässer, Arten, Kinder und künftige Generationen ist abzuschaffen.
Artikel 7: Das Recht auf Schutz der Erde als Grundlage des Lebens umfaßt die Aufgabe der Erdheilung.
Wir Menschen müssen uns von Räubern und Parasiten des Planeten zu Planetengärtnern und -pflegern verändern.
Artikel 8: Dazu ist das Zusammenwirken aller verantwortungsbewußten Kräfte der Erdbevölkerung notwendig, um Pläne für einen neuen – schonenden und heilenden – Umgang mit der Erde zu schaffen und durchzusetzen, konkret, phantasievoll und realisierbar.
Die Erfahrungen, das alte Wissen und die Bedürfnisse der sogenannten Naturvölker sind dabei besonders zu berücksichtigen.
Artikel 9: Verantwortlich im Sinne der Rechte der Erde ist jeder Mensch.
Die Politiker werden in die Pflicht genommen, die offizielle Absegnung der

Erdzerstörung zu stoppen, die Verursacher der Umweltverseuchung zur Verantwortung zu ziehen und die Politik des Raubbaus zu ersetzen durch neue Konzepte schonender Nutzung. Sie sind den Kindern als den Erd-Erben unmittelbar verantwortlich.

Artikel 10: Diese Grundrechte der Erde treten in Kraft, indem wir alle als Erdenbürger sie praktizieren.

Jede/r von uns hat bei jeder Handlung zu bedenken, wie sie sich auf die Erde auswirkt: ob wir sie behandeln wie eine Kloake – oder wie unseren Heimatplaneten, der uns ernährt und trägt. Das gibt uns die Möglichkeit, die ungeschriebenen und die nie vorzuschreibenden inneren Grundgesetze des Danks, der Liebe und der Lebendigkeit wieder in Kraft zu setzen.[1]

Seite 19

Das Lied ›Mein Gott, das muß anders werden‹ ist so etwas wie ein kleiner Protestsong, gleichzeitig ein Kyrie (›Mein Gott, erbarme dich‹). Indirekt ist die Aussage ›Es liegt an uns Menschen (uns Kindern), ob es anders wird mit Welt und Umwelt‹, enthalten.[2] Menschen tun auch Gutes in und mit Gottes Schöpfung (Aufgabe 1). Beispielhaft dafür steht die Farbzeichnung von Anne Bous.[3] Ehrfurcht vor dem Leben[4] (Aufgabe 2) liegt in dem aktiven Bemühen des Jungen, das Insekt (einen Käfer) mit dem Ast vor dem Ertrinken zu retten. Diese Zeichnung entstand als Illustration zu der Erzählung ›Ein großartiges Gefühl‹ von Gina Ruck-Pauquèt, in der detailliert und mit psychologischem Feinsinn die Rettungsaktion des Jungen und seine unbändige Freude über das Gelingen beschrieben wird:

Ein großartiges Gefühl

Als der Junge zur Brücke kam, hielt er an. Er setzte einen Fuß auf die Erde, lehnte sich vom Fahrrad aus über das Geländer und spuckte zweimal ins Wasser. Dann stieg er ab. Es war nur ein Tümpel, und wenn es lange nicht geregnet hatte, zog er sich zusammen und gab an den Rändern feuchte, graue, glattgespülte Erde frei.

Der Junge schob das Fahrrad seitlich ans Wasser hinunter und lehnte es an einen Strauch. Mit der Schuhspitze malte er einen Kreis in den Matsch. Dann drückte er den Fuß vorsichtig in den weichen Boden, bis die Sohle darin verschwand. Als er ihn wieder herauszog, gab es ein schwaches saugendes Geräusch, und seine Spur blieb mit

---

1 *Birgit Berg,* ›Die Grundrechte der Erde‹, Wortwerkstatt Poesie und Politik, Schwarenbergstraße 83, 70188 Stuttgart. Der Text ist dort auch als Poster erhältlich.
2 Zum ›Schutz des Lebens rund um die Schule‹ vgl. *H. Halbfas,* ›Lehrerhandbuch 4‹, a. a. O., S. 137–146.
3 *Anne Bous,* Bonn-Bad Godesberg. Aus: ›Vorlesebücher Religion, Dias Serie 3: Tod–Leben‹, Verlag E. Kaufmann, Lahr 1978; vgl. ›Folien 3/4‹, a. a. O., Folie 19.
4 Zu ›Schöpfung – Mensch und Tier‹ vgl. *H. Halbfas,* ›Religionsunterricht in der Grundschule. Lehrerhandbuch 2‹, Patmos Verlag, Düsseldorf 1984, S. 153–170.

unscharfen Rändern zurück. Er nahm ein Stück Holz und wischte sie aus. Plötzlich sah er, daß etwas im Wasser schwamm. Vielleicht war es ein Käfer. Ein schwarzer, zappelnder Punkt. Der Junge beobachtete ihn einer Weile, dann suchte er einen Stein. Er würde das Ding da an Land holen.

Das Wasser war ganz still. Der Junge wog den Stein in der Hand und warf ihn kurz hinter das Zappelnde in den Tümpel. Er dachte, daß eine Strömung zum Land hin entstehen würde.

Das Wasser geriet in jähe Bewegung, und ein paar Atemzüge lang konnte der Junge den Punkt nicht mehr sehen. Danach tauchte er wieder auf. Er zappelte noch stärker als vorher. Es schien, als trieben die großen Kreise ihn näher an Land. Aber dann geschah genau das Gegenteil. Die Strömung zog in die falsche Richtung.

Vielleicht war ein Stein zu wenig. Der Junge blickte sich um. In seiner Nähe gab es keine Steine mehr. Er kletterte die Böschung hinauf und holte ein paar. Sie lagen kühl in seiner linken Hand, und mit der rechten nahm er einen nach dem anderen und warf sie ins Wasser. Er warf sie kurz nacheinander. Das Ding kämpfte verzweifelt gegen die Wellen. Wenn er zu nahe warf, würde es untergehen. Aber es sollte nicht untergehen, er wollte es an Land holen. Schließlich waren seine Hände leer. Er wartete gespannt, was nun geschehen würde. Doch es war wie beim erstenmal, die Strömung lief falsch.

Das Wasser wurde wieder still, und der Punkt war nun noch weiter entfernt. Der Junge rieb sich die Finger an der Hose ab. Es ging nicht. So nicht. Einen Augenblick lang war er fest entschlossen aufzugeben. Dann sah er, daß das Tier nur noch ganz schwach

zappelte. Die vielen Wellen hatten es erschöpft. Er biß ein paarmal auf seinem Daumen herum, dann suchte er das Holz von vorhin. Tastend setzte er einen Fuß auf die nasse Erde und zog den zweiten nach. Als er ein paar Schritte gemacht hatte, spürte er, wie der eklige kalte Matsch von oben her in seine Schuhe eindrang. Er lehnte sich vor, so weit er konnte, aber der Stock war zu kurz.

Noch lebte das Tier, der Käfer oder was es war. Der Junge watete zurück. Es war schwer, die Füße aus dem klebrigen Morast zu ziehen. Ein Stück weiter hinten stak ein ziemlich großes Stück Holz. Er riß es aus der Erde und hielt den Stock daran. Das würde langen. Als er seine Hosentaschen vergebens nach Bindfaden durchsucht hatte, schleuderte er beide weg, den Stock und das andere Holz.

Dann fiel ihm etwas ein. Er hob den Stock wieder auf, legte ihn in seiner Hand zurecht und warf ihn neben das Tier im Wasser. Sollte es daran hochklettern! Als der Stock aufplatschte, bewegte es sich wieder stärker. Aber er hatte nicht genau genug gezielt. Die Entfernung war noch zu groß, ungefähr eine Handbreit. Er griff das schwerere Stück und stapfte durch den Matsch ans Wasser. Jetzt stand er bis an die Knöchel im Schlamm.

Das Tier rührte sich kaum noch. Der Junge visierte die Stelle an. Dann schoß er das Holz ab. Es kam gut auf, aber es trieb ein Stück fort. Es war zuviel Kraft dahinter gewesen.

Das Tier hatte ein paar zuckende Bewegungen gemacht und war nun still. Der Junge blickte sich hastig um. Es war nichts mehr da, was er werfen konnte. Als er die Füße aus dem Morast zog, blieb sein rechter Schuh stecken. Er kümmerte sich nicht darum.

An der Böschung wuchsen ein paar Sträucher. Er sprang hinauf und begann Äste zu brechen. Im Zurücklaufen streifte er hastig Blätter ab. Das Tier regte sich nur ganz wenig. Es schien jetzt mit dem Hinterleib tiefer im Wasser zu liegen als vorher. Der erste Ast kam neben dem Stock auf. Das war zu weit rechts. Der Junge stand mit beiden Füßen im Wasser, aber er fror nicht. Er kniff die Augen zusammen und warf wieder. Diesmal war es schon besser. Bald war das Tier ringsrum von Holzstücken eingeschlossen. Aber es hatte keine Kraft mehr, eines davon zu erreichen.

Er mußte näher herankommen. Mit dem vorletzten Stück versuchte er, eines der anderen in Bewegung zu setzen. Es gelang, aber dann trieben beide vorbei. Nun hielt er nur noch einen Ast in der Hand. Er watete eilig noch ein Stück vor, ging in die Hocke, atmete tief ein und hielt die Luft an. Dann hob er den Arm und warf. Das Holz landete zwei Finger breit von dem Tier und schwamm sogar noch etwas näher heran. Mit seinem anderen Ende lag es genau an dem schweren Stück, das er anfangs geworfen hatte. Aber das Wasser hatte sich zu stark bewegt. Der Junge sah, wie es das Tier hinunterzog. Es wehrte sich verzweifelt und verschwand. Als es wieder auftauchte, merkte er, daß er wild auf seinem Daumen herumbiß.

Das Tier mußte den Ast entdeckt haben. Es versuchte, darauf zuzuschwimmen. Manchmal kam es auch voran, auf eine seltsam unregelmäßige Art. Doch dann lag es wieder still und hielt sich nur mit Mühe oben. Der Junge spürte, wie sich alle seine Muskeln anspannten, als wäre er es, der da kämpfte. Nun hatte es das Aststück erreicht. Es versuchte, sich daran hoch-

zuziehen. Immer wieder versuchte es das, aber es gelang nicht. Schließlich lag es wieder still wie vorher und sank langsam tiefer.

Der Junge stand unbeweglich und verkrampft. Das Tier würde es nicht schaffen. Er war stark, aber er fühlte, daß das nichts half. Ihm wurde ganz schlecht davon. Er preßte die Zähne aufeinander. Das Tier würde es nicht schaffen. Dann machte es plötzlich doch noch einen Versuch. Er sah, wie es das Holz zu fassen kriegte und sich daran hochdrückte, einen, zwei Millimeter – wieder zurückfiel und es schließlich doch schaffte. Eine Weile rührte es sich nicht. Es war sehr still ringsrum. Der Junge glaubte husten zu müssen, aber er unterdrückte es. Nun regte sich das Tier. Es war ein Käfer. Er torkelte den Stock entlang auf das große Holz zu, das immer noch anschließend lag. Als er davor stand, verharrte er. Erst nach ein paar Sekunden begann er hinaufzukriechen. Der Junge erkannte seine Anstrengung. Er ballte die Hände in den Hosentaschen zu Fäusten. Seine Augen brannten vom Starren.

Der Käfer stellte sich hoch und zog langsam die Hinterbeine nach. Es gelang beim erstenmal. Er saß oben. Er war in Sicherheit. Er hatte seine Kraft verbraucht, aber diese Kraft hatte gereicht.

Der Junge bewegte sich. Ein Schmerz zog sich von seinen Schultern bis in die Arme. Es war wie nach einer großen körperlichen Leistung. Er streifte den Socken von seinem rechten Fuß, schwenkte ihn durch das Wasser und wischte sich damit den schlimmsten Dreck herunter. Wie er so auf einem Bein stand, begann er plötzlich zu lachen. Er hatte es geschafft. Er säuberte den Schuh, zwängte den nassen Fuß hinein und steckte den Socken in die Hosentasche. In diesem Augenblick breitete der Käfer seine Flügel aus. Als er sich in die Luft hob, blickte der Junge ihm nach, bis er ihn nicht mehr erkennen konnte. Danach mußte er sich die Augen reiben, er war fast blind, so hatte er gegen die Sonne geguckt. Aber es machte nichts. Er hatte es geschafft.

Sein Fahrrad lehnte immer noch gegen den Strauch. Nachdem er es die Böschung hinaufgeschoben hatte, merkte er, daß er fror. Er fror erbärmlich. Er stieg auf und raste los, tief über die Lenkstange geduckt. Dann stieß er einen wilden, hellen Schrei aus. Er fühlte sich großartig.

Gina Ruck-Pauquèt[1]

Gesprächsimpuls: Unter dem Thema ›Ein großartiges Gefühl‹ von ähnlichen Erfahrungen erzählen.

Das Gegenbild dazu, es handelt sich um das mutwillige, sinnlose Töten eines Insektes, bringt Gina Ruck-Pauquèts Erzählung[2] »Warum denn, Papa?«: Dicky ist zutiefst erschrocken, als sein Vater eine eigelbverklebte Wespe, der der Junge zu helfen versuchte, brutal totschlägt. Auch ein winziges Insekt hat das Recht auf Leben. In seinem schöpfungsbejahenden, schöpfungsbewahrenden Verhalten ist Dicky seinem Vater weit überlegen.[3]

Warum denn, Papa?

Sie frühstücken auf der Terrasse, die Mama, der Papa und Dicky. Der Papa liest die Zeitung und raucht.
»Iß!« sagt die Mama zu Dicky.
Dicky ißt.
Die Wiese ist glattgeschoren. Eigentlich ist es gar keine Wiese. Es ist ein Rasen. Hier und da sind Gänseblümchen. Wenn der Papa das sieht, wird er ihnen die Köpfe abmähen. Es sollen keine Blumen auf dem Rasen stehen. Nur Gras.
Dicky kaut. Der Strauch blüht ganz rosa. Da summen und brummen die Insekten herum.
Der Papa raschelt mit der Zeitung. Die Mama steht auf und trägt schon was in die Küche.
»Iß dein Ei«, sagt sie zu Dicky.
Dicky ißt sein Ei. Es muß schön sein,

---

1 Aus: ›Vorlesebuch Religion 1‹, hrsg. von Sabine Ruprecht und Dietrich Steinwede, Verlage Kaufmann/Patmos/Vandenhoeck & Ruprecht/TVZ, Lahr/Düsseldorf/Göttingen/Zürich 1971, S. 229–232. © Autorin.
2 Aus: ›Neues Vorlesebuch Religion 1‹, a. a. O., S. 232–234. © Autorin. Zum Quälen eines Tieres durch ein Kind vgl. Susanne Kilian, ›Die Schnecke‹, in ›Vorlesebuch Religion 3‹, a. a. O., 1976, S. 309–310.
3 Vgl. dazu aus Oskar Wildes Märchen ›Das Sternenkind‹ die Sätze: »Die Fliege ist dein Bruder. Tu ihr nichts zuleide. Die wilden Vögel, die durch den Wald schwärmen, haben ihre Freiheit. Fange sie nicht zu deinem Vergnügen mit der Schlinge. Gott hat die Blindschleiche und den Maulwurf erschaffen, und ein jedes hat seinen Platz« (Aus: ›Sämtliche Werke in 10 Bänden‹, hrsg. von N. Kohl, Insel Verlag, Frankfurt am Main 1982).

den ganzen Tag zwischen den Blüten rumzusummen. In der Sonne. Dicky muß in die Schule.

Das Ei ist ziemlich weich. Dicky mag das nicht. Er schiebt den Eierbecher von sich fort. Ein Rest von dem weichen Ei ist noch drin.

Da surrt eine Wespe heran, so eine, die wie ein Hubschrauber in der Luft stehen kann. Sie betrachtet die Sache eine Weile von oben, dann landet sie am Rand der Eierschale.

»Schau mal, Papa«, sagt Dicky.

Der Wespe schmeckt es. Sie kriecht in das Ei hinein.

»Hm«, brummt der Papa.

Er guckt aber nicht.

Die Wespe ißt das Gelbe vom Ei. Sie saugt es mit ihrem Rüsselchen auf. Die Beine hat sie sich bekleckert und die Flügel auch.

Auf einmal scheint sie satt zu sein. Da will sie fortfliegen. Sie kann aber nicht. Dicky sieht, daß sie nicht fort kann, weil ihre Flügel schwer vom Eigelb sind.

»Papa«, sagt Dicky.

»Sei mal still«, sagt der Papa. »Mußt du nicht in die Schule?«

Jetzt hat die Wespe es wieder versucht. Da ist sie vom Eirand auf das Tischtuch heruntergefallen.

»Ich helf' dir«, sagt Dicky.

Er nimmt ein Streichholz aus dem Aschenbecher und macht damit ganz vorsichtig einen Eigelbbrocken unter ihrem Flügel weg.

Nun steht die Wespe auf ihren Beinen. Sie hat sechs Beine. Dann hebt sie die Hinterbeine hoch und fängt an, damit ihre Flügel zu putzen. Sie weiß, warum sie nicht fliegen kann. Sie hat es gemerkt.

Dicky hilft auch hier noch ein bißchen. Nimmt mit dem Streichholz ein paar von den klebrigen Knötchen weg.

Ganz behutsam muß er sein, weil die Flügel von der Wespe so zart sind.

»Den Rest mußt du nun selber machen«, sagt er.

Die Wespe putzt sich und putzt sich. Immer wieder streichen die Beinchen über und unter den Flügeln her. Aber ganz bringt sie das lästige Zeug nicht weg. Und starten kann sie so auch nicht. Sie versucht es, aber sie kommt nicht hoch.

Einmal fällt sie sogar wieder auf den Rücken, und Dicky muß sie auf die Beine stellen. Genau da hat Dicky den Einfall: Die Wespe muß sich mit Wasser waschen, wie andere Leute auch! Wenn er auf einen Teller einen Tropfen Wasser gibt, kann er sie hineinstellen. Und mit angefeuchteten Hinterbeinen kriegt sie ihre Flügel sicher sauber.

»Einen Augenblick«, sagt Dicky zu der Wespe. »Warte!«

Er nimmt den Teller unter dem Eierbecher fort und läuft damit in die Küche.

In der Küche ist seine Mutter.

»Bist du fertig?« fragt sie Dicky.

Dicky sagt: »Gleich.«

»Was machst du denn?« will die Mutter wissen.

»Nichts«, sagt Dicky.

Er hat den Teller angefeuchtet und ist schon wieder draußen. Sein Vater hat die Zeitung ausgelesen. Er gießt sich noch einmal Kaffee ein.

Die Wespe ist fort. Die kann aber gar nicht fort sein, weil ihre Flügel noch viel zu schwer gewesen sind. Dicky schaut unter der Zeitung nach.

»Ist was?« sagt der Papa.

»Die Wespe«, sagt Dicky. »Wo ist die Wespe?«

»Die Wespe hab' ich totgeschlagen«, sagt sein Vater. Dicky guckt ihn an.

»Warum denn, Papa?«

Gina Ruck-Pauquèt

Arbeitsimpulse:
- In Ort/Stadtteil/Schule ermitteln, wo die Kreatur, die Erde (die Schöpfung) verletzt wird.
- Hier sind ›Warum denn?‹-Schilder aufzustellen. Inschriften für solche Schilder entwerfen.
- Eine eigene ›Warum denn?‹-Geschichte erzählen (aufschreiben).

Seite 20
Kriegerisch wehrt sich die alte Dame auf dem Bild oben[1] gegen das Abholzkommando, das mit Motorsäge und Axt den schönen alten Baum im städtischen Hinterhof bedroht. Die vorgestreckte Flinte offenbart Entschlossenheit: Keinen Schritt weiter, sonst knallt es. Wie bei Greenpeace und anderen Umweltschutzorganisationen: Zugunsten der Umwelt ist gelegentlich eine deutliche, entschlossene Sprache vonnöten. Das zeigt die Karikatur eindrucksvoll. Die Kinder werden sie zu deuten wissen, kaum auf den Gedanken kommen, daß hier mit unzulässigen Mitteln vorgegangen wird. Eine Karikatur darf sich Übertreibungen erlauben. Das macht sie aus. Davon lebt sie.
Der gefährdete Baum als Symbol für die gefährdete Welt insgesamt, das ist Thema dieser Seite. 42% der Regenwälder auf der Erde sind bereits abgeholzt. In kürzester Zeit. Der Rest wird bald folgen. Das kann uns nur mit Entsetzen erfüllen.
Dabei hat jeder Baum sein Würde. Jeder Baum repräsentiert die gottgewollte Kreatur insgesamt: »Und Gott ließ aus der Erde alle Arten von Bäumen wachsen. Es waren prächtige Bäume, und ihre Früchte schmeckten gut« (Genesis 2,8–9). Von Weltenbäumen weiß die Mythologie. Der Baum des Lebens und der Baum der Erkenntnis des Guten und Bösen in der Paradiesgeschichte Genesis 2 sind Weltenbäume, zu verehrende, heilige Bäume.
»Gut zur Erde sein, zu allem, was auf ihr lebt. Die Bäume, die Blumen liebhaben. Sie schützen und pflegen. Sie verteidigen« – so beginnt der poetische Sachtext S. 20. Und in ihm verbinden sich Karikatur und das Emblem des Evangelischen Kirchentages von Düsseldorf 1985 mit der vielsprachigen Inschrift aus Psalm 24,1: »Die Erde ist des Herrn!«[2] Wir dürfen auch sagen: »Die Bäume sind des Herrn«.
Zur Karikatur bietet sich wieder ein zusätzlicher Erzähltext an: In ›Unser Baum‹ von Gina Ruck-Pauquèt wehren sich die Kinder, als ihr liebgewordener Spielbaum auf dem unbebauten Grundstück abgesägt wird, weil ein Neubau entstehen soll. Bei der alten Dame auf der Karikatur darf man davon ausgehen, daß sie obsiegt; die Kinder aber unterliegen. Ihr Wille zum Widerstand wandelt sich in Schmerz und Resignation.

---

1 Aus: ›Exemplarische Bilder‹, Mappe 2, Nr. 91, Burckhardthaus Verlag, Gelnhausen.
2 Die Kinder können vielleicht den lateinischen (domini est terra) und den englischen Text (the earth is the Lord's), u. U. auch den französischen und den spanischen Text entziffern.

Unser Baum

Die Kinder nannten das unbebaute Grundstück an der Straßenecke »Garten«. Jetzt stand das Gras so hoch, daß es Kiri bis an die Knie reichte. Aber sie war auch noch ziemlich klein. Ihr Bruder Gerd hob sie auf den untersten Ast des Baumes, dann kletterten auch Jochen und er hinauf. Hoch über Kiris Kopf hatten sie »ihre Stelle«.

Der Baum war Mittelpunkt des Gartens. Es war eine alte Buche, ihre starken Äste standen in geringem Abstand übereinander, und ein Junge vermochte ohne weiteres bis in ihren Wipfel zu gelangen. Sie kamen alle Tage her. Auch wenn es regnete. Kiri spannte einfach den kleinen roten Schirm auf, und die Jungen hatten sich ein Dach aus Pappe zwischen die Zweige gebaut. Manchmal machten sie sogar ihre Schularbeiten da oben. Der Baum war schon prima!

Eines Tages aber stand ein Schild auf dem Eckgrundstück.

»Zu verkaufen«, las Gerd.

Sie schauten sich an. Nie wäre einer von ihnen auf den Gedanken gekommen, daß der Garten einen Besitzer habe. Dann kletterten sie wieder auf den Baum und vergaßen das Schild.

Es war der Tag, an dem die Jungen lasen und Kiri nicht Mundharmonika spielen durfte, weil das störte. Da weinte sie ein bißchen. Aber weil sie den Arm um den dicken Baumstamm legen konnte, war es nicht so schlimm. Eine Zeitlang geschah nichts Außergewöhnliches. Dann waren plötzlich Leute im Garten.

»Es scheint der richtige zu sein«, sagte der Mann im hellen Anzug. »Ich glaube, ich kaufe es.«

Die Kinder hielten sich ganz still.

»Was wird passieren?« fragte Jochen, als die Männer fort waren.

Seine Stimme klang ängstlich.

»Hoffentlich läßt er uns den Baum«, sagte Gerd.

Kiri machte sich keine Sorgen. Der Baum war groß genug. Wenn der Mann wollte, konnte er mit oben sitzen.

»Am besten sprechen wir mit ihm«, meinte Jochen.

Und dazu hatten sie schon bald Gelegenheit. Ein paar Tage später stand der Mann im Garten, als sie kamen.

»Guten Tag«, sagte Gerd.

»Hallo«, antwortete der Mann.

Er schien nachzudenken. Dann schaute er die Kinder an.

»Wir spielen immer hier«, erklärte Jochen.

»So«, meinte der Mann.

»Auf dem Baum«, fügte Gerd hinzu.

Lange Zeit schwiegen alle. Aber Kiri spürte, daß da noch etwas war. Etwas, was gesagt werden würde.

»Ja«, begann der Mann endlich, ». . .ich werde ein Haus bauen.«

»Wo?« fragten die Jungen.

Der Mann machte eine Handbewegung.

»Aber da steht doch der Baum!« rief Kiri.

Der Mann schien ihr ein bißchen dumm zu sein.

»Hm«, brummte der Mann, und er tippte mit der Schuhspitze gegen den rissigen Stamm. »Der Baum muß fort«, sagte er dann.

Die Jungen blieben ganz still.

»Es tut mir selber leid«, der Mann hob die Schultern und ließ sie wieder fallen.

»Wenn Sie nun . . .«, begann Jochen leise und sehr höflich, » . . . ich meine, es ist doch so viel Platz hier. Vielleicht

könnten Sie das Haus ein Stückchen weiter rechts oder links bauen.«
»Das geht nicht«, erklärte der Mann. »Es muß genau in der Linie der anderen Häuser stehen. Das ist Gesetz.« . . . »Na ja«, fügte er noch hinzu. Er strich Kiri übers Haar, dann ging er zu seinem Auto und fuhr fort.
»Denkste!« knurrte Gerd. Er steckte beide Hände tief in die Hosentaschen. »Der Baum bleibt!«
Sie kletterten hinauf zu ihrer Stelle und redeten darüber.
»Ich glaube nicht, daß er ihn so einfach umhauen darf«, meinte Gerd.
»Nee!« rief Jochen. »Mein Vater hat gesagt, es sind sowieso zuwenig Bäume in der Stadt. Darum ist auch die Luft so schlecht.«
»Ich kenne einen von der Polizei«, erklärte Gerd, »der hilft uns bestimmt!«
Kiri hörte nur mit halbem Ohr hin. Sie machte sich keine Sorgen. Das gab es nicht, daß jemand den Baum fällte! Erstens war er viel zu groß, und zweitens war er schon immer da.
»Versteh' ich nicht«, sagte Jochen am anderen Tag, als Gerd von der Polizei zurückkam.
»Na ja«, sagte Gerd, »und er hat gesagt, es tut ihm ja auch leid. Aber hier ist nun mal 'ne große Stadt, und Menschen brauchen Häuser, um darin zu leben. Da müssen die Bäume Platz machen. Früher sollen hier überhaupt lauter Wälder gewesen sein.«
»Und was jetzt?« fragte Jochen.
Gerd dachte nach. Plötzlich lachte er los.
»Mensch!« sagte Gerd. »Ganz einfach! Schließlich haben wir Ferien. Wir werden abwechselnd oben wachen. Glaubst du, daß die einen Baum fällen, wenn ein Kind darin sitzt?«
»Nee«, meinte Jochen.
Und dann lachten sie beide.

Nach zwei Tagen war es soweit. Gerd wollte eben Jochen ablösen, als der Lastwagen vorfuhr. Schnell hob Gerd Kiri auf den untersten Ast und kletterte selber hinauf. Es waren sechs Männer, die jetzt ihr Werkzeug heranschleppten.
»Na, denn komm mal 'runter!« rief ein junger Bursche Kiri zu.
»Nein«, sagte sie.
»Was heißt hier nein?« brummte einer, der ein rotes Hemd trug.
»Wir wollen nicht, daß der Baum gefällt wird!« schrie Jochen.
Und Gerd fügte hinzu: »Wir bleiben sitzen!«
Der mit dem roten Hemd wurde wütend. Die anderen lachten.
»Nun kommt schon«, sagte da der Leiter des Trupps, der ein alter Mann war. »Hat ja doch keinen Zweck.«
»Hat Zweck!« schrie Gerd. »Ihr könnt den Baum nicht umhauen, wenn wir draufsitzen!«
»Das nicht«, gab der Alte zu. »Aber wir können euch 'runterholen«, erklärte er dann.
»Pah!« machte Jochen.
»Zur Not mit der Feuerwehr.«
»Ihr dürft den Baum nicht fällen«, sagte Gerd. »Er ist schön. Und er ist der letzte hier.«
Der alte Mann zündete sich eine Zigarette an. Er nickte.
»Ich versteh euch schon«, sagte er. »Ist auch schade. Aber der Baum wird gefällt werden, und ihr könnt es nicht ändern. Ich möchte euch nicht mit Gewalt 'runterholen. Aber wenn eine Sache keinen Sinn hat, sollte man ein guter Verlierer sein. Überlegt euch das. Eine Minute Bedenkzeit.«
»Wir gehen nicht 'runter!« schrie Kiri.
»Sei still«, sagte Gerd.
Und auf einmal war er neben ihr. Und es war wie alle Tage, wenn er ihr vom

Baum half, weil sie nach Hause mußten. Aber es war trotzdem ganz anders. Zuerst sperrten die Männer das Grundstück ab. Die Kinder mußten zurück bis auf den Bürgersteig. Dann hörte Kiri die Schläge der Axt. Sie schaute nicht hin. Der Baum würde nicht gefällt werden, das war klar. Irgend etwas würde geschehen.

Jochen und Gerd sahen schweigend zu, wie sich die Säge in den Baumstamm fraß. Seltsam starr standen sie nebeneinander, und man hätte meinen können, daß sie Feinde wären.

Kiri blickte auf die Straße. Die Jungen würden etwas unternehmen. Die machten das schon. Sie mußte nur ein bißchen warten.

Aber dann drehte sie sich plötzlich um. Es war der Augenblick, in dem der Baum fiel. Kiri sah, wie er sich langsam vornüberneigte. Danach war der Himmel groß und leer. Kiri blickte die Jungen an.

»Nein«, sagte sie. Und als sie keine Antwort bekam, nach einer Weile noch einmal: »Nein.«

Gina Ruck-Pauquèt[1]

Zum Nachdenken

Man muß nicht alles hinnehmen, was passiert. Man muß sich wehren. Es kann sein, daß man nicht gewinnt. Das kann traurig machen. Aber es sollte kein Grund sein, nachzulassen im Bemühen um die Bäume = um die Erhaltung der Natur. Gespräch über Greenpeace, den Bund für Umwelt und Naturschutz in Deutschland (BUND) oder auch über örtliche Initiativen zur Rettung von Bäumen.

Zusatzmaterial

Ich schenke dir diesen Baum

Ich schenke dir diesen Baum.
Aber nur,
wenn du ihn wachsen läßt,
da wo er steht;
denn Bäume sind keine Ware,
die man einfach mitnehmen kann.
Sie keimen und wurzeln
in unserer alten Erde,
werden hoch wie ein Haus
und oft sogar älter als du.
Ich schenke dir diesen Baum,
das Grün seiner Blätter,
den Wind in den Zweigen,

die Stimmen der Vögel dazu
und den Schatten,
den er im Sommer gibt.
Ich schenke dir diesen Baum,
nimm ihn wie einen Freund,
besuche ihn oft,
aber versuche nicht, ihn zu ändern.
So wirst du sehen,
daß du viel von ihm lernen kannst.
Eines Tages sogar
seine Weisheit und Ruhe.
Auch wir nämlich sind Bäume,
die in Bewegung geraten sind.

Harald Braem[2]

---

1 Aus: ›Vorlesebuch Religion 1‹, a. a. O., S. 212–216. © Autorin. Vgl. auch die Zeilen von Eugen Roth: »Zu fällen einen schönen Baum braucht's eine halbe Stunde kaum. Zu wachsen, bis man ihn bewundert, braucht er, bedenk es, ein Jahrhundert.«

2 Aus: ›Augenaufmachen. 7. Jahrbuch der Kinderliteratur‹, hrsg. von Hans-Joachim Gelberg, Beltz Verlag, Weinheim und Basel 1984, Programm Beltz und Gelberg. Hölderlin sagt: »Das Kind und der Baum suchet, was über ihm ist.«

Zum Nachdenken
Was du von Bäumen lernen – an ihnen erkennen – kannst, das kannst du auch von Menschen lernen – an ihnen erkennen. Du mußt dir nur Zeit nehmen, genau hinschauen, selbst ein Freund / eine Freundin werden.

Unsere Kinder haben uns die Erde geborgt

Ein Weiser ging einmal über Land und sah einen Mann, der einen Johannisbrotbaum pflanzte. Er blieb bei ihm stehen, sah ihm zu und fragte:»Wann wird das Bäumchen wohl Früchte tragen?« Der Mann erwiderte:»In siebzig Jahren.«
Das sprach der Weise:»Du Tor! Denkst du, in siebzig Jahren noch zu leben und die Früchte deiner Arbeit zu genießen? Pflanze lieber einen Baum, der eher Früchte trägt, daß du dich ihrer erfreuest in deinem Leben.«
Der Mann aber antwortete:»Herr, als ich zur Welt kam, da fand ich Johannisbrotbäume und aß von ihnen, ohne daß ich sie gepflanzt hatte, denn das hatten meine Väter getan. Habe ich nun genossen, wo ich nicht gearbeitet habe, so will ich einen Baum pflanzen für meine Kinder und Enkel, daß sie davon genießen. Wir Menschen mögen nur bestehen, wenn einer dem andern die Hand reicht.
Jüdische Legende

Seite 21
Das Gebet S. 21 führt das ›gut zur Erde sein‹ mit einem Versprechen an Gott (»Noch ist sie schön, die Erde. Sie soll es bleiben, Gott«) im Blick auf die Zukunft des Planeten und seiner Bewohner noch einmal aus. Der Kanon (nach dem Text von Häuptling Seattle) – leicht singbar – gibt der Erde ihre höchste Würdebezeichnung: Sie ist heilig (›Heilig‹ hier im Sinne von ›nahe zu Gott‹). Das berühmte Nolde-Bild ›Der große Gärtner‹ bedarf einer eingehenden Interpretation: Ein alter bärtiger Mann (nur Kopf und Umrisse seines Körpers sind zu erkennen) berührt mit seiner Rechten zart eine aufragende gelbrötliche Pflanze, die nur aus Stengel und Blüte besteht. Zwei weitere Pflanzen, die eine davon verzweigt, mit dunklen, roten und gelben Blüten wachsen beiderseits. Es ist ein auf Wesentliches hin komprimierter Garten, und im Gärtner begegnet uns das Bild Gottes als alter Mann, das wir sonst bei Kindern zu reduzieren versuchen. Hier können wir es akzeptieren, einmal wegen der Verhaltenheit der Darstellung, zum anderen wegen der völligen Einheit von Schöpfer und Geschöpf: Es geht um die creatio continua, die sich unablässig erneuernde und fortsetzende Schöpfung.[1] Du schaffst die Erde (Natur und Kreatur) neu:»Schickst du aufs neue deinen Atem, so entsteht wieder Leben. Du gibst der Erde ein neues Gesicht« (Psalm 104,30), und darum können wir sie immer wieder neu aus deinen Händen empfangen. Davon können die Kinder erzählen, daß Gott seine Schöpfung liebhat und stets erneuernd in ihr wirkt (Bildzuschrift). Nicht zuletzt darum ist die Erde, seine Schöpfung, heilig. Geheimnisvoll bleibt das Bild – auch dies können

---

1 Auch panentheistisch läßt sich das Bild deuten. Vgl. Anm. 2, S. 28.

die Kinder erspüren. Doch ist es dem Maler[1] gelungen, die Gottesgebundenheit von Werden, Wachsen und Blühen überzeugend umzusetzen.[2]

Gedanken (auch für Kinder) im einzelnen:

1. Der große Gärtner schaut seine Blumen liebevoll an (er berührt sie liebevoll). Allem, was im Garten wächst, wendet er seine Aufmerksamkeit zu. Er interessiert sich dafür, ob und wie ihm etwas gelungen ist, er nimmt es in die Hand, berührt es, wartet, bleibt geduldig, bis die Zeit der Reife und des Fruchttragens gekommen ist. So können auch wir mit unseren Pflanzen umgehen.
2. Gott schaut alle seine Geschöpfe so an. Und diese Geschöpfe antworten ihm dann in Lob und Dank, z. B. eine Pusteblume (vgl. Bd. 1, S. 12):

Psalm einer Pusteblume

Den Duft der Rosen verbreite ich nicht,
köstliche Früchte reifen nicht an mir.
Dennoch schäme und verkrieche ich mich nicht,
lasse mich nicht entmutigen.
Vielmehr wachse und blühe ich überall.

Ich wachse auf Wiesen und an Straßenrändern,
auf Müllplätzen und in Gärten.
Ich danke dir, Herr, daß ich überall Heimat finde.

Ich strecke mich dem Wind entgegen,
wachse Blumen und Gräsern über den Kopf.
Der Wind ist mein rauher, aber herzlicher Freund.
Er bläst mir ins Gesicht.
Ich danke dir, Herr, für meinen Freund, den Wind.

Wer mich findet, darf mich pflücken,
pusten und lachen,
denn du, Herr, hast mich zum Nutzen der Tiere
und zur Freude der Kinder erschaffen.[3]

3. So schaut Gott auch mich an »erfreut, dankbar, hoffend, weil ihm aus mir etwas entgegenstrahlt wie aus einem Spiegelbild: sein eigenes Gesicht, seine Güte, seine Erwartung« (Josef Bill). Auch ich lebe vom Angeschautwerden. Auch ich kann mich öffnen wie eine Blume. Auch ich kann Gott antworten in Dank und Lob: Kanon ›Die Herrlichkeit des Herrn bleibe ewiglich‹, S. 13;

---

1 Das Werk (Öl auf Leinwand) entstand 1940 und befindet sich in der Sammlung Sprengel im Kunstmuseum Hannover.
2 In Erinnerung bringen läßt sich auch aus Bd. 3, S. 33 die Zeile des Matthias Claudius-Liedes ›Doch Wachstum und Gedeihen steht in des Himmels (des Höchsten) Hand‹.
3 *Helmut Herberg*, in: ›Wege entdecken‹, hrsg. von der Arbeitsgemeinschaft Missionarische Dienste, Stuttgart 1980. © Autor.

›Mein Herz ist bereit, daß ich singe und lobe‹ – Psalm 57,8; ›Du bist der Gott, der mich anschaut‹ – Genesis 16,13; ›Herr, es macht mir Freude, dir zu danken, dich, den Höchsten, mit Liedern zu preisen, frühmorgens schon deine Güte zu rühmen und nachts noch deine Treue zu verkünden‹ – Psalm 92,1–3.

Zum Themenaspekt ›Jeder Mensch ist wie ein Gärtner, der mit der Schöpfung liebevoll umgeht‹, Gina Ruck-Pauquèts ›Sonnenblume‹: Sascha zieht eine Sonnenblume mit viel innerer Beteiligung auf, und er erfährt dabei von einem zunächst unzugänglichen alten Mann im entscheidenden Moment Hilfe.[1]

Gärtnerin in einem ganz besonderen Sinne wird Anna im kargen Hochland Südamerikas, die einen Traum vom Paradiesgarten Gottes träumt und sich entschließt, ein Stückchen davon – und sei es noch so minimal – umzusetzen. In ihrem fast aussichtslosen, utopischen Handeln ist Anna eine wahre, eine überzeugende Gärtnerin Gottes. Einem intensiven Gespräch über diese Geschichte korrespondiert gut das Jahreslied S. 5.

Der Garten

Anna lebte in einem armseligen Dorf auf der Hochebene. Die Häuser waren aus Lehm gebaut und lagen eng beisammen, um sich gegenseitig vor Sonne und Wind zu schützen. Die Menschen bemühten sich, ihre Felder zu bestellen, doch die Arbeit war mühsam und die Ernte gering, denn es gab wenig Wasser, und das Land war Sonne und Wind schutzlos preisgegeben.

Eines Nachts hatte Anna einen seltsamen Traum. Ein junger Mann, in dem sie einen Engel erkannte, rief ihr zu: »Komm mit!« und ging ihr voraus. Sie wanderten einige Zeit und kamen schließlich an eine hohe Mauer, die aus Lehm gebaut war und eine riesige Fläche im Viereck umgab. Der Engel legte eine Leiter an, und sie stiegen hinauf. Oben war die Mauer so breit, daß sie bequem darauf gehen konnten. Wie staunte Anna, als sie unter sich einen wunderschönen Garten sah.

Da wuchsen die verschiedensten Bäume. Einige hatten dichte Kronen, in denen bunte Vögel herumflatterten und zwitscherten; andere trugen Früchte, die Anna noch nie gesehen hatte. Das Laub der Bäume leuchtete in den verschiedensten Farben. Der Garten wirkte schattig und angenehm kühl. Zwischen den Bäumen breitete sich eine Wiese aus, auf der kleinere Blütenbüsche standen, dann gab es auch Beete, gefüllt mit Blumen aller Arten und Farben. Die ganze Luft war von einem feinen Duft erfüllt.

Anna schaute und konnte sich nicht sattsehen. Da führte der Engel sie ein Stück weiter auf der Mauer und zeigte ihr die Mitte des Gartens. Dort stieg Wasser in einem Springbrunnen in die Höhe und ergoß sich in ein großes Becken. Von da aus verteilte es sich in vier Bäche, die nach allen vier Seiten hin den Garten durchflossen. Anna be-

---

1 In: ›Vorlesebuch Religion 2‹, a. a. O., S. 75–58.

kam große Lust, von der Mauer zu hüpfen, und ihre Arme in dieses Wasser zu tauchen. Wasser, das war etwas, das ihnen im Dorf immer fehlte. Und hier gab es sprudelndes Wasser in großer Menge! Aber der Engel hielt sie zurück:

»Du kannst nicht in den Garten«, sagte er, »aber sieh weiter!«

Nun erst gewahrte Anna die Menschen, die sich dort unten aufhielten. Unter einem Baum saß eine Gruppe von Leuten, die miteinander sangen. Einige begleiteten die Lieder auf Musikinstrumenten, andere tanzten. An einer anderen Stelle waren zwei Jungen dabei, eine Brücke über einen der Bäche zu bauen. Sie halfen sich gegenseitig, zuweilen hielten sie inne und überlegten miteinander, bevor sie weiterbauten. Nun erblickte Anna eine Gruppe von Menschen, die im Garten auf und ab gingen und sich lebhaft unterhielten. Wenn einer sprach, hörten die anderen zu. Es waren ältere und jüngere Menschen, und Anna hatte das Gefühl, daß jeder vom anderen lernen wollte.

In einer abgelegenen Ecke des Gartens saßen sich ein Mann und eine Frau unter einem blühenden Kirschbaum gegenüber. Sie hielten sich an der Hand und schauten sich glücklich an. In der Nähe des Brunnens las ein Vater seinem Kind aus einem Buch etwas vor. Er hatte den Arm um das Kind gelegt, hielt beim Lesen immer wieder inne und erklärte ihm etwas.

Zuletzt richtete Anna ihren Blick auf eine dichte Rosenhecke. In ihrem Schatten wiegte eine Mutter ihr Kind auf den Armen.

»Ach, laß mich doch in den Garten hinunter«, bat Anna den Engel.

»Dies ist der Garten des Paradieses«, antwortete er, »ein Ort, an dem alle in Liebe beieinanderwohnen. Du kannst jetzt noch nicht hinein. Aber du kannst versuchen, ein wenig davon auf Erden zu verwirklichen.«

Darauf wurde es um Anna dunkel, und der Engel war verschwunden.

Als Anna erwachte, war sie sehr traurig. Sie lag auf ihrer Strohmatte, draußen heulte der Wind, der das Land austrocknete und die Regenwolken vertrieb, auf die sie so sehr warteten. Warum hatte sie nicht in diesem herrlichen Garten bleiben dürfen? Hatte sie hineinschauen sollen, damit ihr Herz immer vor Heimweh danach brannte? Oder gab es noch einen Grund?

Später trat Anna auf die Gasse, und wie immer scharten sich die Kinder des Dorfes um sie.

»Kommt mit«, sagte sie, »wir wollen gemeinsam einen Garten pflanzen.«

Während sie am Rand des Dorfes den trockenen Boden umgruben, mühsam wässerten und kleine, dürftige Pflanzen einsetzten, erzählte Anna von dem Garten, den sie im Traum gesehen hatte.

»So schön wird unser Garten nie werden«, seufzte sie, »aber ein wenig soll er ihm ähneln.«

Und sie freute sich, als sie sah, wie Tom und Paulo gemeinsam die Gießkanne schleppten und wie Maria dem weinenden Jan tröstend übers Haar strich und ihm eine Träne abwischte.

Mechtild Theiss[1]

---

1 Aus: ›Vorlesebuch Symbole‹, hrsg. von E. Domay, Verlage Kaufmann/Patmos, Lahr/Düsseldorf [3]1994, S. 211–213.

Abschließend und zusammenfassend zu den Seiten 17–21 kann Gudrun Pausewangs Text »Zwiegespräche« in verteilten Rollen gelesen und dann im Gespräch
erörtert werden. Die Kinder artikulieren noch einmal ihre Standpunkte zu einzelnen Aspekten z. B. Waldsterben, Luftverschmutzung, Bodenverseuchung, Be-
völkerungsexplosion, Zukunft (meine Zukunft), Generationen. Sie bringen dabei
ihre aus der Einheit (nicht zuletzt aus den Erzählbeispielen) gewonnenen Ein-
sichten und Fragen, aber auch ihre Angst/Skepsis (»Wenn alles so kommt,
möchte ich nicht mehr leben«) zusammenfassend ein.

Weitere Möglichkeiten:
Die Kinder erhalten ›Zwiegespräche‹ als Arbeitsblatt. Anweisungen:
1. Unterstreicht den Satz, der euch am wichtigsten ist. Schreibt ihn heraus! Ganz
   groß auf ein Extrablatt! Malt ein Bild dazu.
2. Singt noch einmal den Kanon ›Viele kleine Leute‹ (Bd. 2, S. 15).
3. Gestaltet eine Feier zum Thema ›Lob und Bewahrung der Erde‹. Dazu könnt
   ihr aus der Klasse in die Schöpfung hinausgehen: Lieder singen – Geschichten
   erzählen – Gespräche führen. Ihr könnt euch aber auch ›Schöpfung‹ in die
   Klasse hereinholen. Als zentraler Text in dieser Feier eignet sich gut ›Behüten
   und Bewahren‹. Meditation zu Gottes Garten.
4. Wenn ihr einen Schulgarten habt, bezieht ihn ein. Wenn ihr Blumen und
   Kräuter auf der Fensterbank habt, bezieht sie ein.

Zwiegespräche

Björn: Stimmt es, Oma, daß die Wälder nur noch Gerippe sein werden, wenn
ich so alt bin wie du?

Oma: Wie? Was? Kannst du dir deine Fragen nicht aufheben, bis der Film
vorbei ist? – Gerippe? Unsinn. Es gab schon immer Wald, und es wird
immer Wald geben.

Björn: Stimmt es, daß dann die Luft kaum mehr zu atmen sein wird?

Oma: Da müßten wir ja ersticken. Kannst du dir das vorstellen, daß die ganze
Menschheit japst – wie Fische auf dem Trockenen?

Björn: Nein – vorstellen kann ich mir das nicht.

Oma: Na also.

Björn: Und stimmt es, daß dann auf den Feldern so gut wie nichts mehr wächst,
weil der Boden tot ist?

Oma: Was für Horrorgeschichten! Aber laß mich jetzt in Frieden. Es wird
gerade spannend. Guck doch mit!

Björn: Ich hab' gehört, daß dann doppelt so viele Menschen wie jetzt auf der
Erde leben werden.

Oma: Quälgeist! – Das geht ja gar nicht. So viele haben auf der Erde gar nicht
Platz.

Björn: Wird man sie verhungern lassen oder totschlagen?

Oma: Jetzt reicht's aber! Du siehst zu viele Horrorfilme!

Björn: Du hast es gut, Oma. Du brauchst dir das alles nicht vorzustellen. Du brauchst auch nicht darüber nachzudenken. Denn wenn's so kommen wird, bist du nicht mehr da.

Oma: Wovon redest du eigentlich, Junge? – Hallo! Wo rennst du denn hin?

Björn: Stimmt es, Mutti, daß in sechzig Jahren die Wälder fast alle tot sein werden?

Mutter: Stimmt. Wenn wir sie sterben lassen.

Björn: Und die Böden auch?

Mutter: Wenn wir die Hände in den Schoß legen.

Björn: Und daß man dann die Luft kaum mehr atmen kann?

Mutter: Wenn wir nichts dafür tun, daß sie wieder sauber wird.

Björn: Werden dann wirklich doppelt so viele Menschen wie jetzt auf der Erde leben?

Mutter: Es sieht ganz so aus.

Björn: Wenn alles so kommt, möchte ich nicht mehr leben.

Mutter: Du denkst falsch herum, Björn. Denk so: Ich will leben. Aber so, daß es eine Lust ist zu leben. Also muß ich alles tun, damit das Leben eine Lust wird.

Björn: Aber ich allein . . .

Mutter: Du allein bist fast nichts. Aber alle zusammen könnten es schaffen, wenn sie sich Mühe geben und nicht müde werden . . .

Björn: Machst du mit?

Mutter: Darauf kannst du dich verlassen!

Gudrun Pausewang[1]

Behüten und Bewahren – Meditation zu Gottes Garten

Habt ihr einen Garten?
Wenn ja: Ihr Glücklichen!
Als ich ein Kind war, hatten wir auch einen großen Garten.
Wie schön war das:
Im Sommer gleich morgens aus dem Bett, schnell anziehen und dann hinaus in den Garten.
Alles so frisch.
Der Tau auf den Gräsern.
Die aufgehende Sonne.
Da konnte ich laufen und springen und tollen. Die Wege entlang bis zu dem Bach, der am Rand des Gartens entlangfloß.

In der Mitte unseres Gartens war das »Gebüsch«: viele Sträucher, ein riesiger uralter Edelkastanienbaum, eine schiefe Tanne, die so schräg war, daß man freihändig hinauflaufen konnte, und fünf Hainbuchen, die im Kreis einen wirklichen Hain bildeten.
Und dann die Blumen:
Ich sage nur: Tulpen im Frühling, Rosen im Sommer, Astern im Herbst.
Und die Gemüsebeete.
Da bekam ich oft von Vater oder Mutter einen Auftrag, nämlich mitzuhelfen: Im Frühjahr beim Säen in die frische Erde. Im Sommer hacken und

---

1 Aus: ›Es ist doch alles grün‹. © by Ravensburger Buchverlag 1991.

Unkraut jäten. Und dann ernten: Erbsen und Bohnen, Karotten und Gurken.
Und dann die Früchte, die wuchsen: Erdbeeren und Stachelbeeren, Johannisbeeren und Brombeeren.
Und von den Bäumen: Birnen und Äpfel, Mirabellen und Quitten, Körbe voller Obst.
Wie oft bin ich da hochgeklettert im Baum oder auf der Leiter.
Ja, ein Garten, ein wunderbares Geschenk.
Kaum Schöneres ist zu denken:
Über den Rasen tollen.
Und all die Gerüche.
Und die Vögel.
Und die Jahreszeiten:
Glücklich, wer einen Garten hat.

In der Bibel, in der zweiten Schöpfungsgeschichte ganz am Anfang, wird auch von einem Garten erzählt:

Am Tag, da er, Gott, Himmel und Erde machte, ganz zu Anfang, da war noch nichts da. Es gab noch kein Gras. Und noch keinen Busch in der Steppe, denn Gott hatte noch nicht regnen lassen über die Erde. Und es war noch kein Mensch da, kein Adam, der das Land bebauen konnte.
Doch aus der Erde stieg Wasser auf, Quellen.
Und so wurde der Boden getränkt.
Und Gott nahm Erde und formte daraus den Menschen, den Adam.
Und Gott blies ihm Atem ein, Hauch des Lebens.
Und der Mensch, der Adam, holte Atem, und atmete ein und atmete aus und war ein lebendiges Wesen.
Und dann legte Gott den Garten an. Im Osten, in Eden, im üppigen Land. Gott ließ es wachsen aus der Erde. Bäume kamen hervor, Bäume von vielerlei

Art, prächtige Bäume mit wunderbaren wohlschmeckenden Früchten.
Und in diesen Garten brachte Gott den Menschen, den er geschaffen hatte.
Und zwei besondere Bäume wuchsen in der Mitte des Gartens: Ein Baum, dessen Früchte unvergängliches Leben schenken, und ein Baum, dessen Früchte erkennen lassen, was gut ist und was böse.
So erzählt der Gottesmann in der Urzeit des Alten Testaments, der Mann, der nachdachte über Gott und die Menschen und die Zeit des Anfangs, wie all das gekommen ist.
Er gab Gott den Namen »Jahwe«. Darum heißt er »der Jahwist«. Denn seinen richtigen Namen kennt man nicht.
Er hat uns all die Geschichten aufgeschrieben von Adam und Eva, von Kain und Abel, von der großen Flut, von Gottes Bund mit den Menschen, vom Turmbau, von den Vätern Israels und von Mose.
Und er erzählt, daß im Garten Eden ein Fluß entsprang, der den Garten bewässerte. Und dieser Fluß teilte sich auf in vier Arme mit Namen Pischon, Gichon, Tigris und Eufrat.
»Also«, erzählt der Jahwist:
»Gott nahm den Menschen, den Adam, und brachte ihn in diesen Garten Eden.
Und er gab ihm einen Auftrag:
›Du sollst diesen Garten pflegen und behüten, du sollst ihn bauen und bewahren. Das ist deine Aufgabe. Das ist mein Auftrag.‹«

Ja, ich denke mir, daß der Mensch Adam diesen Auftrag erfüllt hat, daß er gern in dem Garten Eden war, in dem es wuchs und blühte und gedieh, weil Wasser da war, genug Wasser.
Ja, ich stelle mir vor, er war so gern in seinem Garten, wie ich es in dem meinen war.

Gern habe ich die Aufträge meiner Eltern erfüllt, den Garten zu pflegen und zu behüten, ihn zu bebauen und zu bewahren.
Ich war glücklich in meinem Garten.
Einen Wunsch hätte ich, einen unerfüllbaren: Die ganze Welt wie ein Garten, wie ein Garten Gottes, immer genug Wasser, daß es wachsen kann und gedeihen, immer Menschen da, die bebauen und bewahren, das wäre etwas:
Die ganze Welt ein Paradies.

Zusatzmaterial

Andacht – Alle sind Geschöpfe Gottes

Da kommt die Frau mit dem
Staubsauger.
Da läuft die Spinne.
Eine Bewegung.
Schon ist sie weggesogen.
Schon ist sie tot.

Da kommt der Mann mit der
Fliegenklatsche.
Eine Fliege auf dem Tisch.
Sie freut sich ihres Lebens.
Klatsch!
Sie ist tot.

Ein Regenwurm auf dem Fußweg.
Der Junge tritt zu.
Quatsch!
Da ist da nur noch Matsch.

Es gibt die Geschichte von Dicky,
der zutiefst erschrocken ist,
als sein Vater die Wespe
mir nichts, dir nichts,
einfach totschlägt.
Sie hatte sich im Eigelb verklebt.
Dicky wollte etwas Wasser holen,
um sie zu lösen.
Als er zurückkam, war sie tot.
»Warum denn, Papa?« hat er gefragt.
»Warum nicht!« hat der gesagt.

Es gibt die ganz andere Geschichte
von dem Jungen auf dem Bauch
am Tümpel:
Er hat einen Ast weit ins Wasser
geschoben.

Da draußen, da kämpft ein Käfer
ums Leben.
Er strampelt. Er droht unterzugehen.
Da sieht er den Ast. Er krabbelt drauf.
Er kann sich retten.
Vorsichtig zieht der Junge den Ast
an Land.
Er ist froh.
Es ist ein großartiges Gefühl:
Ich habe einem Käfer
das Leben gerettet.

Aber anderswo:
Einer Fliege werden die Flügel
ausgerissen.
Nur so zum Spaß.
Eine Schnecke wird zertreten.
Nur so zum Spaß.
Ein Frosch wird aufgeblasen,
bis er platzt.
Nur so zum Spaß.

Das ist kein Spaß.
Das ist gegen Gottes Schöpfung.
Das ist gegen Gott.

Warum nur? Warum nur
machen Menschen so etwas?
So gedankenlos.
Nur, weil es so klein ist, das Tier?
Nur, weil es sich nicht wehren kann?
Würdest du einen Elefanten töten?
Nur so?
Nur weil er dir gerade über den
Weg läuft?

Willst du wirklich ein Insekt töten
dort auf dem Fußboden,
auf dem Tisch,
an der Fensterscheibe?
Nur so?
Wirklich?
Weil es den Schmerz nicht fühlt,
wie du denken magst?
»Quäle nie ein Tier zum Scherz,
denn es fühlt wie du den Schmerz«,
sagt das Sprichwort.

Nein, ich kann es mir nicht denken,
daß du das willst,
unschuldige Tiere vom Leben
zum Tode bringen.
Ich kann es nicht glauben.
Viele haben dagegen gesprochen,
unschuldige kleine Tiere
einfach zu töten.
Goethe zum Beispiel.
Oder der berühmte englische Dichter
Oskar Wilde. Der hat gesagt:
»Die Fliege ist dein Bruder.
Tu ihr nichts zuleide.
Die Vögel im Walde sind
deine Brüder.
Tu ihnen nichts zuleide.
Alle haben ihren Platz.
Auch die Blindschleiche.
Auch der Maulwurf.
Alle haben ein Recht auf Leben.«
Und Albert Schweitzer hat es gesagt.
Immer wieder hat er die Geschichte
erzählt aus seiner Kindheit, als sein
Bruder ihn mitnehmen wollte am
Sonntagmorgen zum Vogelschießen.
Und wie sein Bruder den Stein in die
Schleuder tat und sich duckte, um ei-
nen Singvogel zu treffen.
Und wie da plötzlich die Sonntags-
glocken anfingen zu läuten. Und wie
der kleine Albert aufsprang und die
Vögel wegscheuchte und nach Hause
floh, denn die Glocken hatten es ihm
gesagt:

›Du sollst nicht töten!‹
Albert Schweitzer, der berühmte Ur-
walddoktor von Lambarene in Afrika,
immer hat er den Tieren beigestanden,
sein ganzes langes Leben lang. Wenn
ein Loch gegraben wurde für einen
Pfahl und ein kleines Tier hineinfiel,
Albert Schweitzer holte es heraus, ließ
es laufen, schenkte ihm das Leben.
Albert Schweitzer hat es uns gelehrt:
»Natürlich müssen wir Tiere schlach-
ten als Nahrung für uns. Das ist in
Ordnung.
Natürlich müssen wir Gras mähen als
Nahrung für das Vieh. Das ist in Ord-
nung.
Aber wenn du mutwillig die kleine
Blume am Wege zertrittst, dann zer-
störst du ein Wunderwerk Gottes.
Dann vergehst du dich gegen die
Schöpfung.
Gegen Gott.
Denn: Alles, was lebt auf dieser Erde,
ist etwas Heiliges,
es ist Gott heilig.
Darum sollst du Ehrfurcht haben
vor allem, was lebt,
Ehrfurcht vor dem Leben.
Gott würde auch kein Tier töten.
Nur so.
Und der Mensch ist ein Ebenbild
Gottes.

Alle Tiere sind heilig.
Für die Hindus ist die Kuh
besonders heilig.
Aber heilig ist auch
die Maus,
die Laus,
die Schlange.

Darum: Sorge für die Tiere.
Gott hat es gesagt:
»Alle Tiere vertraue ich euch an,
euch Menschen. Sorgt für sie!«
So steht es in der Bibel.

Darum: Sorge nicht nur für dein Meer-
schweinchen
(aber sorge auch für das gut),
sorge nicht nur für deine Kaninchen
(aber sorge auch für die gut),
sorge nicht nur für deine Katze,
nicht nur für deinen Hund,
sorge auch für den Regenwurm,
der draußen auf dem Plattenweg sich
windet und keine Erde findet, in die er
sich verkriechen kann. Nimm ihn auf.
Setze ihn dorthin, wo er Erde findet.
Sorge auch für die Fliege, die auf den
Rücken gefallen ist und strampelt und
nicht wieder hoch kann. Drehe sie um.
Laß sie fliegen.
Sorge auch für die Spinne, die in die
Badewanne gefallen ist und an den
glatten Wänden nicht mehr hoch-
kommt. Wenn du sie nicht anfassen
magst, tu ein Stückchen weiches Papier darüber, nimm sie vorsichtig hoch
und schenke ihr die Freiheit.
Auch die Wespe will dir nichts Böses.
Du darfst nur nicht so herumfuchteln.
Dann denkt sie, du bist ihr Feind.
Verhalte dich ruhig. Laß sie krabbeln
auf deinem Ärmel. Du brauchst keine
Angst zu haben. Du wirst am Leben
bleiben.
Und sie kann auch leben.

Schau sie dir an,
die Schmetterlinge,
die Libellen,
die Bienen,
die Fliegen,
die Spinnen,
die Asseln,

die Regenwürmer,
die Schnecken,
alle sind Geschöpfe Gottes.
Alle wollen leben.

Gott, ich bitte dich um Liebe,
um Liebe für die Raupe
und für die Spinne,
auch wenn sie mich ekeln,
um Liebe für den Grashüpfer,
um Liebe für den Tausendfüßler,
um Liebe für den Wurm
und die Brennessel,
um Liebe für den Löwenzahn,
um Liebe für alles, was manche
Menschen Unkraut nennen,
um Liebe für all das Kleine, Geringe,
kaum Sichtbare,
das da wächst, das da lebt
auf deiner heiligen Erde.
Gott, ich bitte dich um Frieden
für Mensch und Tier, um Schalom.

Schalom für Mensch und Tier.
Schalom, dann ist die Erde hier
ein Paradies, wo jedermann
den Frieden endlich finden kann.

Mensch und Tier,
beide können Gott loben.
Du kannst Gott loben.
Mit deinem Gesang.
Mit deinem Gebet.
Mit deinem Leben.
Die Tiere können Gott loben.
Mit ihrem Leben.
So steht es in der Bibel:
Lobt ihn, wilde und zahme Tiere,
ihr Vögel und alles Gewürm.
                              Psalm 148,10

Teil 3: Die Ur-Geschichten des Jahwisten (Seiten 22–33)

Absichten

Die Kinder sollen:

- sich im Gegenüber zum Schöpfungs-Lied Genesis 1 mit der Schöpfungserzählung des Jahwisten auseinandersetzen – S. 22–23
- das Nachdenken des Jahwisten über die Entstehung der Sünde mitverfolgen – S. 24
- das Thema Arbeit (als Auftrag Gottes) reflektieren – S. 25
- das Nachdenken des Jahwisten über den Mord an Menschen (Kain und Abel) mitverfolgen – S. 26–27
- die Menschheitsüberlieferung von der Urflut in der Version des Jahwisten kennenlernen – S. 28–29
- das Nachdenken des Jahwisten über die Gotteszusage ewiger Bewahrung der Schöpfung (Gottes Friedensbund mit Noah) mitvollziehen – S. 30–31
- dem Jahwisten in seinen Gedanken über die Hybris der Menschen (Turmbau) folgen – S. 32–33

Seiten 22–33

Genesis 2,4b–3,24

»In Genesis 1 ist der Mensch die Spitze einer kosmologischen Pyramide; in Genesis 2 ist der Mensch die Mitte, um die herum Gott sein Wirken aufbaut. Während sich in Genesis 1 die Schöpfung durch die Zurückdrängung der Wasser vom Chaos zum Kosmos fortbewegt, setzt der Jahwist[1] (wir haben es in diesem 500 Jahre älteren Text jetzt mit einem Einzelerzähler zu tun) den Urzustand als wasserlose Wüste voraus, die Gottes Freundlichkeit durch Bewässerung zur Oase,[2] zum Kulturland, umgestaltet« (G. von Rad). Es ist ein enger Bereich, den dieser Erzähler beschreibt, es ist die ganz nahe Welt des Menschen: der Garten, die Ströme, die Bäume, die Tiere, der Mensch, der Mann und die Frau.

Es geht dem Jahwisten darum, Deutungen für das zu allen Zeiten in aller Welt Vorfindliche zu finden. Während der priesterschriftliche Text Genesis 1 von der Frage geleitet ist ›Woher kommt alles, was ist?‹, liegt dem jahwistischen Erzählzyklus die Frage zugrunde ›Warum ist der Mensch so, wie er ist – ein fehlsames Wesen, das auf den Tod zugeht?‹

Von 2,4b bis zum Ende des 3. Kapitels wird ein fortlaufendes Geschehen erzählt. Es führt von der Erschaffung des Gartens, der Menschen, der Tiere, der Gefährtin, über Gebot (Verbot, vom Baum der Erkenntnis zu essen), Verführung (durch die Schlange), über Verhör und Strafe bis zur Ausweisung, verbunden mit dem gnädigen Bekleiden. In der Mitte steht die Frage ›Adam, wo bist du?‹ In dieser

---

1 Sein Werk entstand im 10. Jahrhundert, in der Zeit, in der das Davidisch-Salomonische Reich auf dem Höhepunkt seiner Macht und seines Glanzes angelangt war. Der Jahwist ist ein begabter Erzähler, der in schönen kräftigen Sprach-Bildern einen höchst lebendigen Stil schreibt.

2 Vgl. Jesaja 35,6: »Denn es werden Wasser in der Wüste hervorbrechen und Ströme im dürren Land«.

Frage geht Gott dem Menschen nach, der sich vergangen hat und nun verstecken will. Zweierlei liegt in diesem Nachgehen: daß Gott den Menschen in seinem Ungehorsam stellt und straft (Gott läßt seiner nicht spotten) und daß er dennoch den Verurteilten das Leben läßt – entgegen seiner Ankündigung. Ungelöst bleibt das Rätsel, wie aus Gottes Schöpfung die Verführung zum Bösen kommen konnte.

Im einzelnen

1. Der Mensch ist Geschöpf Gottes, mit Fürsorge und Liebe aus der Erde des Gartens (Muttererde!) erschaffen[1] und durch den schöpferischen Atem belebt[2] (vgl. Religionsbuch S. 11). Die Tiere werden dem Menschen gegeben (er nimmt sie als Gehilfen, gibt ihnen Namen). Die Frau wird dem Manne gegeben (als Partnerin, nicht als Dienerin). Das Bild von der Rippe zeigt: Ein Fleisch sind sie als zwei Ausprägungen des einen Menschen: ›isch‹ und ›ischa‹, wie es im Hebräischen heißt.

2. Gott gestaltet eine Gartenlandschaft – für Orientalen ein Ort der Schönheit und Freundlichkeit (›Üppigland‹ übersetzt Martin Buber). Dieser Garten ist das Bild des ur- und endzeitlichen Lebens bei Gott (Paradies).

3. Gott gibt dem Menschen die Möglichkeit, diesen Garten sorgsam zu bebauen und zu pflegen (es ist der Kulturauftrag für die Welt Gottes). Der Mensch ist Mitschöpfer. Aber ihm ist auch eine Grenze gesetzt: Der Baum des Lebens (als Bild für Gott selbst) wird ihm ebenso verwehrt, wie der Baum der Erkenntnis (als Bild für Gottes Allwissenheit und Allmacht).[3] Der Jahwist bringt hier sein Wissen um die Unterworfenheit des Menschen unter Gesetzmäßigkeiten und Normen zum Ausdruck (vgl. die Zehn Gebote), ohne die kein gemeinschaftliches Leben, ja keine Freiheit möglich ist (vgl. Goethe: ›Und das Gesetz nur kann uns Freiheit geben‹).

In der Geschichte: Gott hat ein Wissen, das dem Menschen verwehrt ist (vgl. den Turmbautext Genesis 11, in dem es gleicherweise um das Streben des Menschen nach göttlichem Wissen, nach göttlicher Macht geht). Der Jahwist weiß, daß der Mensch neben seiner unüberbietbaren Würde der Gottesebenbildlichkeit auch konstituiert ist durch das Sichvergehen, Sichverfehlen. Und so führt er die Schlange ein als Symbol der Verführung, die Schlange, die den Menschen dazu bringt, sich selbst aus der Schöpfungsordnung herauszunehmen, sich in die Gefahr der Absonderung von Gott, der Sünde, zu begeben. Das Widergöttliche tritt auf den Plan und es lockt (listig, teuflisch) mit der Allwissenheit, mit der Möglichkeit, Gottes Geheimnis zu ergründen und dadurch allmächtig zu werden.

---

1 Der Mensch heißt ›Adam‹, denn er ist aus ›adama‹ (hebräisch ›Erde‹) gemacht.

2 Joachim Neander singt es 1680: ›Lobe den Herren, der künstlich und fein dich bereitet, der dir Gesundheit verliehen, dich freundlich geleitet‹ (EG 316,4).

3 Beim Baum der Erkenntnis des Guten und Bösen ist ›gut‹ und ›böse‹ nicht moralisch gemeint. ›Gut‹ und ›böse‹ steht vielmehr für das Ganze des Erkennens und Wissens. Im übrigen ist die Zweiheit der Bäume vermutlich das Ergebnis einer nachträglichen Verbindung verschiedener Überlieferungen. Es geht ja im Folgenden wesentlich nur um den einen Baum.

›Malum‹ = ›Apfel‹ ist im Lateinischen auch das Wort für ›das Böse‹. Eva nimmt den Apfel. Sie gibt ihn Adam. Der Mensch kündigt die schöpferische Gemeinschaft mit Gott auf. Er zerstört sie. Und schon ist alles ganz anders – anders auch, als die Schlange es ankündigte. Die Menschen erschrecken, sehen sich plötzlich nackt vor Gott, verstecken sich. Gott zieht sie zur Rechenschaft. Und schon sind sie nicht mehr eins (›isch‹/›ischa‹), vielmehr einander Beschuldigende. Gott straft, aber er modifiziert seine Strafandrohung. Er läßt ihnen das Leben. Und so kommt die Wortbedeutung ›Eva‹ = ›Leben‹ zur Erfüllung. Aber die Menschen müssen das Üppigland verlassen, müssen hinaus in das Chaos der unwirtlichen Natur. Sie sind jetzt am Rand des Lebens, müssen ihren Unterhalt im Schweiße ihres Angesichts verdienen. Gottes Nähe, das Leben in Fülle, ist ihnen genommen.

»Die beiden Kapitel Genesis 2 und 3 gehören zum Wunderbarsten, was je über das Menschsein des Menschen gesagt wurde« (C. Westermann).

Genesis 4,1–16
Das zerstörte Verhältnis zu Gott, so der Jahwist, hat das zerstörte Verhältnis unter den Menschen zur Folge. Wenn Gott das Opfer Abels annimmt und das Opfer Kains verwirft (›Warum?‹, so lautet die alte Frage), so deutet der Jahwist doch eine Antwort an: Es gibt Menschen, bei denen das Böse (Aggressionspotential, so würden wir heute sagen) stärker angelegt ist als bei anderen: »Warum blickst du so böse?« fragt Gott Kain vor dem Brudermord: »Warum senkst du dein Haupt? – Wenn du Gutes im Sinn hast, kannst du den Kopf frei erheben!« Und auch die spätere freche Antwort »Soll ich meines Bruders Hüter sein?« gibt der Vermutung Raum, daß der Jahwist in Kain den Typ Mensch porträtiert, dem das Widergöttliche, das Verbrecherisch-Böse von vornherein innewohnt und der Gott darum einfach nicht wohlgefällig sein kann. Brudermord, das aber ist im Mitmenschlichen höchste Steigerung des Bösen. Und so muß Kain die Strafe ereilen (denn der Mensch ist als Geschöpf Gottes freigesetzt, das Gute oder das Böse zu tun; auch Kain hätte anders können). Er fällt, wenn auch mit dem Schutzzeichen Gottes versehen, ins Chaos der Einsamkeit, der Ruhelosigkeit, der absoluten Gottesferne.

Genesis 6,5–8,17
Sagen von Flutkatastrophen kennt die Menschheit allüberall. Der Jahwist kannte sie auch. Aus seiner Sintflutgeschichte soll vor allem gehört werden, daß die Majestät des Zornes Gottes über die Sünden der Menschen Vernichtung in gewaltigen Katastrophen einschließt, daß andererseits die Erhaltung und Bewahrung unserer Erde ein Zeichen der Güte Gottes ist.
In der Sintflutgeschichte verbinden sich priesterschriftliche und jahwistische Überlieferungsstränge. Die erste, von Adam ausgehende Epoche geht zu Ende. Ein neues Weltzeitalter beginnt. So sieht es die Priesterschrift. Die Menschheit dieser Epoche aber ist zutiefst böse, und so bricht das gewaltige Strafgericht über sie herein, Wasser von oben und Wasser von unten (vgl. das Schöpfungswerk des 2. Tages Genesis 1,6–7). Nur wenige sind ausgenommen vom Tod durch Ertrinken, Noah mit seiner Familie, und von den Tieren der Erde immer ein Paar.

Wichtig ist der völlig neue Anfang nach dem Strafgericht. Eine erneuerte Schöpfung nimmt ihren Anfang. Gott verpflichtet sich aus freien Stücken, von nun ab einen unverbrüchlichen Bund einzugehen. So erfährt es der Jahwist in Tag und Jahr: Es hören nicht auf Saat und Ernte, Frost und Hitze, Sommer und Winter, Tag und Nacht. Als Bund auf Ewigkeit sieht der Jahwist diese Verpflichtung Gottes, als Friedensbund. Und immer wieder sieht er den Bogen, jenes geschwungene Farbwunder am Himmel. Und er deutet dies als Friedenszeichen Gottes.

Genesis 11,1–9
Doch auch diese neue Ordnung wird noch einmal in Frage gestellt. So wie es Fluten gab, so gab es Türme, der berühmteste unter ihnen der Stufenturm des Marduk in Babylon.[1]
Der Jahwist dürfte solche Türme gesehen haben, solche, die zerstört waren.[2] Daran knüpft er seine Erzählung: Einig sein wollen die Menschen, die von Osten kommen. Sicherheit wollen sie, Anerkennung. Und so beginnen sie zu bauen, hoch und immer höher – bis sie an eine Grenze stoßen. Im urgeschichtlichen Zusammenhang zeigt die Turmbaugeschichte, wie die Menschen in ihrem Streben nach eigener Kraftentfaltung und nach Ruhm mit ihrem Turm hinauswollen bis in die Nähe Gottes, ›der im Himmel ist‹ (Kohelet 5,1). In ihrer Hybris wollen sie (gleich Adam und Eva) sein wie Gott.
Machtversessen, gottvergessen sind sie. Aber es ist eine Strafe über sie gekommen: das Chaos der Sprachlosigkeit. Sie, die so sehr auf Einheit und Zusammenschluß bedacht waren, leben nun in einem Zustand der Wirrnis. Sie können sich nicht mehr verstehen. Sie kommen auseinander. So sieht es der Jahwist in seiner Zeit: Viele Völker, viele ganz unterschiedliche Sprachen gibt es. Sein Urteil: Mit dem widergöttlichen Turm eines übersteigerten Machstrebens haben sich die Menschen ihre eigene Zukunft als eine Gemeinschaft aller Völker verbaut: ›Schaue die Zertrennung an. . .‹.
Wir können nur feststellen, daß der 6000 Jahre alte sumerische Hoffnungstext ›Einmal in seiner Geborgenheit das ganze Weltall, die geeinten Völker‹ sich auch 3000 Jahre nach der Turmbaugeschichte des Jahwisten noch nicht erfüllt hat.
Kein Trost am Ende dieser letzten Urgeschichte. Eine schrille Dissonanz. Alle Geschichten bisher zeigten menschliches Versagen, Strafe, aber zugleich gnädiges Bewahren. Von Genesis 11 her wird erst der Bogen zu den Vätergeschichten, zur Segenszusage Gottes an Abraham in Genesis 12, neue Hoffnung begründen.

---

1 Turmbauten sind im Eufrat-Tigris-Gebiet archäologisch vielfach erschlossen und auch in außerbiblischer Literatur reich bezeugt. Interessant ist eine Keilschrift des neubabylonischen Königs Nabopolassar (etwa 600 v. Chr.), in der er von Gott Marduk schreibt: »Marduk gebot mir, den Stufenturm von Babylon, der vor meiner Zeit zerfallen und in Ruinen gesunken war, in seinem Fundament zu verankern und seine Spitze dem Himmel (in der Höhe) gleichzumachen. Ich ließ ihn also aus Backsteinen wiederherstellen. Ich trug selber Backsteine und Erde auf meinem Haupt herbei. Auch meinen ältesten Sohn und viele von meinen Untertanen ließ ich Steine, Mörtel und Opfergaben herbeischaffen.«
2 Vgl. im Religionsbuch S. 32 den Text ›Es war ein Mann, der hat es gesehn‹.

Seiten 22–23

Zum priesterlichen Schöpfungslied aus dem 6. Jahrhundert vor Christus (S. 8–10 und 12) gesellt sich nun die Schöpfungserzählung des Jahwisten, die 500 Jahre früher entstanden ist. Erfahrungshorizont und Weltsicht des Jahwisten sind vom zeithistorischen Hintergrund der Priester in Babylon, die ihren Text im Exil in der Auseinandersetzung mit dem Mardukkult (u. a. Vergöttlichung der Gestirne) entwarfen und die die Einzigkeit Jahwes als Gott betonten, völlig verschieden: Das Volk Israel ist aus der Wüste gekommen. Es hat das Land Kanaan in Besitz genommen, das Land mit seinen fruchtbaren Ebenen, mit seinen Weinbergen, seinen Feigen- und Olivenbäumen. Auch in der Königszeit um 1000–950 befindet sich Israel immer noch in Auseinandersetzung mit den Fruchtbarkeitskulten der Kanaanäer, die sagen:»Wenn es blüht, das ist unser Gott. Wenn Früchte reifen, das ist unser Gott!«

Solcher Naturvergöttlichung wehrt der Jahwist mit dem von Gott geschaffenen Garten:»Israels Gott hat all das gemacht, das Schöne, nicht ein Gott der Kanaanäer.«

Das karolingische Vierstreifenbild S. 22[1] beschreibt die Erschaffung von Mann und Frau, Sündenfall und Vertreibung (Vorgriff auf S. 24) sehr ausdrucksstark.

Erster Streifen: Links: Gott – immer ist es die Christusfigur – hebt behutsam den Kopf des gerade erschaffenen Menschen. Rechts: Ebenso zart und dezent entnimmt Gott dem liegenden Adam – der hält sein Angesicht dabei bedeckt – die Rippe, um daraus die Frau zu formen. In der Mitte – hinter einem blauen Horizont – zwei Engel, die ihre Arme segnend ausbreiten. Nach mittelalterlicher Vorstellung – viele Bilder zeigen es – sind die Engel schon vor der Weltenschöpfung Gott zugeordnet.

Zweiter Streifen: Gott – immer im weißen Unter-, roten Obergewand, mit Goldnimbus, barfuß und mit überlang weisenden Fingern – führt einmal Adam die Frau zu (der zeigt auf sie, ruft:»Da bist du!«), zum anderen verbietet er dem nackten, aufmerksam hörenden Paar den Baum der Erkenntnis des Guten und Bösen.[2]

Dritter Streifen: Die Schlange hat Eva verführt. Die Frau greift nach dem Apfel. Sie gibt ihrem Mann zu essen. Gott ertappt die Menschen, die sich Schurze gemacht haben; Eva zeigt auf Adam, Adam zeigt auf die Schlange. Gott spricht das Strafwort gegen die Schlange, die vom Baum fällt, und das Strafwort gegen die Menschen, die ihn schlechten Gewissens, zerknirscht, mit gesenktem Kopf ansehen.

Vierter Streifen: Der Engel Gottes (mit Botenstab statt Schwert) bringt die jetzt bekleideten Menschen aus dem Garten; Eva nährt unter einer Girlande ihren Erstgeborenen Kain; Adam bearbeitet mit einer großen Hacke den Boden. Die Erde ist nicht düster feindlich (Dornen und Disteln), vielmehr in gelben und hellgrünen Tönen strahlend und mit Gewächsen bedeckt, die schöne Blüten tragen.

Das Ganze ist eine wohlgeordnete Komposition in nuancierter Farbgebung und mit psychologisch subtilen Ausführungen im Detail.

---

1 Bibel von Moutiers-Grandval, Tours, um 840, London, British Museum; vgl. ›Folien 3/4‹, a. a. O., Folie 20.

2 Am Fuß dieses Baumes, so zeigt es der nächste Streifen, entspringen die vier Paradiesströme Pischon, Gihon, Tigris und Eufrat (vgl. Genesis 2,10–14).

Arbeitsfolge:

1. Die Bibel hat viele Schöpfungstexte, zwei davon stehen am Anfang, das Schöpfungslied der Priester als erster Text, die Schöpfungserzählung des Jahwisten, 500 Jahre älter, als zweiter Text.

2. *Der Mann Gottes*, Sachtext zur Einführung in die Situation des Jahwisten:[1] 1000 Jahre vor Jesus: König David regiert. Nach ihm König Salomo. In dieser Zeit gibt es am Königshof einen Mann, der viel nachdenkt über Gott und die Welt und die Menschen. Viele Fragen hat dieser Mann: Wie wurde alles in der Welt? Woher kommt der Mensch? Wie soll er sein nach Gottes Willen? Warum ist er nicht so? Warum gehorchen die Menschen Gott nicht? Wie kommt es, daß sie böse sind, daß sie sich gegenseitig töten, daß sie größer sein wollen als Gott?

   Der Mann nennt Gott ›Jahwe‹ – ›ICH BIN DA‹. Darum heißt er für uns der ›Jahwist‹. Seinen richtigen Namen kennen wir nicht.

   Ein großer Erzähler ist der Jahwist. Alle seine Fragen und auch die Antworten darauf hat er in Geschichten gekleidet, in Nachdenk-Geschichten, Glaubensgeschichten, in Geschichten von den Uranfängen, in Ur-Geschichten. Es sind die Geschichten von Adam und Eva, Kain und Abel, von der Arche Noah, vom Turmbau, die Geschichten von Abraham, Isaak, Jakob und Josef und die Geschichten von Mose. Nicht, daß alles so war. Der Jahwist erzählt Zeichen-Geschichten, die etwas anzeigen von dem, was wichtig ist. Wichtig zwischen den Menschen und Gott.

3. Die Erzählung S. 23 mit Einführungstext (»Der Jahwist kennt die Wüste«[2]) hören oder lesen. Gespräch.

4. Das Bild S. 22 in seinen beiden oberen Streifen interpretieren. Ein Mönch hat es vor 1200 Jahren (Zeit Karls des Großen) in ein Buch gemalt.

5. Vergleich des priesterlichen Schöpfungsliedes S. 9–10 (12) mit der jahwistischen Schöpfungserzählung:

Dort: Gefangenschaft in Babel, Auseinandersetzung mit dem Marduk-Kult[3]; kosmische Weltentstehung durch das schaffende Wort: Finsternis/Licht; Firmament; Wasser/Land; Kräuter/Bäume; Gestirne – als Himmelskörper, nicht als Götter wie in Babylon; Fische/Vögel; Tiere; der Mensch als Ebenbild Gottes, über Pflanzen und Tiere gesetzt (Hoheit), zu ihrer Fürsorge verpflichtet; der Mensch, der sich über die Erde ausbreiten soll. Geordnetes System: Sechs Schöpfungstage, Ruhetag.

Hier: Begrenztes Territorium; Erfahrung von Trockenland und feuchter Erde; der Mensch aus Erde gemacht; Einhauchen des Lebensatems; der Garten als

---

1 Vgl. S. 33 unten und S. 23 oben!

2 Wasser als Lebensquell. Für das Schöpfungslied der Priester ist Wasser zunächst Chaos: Tohuwabohu (Genesis 1,2).

3 Kurzinformation zum Marduk-Kult im Sachbilderbuch ›Schöpfung‹ von *Dietrich Steinwede*, Verlage Kaufmann/Patmos, Lahr/Düsseldorf 1972, S. 26–29; Nacherzählung des Marduk-Mythos in Dias ›Schöpfung‹, a. a. O., 1978, Innenseiten des Umschlags.

Zentrum der Schöpfung; Auftrag an den Menschen, als Erd-Gärtner den Garten zu pflegen und zu behüten; Verbot eines Baumes; Vögel und Tiere als Hilfe für die Menschen; Frau als Gefährtin; Nacktheit, aber keine Scham.

Seite 24

In Genesis 3,1–24 denkt der Jahwist über die Entstehung der Sünde nach. Die Menschen (Mann und Frau) werden als verführbar geschildert. Sie lassen sich verführen. Motiv: ›Wir werden wie Gott‹. Sie essen vom Baum der Erkenntnis, sie erkennen, was gut ist und böse; sie erkennen: wir haben Böses getan, indem wir ein Gebot Gottes übertreten haben; sie werden sich ihrer Nacktheit bewußt, sie beschuldigen einander – erstmals erweist sich der Gott im Garten als ein strafender Gott: Schlange, Mensch und Tier werden bestraft, die Schlange (Inbegriff hinterlistiger Verführungskunst) wird verflucht, die Menschen aber werden in der Strafe dennoch begnadigt: Sie erhalten Kleider, müssen den Garten Eden, das Paradies, aber verlassen, sind von jetzt ab auf sich allein gestellt.

Arbeitsfolge:
1. Den Text hören und besprechen.
2. Alles in den Streifenbildern 3 und 4, S. 22, wiederfinden.
3. Über ›Gut und Böse‹, ›Sünde‹, ›Verführung‹, ›Scham‹, ›gegenseitige Beschuldigung‹ und den sich in der Bestrafung doch des Menschen erbarmenden Gott diskutieren.
4. Über die Zielsetzung des Jahwisten sprechen: Genesis 3,1–24 ist eine Ur-Geschichte, eine Geschichte von den Anfängen. Der Jahwist wollte mit dieser Geschichte eine Frage beantworten, die die Menschen seiner Zeit sich stellten (die die Menschen auch heute sich noch stellen).
Gespräch: ›Welche Frage könnte das sein?‹ (›Warum tun wir Menschen immer wieder Dinge, die nicht gut sind?‹).
Der Jahwist gibt keine abschließende Antwort. Aber es gibt Hinweise: ›Die Menschen sind neugierig. Sie wollen ihr Wissen und ihre Erfahrungen erweitern. Dabei kann es dann geschehen, daß sie die ihnen gesetzten Grenzen überschreiten, weil sie sie nicht erkennen oder nicht anerkennen. Die Menschen haben die Möglichkeit zum Guten und zum Bösen. Sie können sich entscheiden. Mit seiner Geschichte versucht der Jahwist, den Ursprung von schuldhaftem Verhalten der Menschen zu erklären. Aber er entlastet die Menschen nicht. Er entläßt sie nicht aus ihrer Verantwortung.

Seite 25

Nun erwacht der Mensch.	Was deine Arbeit
Er geht an seine Arbeit und müht sich,	dir eingebracht hat,
bis es Abend wird.	das sollst du auch genießen.
Psalm 104,23	*Psalm 128,2*

In Genesis 3,18 f. reflektiert der Jahwist die Arbeit. Adam wird gesagt: »Das Feld ist verflucht. Dein Leben lang wirst du hart arbeiten müssen, damit du dich vom Ertrag des Feldes ernähren kannst. Viel Mühe und Schweiß wird es dich kosten.« Wir sehen junge Schwarze in Afrika bei Erdarbeiten; bewußt ist der Vorgang – mit der Hacke den Boden lockern – identisch mit der Arbeit Adams (S. 22, Streifen 4 rechts!) gewählt: Die urtümlichste Arbeit des Menschen ist immer noch die in der Muttererde. Aber auch jegliche andere Arbeit bis hin zur Fabrikarbeit am Fließband kann schwer und belastend sein,[1] so daß man mit Psalm 90,10 sprechen möchte: »Selbst die besten Jahre sind Mühe und Last.« Andererseits haben viele Menschen Freude an ihrer Arbeit (auch Kinder). Alte Menschen sind glücklich, wenn sie als Rentner oder Pensionäre noch eine Aufgabe wahrnehmen können. Heutzutage ist es häufig eher eine Last, keine Arbeit zu haben, nichts zu verdienen, nicht für seine Familie sorgen zu können.[2] Der Mensch ist nur dann etwas, wenn er arbeitet – das ist eine in der Industriegesellschaft weitverbreitete Auffassung. Daß wir Menschen sinnvolles Tun als Bereicherung des Lebens und als Ausdruck unserer Persönlichkeit empfinden und uns dabei wohlfühlen, ist zutreffend. Ein schwerwiegender Irrtum wäre allerdings die häufig gezogene Konsequenz, daß, wer nicht mehr arbeitet oder arbeiten kann, nichts mehr wert ist. Nein, Wert und Würde des Menschen, so die biblischen Schöpfungstexte, gründen vielmehr in seiner Gottesebenbildlichkeit, in der Liebe des Schöpfers zu seinem Geschöpf.

Daß Kinder arbeiten (lernen, ihren Eltern zu Hause, im Garten, auf dem Feld, im Stall zu helfen), hat noch nichts mit der verdammenswerten Kinderarbeit in manchen Teilen der Welt zu tun, in der Kinder bis an den Rand ihrer Kräfte brutal ausgenutzt und ausgebeutet werden.[3]

Die Aufgaben S. 25 berühren die angesprochenen Probleme. Schwerpunkt ist dabei das eigene Arbeiten der Kinder. Bei den Gesprächen darüber sollte nicht übersehen werden, daß für viele Schule und Schul-Arbeiten eine nicht unerhebliche Anstrengung bedeuten.

Empfehlenswert ist, gelegentlich den Schultag (den Schul-Arbeitstag) mit dem Gebet Psalm 90,17 zu beginnen:

> *Herr, unser Gott, sei freundlich zu uns.*
> *Laß unsere Arbeit nicht vergeblich sein.*
> *Ja, Herr, laß gelingen, was wir tun.*

Seiten 26–27

Mord am Bruder ist eine der schrecklichsten Taten, die unter Menschen vorstellbar ist. Der Jahwist fragt sich: »Wie konnte es dazu kommen?« In Genesis 4,1–16 findet er ein Motiv: Neid! Aber Genesis 4 läßt auch eine bedrängende Frage offen: »Warum sah Gott Abels Opfer gnädig an, warum verwarf er Kains Opfer?« Eine Antwort auf diese Frage ist hier S. 59 angedeutet.

---

1 Man denke nur an die Sklavenarbeit früherer Jahrhunderte!

2 Dazu die Geschichte ›Arbeitslos‹ von Gina Ruck-Pauquèt in ›Vorlesebuch Religion 3‹, a. a. O., S. 202–206.

3 Vgl. im Religionsbuch S. 68 das Kinderrecht auf Schutz vor Ausnutzung durch Kinderarbeit; vgl. auch Band 3, S. 116.

Zur bildhaften Vertiefung der Geschichte von der Störung des Gottesfriedens wurden zwei frühmittelalterliche Bilder ausgewählt. Sie entsprechen dem archaischen Charakter des Textes. Das Elfenbeinbild vom Ambo der Kathedrale in Salerno, Italien (S. 26) zeigt, wie die gnädige Hand Gottes sich Abel und seinem Lammopfer zuwendet: »Gott achtet auf Abel und seine Spende. Auf Kain und seine Spende achtet er nicht. Gott weiß, warum.«
Das Bronzerelief (S. 27) aus der Tür des Bischofs Bernward (Hildesheimer Dom, um 1020)[1] zeigt Kain zweimal, einmal (rechts), wie er seinen Bruder Abel mit einem dicken Knüppel erschlägt (Abel ist wie in einem Wirbel zu Boden geschleudert), zum anderen (links), wie er von Gott zur Rechenschaft gezogen wird. Wieder ist die Hand aus der Wolke (für den mittelalterlichen Menschen wohnt Gott oben) Symbol der unmittelbaren göttlichen Gegenwart. Der Bruder erhebt sich gegen den Bruder, uraltes Menschheitsmotiv, hier ist es bildnerisch meisterhaft zur Ausführung gebracht. Der Gottesfriede ist gestört. Kain ist verbannt in das Land ›Ruhelos‹ (Nod = flüchtig, ruhelos).
Aber doch: Kain erhält ein Zeichen, das ihn schützt. In seiner harten Strafe läßt Gott wie bei Adam und Eva seine Barmherzigkeit nicht weichen.

Arbeitsfolge:
1. Tafelimpuls: ›Brudermord‹. Gespräche darüber.
2. Erzählung Genesis 4. Gespräch. Akzente: Neid wird zu Haß, führt zum Totschlag. – Gottes vorbeugender Appell: »Kain, laß das Böse nicht hinein zu dir!« – Kain verleugnet seinen Bruder, er belügt Gott. – Blut kann schreien. – Fluch Gottes und gleichzeitiges Erbarmen (Zeichen) – Gottesferne / Ruhelosigkeit / Umherirren: eine schlimmere Strafe ist kaum denkbar.
3. Erschließung der Bilder (Aufgaben 1–2); Zuordnung zum Text.
4. Abel (hebräisch ›Hauch‹, ›Nichtigkeit‹): Wie ein Hauch nur war Abels Leben. Dann war es dahin.[2]
5. Gespräch über den Gottesfrieden (Seitentitel): Gott kann Kain keinen Frieden schenken. Gegensatz: »Freundlich blicke der Herr euch an, und er gebe euch Frieden« (Numeri 6,26).

Seiten 28/29
Flutgeschichten sind gleich den Schöpfungsgeschichten Menschheitsgeschichten. Ein Beispiel unter vielen in der Menschheitsüberlieferung bringt die Bibel. Bosheit und Sittenlosigkeit der Menschen, Strafe und letztliches Erbarmen Gottes sind die Leitmotive. In Genesis 6–8 bricht die Sintflut über die verdorbene Menschheit herein, doch einige sind ausgenommen: Noah, Noah mit Frau und Söhnen und den Frauen der drei Söhne. Wunderbares Bild, diese Arche, Zeichen der Gnade Gottes mit einem Menschen, seiner Familie und je einer Tierfamilie. Dies angesichts des Untergangs aller übrigen Menschen und Tiere.

---

1 Vgl. ›Folien 3/4‹, a. a. O., Folie 21.
2 Vgl. Religionsbuch S. 17: »Wald, Bruder Abel du« = der Wald ist wie Abel dem Tod geweiht.

Die Urflut kommt – und sie geht wieder zurück (S. 28). Die Taube, im Chagall-Bild S. 29[1] von Noahs Hand entlassen (Ziege, Hahn und eine Frau mit Kleinkind[2] nehmen Anteil), ist indirekte Botin. Nach dem dritten Ausflug kehrt sie nicht wieder. Noah weiß: Nun ist die Erde trocken. Er kommt aus der Arche heraus und erhält den Zuspruch Gottes: »Ich will euch bewahren auf ewig.«

Arbeitsfolge:
1. Von Flutkatastrophen erzählen. Dann: In der Bibel ist von einer Welt-Urflut, der Sintflut, die alles Lebendige von der Welt hinwegnahm, die Rede.
2. Die Geschichte mit Einleitungstext lesen oder hören. Gespräch. Das Chagall-Bild einbeziehen.
3. Kanon S. 28: Vorwegnahme des Friedensbogens Gottes.
4. Der Jahwist hat in seiner Zeit entweder große Flutkatastrophen erlebt oder davon gehört. Er nimmt sie zum Anlaß, um Gottes Strafgericht über eine zutiefst verdorbene Menschheit eindringlich darzustellen. Wieder aber verbindet sich Gottes Strafe mit seinem bewahrenden Handeln: Noah und die Seinen und von allen Tieren immer ein Pärchen überleben in dem Haus-Schiff Gottes, der Arche.

Seiten 30–31

> *Frohe Zeichen zu gewahren*
> *wird der Erdkreis niemals müde.*
> *Schon seit vielen tausend Jahren*
> *spricht der Himmelsbogen: Friede.*
> *J. W. von Goethe*

Das Nachdenken des Jahwisten über die Gotteszusage ewiger Bewahrung der Schöpfung an Noah ist auf dem Hintergrund der Gefahr ökologischer Katastrophen von bedrängender Aktualität. Innerhalb der jahwistischen Ur-Geschichten Genesis 2–11 ist die Bundeszusage stärkster Ausdruck der Hoffnung des Jahwisten auf Zukunft. Den Regenbogen als Symbol dafür zu wählen, ist einer seiner genialen Einfälle.[3]

---

1 Marc Chagall, ›Noah entsendet die Taube‹, Öl und Gouache 1931; vgl. ›Folien 3/4‹, a. a. O., Folie 22. Interpretation bei *H. Halbfas*, ›Lehrerhandbuch 2‹, a. a. O., S. 180–181, 230. »Erstmals«, so Halbfas, »wird in der ikonographischen Tradition des Themas eine Arche in Innenansicht gezeigt.« In einem engen dunklen Raum – die Stuben der Ostjuden in ihren kleinen Häusern könnten Pate gestanden haben (Arche als jüdisches Schicksal!) – sind Mensch und Tier (Ziege als ›Kuh des kleinen Mannes‹) in kreatürlicher Gemeinsamkeit dicht beieinander. Der Noah-Kopf rechts (langer Bart, gefurchte Stirn, der Blick ernst und sorgenvoll nach innen gerichtet) ist dabei das eine beherrschende Bildmotiv. Das zweite ist das Fenster mit der leicht in die lichte Freiheit entfliegenden Taube.
Das in sich ruhende, stille Bild fordert zu meditativer Betrachtung auf.
2 Eine der Frauen der Söhne Noahs?
3 »Dem Regenbogen begegnen wir in vielen Gestalten und Deutungen der Mythologien der Welt. Er ist das Himmelslicht aus Sonne und Regen, Künder der Fruchtbarkeit der Felder. Um Regen zu zaubern, zeichneten z. B. nordamerikanische Indianer vierfache Regenbogenspiralen in den Sand. Auf dem Lichtweg des Regenbogens kamen die Götter herab, um den Menschen

Erzähltext, zwei Bilder und ein Kanon sind Inhalt der Doppelseite. Das uralte Buchbild S. 30[1] zeigt Noah mit seinen drei Söhnen Sem, Ham und Jafet unter dem Friedensbogen mit der gnadenerweisenden Hand Gottes. Alle Figuren sind antik gekleidet (Toga, Sandalen). Noahs Kopf ist unnatürlich weit nach hinten gebeugt. Wie die Söhne rechts und links außen von ihm erhebt er audsdrucksvoll-empfangend seine Hand. Der Regenbogen ist in rötlichen und grünen Tönen gehalten. Die Hand Gottes kommt aus einem blauen Rund und durchstößt den Bogen (unter dem sich rechts die Andeutung einer Sonne befindet) auf die vier Menschen zu.[2] Die Farbigkeit des Ganzen ist von großer Delikatesse.

Das Foto S. 31 von Erich Spiegelhalter dokumentiert das immer wieder urtümlich frische transparente Naturwunder, das ›siebenfältige Licht‹ (Kanon S. 28), das hier bewußt auf dunklem Himmel über einer Stadt, dem Wohnbereich vieler Kinder heute, gewählt ist.

Arbeitsfolge:
1. Die beiden Bilder, zunächst je für sich, dann vergleichend betrachten und interpretieren: Hier ein Glaubensbild aus alter Zeit, dort ein Realfoto der Gegenwart; die Zusammenstellung ist ganz ähnlich wie die von Erdkugel und Schöpferhand S. 6–7.
2. Den Erzähltext S. 30 hören und besprechen. Die Zeilen ›Solange die Erde steht‹ aufschreiben und illustrieren.
3. In Erinnerung an die Seiten 18–21 über ökologische Gefahren sprechen.
4. Den Kanon S. 31 singen.
5. Den Friedensbogen Gottes u. a. in Erinnerung an S. 5 (Lied, ›Schalom für Dorf und Stadt‹) als Bogen malen, der sich über Gut und Böse, über Noah und seine Söhne, über einen ›ökologischen Fall‹, über die Kinder, wie sie der Erde Liebevolles antun, erstreckt.

Vorschlag für eine Noah-Feier zur Bundeszusage Gottes und zum Regenbogen:
1. Gespräch über den Regenbogen. Erfahrungen damit. Freude daran. Wie kommt er zustande?: Poetische Erklärung:»Ihn malte die Sonne mit goldener Hand auf eine wandernde Regenwand« (J. Guggenmos).
2. Lied: ›Ein bunter Regenbogen ist über's Land gezogen‹ (Text: Rolf Krenzer/Melodie: Ludger Edelkötter[3]).

Botschaften zu bringen. Nordische Mythen deuten den Regenbogen als Brücke für den Weg der Seelen in die andere Welt« (Mircea Eliade). Zum Regenbogen in Theologie und Kunst vgl. *H. Halbfas*, ›Lehrerhandbuch 2‹, a. a. O., S. 233–238.

1 Wiener Genesis, Syrien, 6. Jh., Österreichische Nationalbibliothek, Wien; vgl. ›Folien 3/4‹, a. a. O., Folie 22.
2 Gottes Hand als Symbol für seine Gegenwart ist den Kindern bereits aus Bd. 1, S. 72, vertraut.
3 Im ›Arbeitsheft 1‹ zum Religionsbuch Oikoumene, Patmos Verlag, Düsseldorf 1996, S. 31. Spielanleitung (Tanz und Improvisation) von Ludger Edelkötter: Wir stehen frei im Kreis, vergessen alle Sorgen, Nöte und Ängste, atmen tief aus und ein. Nur mit großer Ruhe, Stille und Gelassenheit kann man als kleiner Mensch den gewaltigen, wunderschönen Regenbogen darstellen. – Refrain: Wir singen sehr langsam mit viel Spannung

3. Lehrerin oder Kind: Erzählung vom Gottesbund (Liedzeile ›. . . daß Gott euch nicht vergißt‹)
4. Lied:

Text und Melodie: Dietrich Steinwede

1. Schwingt am Him - mel sich der Bo - gen.

Al - le Men - schen schaun nach dro - ben.

<table>
<tr><td>

2. Bunte Farben
in der Höhe.
Ich bin froh, wenn ich das sehe.

</td><td>

3. Regenbogen,
schönes Zeichen.
Gottes Bund will uns erreichen.

</td></tr>
</table>

5. Erzählung von dem, was vorher war (durch Kinder und/oder Lehrerin).[1]
6. Kanon: ›Weltenflutenwellenwogen‹ (S. 28).
7. Die Zeile ›Siebenfältig Licht‹ als Rückführung zum Bundessignal ›Regenbogen‹ verwenden. Text (S. 31): »Seht den Regenbogen, wie prächtig er ist, und preist den, der ihn gemacht hat. Am Himmel erscheint sein strahlender Halbkreis, von der Hand des Herrn dort ausgespannt« (Sirach 43,11–12).
8. Wiederholung Lied: ›Ein bunter Regenbogen ist übers Land gezogen‹.
9. Kind oder Lehrerin:
»Es müßte uns täglich neu mit Schrecken erfüllen, was wir tun: Die Erde wird mit Müll zugedeckt. Gift wird ausgeschüttet in die Meere, in die Flüsse, in den Boden. Die Luft zum Atmen wird verpestet. Menschen und Tieren wird der Raum zum Leben genommen. Der Wald wird vernichtet. Atomunfälle gefährden Landschaften, Tiere und Menschen.
Was tun wir unserer Erde an! Sind wir böse? Sollte Gott wieder eine Sintflut schicken?
Nein!
Gott hat es zu Noah gesagt: ›Solange die Erde steht, soll nicht enden Saat und Ernte, Frost und Hitze, Sommer und Winter, Tag und Nacht.‹ Das gilt. Darauf können wir uns verlassen.«
10. Kanon: ›Solange die Erde steht‹ (S. 31)

---

und auch Kraft. Genauso ist unsere Bewegung, die den Regenbogen zeigt. Jeder gesungene Refrain ist ein Regenbogen.
1. Vers: Wir zeigen mit den Händen die Sonne, dann mit den Fingern, wie der Regenbogen auf die Erde fällt.
2. Vers: Wir betrachten alle von links nach rechts einen riesigen Regenbogen.
3. Vers: Wir schauen uns alle an – hat uns der Regenbogen nicht froh gemacht? Das können wir uns zeigen, z. B. indem wir uns zulächeln.

1 Grundlage: Text S. 28–29.

11. Kind oder Lehrerin:
    »Aber wir müssen etwas dazu tun, daß die Erde weiter gut bestehen kann.
    Die Erde muß gesund bleiben. Wer ihre Gesundheit antastet, tut Böses. Wer
    die Luft verschmutzt, ist böse. Wer das Wasser oder die Erde verschmutzt ist
    böse.
    Wir müssen unsere Erde rein halten.
    Unsere Erde hat ein Recht auf Leben. Wir dürfen sie nicht ausplündern, ihr
    alles Erz wegnehmen, alles Öl, alles Holz ihrer Bäume. Wir dürfen sie nicht
    schänden, sie nicht mit Abfällen und Abgasen verseuchen; sie nicht mit
    Giftstoffen foltern, sie nicht mit Atomexplosionen vergewaltigen.
    Schützen wir unsere Erde. Behüten wir sie. Heilen wir unsere Erde. Sie
    gehört Gott. Sie ist heilig.«
12. Kanon: ›Jeder Teil dieser Erde ist unserem Gott heilig‹ (S. 21).
13. Lehrerin: »Einen Segen will ich jetzt sprechen, einen Segen, wie die Farben
    des Regenbogens, der ein Zeichen ist für den Friedensbund Gottes mit uns:

> *Der Vater im Himmel segne und tröste dich.*
> *Er erquicke dein Herz*
> *und nehme die Sorgen von dir.*
>
> *Segen des tiefblauen Wassers mit dir.*
> *Segen des hellblauen Himmels mit dir.*
>
> *Blau im Wasser, im Himmelszelt.*
> *Ich liebe das Blau. Ich liebe die Welt.*
>
> *Segen der grünenden Bäume mit dir,*
> *Segen der grünenden Saat.*
>
> *Grünende Bäume, grünende Saat.*
> *Es grünet im Frühling. Grün ist das Gras.*
>
> *Segen der flammenden Sonne mit dir,*
> *Segen der glitzernden Sterne.*
>
> *Golden und gelb: Die Sonne strahlt.*
> *Ich bin voller Licht. Mir ist nicht mehr kalt.*
>
> *Segen der roten Rose mit dir,*
> *Segen des züngelnden Feuers.*
>
> *Rote Rose und Rot in den Flammen.*
> *Im Rot der Liebe sind wir zusammen.*
>
> *Segen des duftenden Veilchens mit dir,*
> *Segen des duftenden Flieders.*
>
> *Violett leuchten Veilchen und Flieder.*
> *Im Violett laß ich in Ruhe mich nieder.*
>
> *Rot, Violett und Gelb, Grün und Blau:*
> *Über uns spannt sich der Bogen: Schau!*

Segen komme über dich.
Frieden komme über dich
und alles, was dir lieb ist.
Der Herr vergesse dich nicht.
Er spanne seinen Bogen aus über dir.
Er lasse seinen Bogen leuchten über dir.
Amen.«

14. Schlußlied:[1]

Text: Hannah Senesh, Melodie: David Zahavi (aus Israel)

---

1 Deutsche Fassung: Dieter Trautwein 1989. – Die Noah-Feier ist auch als Schulgottesdienst
denkbar. Sie läßt sich auch kürzen.

Zusatzmaterial

Meditation – Solange die Erde steht

Du wachst auf.
Du drehst dich um im Bett.
Du schaust auf die Uhr.
Du reibst dir die Augen:
Es wird nicht hell.
Gestern war es hell um diese Zeit.

Du schaust noch einmal auf die Uhr.
Tatsächlich, es ist acht.
Die Uhr tickt.
Sie ist nicht stehengeblieben.

Es bleibt dunkel.
Die Sonne geht nicht auf.
Du springst aus dem Bett.
Du stürzt aus dem Zimmer:
Was ist das?
Was ist los?
Das ist doch nicht auszudenken?
Sollte etwa . . . Sollte es heute
überhaupt nicht hell werden?
Den ganzen Tag über?

Du schaust aus dem Fenster:
Die Straßenbeleuchtung ist noch
eingeschaltet.
Die Nachbarn sind
zusammengelaufen.
Sie stehen auf der Straße.
Sie diskutieren erregt.
Sie starren zum Himmel.

Du denkst:
Da brauche ich jetzt nicht zur Schule.
Schule während der Nacht,
wo gibt es denn das?
Aber deine Freude ist schnell vorüber.

Ganz durcheinander sind die
da draußen.
Einige gestikulieren.
Einige werfen sich entsetzte Blicke zu.
Wird es wirklich nicht hell?

Du stellst den Fernseher an.
Auch dort alles durcheinander.
Meldungen über Meldungen.
Wissenschaftler,
schnell herbeigerufen,
sie können es nicht erklären:
Das gibt es nicht.
Die Sonne kann doch nicht einfach
aus unserem Planetensystem
verschwinden.

Du läufst hinaus.
Die Menge ist größer geworden.
Angst breitet sich aus.
Erste Zeichen von Panik.
Wird die Welt untergehen?

Kopflos werden die Menschen.
Sie schreien sich an:
»Die Sonne!
Was ist das?
Was soll werden?
Sie bringt Licht, Wärme, Leben,
die Sonne.
Ohne sie ist alles aus.
Es kann nichts mehr wachsen.
Wir haben nichts mehr zu essen.
Wir müssen alle verhungern.
Wir gehen alle zugrunde.«

Einige schreien:
»Gott, wo bist du, Gott?
Was hast du mit uns vor?«

Sie laufen in die Kirche.
Sie werfen sich nieder.
Sie beten, stammeln, flehen:
»Gott, das nicht!
Hilf uns doch! Hilf uns heraus!
Laß die Sonne wiederkommen.
Wir brauchen die Sonne.
Hilf uns Gott!«

So könnte es sein.

Der Mann in der Zeit des
Alten Testaments,
der Gott den Namen »Jahwe« gab,
der »Jahwist«,
der hat es gewußt, der hat es gesagt:
»Nein, niemals soll das sein,
daß morgens die Sonne nicht aufgeht.
Nein, niemals sollen die Menschen
eine solche Angst haben.
Gott will das nicht.

Nein, immer soll Tag auf Nacht folgen
und Nacht auf Tag.
Und so soll es auch sein
mit Saat und Ernte,
mit Frost und Hitze,
mit Sommer und Winter:
Immer soll eins auf das andere folgen.
Jetzt und in alle Ewigkeit.«

Gott hat es so gesagt.
Gott hat es Noah versprochen.
Nach der großen Flut.

Damals, nachdem alles Böse
ausgetilgt war.
Nur Noah war übrig mit seiner Frau
und seinen Söhnen.
Und die Tiere in der Arche
waren übrig.

Gott hat es Noah versprochen:

»Das wird jetzt niemals wieder
geschehen,
daß die Ordnung der Welt
durcheinandergerät:
Solange die Erde steht,
soll nicht aufhören,
Saat und Ernte,
Frost und Hitze,
Sommer und Winter,
Tag und Nacht.«
Gott hat gesagt: »Ich schließe ein
Bündnis mit euch, ihr Menschen.
Und diesen Bund will ich halten.

Und das ist mein Bund:
Ich bin jetzt euer Freund auf ewig:
Jeden Tag wird es wieder Tag.
Auf Frost folgt Hitze.
Auf Saat folgt Ernte.
Niemals hört das auf.
Niemals, solange die Welt besteht.«

Und Gott hat ein Zeichen gesetzt,
für sein Versprechen,
für sein Bündnis mit den Menschen,
den Regenbogen,
seinen Bogen in den Wolken,
den Bogen des Friedens.

So erzählt er, der »Jahwist«,
der Mann Gottes in der uralten Zeit.
Nach Genesis 8,15–22;9,8–17

Seiten 32/33
Den Abschluß der Ur-Geschichten bildet die Turmbaugeschichte. Daß Menschen
verwirrt sind, daß sie auseinandergekommen sind, daß sie in verschiedenen
Ländern mit verschiedenen Sprachen leben, daß sie nicht zusammenkommen
können oder wollen, das beschäftigt den Jahwisten. Und deshalb erzählt er die
Geschichte vom Turmbau: Ursprünglich hatte alles Volk auf der Erde eine
Sprache. Dann aber wollten die Menschen sich mit ihrem Turm größer machen
als Gott. Gott aber ließ es nicht zu. Und so kam es über die Sprachverwirrung zu
der Vielheit des Menschengeschlechts.
Der entstehungsgeschichtliche Hintergrund wird durch die Zeilen S. 32 unten
›Es war ein Mann, der hat es gesehen, wie Türme fallen, die feste stehn‹ (siehe
dazu das Babylon-Foto von heute) gegeben.
Der Kühlturm des Atomkraftwerks, in der Bildmontage S. 33 dem babylonischen
Turm von Pieter Bruegel aufgesetzt, symbolisiert die Gottesfeindlichkeit, die

Babylon: Ausgrabung und Rekonstruktion eines Turmes. Die riesigen Ausmaße dieser Stadt lassen sich erahnen.[1]

sich auch in ausufernden Werken der Technik verbergen kann.[2] »Als ob alles, was möglich ist, auch erlaubt ist.« Diese Aussage will schon das kindliche Denken mit den von Gott gebotenen Grenzen menschlichen Tuns befassen: Auch heute wollen sich Menschen einen Namen machen. Viele träumen von technischer Allmacht und grenzenlosem Fortschritt. Sie stellen die Werke ihrer Hände in den Mittelpunkt und vergessen dabei den Schöpfer allen Lebens. Gottesvergessenheit – Gottesvermessenheit – auf diesen Worten ruht die Aussage der Turmbaugeschichte für uns Menschen heute. Gottesvermessen waren diejenigen, die Atombomben bauten und sie auf Hiroshima und Nagasaki abwarfen.[3] Gottesvermessen und gottesvergessen sind auch diejenigen, die im Gen-La-

1 © Mauritius.
2 Bildmontage von Pierre Brauchli nach dem Gemälde ›der Turmbau zu Babel‹ von Pieter Bruegel d. Ä. (1563).
3 Hybris – größer sein wollen als Gott – zeigte sich auch in Hitlers Eroberungs- und Vernichtungswahnsinn.

bor Menschen mit bestimmten Eigenschaften herstellen wollen (klonen) – gesunde, kluge, schöne Menschen, Menschen die eine spezielle wichtige Arbeit in optimaler Weise verrichten können (die dafür mißbraucht werden). Nicht, daß einer Technik- und Wissenschaftsfeindlichkeit das Wort geredet werden sollte. Vieles von dem, was ein gottgewollter menschlicher Forschungsdrang auch in technischer Hinsicht findet, dient dem Bebauen und Bewahren auf der uns anvertrauten Erde.

Dennoch: Wir sind Verstreute und Verirrte. Aber wir bitten Gott unseren Herrn (der uns laut Turmbaugeschichte in die Zerstreuung gebracht hat), sich zu erbarmen, so wie er sich trotz der alles vernichtenden Urflut Noahs erbarmt hat. Und darum singen wir »Schaue die Zerstreuung an, der sonst niemand wehren kann. Sammle, großer Menschenhirt, alles, was sich hat verirrt. Erbarm dich, Herr« (Lied. S. 33).

Arbeitsfolge:
1. Situation des Jahwisten: ›Es war ein Mann, der hat es gesehen, wie Türme fallen, die feste stehn . . .‹. Dazu das vorstehende Babylon-Foto.
2. Erzählung der Turmbaugeschichte nach dem dichten Text S. 32.
3. Gespräch darüber.[1]
4. Warum erzählt der Jahwist diese Geschichte? (Die Menschen sollen nicht denken, sie können alles).
5. Als Beispiel dafür die Bild-Foto-Montage S. 33: Kühlturm eines Atomkraftwerkes, gleichgesetzt mit dem Turm von Babel. Erläuterung: Atomkraft kann dem Menschen große Hilfe leisten (Erzeugung von elektrischem Strom). Aber sie kann auch zur tödlichen Gefahr werden (Erinnerung an Tschernobyl; zu S. 18), und sie ist in größter Gottesvermessenheit angewendet worden, um ganze menschliche Städte mit Hunderttausenden von Menschen auszulöschen (Atombomben von Hiroshima und Nagasaki 1945). Dazu die Geschichte ›Hiroshima‹ von S. Hirata, in der ein Kind 6 Jahre nach dem Geschehen von seinen Schreckenserfahrungen erzählt.[2]
6. Wenn die Turmbaugeschichte auch so etwas ist wie eine biblische Sage, die Zertrennung der Völker in viele Sprachen besteht. Wer oikoumenisch denkt, bittet Gott: »Schaue die Zertrennung an«.
7. Kann es Gottes Wille sein, daß die Menschen nicht mehr forschen und erfinden? – Nein? – Aber es sollte zum Guten sein, zum Nutzen der Schöpfung.

---

1 Kinderaussagen aus einem 4. Schuljahr. Bezug genommen wird dabei auf ein Spiel:
  a) »Sie wollten den Turm bis zu Gott bauen. Aber Gott wollte es nicht. Deshalb hat er den Menschen verschiedene Sprachen verpaßt« (Diana).
  b) »Ein hoher Turm ist ein Symbol für Mächtigkeit und Berühmtheit« (Hans).
  c) »Der Turm ist ein Symbol für Angeben. Die Leute von Babel wollten, daß man schon von weitem sieht, daß ihre Stadt groß ist. Als sie fertig waren, verwirrte Gott ihre Sprache, so daß sie sich nicht mehr verstehen konnten« (Mirko).
  d) »Wir haben eine Geschichte gehört, die ›der Turm von Babel‹ hieß. Dann haben wir den Turm gebaut. Als er höher war als ich, haben wir ihn umtanzt. Am Schluß ist er zusammengestürzt.«
2 Aus: Internationale Frauenliga für Frieden und Freiheit, Hamburg.

Hiroshima

Ein Kind erzählt:
Die Zeit vergeht schnell. Sechs Jahre sind schon vorbei, seit Hiroshima zu einem Opfer der Atombombe gemacht wurde. Jetzt erheben sich mit jedem Jahr neue Häuser, und neue Straßen entstehen. Die Stadt sieht wieder schöner aus.

Ich war fünf Jahre alt, als die Atombombe auf unsere Stadt kam. Nachdem ich Vater zum Büro gebracht hatte, spielte ich vor dem Haus. Plötzlich gab es eine Wolke aus gelbem Rauch und einen unbeschreiblich lauten Krach.

Mir war, als ob etwas sehr Schweres auf mich drückte, und ich konnte mich nicht bewegen. Allmählich wurde der Rauch dünner, und ich konnte erkennen, daß das Haus zerstört war. Mutter gelang es, aus der zerstörten Küche herauszukommen. Im Haus selbst konnte man keinen Schritt tun. Die Großmutter war krank und hatte im Schlafzimmer im Bett gelegen. Sie wurde so, wie sie war, verwickelt im Bettzeug, durch den großen Druck herausgeschleudert. Glücklicherweise wurde sie überhaupt nicht verletzt.

»Hilfe, Hilfe!« Als Mutter diesen Schrei hörte, eilte sie nach nebenan und fand die Großmutter der Nachbarn unter den Ruinen ihres Hauses gefangen. Mutter warf Dachziegel, Gebälk und Glas beiseite und zog sie heraus. Flammen erhoben sich, und wir konnten keine Minute länger im Haus bleiben. Mutter nahm Großmutter auf den Rücken, und wir kletterten auf das Flußufer. Viele Menschen flohen aus der Stadt. Fast keiner von ihnen war wiederzuerkennen. Manchen war die Haut weggebrannt, ihre Gesichter waren rot und geschwollen, man sah rohes Fleisch, und es war schwer zu erkennen, wo ihre Augen und ihr Mund waren.

Rauch von brennenden Häusern lag über der Stadt; es war schwarz wie die Hölle, und der ganze Himmel war bedeckt. Es war ein schrecklicher Anblick. Ich klammerte mich an Mutter, mein ganzer Körper zitterte. Da kam Vater heraufgerannt. Sein Gesichtsausdruck war unbeschreiblich von Schmerz erfüllt. Er hatte eine furchtbare Wunde auf dem Rücken, und man konnte nicht sagen, ob sie schwarz oder gelb war, aber es war eine schreckliche Farbe. Das Haar auf seinem Kopf sah aus, als ob es mit Asche bedeckt war. Als wir das Flußufer entlang flohen, überholten wir immer mehr Menschen, die nicht mehr Kraft zum Weitergehen hatten und hingefallen waren. Wenn ich jetzt meine Augen schließe, erinnere ich mich an all diese furchtbaren Anblicke, und mir ist, als zittere ich wieder.

Bald danach starb Vater an der radioaktiven Krankheit. Die Wunde an meinem Bein heilte lange nicht, und es dauerte ein ganzes Jahr, bis ich keinen Verband mehr zu tragen brauchte.

Ich verabscheue aufrichtig einen derartigen fürchterlichen Krieg. Bitte, jedermann in Japan und jedermann in der ganzen Welt, bitte, macht nicht noch einen Krieg und laßt uns zusammengehen und einander in Frieden an den Händen halten. Laßt uns glücklich leben . . . Ich denke, es ist besser, wenn keine Atombomben gemacht werden.

S. Hirata

Teil 4: Israels Propheten (Seiten 34–39)

Absichten

Die Kinder sollen:
- sich grundsätzlich darüber klarwerden, was ein Prophet Israels ist – S. 34
- den Propheten Amos als scharfen Kritiker sozialer Mißstände im Nordreich Israel kennenlernen – S. 34–35
- den Propheten Jesaja 1 in seiner politischen Anklage und in seiner Friedensvision kennenlernen – S. 36–37
- den Propheten Jeremia als Warner vor der babylonischen Gefahr durch König Nebukadnezzar und als Prophet des Leidens kennenlernen – S. 38–39

Seiten 34–39

Die drei genannten Propheten haben das religiöse Denken Israels tiefgreifend verändert. Während bis dahin die Religion Israels sich im wesentlichen aus der vergangenen Heilsgeschichte speiste, kam mit den Propheten eine zukunftsgerichtete Komponente auf.

Alle drei Propheten fanden zu ihren Lebzeiten keine Anerkennung. Ihre Sozial- und Kulturkritik, ihr Nachweis der Unfähigkeit des Volkes, den Bund mit Gott zu halten, und ihre Unheilsansagen empörten die Zeitgenossen. Alle, Amos und Jesaja, vor allem Jeremia, haben unter dieser Ablehnung gelitten.[1]

Seiten 34/35

Ein mit einer Botschaft Betrauter ist der Prophet in Israel; er ist weniger ein Vorhersager (obwohl er das auch ist) als ein ›Hervorsager‹. In göttlicher Vollmacht konfrontiert er seine Zeitgenossen mit dem jeweils neuen Wort des lebendigen Gottes. Gott hat ihn berufen. Gott hat ihn gewissermaßen in sein Herz sehen lassen. Im 8. Jahrhundert – Assur ist die vorherrschende Macht im Alten Orient – tritt Amos, der Viehzüchter aus dem Süden (Juda), im Nordreich Israel gegen die sittliche und religiöse Verwahrlosung unter König Jerobeam II. auf. Zur gleichen Zeit – etwa zwischen 735 und 697 – verkündet im Südreich (in Jerusalem) der erste Jesaja (unter den Königen Ahas und Hiskija) seine warnende Botschaft.[2] In diese Zeit fällt die Vernichtung des Nordreiches durch Assur 722. Jeremia gehört zu den Propheten des 7./6. Jahrhunderts, der Zeit der Ablösung der Assyrer durch die Neubabylonier. Er tritt ebenfalls im Südreich unter den Königen Joschija, Jojakim und Zidkija auf. Seine Predigt gegen die Bedrohung durch die Heere König Nebukadnezzars kann nicht verhindern, daß Jerusalem 587 unter dem Ansturm der Babylonier in Schutt und Asche fällt. Amos[3] aus Tekoa (etwa 20 km südlich von Jerusalem am Übergang vom Kulturland zur Steppe gelegen), Landwirt, Züchter von Maulbeerfeigenbäumen, wird

---

1 Nach dem Artikel ›Prophet‹ in ›Die Bibel von A–Z‹. Das aktuelle Lexikon zur Bibel, hrsg. von M. Stubhann, Karl Müller Verlag, Erlangen 1995.
2 Auf den ersten Jesaja gehen vorwiegend die Kapitel 1–39 des Jesajabuches zurück. Den Kapiteln 40–55 ordnet man einen zweiten, den sogenannten Deuterojesaja zu, den Kapiteln 56–66 einen dritten, den sogenannten Tritojesaja.
3 Zu Amos ausführlich H. Halbfas, ›Religionsunterricht in Sekundarschulen. Lehrerhandbuch 7‹ Patmos Verlag, Düsseldorf 1994, a. a. O., S. 187–191.

durch ein zwingendes Berufungserlebnis aus seiner Alltagsarbeit herausgerissen. Er muß einfach folgen: »Gott, der Herr, spricht – wer wird da nicht zum Propheten?« (Amos 3,8). Seine Verkündigung – u. U. nur wenige Tage – geschieht im Nordreich am Hofheiligtum Jerobeams II. (787–747 v. Chr.), in Bet-El. In kraftvoller Sprache, in eindrucksvollen Bildern geht Amos unter Androhung des göttlichen Gerichtes gegen soziale Mißstände (z. B. 5,7.10–15), gegen veräußerlichten Kult (z. B. 5,21–27) und gegen die Abkehr von Jahwe (z. B. 2,4 f.) vor. Das Buch Amos, so wie es heute vorliegt, ist aus einer Zusammenfügung ursprünglich einzeln überlieferter Sprüche des Propheten entstanden. Es enthält darüber hinaus einen Bericht über Visionen (7,1–9; 8,1–3) und die Schilderung der Auseinandersetzung mit dem Priester Amazja am Königsheiligtum in Bet-El (7,10–17). Das Wichtigste aus Leben und Botschaft des Amos ist in der frei konzipierten Ich-Erzählung ›Ein Mann aus dem Volk‹ zusammengefaßt (Material 1).

Arbeitsfolge:
1. Was ist ein Prophet?: Die Kinder unterhalten sich über diesen Impuls.
2. Die Kinder nehmen die Sachinformationen S. 34 oben zur Kenntnis und diskutieren sie.
3. Sie erfahren vom Leben und Wirken des Amos: Erzählung ›Ein Mann aus dem Volk‹ (Material 1).
4. Reaktionen darauf. Lesen des Textes S. 35.
5. Die Kinder äußern sich zum Chagall-Bild: Der Prophet, eine machtvolle Gestalt zwischen Schafen und Maulbeerfeigenbäumen, streckt seine Hände weit aus, blickt nach vorn: Gott hat ihn gerufen. Er ist bereit zu folgen.
6. Als Vergegenwärtigung wird das Lied ›Brich mit den Hungrigen dein Brot‹ (S. 35) gesungen.
7. Die Aufgabe, mit der heutigen Zeit zu vergleichen, kann sich in drei Richtungen erstrecken:
   a) Es gibt immer noch viele Reiche unter uns, die nur an sich denken. Erinnerung an Bd. 3, S. 37: ›Der reiche Jüngling‹.
   b) Immer noch beuten Großgrundbesitzer Landarbeiter aus. Erinnerung an Bd. 1, S. 21–15: ›Anahi‹.
   c) Immer noch gibt es Menschen, die Gottes Wort mißachten.
8. Als Ergänzung: Gebet eines Armen im Nordreich Israel:

> *Ich bin arm und wehrlos.*
> *Herr, vergiß mich nicht!*
> *Du bist doch mein Helfer und Befreier.*
> *Mein Gott, laß mich nicht länger warten.*
> *Psalm 40,18*[1]

9. Als Zusammenfassung Erarbeitung des Liedes ›Amos aus Tekoa‹ (Material 2).

---

1 Vgl. auch Psalm 12,2.6–7; Psalm 49,3.13.17–18; Psalm 140,13–14.

Material 1

Der Mann aus dem Volk

Ich bin Amos, ein Mann aus dem Volk,
nach Gottes Willen ein Prophet,
einer, der Gottes Wort sagt,
nicht sein eigenes Wort,
einer, dessen Rede anfängt:
»So spricht Gott«,
einer, den Gott gerufen hat,
der sich nicht dagegen wehren kann,
einer, den Gott in sein Herz hat sehen
lassen,
einer, der den Menschen
Gottes Willen verkündet,
auch wenn er Unheil ansagen muß.

Ich bin Amos, ein Mann aus dem Volk.
Von Beruf bin ich Viehzüchter.
Ich habe Rinder und Schafe.
Die Wolle der Schafe wird verkauft
und auch das Fleisch der Rinder.
Und ich habe Bäume,
Maulbeerfeigenbäume.
Aus ihrem Holz schneidet man Balken.
Und ihre Früchte muß man ritzen,
bevor sie reifen,
sonst werden sie wurmstichig.
Tiere und Bäume, das sind meine
Besitztümer.
Damit habe ich bis jetzt mein Leben
verdient.
Ich habe hart gearbeitet
in meinem Dorf Tekoa,
im Südreich Juda.

Und dann ist Gott gekommen.
Er hat mich von meiner Herde
weggeholt
und von meinen Bäumen.
Er hat gesagt: »Geh nach Norden.
Geh in das Nordreich Israel.
Und dort sollst du überall
zu den Menschen sprechen,
in den Dörfern
und in der Hauptstadt Samaria.

Du sollst ihnen mein Strafgericht
ankündigen.
Du sollst mein Prophet sein«.

Ich habe es getan. Ich bin gegangen.
Ich habe alles zurückgelassen,
meine Frau, meine Kinder,
die Tiere und die Bäume,
Und dabei war ich glücklich
in meinem Dorf.

Aber Gott hat mich weggeholt,
dieser Gott,
der einfach ruft,
und du kannst nichts dagegen tun.

Und ich habe gepredigt überall,
wo Menschen mir zuhörten.
Und dies war meine Predigt:
»Es ist eine böse Zeit!
Viele unter euch sind böse.
Am schlimmsten aber ist es
mit euch Reichen.
Ihr häuft Schätze auf,
die ihr mit Raub und Mord
an euch gebracht habt.
Ihr nehmt den Armen das Letzte.
Ihr beutet sie aus.
Wenn euch jemand
nur ein Paar Sandalen schuldet,
dann macht ihr ihn schon zum Sklaven.
Ihr nehmt Bestechungsgelder an.
Ihr verweigert den Schutzlosen
ihr Recht.
Die Hilflosen, die im Staube liegen,
tretet ihr mit Füßen.
Rücksichtslos drängt ihr
die Schwachen beiseite.
In eurer Königsstadt Samaria
sind Gewalt und Unterdrückung
an der Tagesordnung.
Weh euch, ihr Reichen in Israel!
Verbrechen häuft ihr auf Verbrechen.

Gott sieht das nicht länger mit an.
Im Zorn erhebt er seine Stimme.
Gott wird euch nicht verschonen.
Gott wird euch vernichten.
Es sei denn, ihr sorgt für das Recht.
Es sei denn, ihr wendet euch zum Guten.
Dann vielleicht ist Gott euch gnädig!«

So habe ich gerufen.
So habe ich sie eindringlich
beschworen,
ich, Amos, ein Mann aus dem Volk.

Und dann in Bet-El bei den Altären,
da gab es Streit mit Amazja,
der dort Dienst tut im Heiligtum.
Er ist der oberste Priester.
Er hat Boten zum König geschickt,
zu Jerobeam im Königspalast
von Samaria.
Er hat mich angeschwärzt.
Er hat dem König melden lassen:
»Da ist dieser Amos aufgetaucht
aus dem Südreich, aus Tekoa.
Was der redet, ist unerträglich.
Der zettelt einen Aufstand
gegen dich an, König,
eine Verschwörung.
Der sagt: Du, König,
wirst durch das Schwert umkommen.
Und unser Volk Israel
wird in ein anderes Land verschleppt.
Das ist unerträglich.
Das ist nicht auszuhalten.
Das wollen wir nicht hören.
König, wir können das nicht dulden.
Dieser Amos, der muß hier weg!«

Und der Priester Amazja kam zu mir.
»Verschwinde, du Prophet«, sagte er:
»Mach dich schleunigst davon!
Verschwinde nach Tekoa.
Dort können sie dir meinetwegen
zuhören.
Hier hast du nichts zu suchen.

Der König will deine Reden nicht!«
So hat er zu mir gesprochen.
Aber ich, Amos,
der Mann aus dem Volk,
ich bin nicht gegangen.
Ich bin geblieben.
Gott ist stärker als der Priester Amazja.
Gott ist stärker als König Jerobeam.

Und Visionen habe ich gehabt:
Gesichte.
Gott ließ mich etwas sehen.
Ich sah einen Erntekorb mit reifem Obst.
Gott sprach: »Das Volk Israel ist reif
wie dieses Obst.
Es ist reif zum Gericht.
Es gibt ein Ende mit Schrecken,
ohne Trost und Hoffnung.
Samaria wird zerstört.
Und alle werden vertrieben.
Die Leute werden umherirren
vom Toten Meer bis zum Mittelmeer,
vom Norden bis in den Süden.
Sie werden fallen
und nicht mehr aufstehen.
Und keiner wird sie begraben.«

So sprach Gott zu mir.
Und ich sagte alles weiter,
immer weiter.
Ich muß das, denn ich bin ein Prophet,
einer der Gottes Wort sagt
und nicht sein eigenes Wort.
Dabei sehne ich mich so nach Tekoa,
nach meiner Frau und den Kindern,
nach den Tieren und Bäumen.

Aber ich muß hier ausharren.
Ich muß den Bösen in Israel sagen,
daß sie Unrecht tun,
daß sie zugrundegehen werden.
Ich, Amos, der Mann aus dem Volk,
ich muß das.
Ich, ganz allein.

Nach Amos 1–9

Material 2

Text: Ulrich Walter, Melodie: Fritz Baltruweit

1. Amos aus Tekoa hütete die Schafe, da erscheint ihm Gott und spricht: „Geh zu meinem Volk! Geh zu meinem Volk! Geh zu meinem Volk! Suchet Gott, suchet Gott, er schenkt euch das Leben. Er schenkt euch das Leben. Er schenkt euch das Leben.“

2. Amos hört die Stimme,
   zieht hinauf nach Betel,
   dort tritt er vor's Volk und spricht:
   »Gebt den Armen Recht!«

3. Keiner will ihn hören,
   Amos muß sie stören,
   Unrecht sieht er überall.
   »Nein, so geht das nicht!

4. Und er hält ein Bleilot
   an die alte Mauer:
   »Seht, so geht es eurer Macht,
   bald schon stürzt sie ein.«

5. Hört den Willen Gottes,
   suchet nach dem Guten.
   Sehet, bald bricht an sein Reich
   der Gerechtigkeit.«

6. Menschen wie der Amos
   rufen uns auch heute:
   »Kehret um zu Gottes Recht,
   dann wird Friede sein.«[1]

1 © tvd-Verlag, Düsseldorf.

Seiten 36/37
Der erste Jesaja ist der bekannteste alttestamentliche Prophet. Aufgetreten ist er
in Jerusalem zwischen 735 (Todesjahr des Königs Usija) und 697 v. Chr. Mit
einer Prophetin verheiratet (Jesaja 8,3), reicht sein Verkündigungsauftrag bis in
die eigene Familie (8,16–18). Mit hohen Beamten und dem jeweiligen König
(vgl. z. B. 7,3) geht er ungezwungen um. Wahrscheinlich stammt er selbst aus
einer Adelsfamilie. Die Herrscher seiner Zeit sind die Könige Ahas (742–726)
und Hiskija (725–697). Man gliedert die Zeit seines Wirkens in 4 Phasen:

1. Berufung (6,1–11);[1] Anprangerung des religiösen Abfalls (1,2–4), der sozialen Vergehen (5,1–7: Weinberggleichnis) und des Machtmißbrauchs der Füh-
   rungsschicht (3,1–15).
2. Auftreten während des syrisch-efraimitischen Krieges (734–732). König Ahas
   von Juda zeigt Kriegsneigung (7,1–9). Den Angriffsstaaten Syrien und Efraim
   wird die Katastrophe angekündigt (9,7–20). Gegen Ahas setzt Jesaja seine
   Hoffnung auf einen Königsnachfolger (7,10–17; 8,23–9,6; 11,1–13). Auf diese Texte stützte sich dann die Friedens- und Messiaserwartung späterer Zeiten.
3. König Hiskija will sich von den Tributleistungen an die Neuassyrer lösen.
   Jesaja wendet sich heftig gegen die geplante Allianz mit Ägypten: Tribute
   sind eine von Jahwe verhängte Strafe.
4. Als König Sargon von Assyrien stirbt, schließt König Hiskija das Bündnis mit
   Ägypten. Jesaja protestiert scharf (30,1–7). Sanherib von Assyrien zieht gegen
   Jerusalem, aber die Bedrohung geht vorüber (Jesaja Kapitel 36–37).[2]

Seite 36
Im Gegenüber zum Text S. 37, der im Überblick von Jesajas unablässigen
Bemühungen, Krieg zu verhindern, spricht, zeigt die Chagall-Radierung S. 36
seine große Friedensvision: »Es kommt eine Zeit, da der Berg, auf dem der
Tempel des Herrn steht, alle Berge überragen wird. Alle Völker strömen zu ihm
hin. Überall wird man sagen: ›Kommt, wir gehen auf den Berg des Herrn, zu
dem Haus, in dem der Gott Jakobs wohnt. Er soll uns lehren, was recht ist. Was
er sagt, wollen wir tun.‹ Denn vom Zionsberg in Jerusalem wird der Herr sein
Wort ausgehen lassen. Er weist die Völker zurecht und schlichtet ihren Streit.
Dann schmieden sie aus ihren Schwertern Pflugscharen und aus den Spitzen
ihrer Speere Winzermesser.[3] Kein Volk wird mehr das andere angreifen, und
keiner lernt mehr das Kriegshandwerk. Auf, ihr Nachkommen Jakobs, laßt uns in
dem Licht leben, das der Herr uns schenkt.«

Der künftige Frieden
Mit 10–14jährigen Kindern hat Christoph Goldmann viele Chagall-Bilder im
Gespräch erschlossen. Zu unserem Bild wurde folgendes gesagt (bearbeitete
Auszüge):

---

1 Das Berufungserlebnis hat Jesajas religiöse Position zutiefst geprägt.
2 Nach ›Die Bibel von A–Z‹, a. a. O., S. 334.
3 Vgl. S. 54!

»Das Bild ist in große Flächen gegliedert: – ein Mann auf einem Berg, ein Bote mit der Tora – viele Menschen vor einer Stadt.

Der Mann sitzt – er hat einen mächtigen Leib, wie eine Mutter, die ein Kind erwartet oder es gebären will – nein, das ist sein Knie, das umfaßt er so mit seinen Händen, weil er sich nirgends anlehnen kann. – Sein Gesicht ist so besonders, sieht er etwas oder hört er etwas? – Er sieht eigentlich nichts genau an. – Er blickt in sich hinein – ja, aber trotzdem auch ganz weit weg, in die Ferne. – Es ist der Prophet Jesaja.

Alles andere auf dem Bild ist matter gezeichnet – eine Stadt – die zieht sich einen Berg hinauf – da ist eine Mauer ringsherum – Kuppeln, ein hoher Turm, ein paar Bäume. – Es ist Jerusalem. – Von dieser Stadt strahlt Glanz aus wie von einer aufgehenden Sonne. Hoch über der Stadt schwebt ein Bote Gottes – der sieht aber anders aus als Chagalls Boten sonst: – als wäre es ein besonders würdiger, ernster – fast wie Gott – er hält die Tora – er liest sie vielleicht vor? Aber was sind das für viele Menschen? – Ist Krieg? – Oder ein Fest? – Nein, viele heben ihre Hände nach oben – die wollen Gott vielleicht danken für die Tora, die er ihnen vorliest – vielleicht wollen die näher zu ihm, um genau zu hören.

Wirklich hat Chagall hier dargestellt, was Jesaja einmal irgendwie vor sich gesehen hat – als hätte Gott einen Vorhang vor der Zukunft weggezogen: Jesaja sieht: Die Menschen aus allen Völkern der Welt strömen nach Jerusalem. Sie zerstören ihre Waffen und verzichten auf ihre bisherigen Kriegshandlungen. Sie sagen: Wir wollen Recht und Weisung des Gottes Israels für unser Leben und unsere Wege lernen.

Es ist die Hoffnung auf eine Zeit, in der das Recht gelten und Frieden bleiben wird.«[1]

---

1 In: *Christoph Goldmann*, ›Kinder entdecken Gott mit Marc Chagall‹, Bilder und Gespräche, Vandenhoeck & Ruprecht, Göttingen [3]1996, S. 56. Seit 1956 veröffentlichte Chagall seine Zyklen zu biblischen Inhalten. 83jährig sagte er: »Von meiner Kindheit an hat mich die Bibel mit Visionen über die Bestimmung der Welt erfüllt. In Zeiten des Zweifels haben ihre Größe und ihre hohe dichterische Weisheit mich getröstet. Sie ist für mich wie eine zweite Natur« (aus der Rede bei der Einweihung der Bildfenster im Fraumünster Zürich am 5. 9. 1970). Am bekanntesten sind die 17 großen Ölgemälde der ›Biblischen Botschaft‹, die Chagall dem französischen Staat schenkte, und die im ›Musée Message Biblique‹ in Nizza auf Dauer der Öffentlichkeit zugänglich gemacht worden sind. Chagalls Bilder zur Bibel waren »völlig neue Visionen der biblischen Humanität, Geschichte, Ethik und Begeisterung« (Christoph Goldmann). »Sie öffneten einen Weg zu den im Unterbewußtsein und in der Erinnerung verborgenen Bildern« (Werner Haftmann). »Chagall ist es gelungen, die Überlieferungen der Hebräischen Bibel so ins Bild zu setzen, daß der große sprachliche und historische Abstand zu den Texten der Bibel aufgehoben zu sein scheint. – Wer sich auf Chagalls Bilder einläßt, wer sich die Zeit nimmt, zuzuhören, wie Kinder vor den Bildern Marc Chagalls ihre eigenen Lebensfragen formulieren, der kann dabei Neues lernen« (Christoph Goldmann).

Arbeitsfolge:
1. Der Engel mit der glühenden Kohle – Die Berufungsvision des Jesaja:
   Wie ein unirdisches Schauen und Hören, wie eine große Vision war es, als
   Jesaja zum Propheten berufen wurde.
   Jesaja erzählt selbst davon:
   »Es war in dem Jahr, als König Usija starb, da sah ich Gott, den Herrn. Er saß
   auf einem hohen erhabenen Thron. Der Saum seines Gewandes aber füllte den
   ganzen Tempel. Und über ihm schwebten mächtige Engel: Seraphim. Sechs
   Flügel hatte ein jeder. Mit zweien bedeckte er sein Gesicht, mit zweien die
   Füße, mit zweien flog er. Einer rief dem andern zu und sprach: ›Heilig, heilig,
   heilig ist Gott, der Herr Zebaot. Alle Lande sind seiner Ehre voll.‹ Und die
   Pfosten der Türschwellen erbebten von der Kraft ihrer Stimmen. Und der
   Tempelraum füllte sich mit Rauch.
   Vor Angst schrie ich auf: ›Weh mir, ich bin verloren, denn ich bin unwürdig
   und schuldig. Ich bin ein Mann unreiner Lippen und wohne unter einem Volk
   unreiner Lippen. Und ich habe den König gesehen, Jahwe Zebaot, den Herrn
   der Welt.‹
   Da flog einer der mächtigen Engel zu mir.
   Er hatte eine glühende Kohle in der Hand, die er vom Altar genommen hatte.
   Damit berührte er meinem Mund und sagte: ›Siehe, die Glut hat deine Lippen
   berührt. Du bist von der Schuld gereinigt. Deine Sünden sind von dir genom-
   men.‹
   Und ich hörte die Stimme des Herrn, die sagte: ›Wen soll ich senden? Wer ist
   bereit, mein Bote zu sein?‹
   Ich antworte: ›Ich bin bereit. Sende mich‹.«
   So wurde Jesaja in den Dienst Gottes berufen. Und er bezeugte das Wort des
   Herrn für lange Zeit im Königreich Juda.

   Nach Jesaja 6,1–8

   Gespräch darüber. U. a.: In der Zeit des Alten Testamentes gab es viele
   Engelvorstellungen, auch die, daß Engel mit sechs Flügeln um Gottes Thron
   schwebten. Von einem solchen Engel erzählt Jesaja, er habe ihn in einem
   traumartigen Zustand gesehen. Und dieser Engel habe seinen Mund mit einer
   glühenden Kohle berührt.[1]
2. Die Warnungen Jesajas an König Ahas und König Hiskija (Überblickstext
   S. 37): Hören/Lesen. Gespräch darüber.
3. Die Friedensvision des Jesaja: Bild S. 36:
   a) Freie, vermutende Interpretation im Gespräch (Aufgabe 1).
   b) Jesaja 2,1–5 lesen (Aufgabe 2).
   c) Auseinandersetzung mit der Interpretation anderer Kinder (s. Goldmann-
      Text).
   d) Die Textaussage auf dem Bild wiederfinden: Links der Prophet selbst,
      rechts seine Vision, oben als machtvoller Engel mit Schriftrolle Gott, der
      die Friedenszusage macht. Auch dieser Bildteil ist der Vision zugehörig.

---

1 Zum Thema ›Engel‹ vgl. Bd. 3, S. 54–55.

e) Eine Vision haben, das bedeutet bildhaftes Sehen im Wachen – oder in einem Trancezustand, oft nicht von einem wirklichen Traum zu unterscheiden. Wovon Jesaja erzählt, das erfuhr er in einem Wachtraum oder in einem wirklichen Traum. Er hat geschaut, und er hat gehört. Wichtig ist der Inhalt des Traumes: Alle Völker kommen zum Tempelberg in Jerusalem. Alle kommen in Frieden. Sie haben ihren Streit geschlichtet. Niemand lernt mehr das Kriegshandwerk. Jerusalem ist die Stadt des Friedens.

Seiten 38/39

Jeremia[1] begleitet die letzte Phase der Geschichte Israels vor dem Untergang Jerusalems im Jahr 587. Davids Großreich ist zerfallen. Von den beiden Nachfolgestaaten ist das Nordreich 722 v. Chr. dem Zugriff Assurs, der Großmacht aus dem Norden, erlegen. Angesichts seiner nahezu aussichtslosen Lage zwischen den Machtblöcken Assur (s. Jesaja) und Babylon im Norden, sowie Ägypten im Süden, ist es erstaunlich, daß das Südreich Juda seinen Bestand noch 135 Jahre lang zu wahren vermochte. Die nebenstehende Tabelle (nach Westermann) gibt Auskunft über die Zuordnung Jeremias und seiner Predigt zu den politischen Ereignissen seiner Zeit:

Unerbittlich hat Jeremia, der perönlich von scheuer und empfindsamer Natur war, den Kampf gegen Staatsautorität, gegen öffentliche Meinung und falsche Propheten geführt. Glühend und leidenschaftlich hat er sich an seinem Auftrag verzehrt – am Ende dort, wo er am Anfang begonnen hatte. »In vollkommener Ohnmacht seinen Feinden preisgegeben« (v. Rad), stets das unabwendbare Verhängnis vor Augen, hat er Hoffnung gepredigt für die Zeit danach: »Gott gibt euch Zukunft. Er will mit euch einen neuen Bund schließen. Es sollen wieder Äcker gekauft werden in diesem Lande. Die Stadt soll wieder aufgebaut werden. Und ihr sollt mein Volk sein, spricht der Herr« (vgl. Jer. 29,4 ff.; 30,18 ff.; 31,31 ff.; 32,36 ff.). So weist der Prophet noch in seinem Scheitern über sich selbst hinaus.

Man hat Jeremia eine der menschlichsten und am schärfsten profilierten Gestalten des Alten Testamentes genannt und geht in diesem Urteil wohl nicht fehl. Sein elementares persönliches Beteiligtsein an dem, was ihm zu tun aufgetragen war, die Tatsache, daß er von seiner Aufgabe überfordert war und sich ihr dennoch nicht zu entziehen vermochte, läßt ihn uns so nah und vertraut erscheinen. Tiefsten Einblick in seine Empfindungen gewähren die Klagen, erschütternder Ausdruck seines Ringens mit Gott:

Herr, du hast mich überredet,
und ich habe mich überreden lassen.
Du bist mir zu stark geworden und hast gewonnen.
Ich aber bin darüber zum Spott geworden täglich;
und jedermann verlacht mich.
Denn sooft ich redete, mußte ich schreien,
»Frevel und Gewalt« mußte ich schreien,
aber dein Wort, Herr, hatte keine Macht.

---

1 Zu Jeremia vgl. auch *H. Halbfas*, ›Lehrerhandbuch 7‹, a. a. O., S. 199–202.

Zeit v. Chr.	Geschichtliche Ereignisse	Jeremia
um 650	Das Weltreich Assur auf dem Höhepunkt seiner Macht	Geburt in Anatot (7 km nordöstlich Jerusalems) als Sohn des Priesters Hilkija (Jer. 1,1)
um 627	Erster Ansturm der Babylonier auf Assur	Berufung und erste Periode öffentlichen Wirkens (Jer. 1,2; 4 ff.)
621	In Juda: Gottesdienstreform des Königs Joschija. Kurze Blütezeit	
612	Untergang Assurs	Schweigen Jeremias
609	Schlacht bei Megiddo. Der Pharao von Ägypten besiegt Juda. Tod Joschijas	
609–597	Jojakim König in Juda	Zweite Periode öffentlichen Wirkens
605	Schlacht bei Karkemisch. Babylon siegt über Ägypten	Diktat an Baruch. Verbrennung der Buchrolle durch König Jojakim
603	Jojakim unterwirft sich dem Großkönig Nebukadnezzar von Babylon	(Jer. 36)
um 600	Abfall Jojakims von Nebukadnezzar	
597	Tod Jojakims. Erste Deportation nach Babylon (König Jojachin)	(2. Könige 24)
597–587	König Zidkija	Dritte Periode öffentlichen Wirkens
588	Abfall Zidkijas von Babylon Belagerung Jerusalems	(Jer. 37/38)
587	Untergang Jerusalems. Tod Zidkijas. Zweite Deportation nach Babylon	(Jer. 39/40)

Täglich wurde es mir zu Hohn und Spott.
Da dachte ich: Ich will nicht mehr von ihm reden
und nicht mehr in seinem Namen predigen.
Verflucht sei der Tag, an dem ich geboren bin.
Warum bin ich denn aus dem Mutterleib hervorgekommen,
wenn ich nur Jammer und Herzeleid sehen muß
und meine Tage in Schmach zubringe? (Jer 20,7–9,14,18).

Zum Didaktischen

Wie die anderen Propheten, so ist auch Jeremia neun- bis zehnjährigen Kindern prinzipiell zugänglich. Nicht, daß sie die Tiefe menschlichen Leidens, wie sie sich in seinem Schicksal spiegelt, bis ins Letzte zu ermessen und auszuloten vermöchten. Aber sie können im Hören und Miteinandersprechen, in der realistischen Zugangsweise des Alters Anteil gewinnen an diesen vielfältig bewegten, farbigen, auch abenteuerlichen, jedenfalls immer spannenden Geschichten. An Jeremia erfahren die Kinder etwas davon, daß es Menschen gegeben hat, die aus der Überzeugung lebten, ohne Gott nicht auskommen zu können, Menschen, die sich als Sprachrohr Gottes verstanden, die nicht an sich dachten, sondern nur daran, wie sie den Willen Gottes zu Ausführung bringen konnten.

Ein Mensch geht seinen Weg mit Gott, in dessen Dienst er sich widerstrebend (vgl. 1,6 ff.) hat nehmen lassen. Er geht – wie Paulus im Neuen Testament – durch alle Widerstände, Rückschläge, Anfeindungen, Leiden und Zweifel hindurch. Er meint, versagen zu müssen angesichts einer Welt, die kaum Hoffnung aufkommen läßt, daß der Wille Gottes sich durchsetzt. Aber er macht sich fest an diesem Gott, der aus Liebe straft, um zur Umkehr zu rufen. Und er hält durch.

Das vermögen Kinder zu verstehen. Das beschäftigt sie und macht sie nachdenklich in einer Zeit, die solche Menschen nicht mehr zu kennen scheint.

Bildbeschreibung S. 38[1]

Ausdrucksstark vermag Sieger Köder die Situation eines Propheten zu verdeutlichen: Im Zentrum der Rufer Gottes. Mit gewaltiger Geste reckt er die Rechte zum Himmel, aus dem ein breiter Stahl hellen weißlichen Blaus einbricht: Gott ist nahe. Die linke Hand greift ins Volk. Beide Arme bilden die zentrale Diagonale im Bild. Von oben her gelangt durch diesen Mann, dessen Kopf mit großen Augen und geöffnetem Mund den Menschen zugewandt ist, die Botschaft zum Volk. Im Hintergrund links Ruinen – die schon zerstörte Stadt –, rechts die Rose, Symbol der Hoffnung – beides in der Vision des Propheten.

Von der schrecklichen Zukunft predigt er:»Ach, der Zorn des Herrn liegt auf der Davidsstadt wie eine schwere, dunkle Wolke. Jerusalem, das Schmuckstück Israels, wird vom Himmel auf die Erde stürzen. Die Dörfer und Felder Israels wird der Herr schonungslos vernichten. Alle befestigten Städte wird er niederreißen. Dem Königreich und seinen Fürsten wird er ein schändliches Ende bereiten. In seinem Zorn zerschlägt er alles, wodurch das Volk stark und mächtig ist. Er setzt Israel in Flammen, wie ein Feuer, das nach allen Seiten frißt. Er tötet unsere blühende Jugend, die ganze Freude unserer Augen. Er gießt Zorn wie einen Feuerstrom über den Tempel in Jerusalem« (Klagelieder 2,1–4).

Und die Menschen? Wir sehen Hände und Gesichter, die dem Propheten eindeutig aufnehmend, hörend, glaubend zugewandt sind: direkt rechts, über seiner Brust und direkt links von ihm. Die verwundete (verbundene) Hand in der Mitte unten gehört vielleicht einem Hilfesuchenden, der sich von dem Propheten auch Heilung erhofft. Die Frau rechts, die den Arm über Gesicht wirft, kann vielleicht den Anblick dieses machtvollen Prophetenantlitzes und die ihr zugerufene Bot-

---

1 Vgl. ›Folien 3/4‹, a. a. O., Folie 13.

schaft nicht ertragen. Die Frau unter dem Schleier links lauscht aufmerksam. Zwei aber wenden sich eindeutig ab: Links oben im Halbdunkel ein Mann voll fragender Skepsis und halblinks ein zweifelnd-nachdenklicher Schriftgelehrter. Ist dieser einer der Jerusalemer Priester, die in Feindschaft zu Jeremia stehen? Ist es der falsche Prophet Hananja (Kapitel 28), der in der Auseinandersetzung mit Jeremia unterlag? Jedenfalls: Die Botschaft des Propheten findet nicht ungeteilt Zustimmung. Das wird am eindringlichsten in der von rechts unten her gegen ihn gereckten Faust deutlich.

Eins ist für den Maler-Theologen Sieger Köder sicher: Wer den Weg ins Helle geht, wird die blühende Rose sehen.

Eine großartige Bildschöpfung: Das ist der Mann, dem Gott zu stark war, und der durch sein Leiden hindurch selbst stark wurde. Doch seine Stärke liegt in der immer wieder überwundenen Angst zu versagen: »Die Menschen lachen mich aus. Mit Fingern zeigen sie auf mich. Weil ich ihnen nichts Gutes sagen kann. Ich muß ihnen deine Wahrheit sagen. Und die wollen sie nicht hören« (Buchtext S. 38).

Arbeitsfolge:
1. Das Bild S. 38 interpretieren, zunächst frei (die Kinder wissen ja schon einiges über Propheten), dann durch Impulse aus der Bildbeschreibung unterstützt.
2. Die Geschichte S. 38/39 bis S. 39 rechte Spalte, Zeile 10 (»In ihrem Versteck schreiben sie alles noch einmal auf«) hören oder lesen (ausführlichere Fassung in Material 1).
3. Gespräch; u. a. Jojakims zynische Symbolhandlung, die die prohetische Botschaft – das Wort Gottes – verleugnet und diskreditiert; Zweck von Bücherverbrennungen in anderen Zeiten (z. B. der des Nationalsozialismus): Auslöschung eines Werkes, seiner Aussage und damit zumindest auch psychische Vernichtung des Menschen, der es geschaffen hat.
4. ›Jeremia in der Zisterne – Ein Schwarzer hilft‹ (Material 2). Die Erzählung aus den letzten Tagen Jerusalems hören, besprechen. Akzente: Gerade der Ausländer, der Äthiopier, hilft; Gott bewahrt seinen Propheten; die Stadt ist nicht mehr zu retten (Religionsbuch S. 39, restliche Zeilen).
5. Israel in der Verbannung:
   a) Freier Erzähltext ›Mit Flügeln wie die Adler‹ (Material 3): Nach jahrzehntelanger Gefangenschaft kommt in Babylon Zweifel an Jahwe auf. Ein Prophet verkündet die baldige Befreiung. Durch seinen glaubensstarken Großvater und die Teilnahme am jüdischen Hausgottesdienst wird der zunächst durch die machtvollen Götterbilder der Babylonier verunsicherte etwa zehnjährige Joschua wieder zuversichtlich: »Singt Jahwe ein neues Lied!«
   b) Lied: »An den Wasserflüssen Babels saßen wir und weinten sehr« (Material 4). Text und die sehnsuchtsvolle Melodie des Refrains spiegeln eindringlich Israels Verlassenheit und Verlorenheit in der fremden Hauptstadt.
6. Die Zusagen (Visionen) der Propheten können auch heute Menschen Mut machen. Welche Menschen fallen dir ein? Welche Visionen könnten das sein?

Material 1

Gottes Wort verbrennt

Nebukadnezzar zieht heran,
der König von Babylon.
Krieg ist mit Jerusalem,
mit König Jojakim.
Jerusalem ist ganz eingeschlossen.
Alle sind voll Angst und Furcht.
Und da schickt Jojakim Gesandte
zum König von Babylon:
»Ich unterwerfe mich euch.«
Doch da geschieht es: der Feind zieht ab.
Alle atmen auf.
Nur Jeremia, der Prophet, er weiß:
Dies ist nicht das Ende.

Vier Jahre ist Jojakim schon König:
Gott spricht zu Jeremia:
»Nimm eine Schriftrolle. Schreib auf,
was ich dir jetzt sage:
Kommen wird der König von Babel.
Verderben wird er dies Land.
Und König Jojakim wird sterben.
Sein Leichnam wird hingeworfen.«
Und Jeremia ruft Baruch, den Freund:
»Nimm eine Schriftrolle.
Schreib alles auf: Da ist kein Friede.
Die Feinde kommen.
Der König von Babylon wird siegen.«
Jeremia diktiert. Und Baruch schreibt.
Zeile um Zeile schreibt er die Rolle.
Jeremia spricht:
»Ich darf nicht in den Tempel gehen.
Die Priester haben es verboten.
Baruch, geh, nimm du die Rolle.
Gehe zum Tor des Tempels.
Rufe es aus am Tag des Fastens,
wenn all die Menschen kommen.
Sie sollen umkehren von dem Bösen.
Groß ist Gottes Zorn.«

Und Baruch kommt am Tag des Fastens.
Er kommt zum Tor des Tempels.
Er liest aus der Rolle. Er ruft es aus:
»Ihr werdet sterben, verderben!

Der König von Babel kommt über euch.
Vernichten wird er dies Land!«

Das hört auch Micha vom Hof des
Königs. Er läuft zum Königspalast.
Dort sind die Füsten von Juda
versammelt. Und Micha meldet alles.
Da sagen die Fürsten:
»Bring uns den Mann!
Hole ihn her, diesen Baruch.«
Und Baruch kommt.
Sie sagen:»Setz dich!«
Er sitzt. Er liest. Sie hören.
Sie sind entsetzt:
»Wer sagt dir das?«
Sie sind zu Tode erschrocken:
»Wir sollen sterben? Alle verderben?
Das muß der König wissen.«
Baruch sagt:»Was ich euch berichte,
ich weiß es von Jeremia.
Er hat mir alles zugerufen.
Ich schrieb es mit Tinte in diese Rolle.«
Die Fürsten sagen:»Geh, Baruch,
geh! Versteck dich mit Jeremia!
Niemand soll wissen, wo ihr seid.
Wir müssen das alles dem König
melden.
Die Rolle laß hier.
Aber ihr, versteckt euch!«

Dann kommen die Fürsten Judas
zum König.
Der sitzt im Winterhaus.
Es ist sehr kalt. Es ist Dezember.
Er wärmt sich am Kohlenfeuer.
Die Fürsten sagen ihm, was sie erfuhren.
Er spricht:»Man soll es lesen!«
Jehudi liest vor. Der König hört zu.
Und alle stehen wie starr.
Jehudi liest:»So redet Gott:
Ihr werdet alle sterben.
Der König von Babel kommt über euch.
Ihr werdet alle verderben.«

Jehudi liest vor den Ohren des Königs
und vor den Ohren der Fürsten.
Der König aber hat ein Messer,
ein kleines scharfes Messer.
Er nimmt die Rolle.
Er schneidet ab, was Jehudi gelesen hat.
Er wirft es ins Feuer.
Und da verbrennt es.
Gottes Wort verbrennt.

Dann gibt der König die Rolle zurück.
Jehudi nimmt und liest.
Und wieder ergreift der König die Rolle.
Und wieder schneidet er ab.
Er wirft das Stück ins Kohlebecken.
Und wieder verbrennt es im Feuer.

Die Fürsten rufen: »König! Herr!«
Er aber hört nicht auf sie.
Jehudi liest.
Der König schneidet.

So geht es Stück um Stück.
Die Fürsten Judas stehen wie starr:
»Das ist doch Gottes Wort!«
Doch keiner sagt: »Der lästert ja.
König, das darfst du nicht tun!«

Jehudi liest.
Der König schneidet.
Und dann verbrennt es im Feuer.
So geht es weiter, bis alles verbrannt ist.
Gottes Wort ist vernichtet.

Und dann spricht König Jojakim:
»Holt mir den Baruch her.
Verhaftet Baruch und Jeremia!«
Gott aber hält die beiden versteckt.
Rede Gottes zu Jeremia:
»Nimm eine neue Rolle;
schreibe alles noch einmal auf!
Jojakim aber wird sterben.«
Nach Jeremia 36,1–28

Material 2

Ein Schwarzer hilft

Dann aber ist Krieg,
Krieg mit Babylon,
Krieg mit den Heeren aus dem Norden.
Er zieht heran mit gewaltiger Macht
Nebukadnezzar, König von Babel.
Riesige Heere umzingeln die Stadt.
Überall Angst und Schrecken.
Es ist die Zeit des Königs Zidkija.
Jojakim ist schon tot.
Jeremia ist in der Stadt,
im Wachthof des Königspalastes.
Gott hat ihm einen Auftrag gegeben.
Er spricht zu den Männern dort:
»Wer hier bleibt, in Jerusalem,
der ist verloren, der muß sterben.
Geht hinaus zum König von Babel.
Ergebt euch. So will es Gott.«
Das hören Offiziere mit an.
Sie laufen zu König Zidkija:
»Töte den Mann.
Er nimmt uns den Mut.

Keiner will mehr kämpfen.
Er hetzt. Er will nicht unser Heil.
Jeremia will unser Unheil!«
Da sagt Zidkija: »Was soll ich schon
machen? Er ist in euren Händen.
Ihr habt ja recht. Macht, was ihr wollt.
Greift euch Jeremia!«
Da kommen sie und packen ihn.
Sie binden ihn an Stricke.
Sie werfen ihn in die Zisterne,
in das Wasserloch im Wachthof.
An den Stricken lassen sie ihn hinab.
Unten ist alles Schlamm.
Und Jeremia sinkt ein in den Schlamm.
Er soll dort unten verhungern.
Hilft Gott seinem Propheten nicht?
Ist denn alles vorbei?
Gott hilft. Denn da ist Ebed-Melech,
ein Schwarzer, ein Diener des Königs.
Der hört: Jeremia liegt in der Zisterne.
Da läuft er. Da läuft er zum König.

Zidkija ist am Benjamintor.
Dort tobt der Kampf mit den Feinden.
Ebed-Melech läuft.
Ebed-Melech kommt:
»König, hilf dem Propheten!
Er muß heraus aus dem Wasserloch.
Er darf dort nicht sterben, verderben!«
Zidkija wird schwankend: »Gut, so tu
es. Hole ihn wieder heraus!«
Da läuft Ebed-Melech.
Er holt sich Männer.
Er läuft in die Kleiderkammer.
Er sucht sich Lumpen und
Kleiderfetzen.
Er holt sich einen Strick.
Er läuft zur Zisterne: »Höre mich!
Ich will dir helfen, Jeremia!
Lege die Lumpen unter die Arme.
Binde den Strick herum!«
Und Jeremia hört seine Retter.
Er tut, was sie ihm sagen.
Er legt die Lumpen unter die Arme.
Er bindet den Strick herum.
Sie ziehen. Sie ziehen ihn hoch aus
dem Schlamm.

Jeremia ist gerettet.
Ebed-Melech hat geholfen,
der Schwarze, der aus dem Ausland.
Gott hat geholfen.
Die Stadt aber ist verloren.
Die Feinde brechen durch die Mauer.
Sie stecken alles in Brand,
den Königspalast,
den schönen Tempel
und all die Häuser der Stadt.
Die Mauern werden eingerissen.
Kein Stein bleibt auf dem andern.
Und alle Menschen aus der Stadt,
die werden fortgeführt nach Babel.

Jeremia 38,1–13

»Jerusalem, wie liegst du verlassen,
trostlose Trümmer und alle gefangen.
Entsetzlich tief bist du gefallen.
Und niemand ist da,
der dich trösten will.«

Aus Klagelieder 1

Doch, einer ist noch da: Jeremia.
Er will es trösten, sein Volk.

Material 3

Mit Flügeln wie die Adler

(die Geschichte zitiert Texte aus dem
Buch des zweiten Jesaja)
»Joschua, heute darfst du mit mir zum
Gottesdienst gehen«, sagt der Großvater.
Joschua hat sich schon lange auf diesen Tag gefreut. Er zieht sein schön-
stes Kleid an.
Als sie am Tempel des Marduk verbei-
kommen, fragt Joschua: »Ist unser
Tempel auch so schön wie die Tempel
der Babylonier?«
»Wir hatten einen herrlichen Tempel,
als wir noch in Jerusalem wohnten«,
sagt der Großvater. »Doch dann kam

Nebukadnezzar, der König von Babylon, und eroberte Jerusalem. Dein Vater war damals gerade zwei Jahre alt.
Kein Stein blieb auf dem anderen. Der
König von Jerusalem, alle Beamten
und Priester wurden gefangengenommen. Die Babylonier schleppten uns
hierher in die Verbannung. Hier haben
wir keinen Tempel. Wir versammeln
uns in Privathäusern zum Gebet. Heute
sind wir bei Hasadja.«
Der Großvater wird nachdenklich.
»Manche von unseren Landsleuten
glauben nicht mehr an Jahwe, den Gott
Israels. ›Jahwe hat uns im Stich gelas-

sen‹, sagen sie. Für sie sind die Götter Babylons mächtiger: Marduk und Nebo und Schamasch und wie sie alle heißen.«

»Es ist auch zum Verzweifeln«, sagt Eljaschib, der sich zu ihnen gesellt hat, »jetzt warten wir schon jahrzehntelang, daß sich hier etwas ändert. Nichts geschieht. Manchmal frage ich mich schon, ob es sich noch lohnt, zu Jahwe zu beten.«

Da sagt Joschua: »Ich kann nicht glauben, daß mein Name nicht wahr sein soll: ›Jahwe ist die Rettung‹.«

Auf dem Marktplatz ist viel Lärm. Ein Mann fällt besonders auf. Joschua kennt ihn schon: Es ist der Prophet, der hier oft Jahwe anpreist. »Her zu mir, wer Durst hat!« ruft er. »Hier gibt's Wasser, auch ohne Geld! Kommt, kauft Wein und Milch! Ihr braucht nicht zu zahlen!«

Die Leute schütteln den Kopf. So etwas gibt es doch nicht: Kaufen und nichts bezahlen!

»Es ist halt schwer zu glauben, daß Gott alles umsonst gibt«, meint der Großvater.

»Großvater, was bedeutet das eigentlich: ›Prophet‹?«

»Das ist ein Mensch, den Gott in sein Herz schauen ließ.«

Sie kommen gerade noch rechtzeitig zum Gottesdienst. Hasadja begrüßt alle Anwesenden freundlich. Dann stimmt er das erste Lied an:

»Wach auf, wach auf,
Arm Jahwes!
Bekleide dich mit Macht!
Wach auf wie in alten Zeiten . . .«

Ungeduldig ruft Eljaschib dazwischen: »Der Arm Jahwes ist zu kurz, um uns zu helfen!«

Der Gesang ist verstummt. Alle sind bestürzt. An der Tür steht der Prophet. Er beginnt zu reden: »Bald wird man sagen: ›Wach auf, wach auf, Jerusalem! Bekleide dich mit deinem Prunkgewändern!‹ Denn Jahwe hilft seinem Volk, er befreit Jerusalem. Er greift ein, er hat seinen mächtigen Arm vor den Augen aller Völker erhoben. Die ganze Erde sieht es: Unser Gott rettet uns!«

»Mit solchen Sprüchen vertröstest du uns nun schon jahrelang. Ich kann nicht mehr glauben, daß Jahwe seine Kraft wiedergewinnen wird.« Eljaschibs Stimme hat müde geklungen.

Der Prophet spricht weiter: »Jahwe ist ein ewiger Gott. Er wird nicht müde, und seine Kraft läßt nie nach. Er gibt den Müden Kraft, die Kraftlosen macht er stark. Junge Leute werden müde, kräftige Männer stolpern. Aber alle, die auf Jahwe hoffen, bekommen neue Kraft, es wachsen ihnen Flügel wie einem Adler. Sie gehen und werden nie müde; sie laufen und werden nie matt.«

Joschua beginnt zu begreifen, warum sein Großvater immer so viel frohen Mut ausstrahlt. Nun bekommt er selber Mut. »Prophet«, ruft er laut, »unter unseren Leuten sagt man: ›Jahwe hat uns im Stich gelassen, Gott hat uns vergessen.‹ Kann das stimmen?«

Wieder beginnt der Prophet zu reden: »So sagt Jahwe: ›Bringt eine Mutter es fertig, ihr Kindlein zu vergessen? Und selbst wenn sie es vergessen könnte, ich vergesse euch nicht. Seht her, ich mache jetzt etwas Neues, merkt ihr es denn nicht? Ich lege eine Straße durch die Wüste, damit ihr heimkehren könnt nach Jerusalem.‹ Das ist das Wort Jahwes.«

»Wort Jahwes, Wort Jahwes«, ruft Eljaschib erregt, »ich möchte Taten sehen!«

Hasadja will ihn beruhigen und legt ihm die Hand auf den Arm.

Eljaschib reißt sich los und rennt zur Tür. »Mich seht ihr hier nie wieder!« schreit er. »Ich gehe jetzt zu Marduk!« Er verläßt das Haus.

Es ist ganz still geworden. Bedrückt schauen alle auf den Propheten. Weiß auch er jetzt nicht mehr weiter?

Endlich beginnt er wieder zu reden: »So sagt Jahwe: ›Wenn Regen oder Schnee vom Himmel fällt, dann kehrt er nicht wieder dorthin zurück, sondern er tränkt die Erde und bringt sie zum Keimen und gibt dem Sämann Samen und dem Menschen Brot. Genauso ist es mit meinem Wort. Es kehrt nicht erfolglos zu mir zurück, sondern es bringt zustande, was ich vorhabe, und es führt aus, was ich ihm auftrage.‹ Das ist das Wort Jahwes.«

»Ich halte zu Jahwe«, ruft der Großvater.

Und Joschua ruft: »Ich werde auf meine Hand schreiben: ›Nur bei Jahwe gibt es Hilfe.‹«

Und einer nach dem andern ruft: »Ich halte zu Jahwe.«

Man klatscht in die Hände. Hasadja stimmt ein Lied an:

»Singt Jahwe eine neues Lied!
Macht seine Größe bis ans Ende
der Erde bekannt!
Es jauchze das Meer
und was darin wohnt!«

Auf dem Heimweg ist es Joschua, als hätte er Flügel wie ein Adler.

»Großvater, glaubst du, daß der Prophet richtig hineingeschaut hat in Jahwes Herz? Ich meine: Wird uns Jahwe wirklich befreien?«

»Hoffentlich bald!«

Gottfried Vanoni[1]

Material 4

Text: Ernst Hansen, Melodie: Lettische Volksweise

1. An den Was - ser - flüs - sen Ba - bels sa - ßen
wir und wein-ten sehr, und das Was - ser trägt die
Trä - nen nä-her zum ge - lob-ten Land. Er - barm dich, Herr! Wir

---

1 Aus: ›Hoffentlich bald‹, hrsg. von *Lene Mayer-Skumanz,* Herder Verlag, Wien 1986. © Autor.

sind den-noch dein Volk! Wir sind fern von dir ge-fan-gen
hier in Ba-by-lon und sind den-noch dein Volk!

2. Ach, wir sehnen und wir wünschen uns nach Haus in unser Land,
   nach Jerusalem, der schönen, nach der Stadt, in der Gott wohnt.
3. Doch der Tempel ist zerbrochen, und die Stadt ist ganz zerstört.
   Gottes Volk lebt in der Fremde, ist gefangen und in Fron.
4. Bitter ist das Brot in Babel, und der Spott der Wächter schmerzt.
   Wir sind Knechte, wir sind Sklaven: Komm, o Herr, und mach uns frei.[1]

Wenn der Herr die Gefangenen Zions erlösen wird,
dann werden wir sein wie die Träumenden.

Psalm 126,1–2

Teil 5: Weihnachten in aller Welt (Seiten 40–45)

Absichten
Die Kinder sollen:
– die auf das Kommen Jesu bezogenen Messiasweissagungen der prophetischen
  Tradition kennenlernen – S. 40–41
– sich Gedanken machen über die oikoumenische Weite des Weihnachtsfestes –
  S. 42–43
– von der möglichen Entstehung der Weihnachtsgeschichte des Lukas erfahren
  – S. 44–45

Seiten 40/41
Die Doppelseite fordert die Kinder im Hinblick auf die Adventszeit auf, sich mit
den Messiasverheißungen des Alten Testamentes auseinanderzusetzen. Neben
Textzitaten aus Jesaja erscheinen jetzt auch solche aus den Büchern Sacharja[2]

---

1 © Christophorus Verlag, Freiburg/Br.
2 Prophet der nachexilischen Zeit. Tritt 520–518 in Jerusalem auf. Will in der ersten Zeit nach
  der Rückkehr aus Babylon dem Volk im Hinblick auf eine endzeitliche Gottesherrschaft Trost
  und Zuversicht vermitteln. Mit der Grundsteinlegung des Tempelneubaus bricht für ihn die
  Heilszeit an.

und Micha[1]. Tendenz: Der zukünftige König wird ein Fürst des Friedens sein. Er wird in Israel regieren und mit den Armen im Land gerecht umgehen. Die Kriegssymbole (Soldatenstiefel, Soldatenmäntel, Streitwagen und Kriegsbogen) werden vernichtet. Alle werden sich freuen. Aus Isais Familie wird er kommen, aus Davids Stadt, aus Betlehem. Wie ein Licht wird er allen im Dunkel leuchten. Und seine Macht reicht bis an die Enden der Welt. Er reitet in Jerusalem ein, demütig, auf einem Esel. Dauerhaft wird sein Friede sein. Ja, er ist selbst der Friede.

Nachfolgend, abgesehen von Jesaja 9,1–6, die übrigen Texte in ausführlicher Fassung:

1. Aus dem Baumstumpf Isais wächst ein junger Trieb. Er schießt hervor aus den Wurzeln. Ihn wird der Herr mit seinem Geist erfüllen, dem Geist der Einsicht und der Weisheit, dem Geist der Erkenntnis und der Gottesfurcht. Er urteilt nicht nach dem Augenschein und verläßt sich nicht auf's Hörensagen. Er richtet gerecht alle, die hilflos sind. Für die Armen im Land setzt er sich ein. Wie der Gürtel, den man ständig trägt, so umgeben ihn Gerechtigkeit und Treue.   *Jesaja 11,1–3.5*

2. Doch dir, Betlehem im Gebiet der Sippe Efrat, läßt der Herr sagen:»So klein du bist unter den Städten in Juda, aus dir wird der Mann kommen, der künftig Israel führen wird. Sein Ursprung liegt in ferner Vorzeit, in längst vergange-nen Tagen. Er wird auftreten und ihr Hirt sein in der Kraft des Herrn, im hohen Namen Jahwes, seines Gottes. Sie werden in Sicherheit leben, denn nun reicht seine Macht bis an die Grenzen der Erde. Und er wird der Friede sein.«
                                                                Micha 5,1–4

3. Freue dich, du Zionsstadt! Jubelt laut, ihr Bewohner Jerusalems. Euer König kommt. Er ist gerecht und hilft. Er ist demütig und reitet auf einem Esel, auf dem Füllen einer Eselin. Er vernichtet die Streitwagen aus Efraim. Er schafft die Pferde aus Jerusalem ab. Und die Kriegsbogen werden zerbrochen. Er verkündet den Frieden für die Völker. Seine Herrschaft erstreckt sich über Länder und Meere, soweit die Erde reicht.   *Sacharja 9,9–11*

Der Jesajazeile »Das Volk, das im Dunkeln lebt, sieht ein großes Licht« ordnet sich der leicht singbare israelische Kanon ›Gottes Wort (= der Friedenskönig) ist wie Licht in der Nacht‹ zu. Das slowakische Volkslied ›Seht, die gute Zeit ist nah‹ fordert auf dem Hintergrund der Weihnachtsgeschichten uns Gegenwärtige (die Kinder) auf, an die Krippe zu kommen, damit von Wahrnehmung und Anbetung des göttlichen Retters her Friede sich ausbreite.

---

1 Prophet im Südreich zur Zeit König Hiskijas (725–697), also Zeitgenosse von Jesaja 1. Stammt aus Moreschet, ca. 35 km südwestlich von Jerusalem. Wie Amos ist er ein Prophet der Anklage. U. a. übt er Kritik am Königtum in Jerusalem. Aus Betlehem erwartet er einen neuen David (5,1–4).

Arbeitsfolge:

1. Das Lied ›Seht die gute Zeit ist nah‹ ersingen.
2. Die Weihnachtsgeschichten des Lukas und des Matthäus in Erinnerung rufen.
3. An die Propheten Amos, Jesaja, Jeremia erinnern. Dann: »Von Jesaja, von dem Propheten Micha, der zur gleichen Zeit lebte, und von dem Propheten Sacharja, der in Jerusalem lebte, als das Volk aus der babylonischen Gefangenschaft zurückkehrte, gibt es Worte, die über die damals bedrückende Gegenwart hinausgingen und voll Hoffnung und Glauben von der Zukunft sprachen. Man nannte diese Worte ›Verheißungen‹. Später, in christlicher Zeit, wurden diese Verheißungen auf Jesus als den neuen König David, als den Friedenskönig, übertragen.«
4. Kennenlernen dieser Verheißungen, entweder in den Kurzfassungen S. 40/41 oder in den längeren Fassungen des Werkbuches. Gespräch darüber. Betonung von Einzelgesichtspunkten (s. Einleitungsteil).
5. Zu der Zeile »Das Volk, das im Dunkeln lebt, sieht ein großes Licht« den Kanon ›Gottes Wort ist wie Licht in der Nacht‹ erarbeiten: Advent, das ist wie ein großes neues Licht! Dazu verschiedene Adventsbilder (vom Kitsch bis zur Kunst) betrachten und fragen, ob sie etwas von dieser Lichtbotschaft (und wenn ja, was) wiedergeben.
6. Den wichtigsten Aspekt der Verheißungen betonen: »Der König, an den die Propheten dachten, sollte ein Friedenskönig, ein Fürst des Friedens, sein.«
7. Kanon: ›King of Kings and Lord of Lords . . .‹

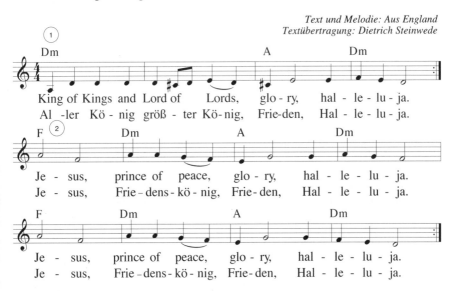

Text und Melodie: Aus England
Textübertragung: Dietrich Steinwede

King of Kings and Lord of Lords, glo - ry, hal - le - lu - ja.
Al - ler Kö - nig größ - ter Kö - nig, Frie-den, Hal - le - lu - ja.

Je - sus, prince of peace, glo - ry, hal - le - lu - ja.
Je - sus, Frie - dens - kö - nig, Frie-den, Hal - le - lu - ja.

Je - sus, prince of peace, glo - ry, hal - le - lu - ja.
Je - sus, Frie - dens - kö - nig, Frie-den, Hal - le - lu - ja.

Zusatzmaterial
Friedenslied zur Weihnacht
Das folgende Lied geht in Strophe 1 mit Engeln, Hirten und der Krippe von der Geburtsgeschichte Lukas 2 aus. In den weiteren Strophen wird dann die Engels-

botschaft ›et in terra pax‹ für die Gegenwart buchstabiert: Vom Frieden, vom
Friedensland, können wir sprechen, wenn . . . In Strophe 3–6 klingen dabei
Themen an, die im nachfolgenden Abschnitt verhandelt werden. Strophe 7 ent-
spricht dem Jesajatraum von S. 62/63.

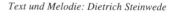

Text und Melodie: Dietrich Steinwede

2. Wenn Männer sich nicht schlagen,
   wenn Frauen zu reden wagen,
   wenn Kinder nicht erschrecken,
   wenn Hungernde nicht verrecken . . .
3. Wenn Wege sind noch offen,
   wenn Zweifelnde dürfen hoffen,
   wenn Freude weitet die Herzen,
   wenn Menschen lachen, scherzen . . .
4. Wenn Völker sich erkennen,
   wenn Feinde sich Brüder nennen,
   wenn Güte uns wird regieren,
   wenn keine Soldaten marschieren . . .

5. Die Früchte, schwer in den Bäumen,
   die Winde in weiten Räumen,
   das Schwert, zur Pflugschar ge-
                                    schmolzen,
   und Sanftmut lernen die Stolzen . . .
6. Wenn Seufzen und Schreien zu Ende,
   gebunden nicht mehr die Hände,
   wenn keine Bomben mehr fallen,
   weil Sehnsucht ist in allen . . .
7. Wenn Menschen von Liebe träumen,
   wenn sie es nicht versäumen,
   in Liebe auch zu handeln –
   sie werden die Welt verwandeln . . .

Seiten 42/43
Der Satz »Und den Gebeugten der Erde wird er helfen« von S. 41 leitet bereits
hinüber zu der oikoumenischen Tendenz der neuen Doppelseite. Vor allem das
Bild – die Lieder aus Südamerika, England und Frankreich könnten auch deutsche Lieder sein – setzt hier einen bedeutsamen Akzent. Es gehört einem für uns
wirklich fremden Kulturraum an. Und so sind wir (die Kinder) genötigt, die
vertraute weihnachtliche Szenerie plötzlich mit den Augen eines Balinesen zu
sehen. Jede Kultur nimmt da, wo sie mit dem Christentum in Berührung kommt,

das Zeugnis vom Gottessohn (von seiner Geburt) ganz unmittelbar in die heimi-sche Lebenswelt auf. So wie es in deutschen Bildern ein deutsches Kind wird, ist das Jesuskind in Bali ein Balinese. Das wird hier exemplarisch gezeigt.
Was sehen wir?
Eine tropische Landschaft, in der Reisfeldterrassen und üppig grünende Büsche den Hintergrund bilden. Man spürt förmlich den glühendheißen Hauch der Luft. Die leichte Bekleidung der Figuren erhöht diesen Eindruck. Ketut Lasia,[1] der balinesische Maler und Christ, führt uns in seine heimische Landschaft.
Kuhhirten, balinesische Reisbauern, sind zur Krippe gekommen und in die Knie gefallen. Der mit dem Stirnband blickt verwundert fragend, der mit dem Hut betet an. Die Tiere haben sich zwischen Grünpflanzen, einem Futterkorb und einer Wasserschale gelagert. Ihre wachen Augen scheinen zu sagen, daß sie etwas ahnen von dem großen Geheimnis dieser Geburt. Es ist, als hätten sie ihre Behausung, den Stall, gern zur Verfügung gestellt.
Über das schwellende Grün in der Futterraufe ist eine Decke gebreitet. Darauf liegt das Kind. Gelöst liegt es da, die Arme locker, wie segnend ausgebreitet. Es ist nackt. Über seinem Kopf zeigt sich eine hellgelb strahlende Blüte, die einzige auf dem Bild.
Maria im indonesischen Sarong hebt mit ihrer Linken die Decke ein wenig an. Ihre Rechte liegt über dem Herzen. Ihr Gesicht scheint zu fragen: ›Ist es denn wahr, dieses Kind, von mir geboren, soll der Gottessohn sein?‹
Der junge Josef, kniend wie alle, berührt behutsam das Krippenbett, zeigt damit seine Nähe zu dem Kind, zu dem Geburtsgeschehen an. Die Krippe wiederum berührt den tragenden Hauspfosten, der ein lebender aus dem Dachfirst heraus seine Krone entwickelnder Baum ist. Der Baum des Lebens trägt den Stall. Aus der Wurzel Jesse, aus Isais Stamm, ist dieses Kind hervorgegangen (vgl. die Jesajaverheißung S. 41). Ein stilles Bild hat Ketut Lasia hier geschaffen, ein Bild, in dem die Farben Grün, Hellbraun, Gelb, Blau, Weiß und Rot zart mitein-ander spielen.
Unter den drei Liedern ist ›Gott schenk euch allen, liebe Leute, Frieden, Glück und Heil‹ dem Gesamtthema des Buches – Frieden – am nachhaltigsten ver-pflichtet. Die Strophen 2 und 3 verweisen auf den Hunger der Kinder in der Welt, auf ihre Hilflosigkeit ohne unser Tun.[2] Daß weihnachtliches Feiern sich immer dem Gedanken und der Aktion ›Brot für die Welt‹ verbindet, wird darin in Erinnerung gerufen. Der Friede kommt nicht von allein. Aber dies alles, daß die Wege des Lebens nicht zu steil und schwer werden, hat auch mit dem

---

1 Inmitten einer hinduistisch geprägten Umwelt hat sich in Bali eine kleine protestantische Kirche gebildet. Ihr gehört Ketut Lasia an. In der Landschaft, die er auf seinem Bilde darstellt, ist er aufgewachsen. Zeichnen und Malen hat er autodidaktisch gelernt. Von seinem Vater, einem Reisbauern und frommen Hindu, wurde er enterbt, als er zum Christentum übertrat. Seine Kunst ist noch jung, so wie die anmutig getanzten biblischen Geschichten in den Festgottesdiensten balinesischer Christen noch jung sind. Ketut Lasia malt seine biblischen Bilder, die ihn in Europa bekanntgemacht haben, weiter inmitten von Reisfeldern am Rand der Hauptstadt Denpansar.
2 Vgl. Bd. 3, S. 114–117.

Kind von Betlehem zu tun. Darin liegt die Botschaft voll Freude und Trost
(Refrain).

Von dieser Botschaft spricht auch das Weihnachtslied aus Frankreich, das in
seinem 6/8-Takt leicht, wie schwebend gesungen werden will, während das
südamerikanische Lied auf einer punktierten Melodie ganz schlicht die Würdeti-
tel Jesu aus der Verheißung Jesaja 9,1–6, S. 40 (vgl. Aufgabe 3, S. 42), aufzählt.

Arbeitsfolge:
1. Bilderschließung (s. Bildbeschreibung).
2. Information über Ketut Lasia.
3. Grundsatzgespräch: Das Christuskind in Bildern der Welt: Überall wird die
   Geburt anders gesehen und gemalt.[1]
4. Ersingen der Lieder. Bei ›Sein Name ist der Wunderbare‹ Verschränkung mit
   Jesaja 9,1–6, S. 40. Bei ›Gott schenk euch allen, liebe Leute‹ kann in Erinnerung an Bd. 3, S. 114/115 ein Gespräch über den Hunger in der Welt aufgenommen, u. U. auch eine Sammelaktion ›Brot für die Welt‹ eingeleitet werden.

Vorschlag für eine Weihnachtsfeier nach Materialien aus den Seiten 40–43

1. Kanon: ›Gottes Wort ist wie Licht in der Nacht‹.[2]
2. Lehrerin:»Dieses Licht, das aufstrahlen wird, hat in uralter Zeit der Prophet
   Jesaja gesehen: Das Volk, das im Dunkeln lebt, sieht ein großes Licht. Für die,
   die im Land der Finsternis wohnen, leuchtet ein Licht auf.«
3. Wiederholung des Kanons: ›Gottes Wort ist wie Licht in der Nacht‹.
4. Lehrerin:»Laß dein Gesicht vor Freude strahlen.
   Denn ich komme.
   Ich bin dein Licht.
   Mein Licht der Liebe leuchtet auf über dir.
   Auf der ganzen Erde liegt Dunkelheit.
   Die Menschen tappen im Dunkel.
   Doch über dir strahlt mein Licht auf.
                              Jesaja 60,1–2
   Dies Licht bringt uns das Königskind in Betlehem, das Jesuskind,
   von Maria geboren.«
5. Lied: ›Seht, die gute Zeit ist nah‹.
6. Lehrerin:»Aus Isais Familie ist dieses Kind gekommen, aus der Familie des
   Königs David. Es ist, als ob aus der Wurzel eines abgestorbenen
   Baumes ein neuer Trieb sprießt. Etwas ganz Neues kommt.
   Der Neue, das ist das Kind von Betlehem.
   Es wird Frieden bringen in die Welt.
   Es ist ein Friedenskönig.

---

1 Vgl. dazu *Dietrich Steinwede,* ›Für uns ein Kind geboren. Weihnachtsbilder aus aller Welt‹,
   Verlag E. Kaufmann, Lahr 1993.
2 Tanzgestaltung in: *E. Hirsch,* ›Kommt, singt und tanzt‹, a. a. O., S. 66–68.

Alles, was mit Krieg zu tun hat, wird vernichtet.
Soldatenstiefel und Soldatenmäntel werden verbrannt.
Keiner soll mehr mit dem Kriegsbogen schießen.
Keiner soll mehr einen Streitwagen fahren.
Alles Kriegsgerät wird vernichtet.
Denn ein Kind ist uns geboren.
Der Friedenskönig ist uns geschenkt.
Aus Betlehem wird er kommen,
aus der kleinen Stadt in Juda.
Mit den Armen wird er gerecht umgehen.
Und den Gebeugten wird er helfen.
Und sein Name wird sein:
Wunderbarer Ratgeber, starker Gott,
ewiger Vater, Fürst des Friedens.«

7. Lied: ›Sein Name ist der Wunderbare‹.

8. Lichter-Spiel mit Themen-Kerzen: ›Nun wollen wir ein Licht anzünden‹:

Leitorientierung:
Vier brennende Themen-Kerzen werden zunächst ausgelöscht, dann wieder angezündet. In dem Auslöschen der Kerzen ›Freude‹, ›Vertrauen‹, ›Friede‹ erleben die Kinder die Gebrochenheit der weihnachtlichen Lichtverkündigung – dies an ganz realen Situationen ihrer unmittelbaren Erfahrung. Gegenüber dem als ›Zweifel‹ immer wieder einbrechenden Dunkel erweist sich dann aber das Licht der Liebe, neu entzündet im Kind von Betlehem, als das stärkere Element. Liturgisch bewußt integriert ist diesem Spiel sowohl ein dreifach gesungenes Kyrie als auch ein mehrfach gesungenes Gloria.

Hinweise zur Vorbereitung:
16 Kinder werden gebraucht: 3 ›Licht-Kinder‹ mit großen weißen Kerzen, 1 ›Licht-Kind‹ mit einer großen roten Kerze, 4 ›Zweifel-Kinder‹, 8 Kinder für das Fürbittengebet.
Die ›Licht-Kinder‹ sind mit gesonderten Textblättern auf ihre Rollen vorbereitet, ebenso die ›Zweifel-Kinder‹, die ihren jeweiligen Part auch in (expressive!) Handlung umsetzen sollten. Für die Zweifel-Rollen sollten Kinder gewählt werden, die Aggressivität darstellen können (u. U. dazu neigen). In jedem Fall ist gutes Einüben (im Unterricht!) wichtig. Die Leitung obliegt der Lehrerin, die auch zentrale Partien spricht.
Die vier ›Licht-Kinder‹ treten, wie im Spielverlauf beschrieben, auf. Sie befinden sich als Gruppe zunächst im Hintergrund (Eingangsteil) der Klasse. Die vier Figuren ›der Zweifel‹ haben von vornherein im Vorderteil seitlich oder unter den Teilnehmern ihren Platz.
Die acht Kinder für das Fürbittengebet haben kleinere Kerzen, können ihre Gebetszeilen auswendig. Sie sitzen von Anfang an in den vorderen Reihen.
Klavier- oder Gitarrenbegleitung der Liedelemente ist erwünscht. Auch eine Flöte wird eingesetzt.

Das Spiel
Einleitende Musik. Dann:
*Kind 1 kommt langsam mit seiner großen brennenden Kerze vom Eingang her
nach vorn, hält dabei, sofern die Flamme flackert, schützend seine Hand davor,
wendet sich den übrigen Kindern zu, hält die Kerze hoch, spricht:*

Kind 1
Mein Licht heißt ›Freude‹.
Es brennt, weil es Freude gibt,
Freude auf Weihnachten,
Freude auf den Geburtstag,
Freude auf Geschenke,
Freude über eine gelungene Arbeit,
Freude über eine gute Freundin, einen guten Freund,
Freude, wenn Vater oder Mutter Zeit für mich haben . . .
Stille . . . In die Stille hinein:

*Der Zweifel 1 (sich von der Seite heranschleichend, hintergründig, dann immer
aggressiver):*
Freude?
Daß ich nicht lache.
Da wird gerechnet, wieviel man bekommt.
Immer mehr will man haben.
Immer größer, schöner, teurer soll es sein . . .

mit ausdrucksvollen Gesten auf Kind 1 zugehend
Und die Eltern laufen.
All die Vorbereitungen! Das Einkaufen!
Die Hetze in den Läden, in der Stadt!
Es ist alles so eilig.
Nein, Vater und Mutter haben keine Zeit für dich.
Sie können sich auch nicht freuen.
Wer kann das denn überhaupt noch, sich wirklich freuen?!
Nein, Traurigkeit vielleicht,
aber Freude hat hier keinen Platz!
bläst die Kerze von Kind 1 heftig aus und stellt sich hinter Kind 1

Kyrie (alle, mehrfach)   *Text und Melodie: Elke Hirsch*

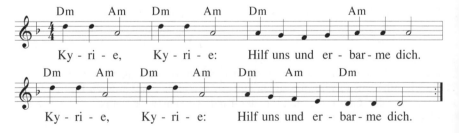

Kind 2 kommt währenddessen langsam mit seiner Kerze vom Eingang her . . .
usf. (stellt sich neben Kind 1)

Kind 2

Mein Licht heißt ›Vertrauen‹.

Es brennt so hell, weil es Vertrauen gibt,
Vertrauen, das ich brauche, wenn ich zum erstenmal vom Dreimeterbrett springe,
Vertrauen, daß mir nichts Schlimmes geschieht, wenn ich unterwegs bin,
Vertrauen, das ich brauche, wenn ich meinem Freund oder meiner Freundin ein
Geheimnis erzähle,
Vertrauen, daß jemand zu Hause ist, wenn ich komme, daß jemand da ist für mich.

Der Zweifel 2 (in der Handlungsweise wie der Zweifel 1)
Vertrauen?
Warst du nicht manchmal enttäuscht von deinem Freund, deiner Freundin?
Konntest du dich immer auf sie verlassen?
Und passieren nicht dauernd Unfälle?
Und wie oft kommst du nach Hause, und es ist niemand da.
Und wie oft glaubt dir keiner.
Nein, *Miß*trauen vielleicht, aber *Ver*trauen hat hier keinen Platz!
bläst die Kerze von Kind 2 aus, stellt sich hinter Kind 2

Kyrie (alle, mehrfach)

Kind 3 kommt währenddessen langsam mit seiner Kerze vom Eingang her . . .
usf. (stellt sich neben Kind 1 und Kind 2)

Kind 3

Mein Licht heißt ›Frieden‹,
weil es Frieden gibt, wenn wir in der Klasse eine Aufgabe gemeinsam lösen,
Frieden, wenn ich mit meinem Freund, meiner Freundin zusammen spiele,
obwohl wir gerade verschiedener Meinung sind über eine Sache,
Frieden, weil es schön sein kann, mit Kindern aus anderen Ländern,
die so ganz anders sind, zusammen zu sein,
Frieden, weil Menschen sich für eine Welt ohne Waffen einsetzen,
Frieden, weil ich es manchmal schaffe, einfach ganz ruhig zu sein.

Der Zweifel 3
Frieden?
Wo ich hinsehe, da ist kein Friede, da ist Unfriede.
Lehrer schreien die Kinder an.
Und auf dem Schulhof wird herumgeprügelt.
Und in den Familien, da streiten sie sich auch.
Geschwister zanken sich.
Und Nachbarn schimpfen.
Und bei manchen Völkern geht's genauso zu.
Da schießen Menschen auf Menschen. *(schreiend)*
Da ist Krieg!
Nein *Un*friede vielleicht, aber Friede hat hier keinen Platz!
bläst die Kerze von Kind 3 aus, stellt sich hinter Kind 3

Kyrie (alle, mehrfach)

Kind 4 kommt währenddessen mit seiner roten Kerze vom Eingang her, geht einmal um die Kinder 1–3 herum – der Zweifel 4 beginnt, ihm neugierig-zurückhaltend zu folgen; beide bleiben vor den Kindern 1–3 stehen.

Der Zweifel 4 (immer in Bewegung)
Pah! Alles dunkel! Freude, Vertrauen, Friede, alles ausgelöscht!

Kind 4
Ja, oft ist es dunkel bei uns Menschen.
Oft flackere ich. Manchmal werde ich ganz klein.

Der Zweifel 4
Am liebsten würde ich dich auch auslöschen!

Kind 4
Ja, es ist oft schwer für mich, gegen all das Dunkel anzuleuchten.

Der Zweifel 4 (innehaltend)
Wer bist du eigentlich?

Kind 4
Wer ich bin?: Ich bin das Licht der Liebe.
Immer wieder war es dunkel bei den Menschen.
Das geschah, wenn sie keine Hoffnung mehr hatten,
wenn sie die Freude verloren,
wenn das Vertrauen schwach war,
wenn sie den Frieden nicht mehr kannten.
Auch in Betlehem war es dunkel.
Maria und Josef kamen vor verschlossene Türen.
Die Hirten waren im Dunkel.
Sie wurden von allen verachtet.
Niemand wollte etwas zu tun haben mit ihnen.
Da bin ich gekommen.
Ich bin mit Jesus gekommen, mit dem Kind.
Wer ich bin?: Ich bin das Licht der Liebe.

*Flöte bläst, erst zart andeutend, dann immer stärker das Liedmotiv (Gloria):
›Ehre Gott in der Höhe‹. Dann wird leise (mehrfach) gesungen.*

Text und Melodie: Refrain eines Volksliedes aus Polen

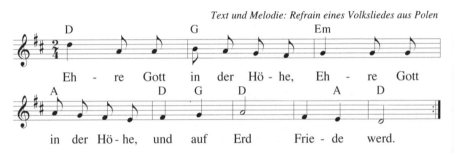

Kind 4
Das Licht der Liebe bin ich.
Mit Jesus bin ich gekommen, mit dem Kind.
Liebe soll bei den Menschen sein.
Sie sollen nicht im Dunkel bleiben.
Ihr Gesicht soll strahlen.
Weil es mich gibt,
kann auch das Licht ›Friede‹ brennen.
Trotz des Unfriedens, den es gibt.

Der Zweifel 4 zeigt Zeichen von Beunruhigung, zieht sich zurück, bleibt schließ-
lich hinter Kind 4 stehen.
Die Figuren Der Zweifel 1–3 werden ebenfalls unruhig, beginnen untereinander
zu tuscheln.

Der Zweifel 4
Was ist das nur? Ich vermag dies Licht nicht auszublasen.

Gloria (alle, mehrfach)

Der Zweifel 4 (sich an ein Kind in der Zuhörerschaft wendend)
Was soll ich nur machen? Was kann ich nur tun?
Vielleicht ruft das Kind ihm etwas zu; jedenfalls zieht er sich zu den übrigen
Figuren Der Zweifel zurück.
Kind 3 zündet seine Kerze an der roten Kerze von Kind 4 an, bleibt neben ihm
stehen, wendet sich ihm zu.

Kind 3
Du gibst mir mein Licht zurück!
Weil es dich gibt, will ich gegen den Unfrieden leuchten!

Gloria (alle, mehrfach)

Kind 2 zündet seine Kerze an der roten Kerze von Kind 4 an, bleibt neben ihm
stehen, wendet sich ihm zu.

Kind 2
Du gibst mir mein Licht zurück!
Weil es dich gibt, will ich gegen das Mißtrauen leuchten!

Gloria (alle, mehrfach)

Kind 1 zündet seine Kerze an der roten Kerze von Kind 4 an, bleibt neben ihm
stehen, wendet sich ihm zu.

Kind 1
Du gibst mir mein Licht zurück!
Weil es dich gibt, will ich gegen die Traurigkeit leuchten!

Gloria (alle, mehrfach)

Lehrerin:
»Friede gegen den Unfrieden, Vertrauen gegen Mißtrauen, Freude gegen Traurigkeit. Über denen, die im Dunkel sind, scheint das helle Licht, das Licht von

Betlehem, das Licht der Liebe. Ja, wir können uns freuen, wir können vertrauen, wir können Frieden üben. Und wir können uns aufmachen auf den Weg zu dem Kind, zu dem Licht.«

Lied (nach instrumentaler Einleitung): ›Nun wollen wir ein Licht anzünden‹ (Bd. 2, S. 44)

Fürbitten: Jedes der 8 Kinder steht auf, geht nach vorn, entzündet seine Kerze an der roten Kerze, spricht seinen Gebetswunsch und stellt sich zu den übrigen Kindern. Einige können auch versuchen, ihre Kerze an eine der Figuren Der Zweifel weiterzugeben. Diese lehnen entweder (mit entsprechenden Gesten) ab oder nehmen zögernd an.

Kind 1: Ich zünde ein Licht an für alle alten Menschen und wünsche ihnen, daß sie nicht einsam sind.

Kind 2: Ich zünde ein Licht an für alle kranken Menschen und wünsche ihnen, daß sie gesund werden.

Kind 3: Ich zünde ein Licht an für alle Kinder, die keine Eltern haben, und wünsche ihnen, daß sie Menschen finden, die sich um sie kümmern.

Kind 4: Ich zünde ein Licht an für alle Familien, die sich streiten, und wünsche ihnen, daß sie sich wieder vertragen können.

Kind 5: Ich zünde ein Licht an für alle ausländischen Kinder und wünsche ihnen, daß sie nicht ausgeschlossen werden.

Kind 6: Ich zünde ein Licht an für alle Kinder in der einen Welt, die in Not sind. Ich wünsche ihnen, daß sie nicht hungern müssen und eine Wohnung haben und einen Arzt und eine Schule.

Kind 7: Ich zünde ein Licht an für alle Kinder, die unter Krieg leiden, und wünsche ihnen, daß endlich auf der ganzen Welt Frieden wird.

Kind 8: Ich zünde ein Licht an für alle Menschen, die traurig sind, und wünsche ihnen, daß sie froh werden.

Lehrerin (entzündet ihre Kerze an der roten Kerze. Sie spricht:)
»Das ewig Licht geht da herein,
gibt der Welt einen neuen Schein.
Es leucht wohl mitten in der Nacht
und uns des Lichtes Kinder macht.

Danke, Gott, du kommst zu mir.
Dein Licht kommt, das Kind Jesus.
Meine Freude ist oft nur klein.
Mein Vertrauen ist oft schwach.
Der Frieden fällt mir oft so schwer.
Aber du sendest dein Licht, das Licht der Liebe.
Du läßt es aufstrahlen über mir.
Danke, Gott.
Amen.

Alles, was mit Krieg zu tun hat, soll nicht mehr gelten. Friede soll gelten. Das Licht leuchtet auf, das Licht der Freude, das Licht des Vertrauens, das Licht des Friedens, das Licht der Liebe – das Licht von Betlehem.

Liebe Kinder: Viele Menschen in der Welt, die leiden große Not und viele tausend Kinder die bleiben heute ohne Brot. Darum wollen wir unsere Lichter zum Schluß für die hungernden Kinder in der Welt leuchten lassen und auch für sie sammeln.«

9. Schlußlied: ›Gott schenk euch allen, liebe Leute‹, Strophen 1–3.[1]

Seiten 44–45

Zum didaktischen Programm für die Primarstufe gehört es auch, Kinder mit historisch-kritischen Gedanken vertraut zu machen. Dazu eignet sich zum einen gut die Zeitleiste des 1. Jahrhunderts – die Kinder haben noch kein Geschichtsbewußtsein, aber durchaus einen Zahlen-Zeit-Sinn – zum andern die Weihnachtsgeschichte des Lukas.

Die Seiten 44–45 geben ein Beispiel, wie man die (mögliche) Entstehung dieser bekanntesten Geschichte der Christenheit in Bild und Text veranschaulichen kann. Zentral ist das Ostergeschehen um 30. Die Bilder sind den Kindern bereits seit dem 1. Schuljahr bekannt.[2] Mit dem Tode Jesu geht die drei- bis vierjährige ›Jesuszeit‹ (27–29/30; nicht länger war Jesus in seiner helfenden Tat und Gottesverkündigung unter den Menschen) zu Ende. Gleichzeitig beginnt mit den Ostererfahrungen der Jüngerinnen und Jünger die ›Christuszeit‹, die bis heute andauert (millionen- und milliardenfach wird Christus als ›der Herr‹ in der Welt verehrt) und die auch nach 2000 Jahren noch andauern kann (die Formulierung ›die Christuszeit dauert bis unendlich‹ stammt von Kindern).

Von der Zentralzahl 30 erstreckt sich nach links der historische Teil (Kaiser Augustus 31 v.–14 n. Chr., Rom als seine prachtvolle Hauptstadt, die Geburt eines unbekannten Kindes einfacher Eltern in Betlehem[3] in der fernen Randprovinz des Reiches zur Zeit der vom Kaiser veranlaßten Steuerveranlagung), nach rechts der kerygmatische Teil (Christus, für den Glaubenden das Licht der Welt[4], wird dem um 90 schreibenden Lukas zum Christus-Kind mit Kreuznimbus[5]). Der theologische Weg ist also folgendermaßen zu denken:

---

1 Als Schulgottesdienst findet sich diese Feier in abgewandelter Form in: ›Schulgottesdienste für die Primarstufe‹, Bd. 2, hrsg. vom Pädagogisch-Theologisch Institut Bonn-Bad Godesberg, zu beziehen über den Presseverband der Evangelischen Kirche im Rheinland, Postfach 105153, 40032 Düsseldorf.

2 Bd. 1, S. 85.

3 Obwohl Betlehem, historisch gesehen, vermutlich nicht der Geburtsort des Jesus aus Nazaret ist, wird er hier um der Kinder (und der Weihnachtsgeschichte willen) so angenommen.

4 Vgl. die Jesajaweissagung S. 40.

5 Also der österliche Christus wieder als Kind gedacht. Das Bild sahen die Kinder schon im 2. Schuljahr: Bd. 2, S. 45.

Vom Jesus-Kind zum Christus-Kind

Vermutlich im Jahr 7 vor der Zeitenwende in Palästina als Sohn von Maria und Josef geboren. Damaliger Herrscher in Rom: Caesar Augustus.

Weihnachtszeugnis des Lukas um 90: Die Geburt wird Hirten in Betlehem, den Ärmsten der Armen, von Engeln (Gottesboten) als die Geburt des Gottes-Kindes, des Weltenretters, angekündigt. Im Zentrum der Botschaft: Frieden für die Welt.

| Jesuskind – Menschenkind | | Christus-Kind – Gotteskind |

| Jesus – Mensch unter Menschen | ⟶ | Christus – Sohn Gottes |

Zwischen 27 und 30 in Galiläa aufgetreten. Helfer der Menschen. Gottesverkündigung. In Jerusalem gekreuzigt. Vermutlich im Jahr 30.

Im Zusammenhang mit dem Passafest 30 von seinen Anhängern als der Auferstandene erfahren: Gott gibt den toten Jesus als den lebendigen Christus, als seinen ›Gesalbten‹, als den Messias, zu sehen.

Lukas,[1] 60 Jahre nach dem Tode Jesu schreibend, erfüllt vom Geiste des Christus, schaut gleichsam rückwärts durch das Ostergeschehen (schon ein Menschenalter lang wird der Mann aus Galiläa als König Gottes, als Gesalbter, als Christus verehrt) auf eine 90 Jahre zurückliegende Zeit, die Regierungszeit des Kaisers Augustus, eine Zeit, wie er weiß, in der es den Reichszensus gab, aber auch einen Zensus in der römischen Provinz Syrien, eine Zeit, in der irgendwann der Sohn der Maria und des Josef geboren wurde. Lukas verlegt den Geburtsort, der Weissagung des Micha (vgl. S. 41) folgend, in die Davidsstadt Betlehem. Die Weihnachtsgeschichte des Lukas, so können wir sagen, hat historische Haftpunkte; weitgehend aber ist sie – am stärksten im Auftreten des alttestamentlichen Hofstaates der Engel über dem Himmel von Betlehem – eine Glaubensgeschichte.

Zur Theologie der lukanischen Weihnachtsgeschichte

Wenn die Bibelwissenschaft unserer Zeit nun – kaum noch bestritten – sagt, daß diese Lukaserzählung von der Geburt Jesu und der Proklamation der Engel eine »Dichtung des Glaubens, mit zeitgenössischen Farben gemalt und auf Zeitge-

---

1 Zeichnung von Fulvio Testa nach einem antiken Relief, einen Arzt darstellend.

schichte bezogen sei, in der griechisch-römischen Welt entstanden und entsprechende Motive von Göttern und göttlich verehrten Menschen aufnehmend« (W. Grundmann), so muß das den Glauben an die ›Wahrheit‹ dieser Geschichte nicht erschüttern. Eine erzählte Geschichte kann wahr sein, auch wenn das, was sie erzählt, nicht alles so war. Das zeigt z. B. die Sprachform der Fabel. Längst lernen viele unserer Kinder im Religionsunterricht, daß bei nicht wenigen der großen neutestamentlichen Geschichten zwischen Gesagtem und Gemeintem zu unterscheiden ist. Noch nie war der Glaube darauf angewiesen, daß die Geschichten, in die die jeweilige Wahrheit eingebunden, eingekleidet war, auch wirklich geschehen sein mußten. Wer diese Erkenntnis im Ernst annimmt, dessen Glaube kann sich nur bereichern, nur desto tiefer gründen.

Worum ging es Lukas mit seiner lichterfüllten Verkündigungsgeschichte von der Geburt?

Der Friede des Augustus, die Pax Romana, vierzig Jahre lang von 27 vor bis 14 nach bewahrt, war um 90 nach Christus (als Lukas seine Geschichte schrieb) längst dahin. Schon seit Tiberius, Caligula und Nero, gerade aber unter Domitian (81–96 n. Chr.), dem selbstherrlich-tyrannischen Flavierkaiser, war dieser Friede durch innenpolitisches Despotentum, durch Verfolgung, Streit und Leid unglaubwürdig geworden. Der Friedenskult des Divus Augustus, des göttlichen Augustus, jahrzehntelang in Münz- und Steininschriften, in Standbildern, Altären und Tempeln betrieben, war erloschen. Der Gott-Kaiser Augustus war nicht mehr glaubwürdiger Retter der Welt, sein Geburtstag nicht mehr Anfang aller Zeiten, sein goldenes Zeitalter von einer anderen Epoche abgelöst.

Für Lukas mußte es deutlich geworden sein: Die Pax Romana war nur Friede auf Zeit gewesen. Der Friede Gottes aber, der sich in Jesus, dem Christus, den Menschen der gesamten griechisch-römischen Welt offenbart hatte – trotz Verfolgung in einer Dynamik ohnegleichen –, dieser Friede bedeutete Hoffnung auf ewig (Jesaja 9,6). Dieser Friede hatte Bestand, allem alltäglichen Krieg und Streit zum Trotz. Die Konkurrenz Christus – Augustus war eindeutig zugunsten des Messias Jesus, des herrscherlichen Sohnes Gottes, entschieden.

Wie die Nachzeichnung eines verfallenden Freskos aus der Sebastianskatakombe an der Via Appia in Rom (4. Jh.) verdeutlicht, folgte die Christenheit der konstantinischen Epoche dieser Sichtweise des Lukas: Unter dem machtvollen Brustbildnis des jugendlichen Osterchristus (Nimbus) sehen wir in der Krippe das weihnachtliche Christus-Kind, ebenfalls mit Nimbus. Der theologische Zusammenhang ist evident.

So konnte Lukas die Worte der berühmten Augustusinschriften von Priene in Kleinasien und anderswo, die Worte »Soter« (Heiland, Retter) und »Kyrios« (Herr, Herrscher der Welt) in der Ankündigung der Engel an die Hirten von Betlehem auf den langerwarteten Messias der Juden übertragen. Betlehem (Jerusalem), am Rande des Weltreiches gelegen, hatte das mächtige, glänzende Rom zu überwinden vermocht. Mit Christus hatte die ›Mitte der Zeit‹ begonnen. Dies war für Lukas die ›Wahrheit‹, eine Wahrheit, die für uns – im Kern und in der Peripherie – heute immer noch gültig ist, und sei es nur darin, daß wir Weihnachten, die Geburt Christi, weiterhin feiern, daß wir den Anfang unserer Zeitrechnung von dieser Geburt weiterhin herleiten.

Lukas hat für seine Geburtsgeschichte viel ihm überliefertes Material benutzt. Er stand in einer reichen Gemeindetradition. Ob er eine Vorlage umgestaltet oder umlaufende Erzählmotive zu einem Neuentwurf verschmolzen hat, wissen wir jedoch nicht. Sicher erscheint, daß die weltgeschichtliche Verknüpfung der Jesusgeburt mit der römischen Steuererhebung und dem Kaisernamen Augustus Werk seiner Hand ist. Naheliegend ist es, ihm auch die theologische Grundabsicht zuzuschreiben: Allen Christen, die angesichts von Verfolgung der Gemeinden und ausbleibender Wiederkunft ihres Herrn zu verzagen drohten, sollte Trost und Heil zugesprochen sein: Christus war schon *von Anfang an* der Messias Gottes, der Retter, der Heiland! Schon über seiner Geburt lag der Glanz der erwarteten Wiederkunft!

Kinder haben erfahrungsgemäß eine große Freude am Erstellen der Zeitleiste, am Einhängen, am (sachgemäßen) Zuordnen von Bildern, die denen auf S. 44/45 entsprechen, und am Beschriften dieser Bilder.

Um ihnen die Zuordnung: Jesuskind (in Nazaret aufgewachsen) – Jesus (in Galiläa aufgetreten) – Christus (Ostern) – Christus-Kind (Weihnachten) zu erleichtern, im nachfolgenden:

1. Das Lied (Gedicht) »Womit hat es angefangen?« von Detlev Block, das in einfachen Worten die christologisch korrekte Abfolge: Auftreten Jesu – Ostern – Weihnachten zeichnet (»Und im österlichen Lichte gaben sie die Kunde weiter und erzählten die Geschichte der Geburt zu Betlehem«),

2. der Text »Wie die Weihnachtsgeschichte entstanden sein könnte«. Frei gestaltet, bezieht die Geschichte ihre historische Inspiration aus Lukas 1,1 ff., wo Lukas dem Theophilus sein Evangelium als Schrift widmet: »Ich habe mich entschlossen, alles bis zu den ersten Anfängen sorgfältig zu erforschen und es für dich, verehrter Theophilus, niederzuschreiben. Ich tue das, damit du die Zuverlässigkeit der Lehre erkennst, in der man dich unterwiesen hat.«

Der Text setzt mit der Szene ein, da Theophilus, ein der Gelehrsamkeit zugetaner reicher griechischer Kaufherr, die Schriftrolle des Lukas erhält, sofort die Weihnachtsgeschichte aufsucht und liest und darüber mit seiner Frau Lydia ins Gespräch kommt. Sie ist die Fragende (so mag man sich das Fragen in den frühen christlichen Gemeinden vorstellen), er gibt Antwort, direkt aus der Rolle bzw. aus seinem Versuch, die Gedankengänge des Lukas nachzuvollziehen.

1. Womit hat es angefangen?

1. Womit hat es angefangen?
   Nicht mit Hirten auf dem Felde,
   nicht mit Engeln, die da sangen,
   mit dem Mann aus Nazaret.
2. Er begann mit dreißig Jahren
   Gottes Herrschaft zu verkünden.
   Seine Wundertaten waren
   Zeichen und Bestätigung.
3. Viele horchten auf und kamen,
   und er lehrte sie das Leben.
   Und sie glaubten seinem Namen,
   als er starb und auferstand.

4. Und in österlichem Lichte
   gaben sie die Kunde weiter
   und erzählten die Geschichte
   der Geburt zu Betlehem.
5. Hirten, die die Hände falten,
   Weise, die der Stern geleitet,
   wurden Bilder und Gestalten
   ihrer Freude an dem Kind.
6. Womit müssen wir beginnen,
   um die Freude zu begreifen
   und fürs Leben zu gewinnen?
   Mit dem Mann aus Nazaret.

Detlev Block[1]

2. Wie die Weihnachtsgeschichte entstanden sein könnte

»Theophilus, Theophilus, schau hier, die Schriftrolle, die Lukas geschickt hat.
Eben ist sie gekommen mit dem Boten des Kaisers!«
Lydia, die Frau des griechischen Kaufherrn Theophilus von Priene stürzt in das
Gemach, wo Theophilus, der nicht nur ein reicher Kaufmann, sondern auch ein
großer Gelehrter ist, in seine Rolle vertieft sitzt. Schreibzeug liegt herum, be-
schriebene und unbeschriebene Blätter überall und Rollen über Rollen, in Rega-
len und kleinen Schränken, Papyrusrollen, Lederrollen.
Theophilus springt auf. Seine Augen funkeln. »Die Lukas-Rolle! Gib her, Lydia!« Mit zitternden Händen löst er die Verschnürung. Die Lukas-Rolle! Was
mag sie enthalten? Was mag Lukas geschrieben haben, der Freund, mit dem es
so viele Gespräche gab, an den Theophilus so viele Fragen gerichtet hat.
Lydia sieht erschrockenen Auges, wie erregt ihr Mann ist. »Die Geburt«, murmelt Theophilus. »Was hat er geschrieben?« Die Rolle öffnet sich. Wörter, Sätze
werden sichtbar.
»Hier, Lydia . . .« Theophilus hat die Rolle weiter entfaltet. Einzelne Worte
springen heraus: Nazaret, Betlehem, Maria. »Hier, Lydia, die Geschichte von der
Geburt! Wie lange haben wir darauf gewartet. Lukas hat sie geschrieben.«
Das Gesicht des Theophilus leuchtet, während er leise zu lesen beginnt: *Es
geschah aber in jenen Tagen, daß ein Befehl ausging vom Kaiser Augustus: Alle
Menschen in allen Provinzen sollen sich eintragen lassen in Steuerlisten . . .*
Und Theophilus liest, wie sich gleich allen Bürgern des römischen Weltreiches
auch Josef aufmacht von Nazaret in Galiläa nach Betlehem in Judäa, weil er,
Nachkomme Davids, aus Betlehem stammt, der Stadt Davids. Und wie Maria
dort ihr Kind bekommt und es in Windeln wickelt und es in eine Futterkrippe
legt, weil sonst kein Platz ist in Betlehem, nirgendwo.

---

1 Aus: ›In deinen Schutz genommen‹. Geistliche Lieder, Verlag Vandenhoeck & Ruprecht,
  Göttingen 1984. Melodie von Martin Gotthard Schneider.

Theophilus hält inne. Ein kurzes Aufatmen. Ein schneller Blick zu Lydia. Und schon überfliegen seine Augen die nächste Spalte:
Und Hirten waren in der Gegend von Betlehem, die übernachteten bei den Schafhürden im Feld, die bewachten ihre Herden . . .
Und Theophilus liest von dem Boten Gottes, der im Lichtglanz Gottes zu den Hirten tritt und sagt: »Fürchtet euch nicht. Euch ist heute der Retter geboren.« Und wie Scharen des Himmels Gott loben. Und wie die Hirten nach Betlehem laufen und das Kind finden und alles weitererzählen.
»Ja, danach habe ich ihn gefragt, Lydia, so oft!« Theophilus läßt die Lukas-Rolle sinken. »Und jetzt gibt Lukas Antwort. Welch eine Geschichte! Welch ein Glanz! Alles ist wahr, was Lukas erzählt: Der Engel, der Friede, das Licht, der Messias.«
»Aber Theophilus!« Schüchtern wagt Lydia einen Einwand. »Du hast doch immer gesagt, daß wir nichts über die Geburt von Jesus wissen. Über die Kaisergeburt wissen wir Bescheid. Die Augustusgeburt damals wurde verherrlicht. In Steinschriften können wir es lesen, daß Augustus der Weltenheiland ist, der Retter!«
»Lydia! Aber wer denkt noch an die Kaisergeburt! Sie ist vergessen. Die Geburt von Jesus nicht. Immer werden wir daran denken. Wir und unsere Nachkommen! Gewiß, die Eltern von Jesus waren arm. Das Kind ist in Armut geboren. Niemand hat damals etwas aufgeschrieben über diese Geburt. Tag und Jahr weiß niemand genau. Aber diese Geburt brachte Licht in die Welt. Jesus brachte die neue Zeit, nicht Augustus. Jesus brachte den Frieden auf ewig. Und wir, wir spüren diesen Frieden. Wir spüren, daß Jesus lebendig ist. Wir glauben, daß er der Christus ist. Das ist wie eine große Kraft in uns. Und diese Kraft, die ließ Lukas von der Geburt erzählen, davon, wie alles anfing.«
Immer noch sind die großen Augen Lydias voller Zweifel: »Woher will denn Lukas das alles wissen, das mit Betlehem, das mit den Hirten und den Engeln?«
»Er hat die alten Schriften der Juden gelesen, Lydia. Dort steht von Betlehem, der Davidsstadt, geschrieben, daß aus ihr der Messias kommen soll. Lukas hat von der großen Steuererhebung in den Reichsprovinzen zur Zeit des Augustus gewußt, als jeder in die Stadt seiner Vorfahren gehen mußte. Lukas hat gewußt, daß Josef ein Nachkomme des König David aus Betlehem war!«
»Und das mit den Hirten und mit den Engeln?«
»Das mußt du verstehen, Lydia. Lukas meint das als Beispiel. Hirten waren arm und elend. Sie trieben damals ihre Herden über das steinige Grasland von Betlehem. Lukas zeigt, daß Jesus zu den Armen und Elenden gekommen ist.«
»Und das mit den Engeln Gottes?« Wieder unterbricht Lydia.
»In den Schriften der Juden, in der Hebräischen Bibel, wird oft von Engeln erzählt: Engel bei Abraham, Engel bei Jakob, ein Engel in der Paradies-Geschichte, Engel, die wie Menschen zu Menschen kommen, Engel im Traum. Die Juden erzählen von Engeln als Gottesboten, aber auch die Römer und wir Griechen kennen geflügelte Wesen. Denke nur an Hermes, den Götterboten, denke an Victoria, die Siegesgöttin der Römer. Die Geschichte ist für Lukas so wichtig, Lydia. Darum hat er gedacht: Engel sollen es verkünden, daß Jesus der Retter der Welt ist von Anfang an. Engel kommen von Gott. Engel sagen Gottes

Botschaft. Lukas glaubte an Engel. Aus seinem Glauben heraus hat Lukas diese Geschichte geschrieben, Lydia. Er hat sie mit Worten gemalt, wie ein Maler sein Bild mit Farben malt. Es ist eine Glaubensgeschichte.« Theophilus setzt sich wieder in seinen Schreibsessel. Er legt seine Hand auf die kostbare Rolle. Leise verläßt Lydia das Gemach.[1]

Zusatzmaterial

Andacht mit Bildern[2] – Wie Lukas die Weihnachtsgeschichte schrieb

Die Juden in der uralten Zeit hatten keine Bücher, sondern Schriftrollen.

In diesen Schriftrollen standen die Geschichten von Gott und den Menschen. Da stand auch, daß Gott *Engel* zu den Menschen schickte, die den Menschen etwas sagten von Gott.

In der Zeit, als Jesus lebte, waren die Römer Herren im Land. Die Römer waren die Feinde der Juden.

Die Juden aber warteten. Sie warteten auf einen neuen König, auf den König des Friedens, den Retter, den Messias, den Heiland.

Sie hatten große Sehnsucht nach Frieden. Sie sagten: »Der Retter kommt von Gott. Er wird uns befreien von den Römern. Er wird Frieden machen.« Sie sagten: »In Betlehem wird er geboren! So steht es in unseren alten Schriftrollen.«

Und dann war die Zeit nach Jesus. Die Römer hatten ihn gekreuzigt. Es waren 60 Jahre vergangen, seit Jesus gestorben war. In dieser Zeit lebte *Lukas*. Er war einer von denen, die zu Jesus gehörten, einer von den Jesusfreunden, einer von denen, die an Jesus *Christus* glaubten. Lukas war ein *Christ*.

Und Lukas war ein Erzähler. Er erzählte den anderen Menschen von Jesus Christus. Er wollte, daß sie auch Christen werden.

---

1 Matthäus hat eine andere Weihnachtsgeschichte aufgeschrieben. Auch er kannte die Hebräische Bibel mit ihren Verheißungen. Aber ihm waren andere Verheißungen wichtig; und so hatte seine Weihnachtsgeschichte andere Akzente. Besonders zu nennen sind: der Name ›Immanuel‹ (Matthäus 1,23; Jesaja 7,14); der Stern (Matthäus 2,2 ff.; Numeri 24,17 – Bileamsgeschichte); Menschen, die von weither kommen und vor dem Kind, dem Friedensfürsten, niederfallen (Matthäus 2,1–12; Psalm 72).
2 Zeichnungen von Fulvio Testa. Die Bilder sind auf Folie zu übertragen!

Jesus ist der Friedenskönig,
der Messias, der Retter.
Gott hat ihn geschickt.
Das glauben wir.
Mit Jesus ist Licht in die Welt
gekommen.
Weil er gut war.
Weil er Gutes getan hat.
Vorher war alles dunkel.
Jetzt ist es hell.
Aber eins wissen wir gar nicht:
Wie war das mit der Geburt von Jesus?
Davon hat niemand erzählt.
Es muß doch etwas Besonderes
gewesen sein
mit seiner Geburt.
Wir wissen es nur nicht.
Wie war das, Lukas?«

Er erzählte:
»Jesus ist der, der von Gott kommt.
Er gehört zu Gott.
Und Gott zu ihm,
Jesus Christus will euch helfen.
Er ist der Messias.«

So hatte Lukas es gehört
von den anderen Christen,
die Jesus selbst noch gekannt hatten.
Lukas hatte Jesus nie gesehen.
Es war ja schon über 60 Jahre her,
all das mit Jesus.
Aber Lukas hatte gemerkt:
Das, was sie erzählen von Jesus,
das hat sich ausgebreitet
über die ganze Welt,
so schnell wie der Wind.
Und Lukas dachte:
›Ich muß es auch ausbreiten.
Ich muß es den Leuten klarmachen,
daß Jesus von Gott gekommen ist.
Ich muß es aufschreiben.‹

Eines Tages kamen einige Christen zu
Lukas.
Sie sagten:
»Hör mal, Lukas:

Lukas wußte es auch nicht.
Niemand wußte es.
Es war ja schon so lange her.
Über die Geburt von Jesus
hatte niemand etwas aufgeschrieben.
Lukas dachte nach:
Er sagte:
»Wo Jesus wirklich geboren ist,
das weiß ich nicht.
Davon hat keiner erzählt.
Das ist schon 90 Jahre her.
Aber eines weiß ich:
Er ist geboren wie alle
anderen Menschen auch.
Und seine Mutter hieß Maria.
Das ist sicher.
Und sein Vater hieß Josef.
Das ist sicher.
Und groß geworden ist Jesus
in der Stadt Nazaret.
Das weiß ich.
Dort war Josef Zimmermann.«

Und eines wußte Lukas auch noch.
Er glaubte es:
›Jesus *ist* der Messias.‹

Und da hat Lukas plötzlich gedacht:

›Ich weiß ja, wo er geboren ist.
Das steht ja in den alten Schriftrollen.
Dort steht, wo der Messias geboren
werden sollte: In Betlehem!‹

Und da hat Lukas den Christen,
die ihn nach der Geburt von Jesus frag-
ten, eine Geschichte aufgeschrieben.
Dies ist die Geschichte:
Aus Rom kommt Befehl von dem Kai-
ser der Römer, vom Kaiser Augustus:
»Jeder im Reich soll Steuern bezahlen,
Geld für den Kaiser!
Jeder soll in die Stadt gehen, aus der er
stammt.
Dort soll er sich eintragen lassen in die
Steuerlisten!«

Josef stammt aus der Stadt Betlehem.
Er stammt vom König David ab,
der aus Betlehem gekommen ist
vor 1000 Jahren.

Josef wohnt aber in der Stadt Nazaret.
Er muß nach Betlehem gehen.
So will es der Kaiser.
Und Josef nimmt seine Frau mit, Maria.
Und Maria soll ein Kind bekommen.

Und so ist es geschehen, schreibt Lukas:
Das Kind wird in Betlehem geboren,
ganz armselig,
in einer Höhle für Tiere,
für Schafe und Ziegen.
Denn sonst ist da kein Platz
in Betlehem.

Zu viele Menschen sind gekommen
wegen der Steuer.
Das Kind liegt in der Futterkrippe,
in Windeln gewickelt.
Das Kind heißt Jesus.

Lukas schreibt und schreibt.
Er denkt an die alten Geschichten von
den Engeln,
die Gott zu den Menschen schickte.
Und da schreibt er:
Auf den Weiden bei Betlehem
sind Hirten,
arme, elende Menschen,
Menschen in Not,
Menschen im Dunkel.
Aber auf einmal ist Licht über ihnen.
Ein Licht geht ihnen auf.
Und ein Bote kommt zu ihnen,
ein Engel Gottes.
Und er sagt eine große Botschaft:
»Habt keine Angst!
Gott will euch helfen.
Gott will euch Freude machen.
In Betlehem ist ein Kind geboren.
Es ist der Messias,
der Retter,
der Heiland.
Ihr findet das Kind in einer Futterkrippe,
es ist in Windeln gewickelt.«

Und Lukas schreibt:
Viele Engel sind da.
Die loben Gott.
Und sie sagen: »Licht ist bei Gott.
Und bei den Menschen ist Friede.«
Als Lukas das schreibt, da denkt er an
den Krieg in der Welt. Und er denkt an
die Geschichten von Engeln aus den
alten Schriften.
Er weiß, Engel mit Flügeln am Him-
mel sieht man nicht. Aber er denkt im-
mer wieder an die alten Geschichten
von Engeln, die Gott dienen in seinem
Reich.
Und dann schreibt Lukas seine Ge-
schichte zu Ende:

Die Hirten laufen hin nach Betlehem.
Sie finden Jesus in der Krippe,
Jesus, das Kind.
Sie beten es an, das Kind.
Und danach sagen sie überall weiter:
»Uns ist ein Kind geboren,
der Retter, der Heiland!
Freut euch!«

Wie man ein Bild malt, so hat Lukas
diese Geschichte aufgeschrieben. Er hat
mit Worten ein Bild gemalt.
Und diese Geschichte ist die Weihnachtsgeschichte.
Seitdem gibt es Weihnachten in der
Welt.

Und dieses Weihnachten dauert bis heute. Seit 1700 Jahren feiern Christen das
Fest der Geburt. Weil die Engel es verkündet haben: ›Euch ist heute der Retter
geboren‹. Seitdem ist Weihnachten in der Welt. Seitdem gibt es Hoffnung auf
Frieden, Frieden zwischen Gott und den Menschen, Frieden der Menschen untereinander, Frieden mit sich selbst. Lukas hat es gewußt: Wer diesen Frieden
haben will, der muß auf die Botschaft hören. Er muß seinen Streit beenden.
Immer wieder haben die Menschen gesagt: »Die Zeit ist erfüllt. Etwas Neues
beginnt. Jetzt fängt es an mit dem Frieden. Das Volk, das im Dunkeln ist, sieht
ein großes Licht.«

Arbeitsfolge:
1. Die Zeitleiste des 1. Jahrhunderts zeichnen. Die wichtigsten Punkte (Zeitenwende, Jahr 30, Jahr 90) besonders markieren. Sich den Aufbau – historische
   Seite / kerygmatische Seite – klarmachen. Die Bilder – historische Bilder
   (man hätte sie fotografieren können) – kerygmatische Bilder (man konnte sie
   nur mit den Augen des Glaubens sehen, nur malen) erläutern. Aus einer
   Fotokopie die Bilder ausschneiden und sie (ohne das Buch zu benutzen) auf
   der gezeichneten Leiste korrekt einkleben. Jeweils etwas dazu schreiben (aus
   dem Gedächtnis).
2. Sich über Lukas – Zeichnung – unterhalten: Er war Schriftsteller (2 Bücher:
   Evangelium / Apostelgeschichte), Historiker (Kaiser Augustus / Zensus) und
   Prediger des Christus, von dem er erfüllt war.
3. Er machte sich 90 Jahre nach der Geburt Jesu Gedanken darüber. Er wußte
   nicht viel. Aber er hatte manches gehört, und manches konnte er in der
   Hebräischen Bibel der Juden nachlesen.
4. Lied: ›Womit hat es angefangen?‹. Erarbeiten – Erörtern – Singen. Sich die
   Abfolge ›Jesuskind – Jesus – Christus – Christus-Kind‹ klarmachen.
5. Die Erzählung ›Wie die Weihnachtsgeschichte entstanden ist‹ hören und als
   eine mögliche Situation aus der Frühzeit der Christen bedenken. Ihren Inhalt –
   was konnte Lukas 90 Jahre danach wissen? / was hat er ›gepredigt‹? – erörtern. Sich über die Zuordnung von Gesagtem und Gemeintem klarwerden.
6. U. U. in eine weitere klasseninterne Weihnachtsfeier, kombiniert mit selbstge-
   wählten Liedern, die ›Andacht mit Bildern‹ (Bilder über Folie projiziert)
   einbringen.

Teil 6: Den Frieden suchen (Seiten 46–63)

Absichten

Die Kinder sollen

- den Holzschnitt ›Christus zerbricht das Gewehr‹ von Otto Pankok interpretieren – S. 46–47
- Realbilder vom Kriegsgeschehen wahrnehmen – S. 48–49
- Picassos ›Guernica‹ interpretieren – S. 50–51
- das ABC des Friedens und das ABC des Krieges buchstabieren; über Krieg mitten im Frieden nachdenken – S. 52–53
- über kleine Schritte zum Frieden nachdenken; das Micha-Wort ›Schwerter zu Pflugscharen‹ bearbeiten – S. 54
- über Stimmen zum Frieden nachdenken – S. 55
- sich mit der Problematik der Gewalt auseinandersetzen – S. 56
- ein Friedensspiel erproben – S. 57
- das Gesicht des Friedens reflektieren; über den Zusammenhang Gerechtigkeit – Friede nachdenken – S. 58–59
- über Möglichkeiten der Verwirklichung von mehr Gerechtigkeit in der Welt nachdenken – S. 60–61
- das Friedensreich Gottes auf Erden träumen – S. 62–63

Seiten 46–63

Spruch der Irokesen:

Friede ist nicht nur das Gegenteil von Krieg, nicht nur der Zeitraum zwischen zwei Kriegen. Friede ist mehr.
Friede ist das Gesetz menschlichen Lebens. Friede ist dann, wenn wir recht handeln und wenn zwischen einzelnen Menschen und zwischen den Völkern Gerechtigkeit herrscht.

Sumerisch, um 4000 v. Chr.:
Einmal in seiner Geborgenheit das ganze Weltall, die geeinten Völker.

In einer Zeit, da die Völker des Planeten die Angst vor einer menschheitsvernichtenden Atomkatastrophe zu verlieren beginnen – gleichzeitig aber an vielen Orten der Welt noch grausame Kriege toben –,[1] ist die Friedenserziehung der nachfolgenden Generation doppelt wichtig, denn es gilt, den Frieden dort, wo er erreicht ist, zu bewahren. Mit Ausnahme der ehemals jugoslawischen Völker wurde das in Europa seit über 50 Jahren erreicht. Das ist Anlaß zur Dankbarkeit, zu vorausschauender Hoffnung.

Aber wir dürfen nicht müde werden. Wir dürfen die Friedenssehnsucht, die der Prophet Jesaja in alttestamentlicher Zeit so eindringlich beschwor, niemals verlieren; viel weniger noch das Handeln für den Frieden verlernen.

---

1 In $5^1/_2$ Jahrtausenden überblickbarer menschlicher Geschichte, so hat man errechnet, hat es knapp 300 Jahre Frieden gegeben. In 14.000 geschichtlich erfaßten Kriegen starben etwa 3,5 Milliarden Menschen (Erdbevölkerung heute: 5 Milliarden).

Noch gibt es dies in der Welt. Und es gilt wie in den Zeiten des Alten Testamentes (Jesaja 23,14; Jeremia 9,20–21):
Wer ist unter uns, der bei verzehrendem Feuer wohnen kann?
Wer ist unter uns, der bei ewiger Glut wohnen kann?

Der Tod ist zu unsern Fenstern hereingestiegen
und in unsere Häuser gekommen.
Er würgt unsere Kinder auf den Gassen
und die jungen Männer auf den Plätzen.
Die Leichen der Menschen liegen wie Dung auf den Feldern
und wie Garben hinter dem Schnitter, die niemand sammelt.

Noch gilt, was Käthe Kollwitz als Mutter voll tiefsten Schmerzes über den Kriegstod ihres Sohnes Peter schrieb (Tagebuchaufzeichnungen 6. 2. 1915; 30. 10. 1918):
Immer derselbe Traum: er wäre noch da,
es wäre noch eine Möglichkeit, daß er lebte und wiederkäme,
und dann noch im Traum die Erkenntnis: er ist tot.
Saatfrüchte sollen nicht vermahlen werden.
Und dann die ungezählten Tausende, die auch zu geben hatten –
anderes noch als ihr junges Leben! Ist es wirklich zu verantworten,
daß, als diese eben anfangen wollten, sich zu entfalten,
sie in den Krieg gerissen wurden und legionsweise starben?
Es ist genug gestorben. Keiner darf mehr fallen!

Und was Schuzo Nishio aus Hiroshima sagte:
Die Stadt war in Asche verbrannt.
Die Straßen lagen unter der Asche.
Wir wateten durch sie hindurch.

Und Bertolt Brechts Wort:
Das große Carthago führte drei Kriege.
Es war noch mächtig nach dem ersten,
noch bewohnbar nach dem zweiten.
Es war nicht mehr auffindbar nach dem dritten.

Und die Phantasie Franz Fühmanns:
Diese Angst: Wenn das Letzte geschähe,
das sich dem Menschen versagt,
wenn die jähe Glut um den Erdball jagt
und der Planet zerschellte;
vertilgt des Menschen Spur,
zwischen Venus und Mars die Kälte des leeren Raumes nur.

Und Sandras Anklage (Sandra, 10, aus Ostslowenien):
Wohin ist unser Lachen verschwunden! Wo ist unser Glück?
Ich schicke euch diese Botschaft: Tut niemals den Kindern weh.
Sie sind an überhaupt nichts schuld.

Und das Wort eines Weisen aus China vor 1300 Jahren:
So sei verflucht der Krieg, verflucht das Werk der Waffen.
Es hat der Weise nichts mit ihrem Wahn zu schaffen.

Immer noch ist der Mensch des Menschen Feind (homo homini lupus). Immer noch sinnt er an vielen Orten auf Vernichtung. Immer noch tun Bilder sich auf vom Völkermord, von ethnischer Vertreibung und Vernichtung, von brutaler Aggression, Bilder des Grauens, Bilder totaler Angst und letzter Verzweiflung. Noch gar nicht lange ist es her – 50 Jahre sind hier angesichts der Ewigkeit wie der Hauch eines Windes –, daß Deutsche einen Vernichtungskrieg führten, auch um das Volk der Juden auszulöschen auf dieser Erde – eine niemals zu tilgende Schuld.
Gegen den Krieg steht der Wille derer, die niemals mehr töten wollen. Gegen den Krieg und für den Frieden stehen die Texte der Dichter, der Kinder, der Politiker und der Theologen, vor allem die Worte der Bibel:

Der frühchristliche Schriftsteller Tertullian schreibt um 200 n. Chr.:
Wie kann man Kriege führen, ja selbst im Frieden Soldat sein
ohne das Schwert, das der Herr fortnahm. Er hat Petrus entwaffnet
und damit jedem Soldaten das Schwert genommen.

Dietrich Bonhoeffer, Theologe des 20. Jahrhunderts, pflichtet ihm bei:
Den Christen ist jeglicher Kriegsdienst,
jede Vorbereitung zum Krieg, verboten.
Die Liebe kann unmöglich das Schwert auf Christen richten,
weil sie es damit auf Christus selbst richtet.

Und ganz elementar der Dichter Wolfgang Borchert, der den 2. Weltkrieg in so tiefer tragischer Weise durchlitten hat:
Sag ›Nein‹, wenn du nicht töten willst.

Die 14jährige Katrin aus Deutschland bekundet ihren Friedenswillen höchst energisch:
Ich will das Schweigen brechen. Ich will demonstrieren,
vielleicht andere aufwecken. Ich will eine Mauer gegen die Gewalt sein.

Das Ende aller kriegerischen Handlungen beschwört die Bibel in eindringlichen Bildern (Jesaja 9,4; Micha 4,3–4):
Die Soldatenstiefel, deren dröhnenden Marsch sie noch in den Ohren haben,
und die blutbefleckten Soldatenmäntel werden ins Feuer geworfen und verbrannt.
Er weist mächtige Völker zurecht und schlichtet ihren Streit.
Dann schmieden sie aus ihren Schwertern Pflugscharen
und aus den Spitzen ihrer Schwerter Winzermesser.
Kein Volk wird mehr das andere angreifen.
Und keiner lernt mehr das Kriegshandwerk.
Jeder wird in Frieden zwischen seinen Weinstöcken und Feigenbäumen wohnen.
Keiner braucht sich mehr zu fürchten.
Der Herr der ganzen Welt hat es gesagt.

Die Bibel kennt – gleich den Sumerern – auch den oikoumenischen, den welt-
und völkerumspannenden Aspekt des Friedens (Kolosser 1,20):
Unter ihm wird Friede sein, der Friede, den er gestiftet hat.
Dieser Friede umfaßt die Menschen auf der ganzen Welt.

Es gibt keine Alternative zum Frieden. Gustav Heinemann, Bundespräsident
1969–1974, drückt das in seiner immer direkten Sprache aus:
Der Krieg ist kein Naturgesetz, sondern Ergebnis menschlichen Handelns.
Deshalb gilt es, diesem Handeln auf die Spur zu kommen.
Der Friede ist der Ernstfall.

Natürlich ist die Frage des gerechten Krieges zu diskutieren, d. h. die Frage, ob
es in einer bestimmten Situation gerechtfertigt, angemessen, ja sogar geboten
sein kann, Krieg zu führen, zu gewaltsamen militärischen Mitteln zu greifen.
Karl Barth, einer der großen Theologen des 20. Jahrhunderts, hat hier entschieden Position bezogen (1950):
Ich habe – um des Glaubens willen – zum bewaffneten Widerstand aufgerufen –
gegen die eben stattfindende Aggression Hitlers.
Ich würde heute in derselben Lage dasselbe wieder tun.

Dagegen stehen die tiefen, die Komplexität des Themas aufzeigenden Gedanken
des größten Kirchenlehrers der Christenheit, Augustinus (354–430):
Manche meinen, es gebe gerechte Kriege. Das mag sein.
Aber ist es nicht doch so, daß man darüber trauern muß,
daß derartige Kriege notwendig sind?
Wir sehnen uns nach dem Frieden mit glühendem Verlangen.
Der Mensch lebt in Eintracht mit seinem Leib, mit seiner Seele,
mit seinem Nachbarn, mit einem guten Staat.
Wieviel besser ist das, als andere durch Kriege zu Paaren zu treiben.
Der Mensch ist ein mit Vernunft begabtes und mit Würde ausgestattetes Wesen.
Er kann nichts zu seiner Entschuldigung vorbringen,
wenn er seinen Bruder mit Streit und Krieg überzieht.
Auch ihr Soldaten, tut niemand Gewalt an.
Euer Wille muß den Frieden im Auge haben.
Glückselig ist das Volk, das den irdischen Frieden
in den Dienst des himmlischen Friedens stellt.
Glückselig der Mensch, der Friede findet mit sich selbst.

Friede mit sich selbst, Zurruhekommen in einem inneren Getragensein, das kennt
die Bibel (Psalm 131,2):
Still und ruhig ist mein Herz.
So wie ein sattes Kind im Arm seiner Mutter –
still wie ein solches Kind bin ich geworden.

Und die 13jährige Talli Schurk aus Israel weiß dieses Eintreten für das Friedliche, das stille Abweisen alles Kriegerischen in ein zartes Gedicht zu fassen:
Mein Farbenkasten war gefüllt, glänzend leuchtend mild;
mein Farbenkasten war gefüllt – mit vielen Farben, sanft und wild.

Ich hatte kein Rot für das Blut von Verletzten,
kein Schwarz für das Leid von Verwaisten, Gehetzten,
kein Weiß für Gesichter von Toten, Entsetzten,
kein Gelb für den Sand, den die Kugeln zerfetzten.

Ich hatte Orange für Freudengetümmel,
ich hatte nur Grün für den blühenden Baum,
ich hatte mein Blau für unendliche Himmel,
ich hatte nur Rosa für Ruhe und Traum.

Ich saß und malte Frieden.

Darum (Wilhelm Willms):
sagt es allen freunden baut das neue haus
sagt es allen feinden der krieg ist aus

Darum (Lukas 10,5):
Wenn ihr in ein Haus kommt, dann sprecht zuerst:
»Friede sei diesem Haus!«

Gegen den Krieg stehen die Bilder der Antikriegsmalerinnen und -maler: Goyas ›Los Desastros de la Guerra‹ (dieser am Beispiel napoleonischer Kriegsgreuel in Spanien gestaltete graphische Zyklus gegen jede im Kriege sich entfesselnde Bestialität), Picassos ›Guernica‹, Otto Pankoks ›Christus zerbricht das Gewehr‹, die visionär anklagenden Zeugnisse von Frans Masereel, Käthe Kollwitz, Ernst Barlach, Otto Dix, alles Werke von europäischem Rang.

»Der Krieg ist ein Meister aus Deutschland«, sagt Paul Celan in seiner Todesfuge. Gerade wir Deutsche sind aufgerufen, unsere Kinder zu fragen:
– Wollt ihr, daß noch einmal Gewehre in die Hand genommen werden?[1]
– Wollt ihr, daß in unserem Land Waffen in großen Mengen, immer bessere, immer effektivere, immer tödlichere Waffen hergestellt werden?[2]
– Wollt ihr, daß solche Waffen in andere Länder verkauft werden?
– Wollt ihr, daß Menschen sich mit diesen Waffen umbringen?
– Wollt ihr bösen Streit? – Krieg?
– Oder wollt ihr ›Nein‹ sagen zu allem, so wie Wolfgang Borchert den Menschen aufgefordert hat: »Sag ›Nein‹, wenn du nicht töten willst!«?

Überall gilt das gleiche Ziel: Findet zum Frieden! Laßt ab, einander zu befeinden. Findet euch in einem Miteinander, das spannungsvolle Konflikte nicht vermeidet (es gibt den guten, ja fruchtbaren Streit, den Streit mit Worten, die Auseinandersetzung, die Diskussion, die Debatte!), das aber Totschlagen des anderen – wir kennen es seit Kain und Abel – als Mittel der Konfliktlösung

---

1 Unvergeßlich das Wort des späteren Verteidigungsministers Franz Josef Strauß von 1948: »Wer noch einmal ein Gewehr anfaßt, dem soll die Hand abfallen.«
2 Reinhold Schneider hat das seinerzeit auf eine stringente Formel gebracht: »Man kann Kanonen nicht verbessern, man kann sie nur verschlimmern.«

niemals mehr zuläßt. Noch Anfang des 20. Jahrhunderts lehrte man die jungen Soldaten mit dem alten lateinischen Wort, es sei süß und ehrenvoll, für's Vaterland zu sterben (›Dulce et decorum est pro patria mori‹). Wie engstirnig, wie unmenschlich. Wie dumm! Nein dazu, nein!
Nein, vielmehr gilt das, was der Grieche Pindaros schon 500 v. Chr. zum Ausdruck brachte:»Süß ist dem, der ihn *nicht* kennt, der Krieg!« Ruhm bringen kann das Aufbegehren gegen den Wahnsinn eines jeden Krieges.[1] Ruhm bringen kann phantasievolle Friedensarbeit. Ruhm bringen kann gewaltfreies Erreichen großer politischer Ziele (Gandhi, Martin Luther King, DDR 1989, auch Belgrad 1997). Gerühmt sei, wer den Menschen die Angst vor der ›apocalypse now‹ zu nehmen vermag. Gerühmt sei, wer ihr Friedensbewußtsein allenthalben stärkt, sie zum Festhalten an einer immer auch christlichen Friedenshoffnung bewegt. Kinder können dazu beitragen, wenn sie immer wieder den Frieden üben. Mit Geduld. In der Stille. Mit langem Atem. Es gibt nur eins. Die Bibel sagt es unzweideutig: in der Bergpredigt:»Freuen dürfen sich alle, die Frieden schaffen. Sie werden Gottes Kinder sein« (Matthäus 5,9).[2]

Das Erinnern

Es ist unabdingbar für unseren Unterricht.»Das Gedächtnis der Menschen für erduldete Leiden ist erstaunlich kurz; ihre Vorstellungsgabe für künftige Leiden ist fast noch geringer«, sagte Bertolt Brecht 1952. Das darf nicht gelten. Erinnern ist eine lebenskonstitutive, lebensbegründende Kategorie.[3] Wir brauchen Erinnerung. Kinder brauchen Erinnerung. Wer nicht aus der Vergangenheit lebt, lebt nicht. Wir dürfen nicht vergessen, weder den 2. Weltkrieg, noch Dresden, noch Hiroshima, noch Vietnam, noch das Elend im ehemaligen Jugoslawien. Uns Deutsche verpflichtet vor allem unsere Geschichte mit den Juden, Vergangenes nicht dem Vergessen anheimfallen zu lassen. Der Holocaust, ›die größte Tragödie der Menschheitsgeschichte‹ (Elie Wiesel), muß auch nach 200 (ja nach 2000) Jahren noch erinnert werden.[4] So wie die Juden ihre Befreiung aus Ägypten seit

---

1 Nichts gegen Denkmäler für den unbekannten Soldaten. Aber wo ist das Denkmal für den unbekannten Friedensstifter?
2 Vgl. Bd. 3, S. 23.
3 »Vergessen verlängert das Exil. Erinnerung ist das Geheimnis der Erlösung«, sagt der Baal Schem Tov. Das ist ein Schlüsselwort jüdischen Denkens.
4 Es gibt keine Kollektivschuld, es gibt vermutlich eine Kollektivverantwortung, es gibt mit Sicherheit eine Kollektiverinnerung! »Eine Kultur kann ohne Gedächtnis nicht existieren, und dessen Weitergabe zur nächsten, ja zur übernächsten Generation ist entscheidend . . . Seit alters ist das Erzählen, so gering es heute im Kurs steht, die beste Art des Erinnerns, weil es zugleich bewahrt und erinnert . . .« Einerseits muß man heute bei der Überfülle des Angebotes lernen, Information abzuwehren. U. U. gibt es auch ein Recht der Völker auf Vergessen. »Wir Deutschen aber kommen da an eine absolute Vergessenheitsgrenze: Gegenüber dem Holocaust gilt das strikte Gebot, sich zu erinnern, also ein Verbot des Vergessens, – wie schwer diese Verantwortung auch zu tragen und zu erfüllen sein mag. Diese Lektion haben wir zu lernen und zu leben. Denn wir haben erfahren, wie beim Versuch des Vergessens die Moral abstürzt« (Harald Weinrich, Linguist und Literaturwissenschaftler, in einem Interview in ›Der Spiegel‹ 20/1997).

nunmehr 3000 Jahren Jahr für Jahr am Sederabend (in einem Familienfest ritualisiert, wo die Kinder Fragen stellen) erinnernd feiern. So wie wir Jahr für Jahr die Geburt des Kindes Jesus mit unseren Kindern zusammen erinnernd feiern. Deutlich wird daran: Man kann etwas erinnern, tief erinnern, das man im Ursprung gar nicht erfahren hat. Erinnerung kann zugeführt werden. Dies zu tun ist eine der vordringlichsten generellen Aufgaben der Lehrenden. Wir haben als Lehrende vor allem die Erinnerung an Kriege und Kriegsgeschehen vergangener Zeiten wachzuhalten. Darum Kriegs- und Antikriegsgeschichten. Darum Kriegs- und Antikriegsbilder. Darum Gespräche und Übungen zum Thema. Dies Buch will einen entscheidenden Beitrag dazu leisten. Es ist von dem immer wieder aufklingenden Schalom (Friede – Gerechtigkeit – Bewahrung der Schöpfung) durchzogen. Und es enthält S. 46–63 eine dezidierte Abfolge (einen Lehrgang!) ›Friede – Krieg – Friede‹!

»Frieden soll sein, weil Christus in der Welt ist«, sagt Dietrich Bonhoeffer. Christliche Lehrer und christliche Kinder haben dem Frieden zu dienen: Jeder mit jedem in Eintracht – in spannungsvoller Eintracht. Jeder mit jedem in Freundschaft – in spannungsvoller Freundschaft. Jeder mit jedem in Liebe.

Es gibt den Baum der Hoffnung,[1] der auch, wenn er abgeschlagen ist, wieder grünt (Ijob 14,7). Es gibt den Friedenswillen, das Friedensengagement, die Friedenssehnsucht. »Der Friede ist das große Wagnis« (Dietrich Bonhoeffer). Es gibt die UNO, die Weltgemeinschaft der Völker für den Frieden. Es gibt den Ökumenischen Rat der Kirchen mit der weltweiten christlichen Verantwortung für den Frieden unter den Völkern und für den Schöpfungsfrieden. Es gibt ein gemeinsames Handeln aller Bewohner des Planeten für den Frieden in der Oikoumene.[2]

Das große Kapitel über Krieg und Frieden enthält folgende Abschnitte.
– Herr, gib uns deinen Frieden (S. 46–47)
– S'ist Krieg (S. 48–49)
– Guernica (S. 50–51)
– Mitten im Frieden (S. 52–53)
– Viele kleine Schritte (S. 54)
– Eines einzigen Menschen Stimme (S. 55)
– Den Frieden suchen (S. 56)
– Spiel den Frieden, nicht den Krieg (S. 57)
– Das Gesicht des Friedens (S. 58–59)
– Gerechtigkeit, Frieden, Bewahrung der Schöpfung (S. 60–61)
– Wenn Gott sein Friedensreich aufrichtet (S. 62–63)

Seiten 46–47
Erstreaktionen von Kindern aus dem vierten Schuljahr, denen das Bild ›Christus zerbricht das Gewehr‹ ohne jeglichen Kommentar gezeigt wurde, waren: »Das

---

1 »Die Welt ist geeint in der Angst. Warum sollte sie nicht geeint sein in der Hoffnung?« (Elie Wiesel).
2 Zur Grundsatzerörterung des Themas vgl. auch *H. Halbfas,* ›Lehrerhandbuch 4‹, a. a. O., S. 147–157.

sieht so komisch aus . . .« Ich weiß nicht, wer das ist. Der will Schrott machen.«
– »Dieser Mensch ist ein Flüchtling« – »Seine Familie ist getötet worden. Jetzt
macht er das Gewehr kaputt.« – »Das Bild soll bedeuten, daß Jesus keinen Krieg
will.« – »Das ist ja keine Lösung, daß die sich gegenseitig umbringen.«

Otto Pankoks berühmter Holzschnitt von 1950[1] entstand unter dem Eindruck der
Folgen des 2. Weltkriegs und der bereits wieder beginnenenden Verhärtung im
›Kalten Krieg‹ zwischen Ost und West. Dieses Bild von bleibender Aktualität ist
mittlerweile zu einer »Art ›Ikone biblisch begründeter Gewaltfreiheit‹ geworden,
die sich mahnend über Kriegen und gewalttätigen Konflikten der Gegenwart
erhebt« (Joachim Garstecki).
Zunächst mutet die Botschaft des Bildes eher befremdlich an (Kind: »Das sieht
so komisch aus«). Ein sanftmütiger Jesustyp setzt den Mechanismus des Tötens
außer Kraft. Der Gottessohn des christlichen Bekenntnisses vollzieht eine politisch folgenreiche Aktion. Der Strahlenkranz, der von der Jesus-Gestalt nach
allen Seiten ausgeht, verweist ikonographisch eindeutig auf den Auferstandenen,
den österlichen Christus. Und der tut etwas Ungewöhnliches, Umstürzlerisches:
Er zerbricht das Gewehr als Symbol der Gewalt, die Menschen einander antun:
»Niemals mehr soll ein Mensch ein Gewehr in die Hand nehmen«, so lautet die
Botschaft gegen eine Menschheit, die von ihren Anfängen her bis in die Gegenwart nichts als Krieg kannte. »Gott will keinen Krieg.« – »Gott, wenn er ein
Mensch wäre, würde alle Gewehre zerbrechen.« – »Gott hat die Menschen ja
nicht geschaffen, daß sie Kriege machen, sondern daß sie immer Frieden haben.«
– »Jesus will, daß der Krieg auf der Erde endlich aufhört.« So lauten die
Aussagen der Kinder S. 46. »Der ruhige, sanftmütige und gerade darin ungemein
widerständige Christusgestalt kann ein Zeichen der Hoffnung sein, ein Zeichen
tiefer Zuversicht, daß die Symbolhandlung des Gewehr-Zerbrechens Zukunft
und Perspektive haben wird« (Joachim Garstecki).[2]

Arbeitsfolge:
1. Die Kinder betrachten das über Folie projizierte Bild unbefangen. Gespräch.
2. Sie erfahren etwas über die Technik (Holzschnitt), den Künstler und die
   Entstehungszeit.
3. Sie geben dem Bild einen Titel.
4. Sie vergleichen ihre eigenen Aussagen mit den Kinderaussagen S. 46.
5. Sie lernen und singen den Kanon ›Herr, gib uns deinen Frieden‹.[3]

---

1 Vgl. ›Folien 3/4‹, a. a. O., Folie 23. Zur Interpretation vgl. *H. Halbfas,* ›Lehrerhandbuch 4‹,
  a. a. O., S. 160–162; *ders.,* ›Religionsunterricht in Sekundarschulen. Lehrerhandbuch 9‹, Patmos Verlag, Düsseldorf 1996, S. 498–499.
2 Der Holzschnitt, für den Otto Pankok Matthäus 26,52 ›Alle, die zum Schwert greifen, werden
  durch das Schwert umkommen‹ als biblische Inspiration gewählt hatte, »wurde im Laufe der
  Jahre immer populärer. Als ihn ›Der Spiegel‹ als Titel für seine Ausgabe vom 15. 6. 1981
  wählte, stand er repräsentativ für die Ziele der damaligen Friedensbewegung. Damit entsprach
  er Pankoks Gesinnung und Engagement« (*H. Halbfas,* Lehrerhandbuch 9, a. a. O., S. 499).
3 Tanzgestaltung in: *E. Hirsch,* ›Kommt, singt und tanzt‹, a. a. O., S. 73–74.

6. Sie versuchen ›Frieden‹ zu definieren. Poetische Beispiele:
»Daß das Herz in der Stille ruht« (Indianisch) – »Ruhige Güte« (Guatemala) –
»Ein Lied im Körper« (Elfenbeinküste).

7. Sie malen ›Ich zerbreche ein Gewehr‹.

8. Sie erörtern das Wort von Franz Josef Strauß 1948: »Wer noch einmal ein
Gewehr in die Hand nimmt, dem soll die Hand abfallen.«

Seiten 48/49

Die Fotos aus dem 2. Weltkrieg (Soldat im Augenblick, da ihn der tödliche
Schuß trifft; Figur über der total zerbombten Stadt Dresden[1]), wollen von den
Kindern still angeschaut, mit wenigen erläuternden Worten des/der Unterrichtenden versehen und dann mit Matthias Claudius' beschwörendem »S'ist Krieg,
s'ist Krieg« in einen Dialog gebracht werden. Das »Ich begehre nicht schuld
daran zu sein« kann uns dabei nicht von individueller Verantwortung freispre-
chen. Wenn dem Einzelnen auch kein Einfluß auf den Großkrieg der Völker
möglich ist, so kann er doch in seinem engeren Lebenskreis immer wieder
Frieden schaffen, indem er sich in friedlicher Gesinnung übt, bösen Streit vermeidet,
Versöhnungsbereitschaft zeigt und damit Dispositionen dafür schafft, daß Großkriege durch den energischen Widerstand vieler einzelner vermieden werden.

Arbeitsfolge:

1. Foto S. 48 betrachten. Still dazu sprechen . . .
Im Krieg ist solch ein Tod alltäglich. Viele Soldaten starben fern ihrer Heimat
und wurden im fremden Land begraben. Keiner ihrer Angehörigen stand am
Grab. Von vielen Soldaten kennt man das Grab nicht. Viele wurden so zer-
fetzt, daß man sie nicht begraben konnte.
Zum unmittelbaren Grauen (Verwundetwerden/Sterben) in einer aktuellen
Kriegshandlung, die beiden Erzählungen von Hans-Peter Richter: ›Im Krieg‹
und ›Verwundet‹.[2]

2. Stilles Gespräch zum Foto S. 49:
Im Krieg sind Bomben, die Städte zerstören, alltäglich. Dresden wurde 1945
von englischen und amerikanischen Bombern dem Erdboden gleichgemacht.
Unzählige Menschen kamen im Feuersturm ums Leben. So geschah es auch
mit Hamburg, Coventry (England), Rotterdam (Holland) und vielen anderen
großen Städten Europas. Zur Zerstörung Dresdens der Auszug aus einem
schriftlichen Zeitzeugnis (Material 1). Zur Zerstörung Hiroshimas durch die
Atombombe der nüchterne Bericht von Linus Pauling »Die erste Atombombe
des Krieges« (Material 2) und das Gebet von Annemarie aus Österreich
(Material 3).
Die Figur über der vernichteten Stadt, segnend, wie ein Engel, scheint sagen
zu wollen: »Friede mit euch! Baut wieder auf – und dann haltet Frieden!«
(vgl. Aufgabe 1).

---

1 Allegorie des Glücks, als ›Engel von Dresden‹ angesehen. Skulptur des 20. Jahrhunderts am
Dresdener Rathausturm. Das Foto wurde im Herbst 1945 oder im Frühjahr 1946 gemacht.

2 In: ›Neues Vorlesebuch Religion 1‹, a. a. O., S. 187–191.

3. Wozu der Krieg den Menschen macht. Dazu Wolfgang Borcherts Kurztext:

> *Als der Krieg aus war, kam der Soldat nach Haus.*
> *Aber er hatte kein Brot.*
> *Da sah er einen, der hatte Brot.*
> *Den schlug er tot.*
>
> *»Du darfst doch keinen totschlagen«, sagte der Richter.*
> *»Warum nicht«, fragte der Soldat.*[1]

Im Krieg werden die Menschen zu Tieren! Für ein Brot wird jemand umgebracht. Einen Menschen totschlagen, das bedeutet nichts für den, der das
Töten gewohnt ist. Dies zum Themenaspekt ›Töten‹.

4. Die Claudius-Strophe S. 49 lesen und besprechen: Ich bin nicht schuldig an
den großen Kriegen. Aber ich kann in meinem Lebensbereich etwas dazu tun,
daß Kleinkriege zwischen Mensch und Mensch verhindert werden. Wenn
überall in der Welt Menschen so vor Ort lernen, ihre Konflikte friedlich
auszutragen, können die mörderischen Großkriege vermieden werden.[2] »Krieg
ist ein schmutziges Geschäft« (Material 4).

5. Als Bittstrophe:

> *Bitten der Kinder*
>
> *Die Häuser sollen nicht brennen.*
> *Bomber soll man nicht kennen.*
> *Die Nacht soll für den Schlaf sein.*
> *Das Leben soll keine Straf' sein.*
> *Die Mütter sollen nicht weinen.*
> *Keiner soll töten einen.*
> *Alle sollen was bauen.*
> *Da kann man allen trauen.*
> *Die Jungen sollen's erreichen.*
> *Die Alten desgleichen.*
>
> *Bertolt Brecht*[3]

Material 1

Die Bombardierung Dresdens am 13. Februar 1945 durch englische, am 14. Februar durch amerikanische Luftwaffenverbände (insgesamt drei Angriffe in einer
bis dahin nicht gekannten Massierung von Flugzeugen; 35 000 identifizierte
Tote) gilt sowohl Deutschen als auch Engländern und Amerikanern als ›Meta-
pher für sinnlose kriegerische Vernichtung‹ (Jan Lorenzen). Eine Großstadt war
innerhalb von 14 Stunden ausgelöscht. Unzählige erlitten den Tod unter gräß-

---

1 Aus: ›Das Gesamtwerk‹, © 1949 by Rowohlt Verlag, Reinbek bei Hamburg.
2 In Erinnerung gebracht werden kann in diesem Zusammenhang der Kanon ›Viele kleine Leute
  an vielen kleinen Orten‹, Bd. 2, S. 15.
3 Aus: Gesammelte Werke. © Suhrkamp Verlag, Frankfurt am Main 1967.

lichsten Qualen. Der nachfolgende Bericht, einen Monat nach dem Inferno geschrieben, erschüttert durch seine Eindringlichkeit und Authentizität.

Auszug aus einem schriftlichen Bericht, der in einer Grab-Urne gefunden wurde:
Wir (Christa, ich und Michi) versuchten, dem Feuer zu entkommen, weil der Qualm das Leben des Kindes gefährdete. Der zweite Angriff trieb uns in den Keller eines brennenden Hauses. Als wir am 14. 2. gegen 9.30 Uhr unseren Unterschlupf verlassen konnten – bis dahin waren wir durch Feuer eingeschlossen gewesen – bot sich uns der furchtbare Anblick der Großen Plauenschen Straße. Das Vorderhaus unserer lieben Eltern war durch Volltreffer zerstört. Alle Bewohner des Hauses waren rettungslos verloren, durch Verschüttung eingemauert und dann verbrannt. Der Anblick war erschütternd und ist kaum zu beschreiben. Der ganze Stadtteil nur Schutt und Asche, man konnte über Hunderte von Metern sehen – kein Haus, das den Blick auffing. Ein Bild totaler, wahnsinniger Zerstörung, ein Werk des Teufels. Kein Mensch, außer wenigen Überlebenden, die aus ihren Kellern krochen, keine Luftschutzpolizei, einfach nichts, was helfen konnte.
Wir mußten mit dem Kind auf jeden Fall aus diesem Qualm, aus dieser Hölle heraus. Ich trug den Jungen über Steinberge, zwischen brennenden und einstürzenden Häusern hindurch, vorbei an Toten und Sterbenden.
Am anderen Tag war unser Bataillon zu Bergungsarbeiten eingesetzt. Ich bat einen Zugführer, unseren Luftschutzkeller freizulegen. Am Abend brachte er mir die fast erwartete Anwort, daß hier nur eine Großaktion angesetzt werden könne.
Sechs Tage später ging ich selbst zur Schadenstelle. Die Schuttmassen waren noch so heiß, daß man nicht stehen konnte, ohne sich die Schuhsohlen zu verbrennen . . . Nun hörte ich, daß man geborgene Tote am Altmarkt sammelte und sie mit Flammenwerfern zu Asche verbrannte. Dieses Schicksal wollte ich unseren Lieben ersparen.
Ich bekam von meiner Einheit einen Oberfeldwebel und sechs Kriegsgefangene zugeteilt. Die Leute begannen nach meinen Anweisungen zu graben. Der Einstieg war genau an der richtigen Stelle erfolgt und legte den Eingang zum Keller frei. Eine furchtbare Hitze kam uns aus dem Keller entgegen und erlaubte nur einen Aufenthalt von wenigen Minuten. Trotz der schlechten Lampe bot sich mir der schmerzlichste Anblick meines ganzen Lebens: Am Eingang kauerten mehrere Menschen, die anderen an der Kellertreppe und weiter hinten im Luftschutzkeller waren die vielen anderen. Die Leichen waren in der Form als Menschen erkennbar. Sie zeigten noch genau den Körperbau, die Schädelform, waren aber ohne Bekleidung, Augen und Haare, – also verkohlt und nicht zusammengeschrumpft. Bei Berührung fielen sie zu Asche zusammen und zwar restlos ohne Skelett oder irgendwelche Knochen.
Eine männliche Leiche erkannte ich als meinen Schwiegervater. Sein Arm war noch von zwei Steinen eingeklemmt. Dort waren Reste seines graumelierten Anzugs erhalten geblieben. Nicht weit daneben saß unzweideutig die liebe Mutter. Die schlanke schmächtige Form und auch die Kopfform ließen keine Täuschung zu.

Ich fand eine Blechschachtel und barg Asche der lieben Toten darin. Noch nie war ich so traurig, so verzweifelt und allein gewesen. Mit meinen kostbaren Schatz nahm ich mit feuchten Augen Abschied von dieser Stätte des Grauens. Ich zitterte am ganzen Körper, mein Herz pochte zum Zerreißen. Meine Helfer standen still und ergriffen von der Wucht des Eindrucks dieser Stunde . . . Was soll ich noch schreiben?
Diese Schilderung hat drei Durchschläge, einen lege ich in die Urne . . .

Pirna, den 12. März 1945

Gottfried (Zuname unleserlich)[1]

Material 2

Die erste Atombombe des Krieges
Die erste Atombombe des Krieges fiel am 6. August 1945 früh um ein Viertel nach acht Uhr auf Hiroshima, eine Stadt im Westen Japans, mit 450 000 Einwohnern. Es war Montag, und die Leute machten sich gerade auf den Weg zur Arbeit. Die Bombe wurde von einer amerikanischen B-29 abgeworfen, die 24 000 Fuß hoch flog. Die B-29 flog mit großer Geschwindigkeit weiter, während die Bombe, von einem Fallschirm gehalten, langsam herunterfiel. Sie explodierte über der Stadtmitte in einer Höhe von 2 200 Fuß. Innerhalb weniger Sekunden zerstörte die Druckwelle der Bombe 60% der Stadt. Viele Tausende von Menschen wurden entweder durch den Luftdruck selbst oder von niederstürzenden Gebäuden getötet. Andere verbrannten von der feurigen Glut der Bombe, die eine Oberflächentemperatur hatte, stärker als die Sonne. Viele Tausende starben an Strahlungsschäden. Insgesamt wurden 72 379 Menschen getötet, 163 000 wurden verletzt.

Linus Pauling[2]

Material 3

> *Wenn ich erwachsen bin, Gott,*
> *will ich eine Fahrt nach Hiroshima machen*
> *und dort zu dir für alle Menschen beten,*
> *die durch die Atombombe getötet wurden.*
> *Bitte, Gott,*
> *laß so etwas nie mehr zu.*
> *Annemarie aus Österreich*

---

1 Bericht: Archiv Interessengemeinschaft »13. Februar 1945« e. V., Dresden.
2 Linus Pauling, amerikanischer Chemiker, erhielt 1954 den Nobelpreis für Chemie und wurde 1963 als Gegner von Atomwaffenversuchen mit dem Friedensnobelpreis ausgezeichnet. Vgl. den Bericht von S. Hirata in diesem Werkbuch S. 75.

Material 4

Dies ist die klassische (aktuelle) Geschichte gegen das Vergessen. In der Schule wird der Zweite Weltkrieg thematisiert. Lauras 82jähriger Großvater war als blutjunger Soldat Kriegsteilnehmer. Angesichts der unglaublichen Zahl von Gefallenen fragt Laura sich urplötzlich: »War mein Großvater ein Mörder?«

Krieg ist ein schmutziges Geschäft

Niemand in der Klasse hat einen Großvater, der so alt ist wie der Großvater von Laura: zweiundachtzig! »Aber fit wie ein Turnschuh«, sagt Laura. »Der marschiert noch jeden Tag seine zwei Stunden – bei Wind und Wetter!«
Laura ist stolz auf ihren Großvater. Er hat alle Höhen und Tiefen des 20. Jahrhunderts miterlebt. Vor allem die Tiefen . . .
Als der Lehrer nach den großen Ferien damit beginnt, den Zweiten Weltkrieg durchzunehmen, stellt Laura fest, daß ihr Großvater der Einzige ist von allen Großvätern der Klasse, der diesen Krieg noch richtig als Soldat mitgemacht hat – vom ersten Tag an bis zum bitteren Ende. In Großmutters Familienalbum gibt es ein paar alte Fotos, auf denen der Großvater in Uniform zu sehen ist. Er war noch jung damals – viel jünger als Lauras Vater heute ist.
Der Lehrer hat im Klassenzimmer eine große Landkarte aufgehängt. Darauf sind alle Länder eingezeichnet, in denen Krieg war. Laura steht oft davor und schaut sie an. Daß der Krieg so groß war, hat sie nicht gewußt. Kaum ein Land, das nicht betroffen war!
»Wo war denn dein Großvater überall?« fragt der Lehrer. Das weiß Laura nicht. Eigentlich komisch: Der Großvater erzählt gern von früher, aber über den Krieg hat er ihr nie etwas erzählt.
Laura fragt zu Hause ihren Vater.
»Wo Großvater im Krieg war? Hm!« Der Vater schaut Laura überrascht an »Wie kommst du denn darauf?« Dann überlegt er. »Am Anfang war er in Frankreich, glaube ich. Und später in Rußland.«
»Rußland ist riesig«, sagt Laura und denkt an die Wandkarte in der Schule.
»Wo in Rußland war er denn?«
»Keine Ahnung«, antwortet der Vater. »Am besten du fragst ihn das alles an Großmutters Geburtstag.«
»Aber das mußt du doch auch wissen«, sagt Laura hartnäckig. »Er ist doch dein Vater. Hast du ihn denn nie gefragt?«
»Ehrlich gesagt, nein«, erwidert der Vater. »Vielleicht weiß es Onkel Peter. Der ist zehn Jahre älter als ich. Oder Tante Monika. Die waren beide noch näher dran. Als ich groß wurde, war der Krieg kein Thema mehr.«
Tante Monika ist auf Geschäftsreise. Und Onkel Peter weiß es auch nicht genau: »Zuletzt war er in Rußland, da bin ich sicher«, sagt er. »Aber wo? Mein Gott, er hat wohl mal den einen oder anderen Namen genannt. Aber wer kann sich schon russische Namen merken! Wozu mußt du das denn wissen?«
»Nur so«, antwortet Laura. »Wir nehmen gerade den Zweiten Weltkrieg durch.«
»Weißt du«, sagt Onkel Peter, »als der Großvater heimkam, da hatten alle die

Nase so voll vom Krieg, daß niemand mehr etwas davon hören wollte. Alle
fanden, daß man ihn am besten so schnell wie möglich vergessen sollte.«
Lauras Lehrer findet nicht, daß man den Krieg am besten vergessen sollte. Im
Gegenteil: Man soll über ihn reden, je mehr, desto besser. Bis man alles über ihn
weiß: Wie er anfing. Wie er endete. Warum er geführt wurde. Und überhaupt:
Wie das war – einen Krieg miterleben zu müssen?
»Vielleicht müßt ihr später einmal mitentscheiden, wenn es um Krieg und Frieden geht«, sagt er. »Dann sollt ihr hinterher nicht sagen, ihr hättet nicht gewußt,
wie schrecklich ein Krieg ist!«
Der Lehrer schont die Klasse nicht. Er liest Briefe vor, Kriegstagebücher, in
denen Soldaten über ihre Erlebnisse geschrieben haben. Er bringt Bildbände mit
voller Fotos von Schlachtfeldern, die übersät sind von Toten. Er zeigt einen
Film. Er geht mit der Klasse in eine Ausstellung.
Im Geschichtsbuch steht: Von 110 Millionen Soldaten, die gekämpft haben, sind
27 Millionen gefallen – jeder vierte. Und zu Hause in den Städten und Dörfern
sind noch einmal genauso viele Frauen und Kinder und Alte und Kranke umge-
kommen. Die Verwundeten und Verstümmelten und Vermissten nicht mitge-
zählt. Über 50 Millionen Menschen – und 20 Millionen davon allein in Rußland.
Wie breit ist ein Sarg, denkt Laura. Achtzig Zentimeter? 50 Millionen Särge zu
achtzig Zentimeter. Wenn man die alle nebeneinander stellen würde, gäbe das
eine Reihe, die einmal rund um die Erde reicht – mindestens.
Laura kriegt einen Kloß in den Hals. Sie kann nicht aufhören, sich das vorzustel-
len. Sarg an Sarg, ohne Ende. So viele Tote. Und wofür?
Laura denkt an den Großvater. Zwanzig Millionen allein in Rußland, denkt sie.
Was für schlimme Dinge muß der Großvater dort erlebt haben . . .
An Großmutters Geburtstag kommen sie alle zusammen: Laura mit ihren Eltern,
Onkel Peter und Tante Helga mit Felix. Und Tante Monika natürlich. Tante
Monika ist gerade von ihrer Geschäftsreise zurück.
Großmutter hat den Wohnzimmertisch ausgezogen und festlich gedeckt. Sie
selbst und der Großvater sitzen oben an der Schmalseite. Laura und Felix sitzen
am unteren Ende. Als sie mit dem Kaffeetrinken fast fertig sind, fragt Laura
plötzlich über die ganze Länge des Tisches hinweg: »Du, Großvater, hast du
eigentlich im Krieg Menschen getötet?«
Die Gespräche, die gerade noch munter hin- und her gegangen sind, verstummen
jäh. Alle Augen richten sich auf Laura.
»Ich – ich meine ja nur«, stottert Laura. »Zwanzig Millionen – allein in Rußland.
Irgendwer muß die doch –.«
Der Großvater hat die Kuchengabel mit dem letzten Stück Apfelkuchen, das er
gerade in den Mund schieben wollte, sinken lassen. Er holt tief Luft. Doch bevor
er etwas antworten kann, schrillt vom Flur her das Telefon. Der Großvater läßt
die Kuchengabel auf den Teller fallen und steht mit einem Ruck auf. »Moment!«
sagt er und geht zur Tür. »Ich bin gleich wieder da!«
In die Stille, die hinter ihm zurückbleibt, sagt die Großmutter: »Was fragst du
nur für Sachen, Laura! Dein Großvater ist sein Leben lang ein durch und durch
anständiger Mensch gewesen. Er hat nie etwas Unrechtes getan. Auch nicht im
Krieg!«

»Aber Mutter«, sagt da Tante Monika, »das kannst du doch gar nicht wissen! Du warst doch nicht dabei.«

»So etwas fühlt man!« behauptet die Großmutter. »Wenn Großvater einen Menschen getötet hätte, dann wüsste ich das.«

»Niemand weiß irgend etwas«, sagte Tante Monika entschieden. »Wir wissen ja nicht einmal genau, wie die Orte heißen, an denen er während des Krieges war – oder? Was er im Krieg getan und erlebt hat, das weiß nur er selbst. Und er war nie einer, der viel darüber geredet hat. Glaubst du, er hätte es dir erzählt, wenn er russische Männer erschossen, ihre Frauen vergewaltigt, ihre Kinder erschlagen, ihre Häuser in Brand gesteckt hätte?«

»Aber Monika!« rufen Tante Helga und Lauras Mutter gleichzeitig und schauen Monika ganz entsetzt an. »Jetzt gehst du wirklich zu weit.«

»Ich sage ja nicht, daß er's getan hat«, lenkt Tante Monika ein. »Ich sage nur, daß wir nichts wissen. Nichts! Krieg ist ein schmutziges Geschäft. Er macht aus netten, freundlichen Nachbarn Ungeheuer. Seht ihr nicht jeden Tag im Fernsehen, was alles passiert in Bosnien und Ruanda und wer weiß wo überall auf der Welt? Rechtschaffene Bürger, die in Friedenszeiten keiner Fliege etwas zu Leide tun, drehen völlig durch und begehen unglaubliche Greueltaten. Zieh einem Mann eine Uniform an und drücke ihm ein Gewehr in die Hand, und du erkennst ihn nicht wieder!«

»Aber euer Vater doch nicht!« ruft die Großmutter und blickt hilfesuchend in die Runde.

»Man kann's nur hoffen!«, sagt Tante Monika. Onkel Peter und Lauras Vater spielen mit ihren Servietten und sagen nichts.

Gerade als das Schweigen anfängt peinlich zu werden, gibt es einen Tumult im Hausflur. Großvater, das Telefon noch am Ohr, macht die Wohnzimmertür auf und komplimentiert mit dem freien Arm drei Freundinnen aus Großmutters Seniorengruppe herein, die zum Gratulieren kommen.

»Ah«, ruft die Großmutter und steht erleichtert auf.

Felix, der die ganze Zeit still dagesessen hat, stößt Laura an.

»Los«, flüstert er, »wir machen unsere Plätze frei. Hier werden wir im Augenblick nicht gebraucht.« Und in dem Begrüßungstumult, der gleich darauf entsteht, verdrücken sich beide in den Garten.

»Jetzt weiß ich's doch nicht«, sagt Laura draußen zu Felix. »Hat Großvater nun einen Menschen getötet oder hat er nicht?«

»Natürlich hat er«, antwortet Felix.

»Was?« ruft Laura entsetzt. »Das sagst du so einfach hin? Woher weißt du das denn?«

»Ist doch klar«, sagt Felix gelassen. »Wenn er keinen getötet hätte, wäre er ein schlechter Soldat gewesen. Glaubst du, Großvater war ein schlechter Soldat?«

Laura weiß nicht, was sie darauf antworten soll.

»Aber – dann«, sagt sie schließlich stockend, »dann wäre er doch ein – Mörder.«

»Quatsch!« Felix bleibt ganz ruhig: »Wenn man im Krieg tötet, ist man kein Mörder. Da ist man ein Held. Im Krieg ist es erlaubt.«

Laura kriegt wieder einen Kloß im Hals. Es ist alles so verkehrt. Sie weiß, daß es verkehrt ist. Aber sie weiß nicht, wie sie es Felix erklären soll.

Felix lacht: »Mensch, Laura, mach doch nicht so ein Gesicht! Sowas verstehst du nicht. Krieg ist Männersache.« Er kickt einen Erdklumpen vom Gartenweg gegen die Hauswand, daß er nach allen Seiten auseinanderspritzt, und ruft: »Los, komm, wir laufen auf den Berg und schauen, ob die Nüsse schon reif sind!«

Renate Schupp[1]

Seiten 50–51

Die spanische Stadt Guernica wurde im Spanischen Bürgerkrieg 1937 von deutschen Bombenflugzeugen der Legion Condor, die Hitler zur Unterstützung Francos nach Spanien entsandt hatte, dem Erdboden gleichgemacht. Unzählige Menschen starben. Es war der erste Terrorangriff, den Bombenflugzeuge verursachten. Nur wenige Wochen danach vollendete Picasso, der sich den Republikanern angeschlossen hatte, voller Abscheu, Schmerz und Trauer sein riesiges Bild[2] über den Massenmord in dieser Stadt: »Ich hasse Guernica und alle Guernicas.« Das Bild, ein unvergleichliches Dokument der Kriegs-Anklage und eins der bedeutendsten des 20. Jahrhunderts überhaupt, lockt die Kinder in seinen vielfältig ineinandergreifenden kubistischen Formen zu immer neuen Entdeckungen und Formulierungen.[3]

Bei einer Erstbegegnung im 4. Schuljahr ohne Vorinformation (allerdings im Rahmen einer Unterrichtseinheit ›Krieg – Frieden‹) hat der Unterrichtende[4] in einer stillen Phase (d. h. die Kinder kamen einzeln nach vorn zum Lehrer und sagten ihm ihre Beobachtungen leise ins Ohr – dadurch wurde vermieden, daß ein Kind andere durch seine Aussage beeinflußte) folgende Äußerungen notiert:

Unterrichtsdokumentation – Kinderaussagen aus mehreren Stunden (Auszüge)

1. Stunde: Ohne Vorgaben Konfrontation mit dem Bild (Folie)

Uwe: »Da sieht man doch gleich, was es bedeutet: Krieg.«

Daniela: »Da ist Licht. Das soll bedeuten, daß die Helligkeit zum Frieden erweckt und daß dann alle Freunde werden . . .«

---

1 Aus: ›Neues Vorlesebuch Religion 2‹, hrsg. von *Dietrich Steinwede*, © 1998 Verlag Ernst Kaufmann, Lahr.

2 1937 in Öl auf Leinwand gemalt (Maße: 3,50 x 7,77 m), erschien das Bild auf der Pariser Weltausstellung im gleichen Jahr. Danach in mehreren europäischen Städten zugunsten der Opfer des spanischen Bürgerkrieges gezeigt, 1939 als Leihgabe ins New Yorker Museum of Modern Art gelangt, wurde es 1981 anläßlich des 100. Geburtstages von Picasso an Spanien zurückgegeben. Seitdem befindet es sich in Madrid. Picasso hatte immer wieder erklärt, das Bild gehöre der spanischen Republik und dürfe erst wieder nach Spanien zurückkehren, wenn dort die öffentlichen Freiheiten wiederhergestellt seien. Zur Interpretation vgl. *H. Halbfas*, ›Lehrerhandbuch 4‹, a. a. O., S. 165–168. Vgl. auch ›Folien 3/4‹, a. a. O., Folie 24.

3 »Die Frage, ob Picassos ›Guernica‹ in einem Religionsbuch für Zehnjährige abgebildet werden darf, stellt sich nur dann, wenn bestritten wird, daß wir mit Kindern dieses Alters über den Krieg sprechen dürfen. Aber da Kriege die Welt allerorten in Aufruhr halten, ist es unumgänglich, solche Grausamkeiten und Schrecknisse im Unterricht zur Sprache zu bringen. Wo Ängste verdrängt, treibt die Menschen nur noch schlimmer in ihre Not. Ängste müssen bewußt werden. Ängste können uns helfen, Gefahren zu sehen und gegen sie anzugehen. ›Guernica‹ ist kein chaotisches Bild, es beschwört das Chaos. Es ist kein Bild, das Angst macht, es bringt die Angst zur Sprache. Es weckt Fragen, ermutigt zum Mitleiden, bekennt sich zur Würde des Menschen« (*H. Halbfas*, ›Lehrerhandbuch 4‹, a. a. O., S. 168).

4 Das Bild war als Folie groß projiziert.

Hannes: »Das ist so, daß das Licht die Bösen erschreckt, und dann machen die so merkwürdige, schreckliche Gesichter . . . als ob sie ganz schlimm zugerichtet werden.«

Uwe: »Das Bild weist mehr auf das Böse hin. Denn da unten ist eine Hand mit einem Messer. Und der Stier weist auch auf das Böse hin. Und die Menschen sehen auch nicht normal aus.«

Christoph: »Da sind soviele, die wie tot aussehen.«

Elisabeth: »Ich glaube, die haben alle Krieg. Und jetzt haben die sich vertragen. Und sie gucken auf alle, die tot sind. Und sie sagen: ›Oh, oh, das wollten wir nicht, einander umbringen‹.«

Hannes: »Vielleicht ist es so, daß die hellen Gestalten den Frieden wollen und die dunklen Krieg . . . Der Untergang des Bösen.«

Christoph: »Oben ist ein weißes Bild, ein Engel oder Gott, der ist ganz entsetzt und guckt sich diese Menschen an.«

Uwe: »Da unten ist etwas, das sieht wie eine Puppe aus.«

Hannes: »In der Figur ist ein zweites Auge, das sieht schon ein bißchen merkwürdig aus.«

Benjamin: »Der eine Arm hält so eine Art von Schwert, abgebrochen . . .«

Anja: »Und das sieht aus wie ein Pferd, wie ein massakriertes . . .«

Daniela: »Am Tisch, das könnte eine Taube sein. Daß die Friedenstaube nicht auch am Boden liegt, daß die überlebt, daß der Frieden bleibt . . .«

Patricia: »Das Licht ist gut. Es soll Frieden sein.«

Christoph: »Der Mann hat so Risse in der Hand. Und da hinten die Friedenstaube, das sieht so aus, als ob es fast verdunkelt ist. Und sie ist nur noch ein bißchen weiß . . . Das ist vielleicht die Welt: Die meisten haben böse Gedanken. Das ist das Dunkle. Und das Helle, das sind vielleicht Christen. Die begehen keine Verbrechen.«

Daniela: »Da in der Decke ist die Wand aufgerissen. Da kommt so helles Licht, eine Glühbirne. Und da kommt es mir vor, als ob die zu Gott guckt und ihn anbetet, daß die friedlich werden, daß es Frieden schüttet . . . Vielleicht soll die Glühbirne bedeuten ›Licht des Friedens‹.«

2. Stunde: Nach kurzer Andacht: Erneute Darbietung des Bildes

Information:
»Das Bild ist eines der bekanntesten des 20. Jahrhunderts. Der Maler ist wohl der berühmteste des 20. Jahrhunderts: Pablo Picasso. Picasso hat das Bild 1937 gemalt. Damals war noch kein Krieg in Deutschland (erst ab 1939), aber Krieg in Spanien zwischen den Faschisten und den Republikanern. Hitler (die Nazis waren Faschisten) stand auf seiten der Faschisten. Er schickte deutsche Bombenflugzeuge. Es kam zu einem Terrorangriff[1] auf die kleine spanische Stadt Guer-

---

1 »Montag, 26. April, Markttag, früh am Nachmittag, die deutschen Flugzeuge der Legion Condor bombardierten Guernica dreieinhalb Stunden – in einander abwechselnden Formationen. Die Stadt wurde abgebrannt und vollständig vernichtet. Es gab 1650 Tote, ausschließlich

nica. Dies war der erste Terrorangriff überhaupt. Die Stadt wurde völlig vernichtet. Frauen und Kinder, alte Menschen, junge Menschen, alle waren tot. Picasso malte das Bild, um dieses schreckliche Verbrechen vor aller Welt anzuprangern. Das Bild heißt ›Guernica‹.«

Die Kinder reagieren wieder höchst engagiert. Rundgespräch (Auszüge):

Christoph: »Da oben rechts ist eine Öffnung. Die Frau schreit: ›O, was ist hier passiert? Warum mußte das passieren? Womit haben wir aus Guernica das verdient?‹«

Christian: »Und die meisten sind schon gestorben von den Bomben und den Schüssen. Und da sterben so viele unschuldige Menschen, das Kind da . . . (zeigt).

Elisabeth: »Die Mutter schreit[1] ja so, weil das Kind von einer Bombe erwischt worden ist. Alle gucken hoch zu Gott und sagen: ›Wo sollen wir hier noch weitermachen?‹«

Felizitas: »Der Gott oder wer das ist, wollte da sein und gucken. Damit er was sehen kann, hält er die Kerze.«

Christoph: »Einige beten Gott an: ›Wann hört das hier auf? Das ist nicht zum Aushalten. Was haben wir gemacht? Warum gibt es den Krieg?‹«

Hannes: »Vielleicht ist das irgendwie 'ne Kirche – abseits vom Dorf. Und die steht in Flammen!« (zeigt)

Benjamin: »Der Untergang des Bösen!«

Es kommen soviele Meldungen, daß die Kinder gebeten werden, weitere ihnen wichtige Äußerungen aufzuschreiben. Knappe Auszüge aus den Ergebnissen:

Dani: »Auf dem Bild ist die Macht des Krieges« (Auszug).

Patricia: »Da unten in der Ecke liegt ein Kind. Ich glaube, daß das Kind von einer Bombe getroffen worden ist. Und die Mutter spricht zum lieben Gott und sagt: ›Warum ist das ausgerechnet bei uns in Guernica?‹«

Elisabeth: »Der Mann bei dem Fenster brennt. Seine Haare stehen in Flammen. Und er schreit, er schreit so laut, daß alle es hören können, daß der Krieg so grauenvoll ist und daß sie aufhören sollen. Er hofft, daß alle es hören, daß es gar keinen Sinn hat zu kämpfen.«

Christian: »Der Friede soll kommen. Und die Taube ist nur noch ganz wenig weiß. Die weiße Seite ist für Frieden. Und die schwarze Seite ist für die Schlechten. Das Licht ist gut. Es soll Frieden sein.«

Zivilisten . . .« (Paul Eluard). Es waren 21 deutsche Flugzeuge, die rücksichtslos ihre Bomben abwarfen. Dieser Angriff leitete eine neue Art der Kriegsführung ein: Luftangriffe auf offene Städte und ihre schutzlose Zivilbevölkerung. Hitler-Deutschland half den Franco-Putschisten. Spanien war Übungsfeld der Wehrmacht für den Zweiten Weltkrieg geworden. Auf Guernica folgten Warschau, Rotterdam, Coventry, viele, viele andere Städte und zuletzt, im Gegenzug – Dresden.

1 »Kinderschreie – Schreie von Frauen – Vogelschreie – Blumenschreie – Schreie von Gebälk und von Steinen, Schreie von Ziegeln – Schreie von Möbeln, von Bratpfannen, von Katzen und von Papieren« (Pablo Picasso).

Christoph: »Eine Frau guckt die Friedenstaube an und meint: ›Warum haben wir
nicht auf dich gehört?‹« (Auszug)
Daniela: »Gott sieht sich das an und meint: ›Warum helfen die sich nicht?‹«

Kommentar
1. Das Bild entbindet Sprache. Die Reaktionen sind vehement. Beleg dafür: Die
   Kinder verwenden viel wörtliche Rede.
2. Die Kinder sehen genau hin. In den beiden Stunden werden alle Details
   angesprochen. Auch die kleine Blume wird als Friedenszeichen entdeckt
   (nicht im Protokoll).
3. Die Kinder finden in der Regel sehr eigenständige Deutungen. Viele suchen
   nach vorhandenen Friedenszeichen.
4. In dem dreieckigen Kopf, über dem ein Arm eine Kerze hält, erkennen einige
   Kinder Gott:
   – »Oben ist ein weißes Bild, ein Engel oder Gott, der ist ganz enttäuscht und
     guckt sich diese Menschen an.«
   – »Als ob die Glühbirne zu Gott guckt und den anbetet, daß die friedlich
     werden, daß es Frieden schüttet.«
   – »Der Gott, oder was das ist, wollte da sein und gucken. Damit er was sehen
     kann, hält er die Kerze.«
   – »Gott sieht sich das an und meint: ›Warum helfen die sich nicht?‹«

Arbeitsfolge (wie im Protokoll): Mit viel Zeit das Bild zunächst frei,[1] dann nach
Zwischeninformation ein zweites Mal interpretieren.[2] Gesamttendenz: Picasso
hat hier das Entsetzen und das Grauen der brutalen Vernichtung von Guernica
eindringlichst dargestellt, dennoch überall Zeichen der Hoffnung, des Friedens,
des Lichtes (Zeichen Gottes) mitgemalt. Guernica – so ist der Krieg!

Seiten 52–53
Das ABC des Friedens[3] und das ABC des Krieges kann von den Kindern
abgeschrieben und weiter vervollständigt werden (es muß nicht ganz ausgefüllt
werden!). Eine ausgeführte Fassung als Beispiel im Materialteil.
Foto und Geschichte S. 52 gehören zusammen. Mitten im Frieden fahren Panzer
während eines Manövers in Petras Dorf. Petra und Kai stehen Todesängste aus.
Sie können nicht mehr schlafen. Es ist wirklich wie Krieg mitten im Frieden.
Auch die Saat auf den Feldern ist vernichtet. Es geht um die Flurschäden
(Zerstörung der Umwelt), vor allem aber geht es um die Schäden in den Seelen
der Kinder.

---

1 Den Text im Buch dabei abdecken! Besser: ›Folien 3/4‹, a. a. O., Folie 24.
2 Denkbar ist ein dritter Arbeitsgang, in dem die Kinder die abgedruckten Aussagen in Korrespondenz zum Bild kommentieren.
3 Das ABC des Friedens ist bewußt dem ABC des Krieges vorangestellt!

Gespräch von Kindern des bereits erwähnten 4. Schuljahres nach Anhören der Geschichte (Auszüge):

Elisabeth: ».. . die konnte sich überhaupt nicht beruhigen.«

Hannes: ».. . 'n bißchen merkwürdig. Die das Grundstück haben, die müssen doch gefragt werden, ob der Panzer da stehen darf. Es gibt doch Manöverplätze.«

Felizitas: »Die Eltern von Kai konnten sich nicht gegen die Panzer wehren. Das finde ich ungerecht.«

Daniela: »Man kann viel Angst haben wegen dem Krieg . . .«

Uwe: »Ich glaub' nicht, daß die Panzer die Familie angreifen wollten.«

Christian: »Ich selbst würde erst Angst haben, wenn ich vor 1000 Menschen stehen würde mit Maschinengewehren . . .«

Christoph: »O. K.: Ich meine, das ist auch ein bißchen Quatsch, was die Soldaten da machen, die ganze Saat kaputtmachen – das kann einem wirklich schon Angst einjagen.«

Elisabeth: »Die sollten das eigentlich nicht tun. Die denken nicht an die Familie. Die Kinder haben ja Angst vor dem Krieg. Das ist nicht gut, daß die Panzer da draußen stehen und ihnen Angst machen.«

Hannes: »Ich finde, die obersten Leute aus allen Ländern müßten sich treffen und jede einzelne Waffe abschaffen . . .«[1]

Das Foto von der Friedensdemonstration in Bonn 1981 (S. 53) hält die Uraussage des göttlichen Gebotes gegen den Krieg fest: »Du sollst nicht töten.« Die Liedstrophe »Verleih uns Frieden gnädiglich« hat dann ergänzenden Charakter: Immer wieder sehen wir uns genötigt, Gott um seinen Frieden zu bitten. Das Wort ›streiten‹ aus der Liedzeile »der für uns könnte streiten« sollte dabei als gutes Streiten, so wie man auch mit Worten gut streiten kann, ausgelegt werden.

Arbeitsfolge:
1. Geschichte ›Mitten im Frieden‹ mit Foto. Gespräch.
2. Foto: ›Du sollst nicht töten.‹ Erinnerung an Bd. 3, S. 63 (Weisungen zum Leben). Erinnerung an S. 30 in Bd. 4: In seinem Bund mit Noah hat Gott einen Auftrag gegeben: »Den Menschen tötet nicht, den Menschen, Ebenbild Gottes!«[2]

---

1 Viele Kinder schrieben (fiktive) Briefe an die Präsidenten Gorbatschow und Bush. Ein Beispiel sei hier mitgeteilt:
Brief an Gorbatschow und Bush
Ich glaube, man braucht gar nicht Krieg machen.
Ich finde, man kann sich auch mit Wörtern einigen.
Oder meinen Sie nicht, Gorbatschow und Präsident Bush?
Nehmt Euch doch ein Beispiel an Kindern.
Wir ärgern uns und versöhnen uns wieder.
Also nehmt Euch ein Beispiel!   *Anja*

2 Zum Thema ›Tötungsinstinkt‹ Manfred Mais Kurzgeschichte »In echt«: Ein unerlaubterweise von Kindern gesehenes Horrorvideo weckt Tötungsinstinkte. In: ›Neues Vorlesebuch Religion 1‹, a. a. O., S. 165–166. Vgl. auch noch einmal die Geschichte ›Krieg ist ein schmutziges Geschäft‹ – in diesem Werkbuch S. 127 ff.

3. Wie kann ein Mensch den anderen umbringen? Warum tut er das? Sind Soldaten angehende Mörder? Wer das Ebenbild Gottes umbringt, bringt Gott um! Gespräch darüber. Dabei Erinnerung an den Brudermord Kains (S. 26–27).

4. Liederarbeitung: ›Verleih uns Frieden gnädiglich.‹

5. ABC des Friedens – ABC des Krieges (was alles denkbar ist):

ABC des Friedens

A – Arbeit für den Frieden, Abrüstung, Ausdauer, Annehmen, Annäherung
B – Barmherzigkeit, Brot für alle, Blumen, Begeisterung, Bewahrung
C – Christen
D – Demokratie, Dankbarkeit
E – Engel, Erlösung, Einsicht, Entwicklung
F – Friedenstaube, Freunde, Freiheit, Freundschaft, Friedensfest, Friedensgebet, Friedensdemonstration, Fürsorge
G – Gottes Segen, Glaube, Gastfreundschaft, Gemeinschaft, Geschenk, Glück
H – Hände reichen, Hilfe, Heiterkeit, Herz, Harmonie, Hoffnung, Herzlichkeit, Handeln
I – Ideen für den Frieden, Ichstärkung
J – Jesus, Jubel
K – Krieg abschaffen
L – Licht, Leben, Liebe, Lachen
M – Mut, Miteinander, Menschenwürde. Mitmenschlichkeit, Mitgefühl, Mitleid
N – Nachgeben, Nächstenliebe, Neuwerden
O – Oikoumene
P – Protest, Phantasie
Q – Quelle des Friedens
R – Reich Gottes
S – Schöpfung bewahren, Solidarität, Segen, Singen, Standhaftigkeit, Selbstbefreiung, Selbstlosigkeit, Selbstüberwindung, Sicheinsetzen
T – Tanzen, Tapferkeit, Toleranz, Trost
U – UNO, Überwindung
V – Vergebung, Versöhnen, Verträglichkeit, Verstehen, Vertrauen, Verbindung, Völkerverständigung
W – Widerstand, Weisheit, Wandel, Wiedergutmachen
Z – Zusammenhalt, Zivilcourage, Zuspruch, Zärtlichkeit, Zuverlässigkeit

ABC des Krieges

A – Atombombe, Angst, Ausweglosigkeit, Aggression
B – Brutalität, Bedrohung
D – Dunkel, Dynamit
E – Entsetzen, Erschrecken
F – Feuer, Feuerüberfall, Flugzeugträger, Flucht, Feinde
G – Gewehr, Gewalt, Grausamkeit, Granaten, Geschrei, Grauen
H – Handgranaten, Haß, Held, Hinterhalt, Heckenschützen, Hetzparolen, Hölle

I – Infanterie
J – Jammer
K – Kampf, Kriegsspiel, Konflikt, Kanone, Klage, KZ
L – Lügen, Luftangriff, Leiden
M – Meinungsverschiedenheit, Manöver, Menschenvernichtung, Maschinenge-
     wehr, Mißhandlung
N – Not
O – Opfer
P – Pistole, Panzer, Passion, Provokation, Pogrom
Q – Qual
R – Raketen
S – Sterben, Schrecken, Schmerzen
T – Tod, Todesangst, Traurigkeit, Trümmer, Todesmarsch
U – Umbringen, Ungerechtigkeit, Unfriede
V – Vernichtung, Verlieren, Verwundete, Verzweiflung, Vorurteil, Verfolgung,
     Vertreibung, Verwüstung
W – Waffen, Weinen, Weltkrieg
Z – Zerstörung, Zank, Zwang

Seiten 54–55

Wenn Menschen sich für den Frieden engagieren, bedarf es vieler kleiner Schritte und eines langen Atems. Davon erzählt das Lied S. 54 oben. Es bedarf wacher
Ohren, starker Arme und guter Herzen (Strophen 2–4). Zu Strophe 1 lassen sich
als Friedensweg aus Pappe geschnittene Fußabdrücke in der Klasse auslegen,
denen man dann singend nachgeht. Diese ›Füße‹ lassen sich aber auch, mit
einem Loch versehen, auf einer Schnur aufreihen. Jedes Kind hat dann auf seinen
Abdruck geschrieben: »Was ich für den Frieden tun will.«
Das schwungvolle Lied »Ein jeder braucht sein Brot, sein' Wein« (S. 54 unten)
ist Micha 4,3–4 (s. die Plakette ›Schwerter zu Pflugscharen‹) nachgedichtet. Die
Kinder lernen das Lied leicht und schnell. Aufmerksam zu machen sind sie
darauf, daß aus den Schwertern und Speerspitzen von Micha 4 im Lied Gewehre
und Kanonen geworden sind, daß der alttestamentliche Text also eine echte
Vergegenwärtigung erfahren hat. Zur Plakette läßt sich erzählen, daß die Figur
als Mahnmal vor dem UNO-Gebäude in New York steht und daß das Bild mit
Umschrift als Aufnäher in der DDR-Friedensbewegung eine große Rolle gespielt
hat. Das Bild einer Friedenstaube entstammt einem von Kindern des vierten
Schuljahres in Gemeinschaftsarbeit gestalteten Friedensplakat. Es könnte zu
ähnlichen Arbeiten, etwa der bildnerischen Umsetzung der beiden Liedtexte auf
dieser Seite, anregen.
So wie eine einzige Schneeflocke den schneebelasteten Ast zum Brechen bringen kann, so kann eines einzigen Menschen Stimme Entscheidendes zum Frieden in der Welt beitragen (S. 55). Solche Stimmen hat es gegeben (Kinder
nannten A. Schweitzer, Mutter Teresa, M. L. King und Jesus), und es wird sie
immer wieder geben. Immer geht es um den einzelnen und sein Handeln (so die
lapidare Karikatur von Ivan Steiger, so auch das Foto, auf dem Polizisten bei der

Wende in Prag Nelken angeboten werden); immer auch gab es besondere einzelne, die mit ihrem Lebenseinsatz Friedenswillen ohne Beispiel bekundet haben.

Arbeitsmöglichkeiten:
1. Lied: ›Viele kleine Schritte für den Frieden‹ (Umsetzung wie oben). Kontext:
   Schritte für den Frieden tun heißt auch, für den Frieden demonstrieren. Wie
   das innerhalb einer Familie zu Kontroversen führen, aber auch jenseits jeder
   Altersgrenze mutig realisiert werden kann, schildert überzeugend Gudrun
   Pausewang in ›Uri auf der Demo‹[1].
2. Schwerter zu Pflugscharen:[2] Micha 4,3–4 hören, darüber sprechen.
   Aufgabe: »Forme aus Knetmasse ein Schwert. Nun versuche das Kriegswerk-
   zeug zu einem friedlichen Gegenstand umzuwandeln. Du wirst sehen, wieviele Möglichkeiten es für den Frieden gibt.«[3]
3. Das Foto vom Kirchentag in Wittenberg betrachten und besprechen.

Die unabhängige Friedensbewegung der DDR
malt genau jene Skulptur auf ihre Plaketten
und Aufkleber, die die Sowjetunion einst der
UNO als Geschenk vor ihr Gebäude in New
York gestellt hatte: einen Schmied, der ein
Schwert in einen Pflug umformt. Durch dieses
Emblem ›Schwerter zu Pflugscharen‹ (Micha
4,3) fühlten sich Staat und SED provoziert, so
daß es zeitweise verboten wurde. Die jungen
Christen indes ließen sich nicht einschüchtern.
Am Abend der Begegnung während des regio-
nalen Wittenberger Kirchentages 1983 wurde
im Lutherhof des ehemaligen Augustinerklo-
sters das prophetische Wort Michas symbolisch in die Tat umgesetzt: Ein Schmied häm-
merte ein Schwert in eine Pflugschar um«
(W. P. Eckert).[4]

---

1 In: ›Neues Vorlesebuch Religion 2‹, a. a. O.
2 Interpretation auch bei *H. Halbfas,* ›Lehrerhandbuch 4‹, a. a. O., S. 158–159.
3 Dazu, wenn nicht als zu schwierig erachtet, die Erzählung von *Renate Schupp* ›Farbe bekennen‹, in der während der DDR-Zeit ein junger Mann aus der Friedensbewegung so unter
  Druck gerät, daß er den Aufnäher ›Schwerter zu Pflugscharen‹ von seinem Parka wieder
  abtrennt. In: ›Neues Vorlesebuch Religion 1‹, a. a. O., S. 133–138.
4 ›Bildwerk zur Kirchengeschichte‹, hrsg. von W. P. Eckert, D. Steinwede und H. N. Loose,
  Verlage Christophorus/Burckhardthaus/Kaufmann, Freiburg/Offenbach/Lahr 1984–1987,
  Bd. 6, Dia 671, Text S. 155.

4. Lied: ›Ein jeder braucht sein Brot, sein' Wein‹. Gegenüber Micha 4 den Gegenwartsaspekt herausarbeiten.
5. Den Text von Hildegard Wohlgemuth lesen und lernen.
   Anworten formulieren:»Was hast du dem Frieden gesagt?«
6. Eine Friedenstaube malen (s. Bild). Oder eine Friedensplakette entwerfen.
7. Von der friedlichen Wende 1989 erzählen: DDR, osteuropäische Länder. Die entscheidende Rolle von Präsident Gorbatschow erwähnen. Zur Wende in Prag das Foto S. 55 oben betrachten.
8. Die Schneeflockengeschichte hören. Reaktion – Aufgaben.
9. Die Karikatur von Ivan Steiger interpretieren. Die Verbindung zur Schneeflockengeschichte herstellen: Einer muß anfangen mit dem Frieden. Blumen statt Gewehre! Einer muß einen anderen Weg einschlagen als alle übrigen. Einer (und das bist du!) muß seine Stimme erheben. Es ist die entscheidende Stimme zum Frieden in der Welt.

Meditation zum Thema:
›Frieden gabst du schon – Frieden muß noch werden‹

Das ist ja so:
Einmal ist der Friede da.
Dann wieder nicht.

Wir machen Frieden.
Wir üben ihn.
Wir spielen Frieden.
Wir singen Friedenslieder.

Wir erzählen Friedensgeschichten.
Wir malen Friedensbilder.

Wir feiern ein Friedensfest.
Und mit einemmal gibt es Krach.
Zwei Jungen stoßen aufeinander.
Ein dritter hebt seine Faust.
Böse Worte fliegen hin und her.
Und schon ist er verschwunden,
der Friede.
Es gab Frieden.
Aber jetzt ist er nicht mehr da.

So ist das. Überall in der Welt:
Lange haben sie miteinander
in Frieden gelebt,
die Menschen.
Einer war dem andern gut.
Sie waren Freunde.

Obwohl sie ganz verschieden waren.
Serben – Moslems – Kroaten:
Sie kamen miteinander aus.
Frieden gab es schon.

Aber dann gingen sie aufeinander los.
Mit Hauen und Stechen.
Mit Gewehren, Panzern und Kanonen.
Sie töteten einander.
Blinder Haß wütete.
Es war Krieg.
Sie mordeten auch Frauen und Kinder.
Und sie verbrannten die Häuser der
anderen.
Und die noch lebten,
die wurden vertrieben:
»Weg mit euch, ihr Gesindel!
Wir wollen euch hier nicht haben!«

So war das viele Jahre
im ehemaligen Jugoslawien.
Und heute, nach vielen Jahren Krieg:
Friede muß noch werden.
Er beginnt ganz behutsam.
Wie ein zartes Pflänzchen
ist dieser Friede.
Kann er wachsen?

Wird er gedeihen?
Werden alle mithelfen,
alle Kroaten,
alle Serben,
alle Moslems?
Daß es ein guter Friede werde,
ein fester Friede, auf Dauer?
Sind die Wunden nicht zu tief?
Sind der Toten nicht zu viele?
Sind sie nicht auseinandergerissen,
die Familien?

Wir müssen beten.
Wir dürfen die Hoffnung
nicht aufgeben:
Frieden kann noch werden.
Wenn alle sich anstrengen.
Wenn alle es wollen.
Wenn jeder lernt zurückzustecken.
Wenn jeder sich bemüht,
friedlich mit dem anderen zu sprechen.
Wenn jeder den anderen wieder
annehmen kann.
Wenn sie sich verzeihen.

Friede, das ist Arbeit.
Friede, das ist mit großer Mühe
verbunden.
Friede, das ist der Ernstfall.

Krieg, das ist:
Bomben, Maschinenpistolen, Angst.
Brutalität und Chaos.
Entsetzen, Feuer, Gewalt.
Haß, Grausamkeit, Mißhandlung.
Panzer und Raketen.
Schreien und Leiden.
Schmerz und Sterben.
Tränen und Tod und Trümmer.
Verfolgung, Vertreibung, Verwüstung.
Klagen und Weinen.
Leichen.

Frieden, das ist:
Brot für alle in der Welt.
Abschaffung aller Waffen.
Bewahrung der Schöpfung.
Keine Gewalt.

Mut, Mitleid, Menschlichkeit.
Gastfreundschaft.
Heiterkeit und Hoffnung.
Leben, Liebe und Lachen.
Selbstüberwindung, Singen und Segen.
Zivilcourage, Zusammenhalt,
Zärtlichkeit.
Vertrauen. Vergeben.
Völkerverständigung.
Wärme und Geborgenheit.
Träumen.
Friede ist, wenn das Kind in
Betlehem
mächtig wird in unseren Herzen.

Verleih uns Frieden gnädiglich,
Herr Gott, zu unsern Zeiten.
Martin Luther

Friede will noch werden.
Auch bei denen, die im Müll wühlen,
die kein Obdach haben,
die in der Kälte unter Pappdeckeln
hocken.
Friede will noch werden.
Bei denen, die hungern . . .
Friede will noch werden.
Bei denen, deren Füße von Minen
zerrissen sind.

Friede will noch werden.

Aber das geschieht nicht von allein.
Wir, wir müssen etwas tun.
Viele kleine Schritte für den Frieden
und ein langer,
langer
Atem.
Das ist nötig.
Helfen und Heilen.
Wir müssen etwas tun.
Wenn jeder zupackt, wenn jeder es will,
dann wird Friede sein.

Frieden kann gedeihn,
wo wir alles teilen,
schlimmen Schaden heilen,
lieben und verzeihn.

Hilf, daß wir ihn tun,
wo wir ihn erspähen!

Frieden, Frieden
werden wir erringen,
durch Vergeben, Beten, Singen.

Von Jahr zu Jahr.
Über jedes Jahr hinweg.

Die Zeit ist gekommen:
Die Türen stehen offen.
Die Türen der Häuser.
Die Türen der Herzen.

Friede in unserem Hause!
Friede im Haus nebenan!
Friede dem friedlichen Nachbarn,
Daß jedes gedeihen kann!

Bertolt Brecht[1]

Seiten 56–57
Die Doppelseite enthält sehr unterschiedliche Medien:
1. Den satirischen Text ›Friedensfest‹ von Renate Welsh:
   Durch eine plötzliche aggressive Auseinandersetzung wird das so schön vor-
   bereitete Friedensfest der Klasse 4 ad absurdum geführt. Es ist nicht leicht,
   den Frieden zu feiern. Das wird handgreiflich deutlich. Dabei war nur ein
   Luftzug, der die gebastelten Friedenstauben durcheinander wirbeln ließ, Anlaß für das Geschehen, das in dem Ruf kulminiert: »Wir machen Frieden, du
   Trottel!«
2. Die aussagestarke Traueranzeige von Silvia Winterberg (10 Jahre), Wuppertal:[2] In Bild und Text wird Gewalt im Nahbereich vielfältig dargestellt und
   auch mit Gegenakzenten versehen: »Gewalt ist grausam, ekelhaft, widerlich,
   anstrengend, lästig, tötlich.[3] Und doch ist Gewalt überall auf der Welt« (als
   Szenarium dazu zwei Prügelszenen). Silvias Hoffnung: »Es soll keine Gewalt
   mehr geben, das ist mein Wunsch« (hierzu eine Sonne und die Zeichnung
   ›Wir haben uns lieb‹).[4]
3. ›Das Lied vom großen Frieden‹, das zum Spielen des Friedens auffordert.
   Konkretisierung: Abseits Stehende in den Kreis holen (Strophe 1); die Herzen
   füreinander öffnen (entsprechende Geste der Hände!); Friedenspläne schmieden (Strophe 2); sich so fest an die Hände nehmen, daß die Angst (etwa vor
   Gewalttätigkeiten, s. Trauer-Anzeige) vorübergeht.

Arbeitsmöglichkeiten:
1. Die Trauer-Anzeige S. 56 entziffern und bewerten. Dann einen Bericht über
   eigene Erfahrungen mit Gewalt schreiben.[5] Eine ähnliche Collage gestalten.
   Austausch über die Ergebnisse. Dazu zwei Texte:

---

1 Aus: Gesammelte Werke. © Suhrkamp Verlag, Frankfurt am Main 1967.
2 Vgl. ›Folien 3/4‹, a. a. O., Folie 23.
3 Das Wort ›tötlich‹ ist falsch geschrieben (richtig: tödlich!). Dies wird in Kauf genommen.
4 Zum Thema ›Gewalt – Gewaltlosigkeit‹ auch *H. Halbfas,* ›Lehrerhandbuch 6‹, a. a. O.,
   S. 265–284.
5 Wie sehr Kinder unter Gewalt leiden, wie sehr sie sich vornehmen, dagegen anzugehen,
   machen die Aussagen von Karin Jakob (14 Jahre) aus Nordrhein-Westfalen deutlich: »Du
   möchtest dich wehren und bist zugleich wie taub. Immer wieder Gewalt. Mich überkommt
   Angst. Alle um mich herum schweigen – nicht hören, nichts sehen, nichts sagen. Niemand

a) ›Das Geld abschaffen‹: Der 10jährige Tilo beklagt sich über die Gewalt gegen Asylbewerber in Rostock, über die Gewalt gegen Tiere, über die Gewalt im Fernsehen, im Straßenverkehr und in der Schule:

Das Geld abschaffen!

Fast jeden Tag begegnet mir Gewalt, und ich kann es nicht verstehen. Zum Beispiel die Randale in Rostock gegen Ausländer. Ich wollte zwar, daß unsere Stadt einmal berühmt wird und ins Fernsehen kommt, aber nicht so. Was können die Ausländer dafür, daß sie auf der Wiese vorm Heim schlafen müssen. Sie hätten auch lieber ein Haus im Grünen! Ich finde, es gibt keinen Grund für Gewalt. Schlimm fand ich auch, daß viele die Randalierer angefeuert haben.

Meine Mutter war von einigen Bekannten sehr enttäuscht und sagte:»Es ist gar nicht mehr schön in Rostock.« Mich stört aber auch, daß nun alle Rostocker beschimpft werden.

Sehr traurig macht mich auch Gewalt gegen Tiere. Einmal ging ich zur Bibliothek. Da sah ich, wie ein Junge eine Katze mit einem großen Stein bewarf. Sie blutete sogar schon. Da wollte ich wütend eingreifen, doch da der Junge sehr kräftig war, brachte er mich dazu, daß ich wegging. Von anderen Schülern hörte ich, daß er Fliegen die Beine ausreißt und Hunden und Katzen auf den Schwanz trampelt. Vielleicht wird er ja von seinen Eltern mißhandelt und läßt deswegen seinen Kummer an den Tieren aus.

Ich befürchte, daß es immer Gewalt geben wird. Im Fernsehen und im Straßenverkehr merke ich das schon. Auch fällt mir auf, daß wir in der Schule kaum noch vernünftig miteinander reden können. Gleich wird gebrüllt oder sogar geschlagen. Ich glaube, das liegt daran, daß die Menschen nicht richtig leben und nicht glücklich sind. Alle streben nur nach Geld und haben deswegen keine Zeit, anderen zu helfen oder die Natur zu genießen. Vielleicht wäre es besser, wenn man das Geld abschaffen würde.

Tilo Elgeti, 10 Jahre[1]
Rostock (Mecklenburg-Vorpommern)

b) ›Rote Karte für Benne‹: Gewalt in einem allen Kindern vertrauten Metier, dem Fußballspiel, wird in Wolfgang Poeplaus Erzählung bedrückend gegenwärtig: Bennes hinterhältige Gewalttätigkeiten beim Fußballspiel von Mannschaften aus zwei rivalisierenden Straßen führen zu der mutigen Gegenreaktion eines mitspielenden Mädchens:

---

wagt, sich zu wehren. Oder etwa doch? Ich will das Schweigen brechen. Ich will demonstrieren, vielleicht andere aufwecken. Will eine Mauer gegen die Gewalt sein. Will keine Angst mehr haben müssen.« In: Regina Busch (Hrsg.), ›Gewalt. Kinder schreiben über Erlebnisse, Ängste, Auswege‹, Vito von Eichborn Verlag, Frankfurt 1993.

1 Aus: Regina Busch (Hrsg.), ›Gewalt‹, a. a. O., S. 118–119.

Rote Karte für Benne

Benne nahm geschickt den Ball auf, der von der linken Flanke kam, dribbelte, lief nach hinten, hatte den Ball noch immer unter Kontrolle, sah das Tor, schoß.

»Tooor!«

Kay fiel ihm um den Hals, und dann kamen auch schon Bernd und Reinhard. »Astrein!« – »Cool, Mann!« – »Klasse getäuscht!«

Benne tat gelassen. »Kleinigkeit . . .«

Zwei zu eines führte nun die Schillerstraße gegen die Ewaldistraße. Die Schillerstraße, das waren Bennes Freunde, das war die Elf, die schon seit Jahren zusammenspielte, die »Weltmeister«, wie sich die Jungen gerne nannten.

Die Ewaldistraße, das waren die Typen aus der Neubausiedlung, freche Burschen, wie Benne meinte: wohnen erst ein paar Wochen hier und wollen schon Rechte anmelden auf den Aschenplatz neben der Schule.

»Denen zeigen wir's«, hatte Benne beschlossen und die Ewaldileute zum Fußballspiel eingeladen.

»Gewinnt ihr, dürft ihr auf diesem Platz spielen; gewinnen wir, dann laßt euch hier bloß nicht mehr blicken.«

»Abgemacht«, sagte die Ewaldistraße.

Zwei zu eins führte die Schillerstraße. Pit, der Spielführer und Rechtsaußen der Ewaldistraße zischte seinen Leuten zu: »Ihr müßt besser decken. Laßt den Angriff Micha und mich machen.« Die anderen nickten und rückten enger zusammen. Blacky, der türkische Junge mit den schwarzen Haaren, der im Tor stand, wischte sich vor Aufregung mit den staubigen Händen durch's Gesicht, so daß es völlig verschmierte.

Und wieder griff die Schillerstraße an: direkt aus der Mitte, über Bernd, der Benne anspielen wollte. Der stand schußbereit neben dem Tor. Aber diesmal hatte die Ewaldistraße aufgepaßt. Paulo, der kleine Verteidiger, den alle für eine halbe Portion hielten, warf sich in den Schuß. Der Ball prallte ab, kam zu Peter, Peter flankte zu Micha, Pit rannte mit nach vorn, Micha gab ab, Pit schoß – und der Tormann der Schillerstraße hatte das Nachsehen!

Neuer Spielstand: Zwei zu zwei. Benne fluchte. Reinhard schlug mit der Faust auf den Boden. Irgendwer sagte »Dumme Nuß« zum Torwart.

»Rache!« schwor die Schillerstraße.

Das Spiel wurde verbissener, härter. Die Ewaldistraße kämpfte, spielte besser, als die »Weltmeister« gedacht hatten. Es wurde brenzlig vor dem Tor der Schillerstraße. Pit tauchte wieder auf, war einfach nicht zu bremsen. Benne brüllte: »Decken!« und stürmte wie ein Hundertmeterläufer über den Platz, um vor dem Tor auszuhelfen.

Einen Augenblick hatte die Schillerstraße den Ball wieder unter Kontrolle, doch dann ein mißlungener Querpaß, der Ball kam über die Köpfe geflogen, Pit nahm ihn mit der Brust auf, ließ ihn auf den Fuß fallen, wollte sich drehen und schießen . . .

»Pit!« schrie Micha entsetzt. Pit war stöhnend zusammengebrochen und hielt sich das Bein. »Au verdammt, verdammt mein Bein!«

»Spielunterbrechung!« verlangte die Ewaldistraße. Doch Benne rief: »Weitermachen, der simuliert nur!« Irgendwer schlug den Ball ins Aus.

Pit versuchte, aufzustehen und mit dem rechten Bein aufzutreten. Aber es ging nicht. »Der hat mir vor's Schienbein getreten«, sagte er und deutete auf Benne.

»Du Schwein!« Die Ewaldistraße stand wie eine drohende Mauer um Benne. Der Missetäter lief rot an. »Ist selbst schuld, wenn er nicht aufpaßt . . .!« Kay und Reinhard schauten betreten zur Seite. Sie kannten Benne und wußten, daß er manchmal zu unerlaubten Mitteln griff.

Pits Bein schwoll an. Sie trugen ihn vom Platz. Das Spiel wurde unterbrochen. »Aber morgen geht es weiter«, sagte Benne, »dann machen wir euch endgültig fertig!«

Pit mußte zum Arzt. Der Doktor meinte, er könne froh sein, daß nichts gebrochen sei, und Pits Mutter schimpfte auf den verdammten Fußball.

Am nächsten Tag regnete es Bindfäden. Die Schillerstraße sagte das Spiel ab. Man munkelte, es habe in der Mannschaft Streit gegeben. Erst vier Tage später trat man erneut zum Kräftevergleich an. Herr Bergmeier, der neben der Schule wohnte, wurde zum Schiedsrichter ernannt. Von seinem Fenster hatte er einen erstklassigen Blick auf das Spielfeld. »Wie beim Fernsehen«, sagte Herr Bergmeier.

Pit war noch nicht wieder einsatzfähig; er saß als Zuschauer am Rande und drückte seiner Mannschaft die Daumen.

»Das ist unser neuer Rechtsaußen«, sagte Micha. Die Gesichter der Schillerstraße wurden länger.

»Das ist ja'n Mädchen!« stellte Benne fest, und Bernd ergänzte gedehnt: »Da fällt mir nichts mehr ein . . .«

»Mädchen dürfen nicht mitspielen«, sagte die Schillerstraße.

»Dürfen sie doch«, beharrte die Ewaldistraße. Herr Bergmeier sollte entscheiden, ob Angelika mitspielen durfte oder nicht. »Sieht ganz stabil und sportlich aus«, meinte er. »Ich sehe keinen Grund, warum sie nicht mitmachen soll.«

Angelika durfte.

»Der zeigen wir's!« schwor sich die Schillerstraße.

Beim Zwei zu Zwei vom ersten Spiel wurde weitergemacht. Alle waren nervös, alle spielten unkonzentriert. Die Pässe klappten nicht. Benne begann wieder zu holzen. Als ersten erwischte er den kleinen Gerd mit einem Stoß in die Rippen. Gerd ging heulend vom Platz. Paulo bekam Bennes Ellenbogen im Gesicht zu spüren, als beide zu einem Kopfball hochstiegen. Paulo blutete, aber er biß die Zähne zusammen und spielte weiter. Die Ewaldistraße bekam Angst. Ihr Spiel wurde schlechter. Jetzt witterte die Schillerstraße ihre Chance. Bernd bekam den Ball vor die Füße, spurtete los, stand vor dem Tor, schoß . . .

Aber Blacky warf sich ihm mutig entgegen, bekam den Ball zu fassen, machte eine halbe Rolle vorwärts und blieb vor Bennes Füßen liegen. Und Benne trat zu. Vor Wut trat er zu. Einmal, zweimal – gegen Blackys Bauch, wo der Ball begraben war. Der Türkenjunge schrie. Die anderen rissen Benne zurück. »Hör auf!«

Herr Bergmeier pfiff. »Gelbe Karte! Beim nächsten Foul gehst du sofort vom Platz. Abstoß vom Tor!«

Es gab keinen Abstoß mehr. Angelika hob den Arm. »Stoppt mal, Leute, so geht das nicht! Mit euch von der Schillerstraße spielen wir nicht mehr. Ihr seid unfair.«

Die Schillerstraße rückte zusammen. Sogar der Torwart kam aus seinem Kasten. Benne meinte geringschätzig. »Typisch Mädchen! Hat Angst vor 'nem harten Spiel. Geh' doch zu deinen Puppen!«

Angelika blieb stehen. »Ich habe keine Angst«, sagte sie, »aber ich will wissen, ob ihr anderen mit einem Mannschaftskameraden spielen wollt, der einen wehrlosen Torwart tritt!« Die Schillerstraße schwieg. Benne schaute in die Runde, aber die anderen wichen seinen Blicken aus. Alle schauten zu Herrn Bergmeier. Der zuckte die Schultern. »Ja, Sportsfreunde, das müßt *ihr* jetzt wissen . . .« »Hören wir auf«, sagte Kay. »Ihr habt gewonnen. Und: Tut uns leid, das mit Blacky.«

Herr Bergmeier zückte die rote Karte: »Tja, Benne, das heißt wohl: Platzverweis!«

Wolfgang Poeplau[1]

Gesprächsimpulse:
- »Zum Frieden kommen, heißt Mut aufbringen.«
- »Zum Frieden kommen, heißt eigenständig denken.«
- ›Stark‹ und ›stark‹ ist nicht dasselbe.
- »Trifft das Sprichwort ›Der Klügere gibt nach‹ hier zu?«
- »Nehmt Stellung zu Angelikas Verhalten!«

Nach dem Gespräch zu diesem Text läßt sich die Seligpreisung einbringen: »Freuen dürfen sich alle, die keine Gewalt anwenden. Gott wird ihnen die Erde zum Besitz geben« (Bd. 3, S. 22).

2. Den Text ›Das Friedensfest‹ lesen und besprechen.[2] Dazu als Gegentext Josef Reding: ›Friede‹:[3]

Wir wollen uns nicht zanken. Wir wollen uns nicht böse streiten. Das heißt auf englisch ganz einfach PEACE und auf französisch PAIX und auf russisch MIR und auf hebräisch SCHALOM und auf deutsch FRIEDE oder: »Du komm, laß uns zusammen spielen, zusammen sprechen, zusammen singen, zusammen essen, zusammen trinken und zusammen leben, damit wir leben.«

Wie man zum Frieden gelangen kann, zeigt auch Gudrun Pausewangs spannende Schulgeschichte »Eine tolle Idee«: Der neue junge Lehrer hat diese Idee – und es gelingt ihm, die am meisten gefürchtete Klasse der Schule in eine überzeugend friedliche Gemeinschaft zu verwandeln.[4]

3. Das ›Lied vom großen Frieden‹ ersingen und in ein Kreisspiel umsetzen:
Szenisches Arrangement:
Jeweils 2–3 Kinder stellen sich in drei Gruppen an verschiedenen Orten der Klasse (entfernt vom Zentrum) auf. Sie sind abseits Stehende, nehmen eine entsprechende Haltung ein. Die übrigen Kinder bilden einen großen Kreis. An einer Stelle (Lehrerpult) steht eine Kerze zum Anzünden (Streichhölzer!) bereit.

---

1 Aus: ›Neues Vorlesebuch Religion 1‹, a. a. O., S. 162–164. © Autor.
2 »Die Quellen der Aggression sind Quellen, die in uns fließen, die zu unserer Natur gehören« (Alexander Mitscherlich).
3 Aus: *Josef Reding,* ›Gutentagtexte‹, Engelbert Verlag, Balve 1974 (Text geringfügig geändert).
4 In: ›Neues Vorlesebuch Religion 1‹, a. a. O., S. 210–213.

Strophe 1:
Bei »Steckt das Licht der Hoffnung an« entzündet ein Kind aus dem Kreis die Kerze. Bei »Ihr sollt Freunde sein« geben alle im Kreis sich die Hand. Bei »Und hol die, die abseits stehen . . .« wird die erste Gruppe der Außenstehenden von einigen in den Kreis geholt (entsprechend Gruppe 2 und 3 bei den nächsten Strophen). Bei »Komm und reich mir deine Hand« gibt man sich kreuz und quer die Hand, werden auch die Hereingeholten noch einmal ausdrücklich mit Handschlag begrüßt.

Strophe 2 (entsprechend Strophe 1):
Bei »Öffnet für den großen Wunsch eure Herzen weit« machen alle Kinder von ihrem Herzen ausgehend mit den Händen/Armen weitausladende Öffnungsbewegungen.

Strophe 3 (entsprechend Strophen 1/2):
Bei »Nehmt euch an die Hände fest« halten sich alle voll Freundlichkeit (mit entsprechendem Blickkontakt!) an den Händen.

4. Den Frieden zu spielen ist angesagt (Aufgabe 2, S. 56)[1].

Vorschlag für eine Friedensfeier nach Materialien der Seiten 52–57:
1. Lied: ›Viele kleine Schritte für den Frieden‹ (S. 54).
2. Lehrerin: »Ja, Kinder, das brauchen wir, wache Ohren für den Frieden, starke Arme für den Frieden, gute Herzen für den Frieden.
Und viele gute, immer kleine Schritte. Schritte von mir zu dir, von dir zu mir.
Und einen langen Atem: Geduld für den Frieden, Wartenkönnen, immer hinsehen, was der oder die andere braucht.«
3. Lied: ›Sing das Lied vom großen Frieden‹ (S. 57).
Szenisches Arrangement.
4. Lehrerin: »Den Frieden spielen und üben können, das ist wichtig. Leider aber gibt es immer wieder Streit. Plötzlich ist er da, wie in der Geschichte ›Das Friedensfest‹.«
5. Kind liest »Das Friedensfest« (S. 56).
6. Liedwiederholung: ›Viele kleine Schritte für den Frieden‹.
7. Lehrerin: »Der Friede, Kind, der Friede hat auch nach dir gefragt. Wirst du ihn finden können? Was hast du ihm gesagt?« (S. 54):

---

1 Gegen Gewalt kann man nur immer wieder Gewaltverzicht (Friedensbereitschaft) erzählen, besprechen, spielen, trainieren, singen, tanzen und malen! Für den Frieden üben, den Frieden spielen, das kann auch heißen, bei Ferien im Ausland mit Kindern des jeweiligen Gastlandes zu spielen, dem türkischen Klassenkameraden bei den Hausaufgaben zu helfen, einen Teil des Taschengeldes für notleidende Kinder in den armen Ländern zu spenden.
Daß aber auch ein versuchtes Kriegsspiel aus der nahezu realistischen Kriegserfahrung heraus zu einer Antikriegs- und damit Friedensgesinnung führen kann, macht Gudrun Pausewangs große Erzählung »Krieg spielen« (in: ›Neues Vorlesebuch Religion 1‹, a. a. O., S. 201–206) deutlich. Florian, der glaubt, ein Kriegsheld zu sein, sei etwas Großartiges, wird von seinem Onkel Bernhard, der im 2. Weltkrieg einen Arm verloren hat (die Geschichte spielt in den 60er Jahren), im erwünschten und nach Warnung zugestandenen Kriegsspiel derart in die Realität des Krieges (grausam, peinigend, schreckenerregend, tödlich) hineingezogen, daß ihm die Lust daran für immer vergeht.

8. Kind (als Beispiel): »Ich sage dem Frieden: ›Krieg zu machen, ist nicht gerecht. Daß man einfach auf unschuldige Menschen schießt. Wenn viele Menschen das machen würden, dann gäbe es keine Menschen mehr. Wir wollen dich, den Frieden!‹«
Kind . . . »Ich sage dem Frieden . . .«
Kind . . .
Kind . . .

9. Lehrerin: »Man kann auch anders sprechen als mit Worten. Auch mit Gesten kann man viel sagen. Je 2–3 Kinder überlegen sich eine Geste des Friedens (z. B. streicheln, einander die Hände reichen, sich gegenseitig segnen) und stellen sie dar.«
Kinder handeln entsprechend.

10. Kanon, vierstimmig[1]

Text: Dietrich Steinwede, Melodie: überliefert

11. ABC des Friedens (S. 52). Einige Kinder lesen, was sie geschrieben haben.

12. Kanonwiederholung: ›Frieden wollen wir erringen‹.

13. Kind liest den Text von Rudolf Otto Wiemer:[2]
> *Ich will groß sein,*
> *ich will mir ein Haus bauen aus Luft*
> *und einen Garten aus Löwenzahn.*
> *Lieder sollen darin wachsen,*
> *die ich jeden Tag esse,*
> *und ich will reich sein wie ein Kuckuck,*
> *dem der ganze Wald gehört.*
> *Und ich will viele Kinder haben,*
> *die schicke ich in die Schule,*
> *damit sie den Krieg verlernen*
> *und wissen, wie man ein Gewehr*
> *aus Lachen macht und eine Kugel*
> *aus Wind und einen Vater,*
> *der nie fortgeht.*

---

1 Tanzgestaltung in: *E. Hirsch,* ›Kommt singt und tanzt‹, a. a. O., S. 63–64.
2 © Autor.

14. ABC des Krieges (S. 53). Einige Kinder lesen, was sie geschrieben haben.
15. Lied: ›Verleih uns Frieden gnädiglich, Herr Gott zu unsern Zeiten‹ (EG 421).
16. Lehrerin:»Du sollst nicht töten. Das hat Gott uns gesagt. Panzer sollen nicht rollen. Auch nicht im Manöver. Krieg soll nie mehr sein. Denn in der Bibel steht: Die Völker schmieden Pflugscharen aus ihren Schwertern und aus den Spitzen ihrer Speere Winzermesser. Kein Volk wird mehr das andere angreifen und keiner lernt mehr das Kriegshandwerk‹ (Micha 4,3).«
17. Kind:»Wir beten für den Frieden in der Welt. Wir beten mit Jaroslaw aus Tschechien:

    Gott, ich möchte ein guter Mensch sein.
    Ich möchte den Erwachsenen sagen,
    daß sie uns Kindern mit ihren Streitereien
    und Kriegsgreueln die Freude am Leben verderben.
    Wir Kinder auf der ganzen Welt wollen
    vom Krieg nichts mehr wissen.
    Warum schlagen die Menschen sich tot?
    Es ist doch so schön auf der Erde.«
18. Lehrerin:»Ich will einen Segen sprechen, einen Friedenswunsch aus dem alten Irland:

    Den tiefen Frieden im Rauschen der Wellen,
    den wünsche ich dir.
    Dem tiefen Frieden im schmeichelnden Wind,
    den wünsche ich dir.
    Den tiefen Frieden über dem stillen Land,
    den wünsche ich dir.
    Den tiefen Frieden über den leuchtenden Sternen,
    den wünsche ich dir.
    Den tiefen Frieden vom Sohne des Friedens,
    den wünsche ich dir.«
19. Schlußlied: ›Ein jeder braucht sein Brot, sei'n Wein‹ (S. 54).

Seiten 58–59
Picassos Idee, dem Frieden ein Gesicht zu geben (S. 59), war ein genialer Einfall. In zahllosen Variationen – oft in Verbindung mit der Taube[1] – hat er diesem Einfall Gestalt gegeben. Eine besonders gelungene Version ist das Halstuch, das er 1951 anläßlich des 3. Weltfestes der Jugend für den Frieden in Berlin geschaffen hat.[2] Vier Gesichter in den vier Farben Gelb – Rot – Schwarz

---

1 Vgl. ›Folien 3/4‹, a. a. O., Folie 25.
2 Die Spiele fanden August 1951 statt. Picassos Kunst war immer auch politisch:»Die Malerei ist nicht dazu geschaffen, Wohnungen auszuschmücken. Sie ist eine Waffe der Verteidigung gegen den Feind.« So entstand Guernica (S. 50/51). So entstand die Friedenstaube als weltweit akzeptiertes Symbol. Seiner Tochter, die 1947 am Tag der Eröffnung der Weltfriedenskonferenz in Paris geboren wurde, gab er den Namen Paloma – Taube. Er schuf Plakate gegen den Vietnamkrieg, auch ein Wandbild gegen den Beitritt Spaniens zur Nato. Er schuf das große Bild ›Krieg und Frieden‹ von 1952.

– Weiß sind jeweils mit der Gegenfarbe als Hintergrund um ein Mittelfeld gestellt, in das eine Friedenstaube mit dem Olivenzweig schwungvoll herniederstößt. Man muß das Buch drehen, um die vier unterschiedlichen Gesichter – sie sollen wohl in Schwarz und Weiß eindeutig, in Gelb und Rot weniger eindeutig (da es gelbe und rote Menschen de facto nicht gibt) repräsentativ für Weiße, Schwarze, Chinesen und Indianer sein – auf sich wirken zu lassen.

Auf S. 58 demgegenüber, in der Deutung von Picasso inspiriert, das friedvolle Gesicht einer Indianerfrau (Foto des 19. Jahrhunderts), an dem besonders der ruhige, tiefe, sinnende Ausdruck der Augen fasziniert. Diese Frau schaut voraus, zugleich nach innen, sie sieht mit den Augen des Herzens, gewiß auch mit den Augen des Glaubens.

Diesem horchenden Sehen ist Psalm 85,9–11 zugeordnet: »Ich horche auf das, was Gott, der Herr, sagt. Er spricht vom Frieden für sein Volk.«

Auf S. 59 entspricht dem das sprachlich wie musikalisch dichte Lied von Eckart Bücken und Hans Jürgen Hufeisen. Wer liebt, statt zu hassen, wer Freunde/Freundinnen gewinnen kann, wer für den anderen einsteht, wer immer wieder neu beginnen kann, wer sich selbst im anderen zu sehen, zu erkennen vermag, wer vergeben kann – in dessen Gesicht muß der Friede, der Wille zum Frieden abzulesen sein. In diesem Sinne verschränkt sich das Lied (die Aussagen von Strophe 2 und 3 eingeschlossen) mit den beiden Bildern.

Im Refrain wird der Friede als Frucht der Gerechtigkeit bezeichnet: Erstmals taucht im Buch die Verbindung Gerechtigkeit – Friede auf.[1] Schon auf S. 60/61 wird daraus dann die Trias des konziliaren Prozesses: Gerechtigkeit – Friede – Bewahrung der Schöpfung. Hier bleibt festzuhalten, daß nur *der* wirklich Frieden stiften kann, der für Gerechtigkeit unter Menschen, Gerechtigkeit unter den Völkern, Gerechtigkeit gegenüber Pflanze und Tier sich einsetzt. Wenn das geschieht, darf man sagen: Friede und Gerechtigkeit küssen einander (Psalm 85,11). Wenn das geschieht, er-füllt sich ›Schalom‹.

Arbeitsmöglichkeiten:
1. Das Gesicht der Indianerfrau über TP-Folie projizieren. Nach einer hinführenden Stilleübung betrachten die Kinder das Bild in großer Ruhe. Vorsichtig beginnen sie zu sprechen. Aus dem Kontext der Einheit ›Friede‹ ist zu vermuten, daß sie für das Gesicht u. a. den Ausdruck ›friedevoll‹ finden. U. U. erinnern sie sich an den ›Lesenden Klosterschüler‹ von Ernst Barlach (Bd. 1, S. 38 f.).
2. Wie muß diese Frau – es ist eine Indianerin – sein, was denkt sie, was tut sie, was hofft sie, daß der Friede sich so über ihr Gesicht gebreitet hat?
3. Vielleicht fallen den Kindern die poetischen Friedensdefinitionen wieder ein. Sie passen auf diese Frau:

> Ihr Herz ist in der Stille.
> Sie ist ruhige Güte.
> Sie hat ein Lied im Körper.

---

1 Zuallererst in der letzten Zeile S. 58!

4. Psalm 85,9–11 still lesen (leise vorlesen). Mit Blick auf die Friedens-Frau darüber sprechen: Dabei den Begriff ›Gerechtigkeit‹ erstmals mit dem Begriff ›Frieden‹ verbinden. U. U. an den Streit von Lots und Abrahams Hirten (Bd. 1, S. 90) erinnern: »Dort ging es auch um Gerechtigkeit!«

5. Meditativ auf den Frieden ›horchen‹. Ganz leise spricht die Lehrerin:

   ›Auf den Frieden horchen . . .‹

   »Friede in unserem Haus!
   Friede im Haus nebenan!
   Friede dem friedlichen Nachbarn,
   Daß jedes gedeihen kann!«   *Bertolt Brecht*[1]

   ›Auf den Frieden horchen . . .‹

   Stille

   ›Auf den Frieden horchen . . .‹

   »Der Friede wächst, wie Rosen blühn,
   so bunt, so schön, so still.
   Er fängt bei uns zu Hause an,
   bei jedem, der ihn will.«   *Eva Rechlin*[2]

   ›Auf den Frieden horchen . . .‹

6. Über Picasso sprechen. Rückblick auf Guernica: Picasso, der größte Maler des 20. Jahrhunderts, hat sich in seinen Bildern oft für Frieden und Gerechtigkeit in der Welt eingesetzt. Er hat Friedensbilder gemalt. 1951 hat er ein Halstuch für das große Friedensfest der Weltjugend in Berlin entworfen.
Projektion des Bildes über Farbfolie. Erschließendes Gespräch. Das Bild dabei drehen. Die (auch christliche) Bedeutung der Friedenstaube (Picasso malte, wohl ohne es zu wollen, die Noah-Taube) dabei würdigen. Das Bild nachmalen.

7. Den Text des Liedes im Gespräch erarbeiten. Mit den Bildern verknüpfen. Dann die Melodie einführen. Memorierübung.

8. Zum Thema ›gerecht – ungerecht‹ frühere Geschichten und Themen erinnern und kurz besprechen (Aufgabe 3, S. 59).

9. Als Zusammenfassung folgendes Indianerwort besprechen, abschreiben:

   Friede ist nicht nur das Gegenteil von Krieg,
   nicht nur der Zeitraum zwischen zwei Kriegen –
   Friede ist mehr: Friede ist das Gesetz menschlichen Lebens.
   Friede ist dann, wenn wir recht handeln
   und wenn zwischen einzelnen Menschen
   und zwischen den Völkern Gerechtigkeit herrscht.
      Spruch der Mohawk (Irokesen)

---

1 Aus: Gesammelte Werke. © Suhrkamp Verlag, Frankfurt am Main 1967.
2 © Autorin.

Seiten 60–61

Eine Doppelseite, die in dem umfangreichen, politisch akzentuierten Sachtext konkrete Anregungen gibt, wie auch Kinder ihren Mitmenschen in den armen Ländern der ›Einen Welt‹[1] helfen können. So tun sie kleine Schritte (s. Lied S. 54) für ein wenig mehr Gerechtigkeit in der Welt.

Es mag als unbedeutend und wenig effektiv eingeschätzt werden, aber kleine Schritte sind richtige Schritte und viele kleine Schritte werden zu wichtigen Schritten.[2]

Was können Kinder tun:

1. Abschied nehmen vom Almosendenken. Wir sind nicht die Reichen, die gütigst etwas von ihrem Tisch fallen lassen.

2. Viel in Erfahrung bringen über die Lebenssituation in den armen Ländern: Armut durch geringe Einkommen, durch Ausbeutung, durch zu geringen Erlös für die Produkte.

3. Darum: Durch Einkauf in ›Eine-Welt-Läden‹ den Erzeugern in armen Ländern mehr für ihr Produkte zukommen lassen. Mit den Eltern reden. Ihnen klarmachen, daß es sinnvoll ist, Kaffee, Tee usf. so einzukaufen, daß den Erzeugern vor Ort geholfen wird.

4. Persönliche Beziehungen herstellen. Brieffreundschaften mit einzelnen Kindern oder mit Schulklassen in den armen Ländern pflegen. Patenschaften übernehmen. In Erfahrung bringen, was wirklich fehlt. Und dann ein liebevolles Paket packen. Das ist ein Geschenk von Mensch zu Mensch und kein Almosen.

5. Selbstverständlich ist es auch sinnvoll, für die großen Hilfswerke (s. Plakate S. 61) zu sammeln. Darum – wo immer möglich – in der Klasse eine Spendenaktion ins Leben rufen.

6. Vor allem anderen aber ist es wichtig, nicht nur zu geben, sondern von den Partnerkindern in der Einen Welt auch zu nehmen: Sie wissen mehr über das einfache Leben, oft in Einklang mit der Natur.[3] Sie wissen, was Hunger ist und Durst, und wie man damit fertig wird. Sie können sich aus den einfachsten Dingen Spielsachen bauen (s. Plakat ›Misereor‹). Sie wissen, wie man in der Familie gut miteinander umgeht, wie die größeren Kinder sich um die kleineren kümmern.

So kann jeder/jede mithelfen, daß die Ungerechtigkeit in der Welt geringer wird und damit der Friede (und auch die Schöpfung) bewahrt bleibt (s. Plakat ›Brot für die Welt‹[4]).

---

1 Besser als ›Dritte Welt‹, wenngleich dieser Ausdruck von den Verfassern des Sachtextes noch benutzt wird.

2 Erinnerung an den Kanon ›Viele kleine Leute an vielen kleinen Orten, die viele kleine Schritte tun, können das Gesicht der Welt verändern‹, Bd. 2, S. 15.

3 Erinnerung an Anahi aus Paraguay, Bd. 1, S. 21–25.

4 Plakataussage: Den Frieden entwickeln heißt, behutsam mit der Schöpfung umzugehen.

Arbeitsmöglichkeiten:

1. Den Text ›Kleine Schritte‹ erarbeiten: Im ruhigen Ton vorlesen oder ihn frei nacherzählen. Dann Gespräch. Dazu die Lieder: ›Viele kleine Schritte für den Frieden‹ und ›Viele kleine Leute‹.
2. In der Klasse über Aktionen zugunsten von Kindern in armen Ländern befinden. Ein Vorhaben konkret planen.
3. Den Kontext zu früheren Themen herstellen: Bd. 3, S. 102: Die Erde ein Haus *aller* Menschen; Bd. 3, S. 104: Botschaft der Kinder von Canberra (vgl. Aufgabe 1, S. 60); Bd. 3, S. 114–117: Not im Menschenhaus.
4. Die Plakette S. 60 (Taube, Oikoumene-Symbol, Kette, die in einen Olivenzweig übergeht, Umschrift) erläutern und nachgestalten.
5. Längerfristig: Material zu ›Misereor‹ und ›Brot für die Welt‹ bestellen, sichten und zu einem Plakat ›Gerechtigkeit, Frieden, Bewahrung der Schöpfung‹ verarbeiten.

Seiten 62–63

Die Hoffnung darauf, daß Gott sein Friedensreich aufrichten wird (S. 62/63), ist eine Realutopie, an der sich Menschen über die Jahrtausende hinweg immer wieder aufgerichtet haben:»Schalom für alle, für die Menschen, für die Tiere, für die ganze Schöpfung. So wird es sein.«

Die Kinder mögen sich von der Stimmung des Chagall-Bildes (Entwurf für das große Fensterbild im Gebäude der Vereinten Nationen, New York 1964; Ausschnitt)[1] einfangen lassen. In einen paradiesischen Erdkreis ist die neue Welt Gottes, so wie sie der Prophet Jesaja (Jesaja 11,6–9) geträumt hat, eingebunden. Das Bild korrespondiert dem Text, auch dem Jahreslied, das hier unbedingt wieder gesungen werden sollte. Das kleine Lied ›Gehn wir in Frieden‹ schließt die Gesamteinheit, auch die Reihe der Friedenslieder, die sie gebracht hat, dann ab.[2]

Im einzelnen:

Das Bild[3] erschließt sich durch Kinderaussagen aus dem 4. Schuljahr. Eine weitere Aufgabe stellt dann die Verbindung zum Text S. 62 her.

1. Der Maler wird kurz vorgestellt. Das Bild wird ohne weiteren Kommentar als Folie projiziert. Aussagen im Auszug:
   – Dahinter sieht es aus wie die Erde . . . das Weiße und Blaue . . . die Erde und Menschen und Tiere . . .[4] (Daniela).
   – Vielleicht ist das bei Adam und Eva im Paradies (Christoph).
   – Das ist im Paradies. Da ist kein Krieg – Frieden (Elisabeth).

---

1 Vgl. ›Folien 3/4‹, a. a. O., Folie 25.
2 Bedingt durch die Jahresthematik ist das Thema ›Frieden‹ sehr breit entfaltet. Wem die Folge der Friedensseiten zu lang ist, der mag an gegebener Stelle unterbrechen, um das Thema dann nach einem längeren Zeitraum wiederaufzunehmen und zu intensivieren.
3 Vgl. das ähnliche Motiv Bd. 2, S. 42.
4 Daniela erkennt (das ihr vorgelegte Bild war größer als der Buchausschnitt) ein Erdenrund, mag sich auch an den blauen Planeten erinnern.

- Der eine sieht aus wie ein Menschenfresser (Anja) – (später Hannes: Mino-
  taurus; halb Mensch, halb Tier; Klärung: Bär/Löwe mit Menschengesicht).
- Ähnlich wie in einem Zoo: Menschen – Tiere – Schlangen (Uwe).
- Menschen und Tiere sind da Freunde. Ich glaube, daß die Menschen sich
  um die Tiere kümmern, daß die Freunde sein wollen (Daniela).
- Gott mit den Menschen, mit den Tieren in Frieden . . . Daß die zu Gott
  kommen sollen und daß der Krieg vorbei sein soll . . . (Christoph).

2. Tafel: »Ich meine, das Bild bedeutet . . .«
   Die Kinder schreiben. Auszüge aus Ergebnissen:
- Es sieht aus wie auf einer Insel: Menschen und Tiere, sowie sehr wilde
  Tiere: Löwe, Bär, Schlange (Dani).
- Ich meine, das Bild bedeutet, daß alle Menschen in Frieden leben und daß
  es ein Paradies ist (Anja).
- Das soll bedeuten, daß Gott die Menschen in ein Paradies schickt, um
  unendlichen Frieden zu finden (Pascal).
- Ich meine, das Bild bedeutet, daß Gott Frieden auf Erden will. Das ist so,
  als ob die im Paradies sind. Die Tiere sind merkwürdig, weil sie stehen
  können. Die Menschen sind so groß und komisch. Da sind auch keine
  Panzer. Vielleicht ist das die neue Welt Gottes (Uwe).
- Ich meine, das Bild bedeutet: *Jeder darf leben*. Jeder soll leben, wie er will.
  Aber er muß auch sterben. *Alles* nimmt seinen Lauf. Tiere, Menschen, es ist
  alles im gleichen Recht (Benjamin).

3. Arbeitsblatt mit dem Text S. 62 und mit der Aufgabe: »Ich vergleiche das Bild
   mit dem Text.«
   Auszüge aus Ergebnissen:
- Das soll eine neue Welt darstellen. Voller Frieden und ohne Krieg. Es wird
  so sein, daß der Bär dem Pferd zu essen geben wird. Es wird das Reich des
  Friedens (Elisabeth).
- Gott spricht: Ich will einen neuen Himmel schaffen. Ich werde eine neue
  Welt schaffen, in der sich alle vertragen. Ihr werdet gedeihen wie ein
  Baum. Frieden sei auf Erden (Anja).
- Ich vergleiche mit dem Text: Ja, das finde ich gut, was der Text erzählt.
  Denn Gott ist mein Vater. Ich höre auf Gott, was er mir sagt (Christoph).
- Gott will keinen Krieg, um die Welt zu zerstören mit dem Panzer und mit
  den anderen Waffen (Uwe).

Kommentar

Die Kinder können sich offenbar in die visionäre Welt von Bild und Text
einfinden. Entscheidende Merkmale des Bildes (paradiesischer Friede) werden
von Anfang an benannt und gedeutet. Der Vergleich mit dem Text zeigt, daß die
Kinder, ohne sich im Detail zu verlieren, die Grundaussage beider Medien
(Neuer Himmel, neue Erde, dargestellt am Schalom zwischen Gott, Mensch und
Tier) gut erfassen. Beispiele vor allem die Niederschriften von Elisabeth und
Anja.

Arbeitsfolge:

1. Das Bild im Gespräch interpretieren (s. Kinderaussagen). Nach freien Äußerungen der Kinder Information über die Bildentstehung. Der große, zuletzt in Frankreich lebende russische Maler Marc Chagall (gestorben 1985, fast 98 Jahre alt) erhielt 1964 von der UNO, der Weltvereinigung der Völker für den Frieden, den Auftrag, für das UNO-Hauptgebäude in New York ein Glasfenster mit dem Titel ›Der Friede‹ zu gestalten. Er wählte dafür die Jesajavision. Unser Bild stellt einen Ausschnitt aus dem farbigen Entwurf dar.

2. Vergleich mit Chagalls Bild zum selben Thema Bd. 2, S. 42 (Aufgabe 2): In den wesentlichen Merkmalen sind beide Bilder identisch: Die Kuh neben dem Bären; ihre Jungen spielen miteinander; Kalb und junger Löwe wachsen zusammen auf. Der Knabe kann sie hüten. Auch die Natter (Schlange) ist da. Was im UNO-Bild fehlt, ist der kleine Junge an ihrem Schlupfloch.

3. Den Jesajatext lesen und bedenken.[1] Dazu Aufgabe 1.

4. Bild und Text vergleichen (schriftlich; s. Kinderaussagen).

5. »Schalom für Mensch und Tier, Schalom, dann ist die Erde hier ein Paradies, wo jedermann den Frieden endlich finden kann. Gott will die neue Welt . . .« Das Jahreslied (S. 5) wiederholen (Aufgabe 4, S. 62).

6. Bild und Text sind wie Träume. Aber: »Es kommt die Zeit, in der die Träume sich erfüllen, wenn Friede und Freude und Gerechtigkeit die Kreatur erfüllt. Dann gehen Gott und die Menschen Hand in Hand.« Dies von endzeitlicher Hoffnung geprägte Lied (S. 63) ersingen. Vergleich mit Bild, Text und Jahreslied = überall dieselbe Grundaussage.

7. Aufgabe 3: Zum Wort ›pax‹ (s. ›Friedensfest‹ S. 57) das Lied »Gehn wir in Frieden«.

8. Abschlußaufgabe: Zu den genannten Anregungen für die Plakatgestaltung hier noch weitere: Eine Friedensblume, eine Friedenstaube malen[2], einen Friedenswunsch aufschreiben, eine Friedensplakette entwerfen, neue Friedenszeichen erfinden, ein Friedensgedicht schreiben, ein Friedensgebet schreiben, eine Friedensgeschichte (schriftlich) erzählen.
   Anstelle der Plakatgestaltung läßt sich auch ein Friedensbaum aufrichten, den man mit Friedensblättern behängt (auf jedem Blatt ist etwas geschrieben oder gemalt). Vielleicht hat der Baum auch Friedenswurzeln. Wenn er fertig ist, werden Friedenslieder nach Wunsch gesungen. Ein Friedenstanz um den Baum herum darf nicht fehlen.

---

1 Zum Vergleich noch einmal der Originaltext: ». . . Kalb und Löwe weiden zusammen. Ein kleiner Knabe kann sie hüten. Kuh und Bärin freunden sich an. Ihre Jungen liegen beieinander. Der Säugling spielt vor dem Schlupfloch der Natter . . . Man tut nichts Böses mehr und begeht kein Verbrechen auf meinem ganzen heiligen Berg« (Jesaja 11,6.7a.8a.9).

2 Malen, wie man ein Gewehr zerbricht; einen Panzer mit Blumen malen, ein Flugzeug, das Friedensbomben abwirft; Friedensballons/Friedensbausteine bemalen; Friedensglocken basteln, bemalen/beschriften und läuten lassen; einen kurzen Bericht über eine Friedensaktion schreiben; Kriegsspielzeug mitbringen, symbolisch ein Loch ausheben und alles vergraben.

Wieder eine andere Möglichkeit – im Kontext zum Gesamtthema des 3. Schuljahres – ist der Bau eines Friedenshauses:[1]

WIR BAUEN EIN FRIEDENSHAUS Dazu braucht ihr viele möglichst große Pappkartons, die so zerlegt werden, daß große Flächen erhalten bleiben. Die einzelnen Stücke werden bemalt und mit Friedenswünschen beschriftet. Dann baut ihr gemeinsam daraus ein Haus. Als Mörtel dienen breites Klebeband (von innen und außen), Kleister oder Schnüre. Klebestellen übermalen! Nun könnt ihr zusammen in eurem Friedenshaus Lieder singen und Geschichten erzählen und Spiele machen und ...

Zusatzmaterial

1. Ein rhythmisch und melodisch höchst schwungvolles Lied vom endzeitlichen Reich Gottes (Blinde sehen, Lahme gehen, es gibt keine Leidenstränen mehr, alle Teller sind gefüllt, die Welt ein Freudenmeer, und die Wahrheit des Herrn wird offenbar), vergleichbar der Jesajavision, hat Erhard Ufermann 1978 geschrieben.[2] Den Refrain können die Kinder hebräisch singen, was sie bei ihrer stets neuen Freude an fremdsprachigen Wörtern und Sätzen mit Vergnügen tun werden.

2. Die Einheit kann – thematisch noch einmal neu akzentuiert – in einer Vorlesestunde auch mit nachfolgender Erzählung beschlossen werden. Paul Maar läßt in ›Der fremde Planet‹ Außerplanetarische die Erde beobachten. Sie sehen viel Merkwürdiges, u. a., daß die Erdbewohner Waffen herstellen, mit denen sie ihre Häuser zerstören und sich gegenseitig umbringen. Das halten die Außerirdischen für unbegreiflich. Sie erklären die Erdbewohner für verrückt, den Planeten Erde zum Sperrbezirk. Science fiction, wofür viele Kinder sich begeistern, im Dienste des Friedens: Für Fremdwesen sind die Erdbewohner Wahnsinnige.

---

1 Aus: ›Religion spielen und erzählen‹, Bd. 1, hrsg. von W. Gerts u. a., Gütersloher Verlagshaus, Gütersloh 1994, Nr. 133. Zeichnung: Doris Westheuser.
2 © Mundorgel Verlag, Köln/Waldbröl.

(fröhlich, zuversichtlich)   *Text und Melodie: Erhard Ufermann*

Ein-mal, da kommt die Zeit, wo Blin-de wie-der sehn, und der

Lah-me wird al-lei-ne oh-ne Krük-ken gehn. Wenn der

Tag des Herrn kommt, fei-ern wir den letz-ten Sieg, und in

Freu-de sin-gen wir ge-mein-sam die-ses Lied:

Refrain

Säh ha-jom as-sah Jach-weh, säh ha-jom as-

sah Jach-weh, säh ha-jom as-sah Jach-weh.

Laßt uns freu'n und fröh-lich sein!

Der fremde Planet

Der Pilot Ama Bend hatte seinen Auftrag beendet. Er betätigte den Hebel R-23-A, und sein Raumschiff verließ die Umlaufbahn um den fremden Planeten. Wenig später raste er fast mit Lichtgeschwindigkeit seinem Ziel entgegen.

Ama Bend wartete die vorgeschriebenen 50 Zeiteinheiten ab, dann erst schaltete er den Gedankenverstärker ein und ließ sich mit dem Koordinator verbinden. Aus dem undeutlichen Gewirr von Gedankenströmen in seinem Kopf löste sich plötzlich der laute, klare Gedankenstrom des Koordinators:

»Pilot Ama Bend, Pilot Ama Bend! Kannst du mich verstehen?«

»Ich verstehe dich, Koordinator.«

»Ama Bend, du solltest den unbekannten Planeten im Raumquadrat 47/3/1 anfliegen und ihn beobachten. Hast du es geschafft?«

»Ich habe den Planeten 3800 Zeiteinheiten lang beobachten können.«

»Und? Gibt es Lebewesen dort? Intelligente Lebewesen?«

»Es gibt Lebewesen dort. Vielleicht berichte ich der Reihe nach.«

»Bitte!«

»Der Planet ist größer als alle bekannten Planeten unseres Systems. Und er kreist um einen noch viel größeren Planeten, der starke Strahlen aussendet.«

»Strahlen?« fragt der Koordinator erstaunt. »Bist du sicher?«

»Vollkommen sicher!« Ich konnte die Strahlen mit meinem Instrument deutlich messen. Diese Strahlen haben eine große Wirkung auf die Bewohner des Planeten: Wenn sie von den Strahlen getroffen werden, werden sie lebhaft und bewegen sich schnell. Bleiben die Strahlen aus, weil der Planet sich weitergedreht hat, so werden sie bewegungslos.«

»Völlig bewegungslos?« fragt der Koordinator dazwischen.

»Fast bewegungslos. Sie ziehen sich in ihre flachen Behälter zurück, die mit einem Gespinst bedeckt sind. Dort verharren sie, bis die Strahlen des großen Planeten sie wieder treffen.«

»Und wie sehen diese Lebewesen aus?«

»Sie haben einen ungegliederten, trockenen Rumpf, der sich an einem Ende stark verdünnt und dann in einem kugelförmigen Fortsatz endet. Außerdem gehen von diesem Rumpf vier plumpe Stengel ab, die einen kreisförmigen Querschnitt haben. Mit diesen Stengeln bewegen sie sich.«

»Sie sind also Vierfüßler?« fragte der Koordinator.

»Es sind keine Füße in unserem Sinn«, überlegte Ama Bend. »Aber der Einfachheit halber können wir von Vierfüßlern sprechen. In der ersten Zeit ihres Lebens bewegen sie sich auf vier Stempeln fort und halten den kugelförmigen Fortsatz nach vorn gestreckt. Später bewegen sie sich hauptsächlich auf zwei Stengelbeinen und halten die beiden anderen seitlich am Rumpf herunter. Sie tragen dann den kugelförmigen Fortsatz oben. Seitlich an dieser Kugel befinden sich zwei dünne Häutchen mit einer halbkugelförmigen Vertiefung. Werden diese Häutchen durch auftretende Luftwellen in Schwingung versetzt, so erzeugen diese Lebewesen ebenfalls Schwingungen in ihrem Rumpf und lassen sie durch eine Öffnung in der Kugel entweichen.«

»Hast du herausgefunden, warum sie das tun?«

»Mir scheint, sie verständigen sich auf diese Weise. Übrigens haben diese Lebewesen die Gewohnheit, ihren Rumpf und Teile ihrer Beinstengel mit einem Gespinst zu überziehen. Dieses Gespinst nehmen sie zum Teil von der Oberfläche anderer, vierfüßiger Lebewesen. Zum Teil stellen sie das Gespinst auch aus dünnen Fäden her, die sie aus Metallröhren pressen.«

»Tun sie das, um sich warmzuhalten?« fragte der Koordinator.

»Ich habe es nicht herausfinden können, wozu es gut sein soll. Sie tragen das Gespinst auch dann, wenn die Lufttemperatur so hoch ist, daß es ihnen unangenehm sein muß.«

»Vielleicht wohnen sie darin?«

»Nein, auch das kann nicht sein. Sie wohnen in würfelförmigen Behältern, die oben spitz zugehen. Unten ist ein viereckiges Loch, durch das sie in den Behälter gelangen. Sie haben die Gewohnheit, ganz viele dieser Behälter nebeneinanderzustellen. Auf diese Weise wird eines Tages der ganze Planet zugebaut sein.«

»Das klingt verrückt! Hast du herausgefunden, was sie damit bezwecken?«

»Leider nicht. – Zu bestimmten Zeiteinheiten findet man die Lebewesen fast alle in besonders großen Behältern. Sie stehen nebeneinander und machen alle die gleichen Bewegungen mit den Vorderbeinen. Auf ein bestimmtes Signal verlassen alle die großen Behälter und ziehen sich zurück in ihre eigenen, kleinen Behälter. Da sie das seltsamerweise alle gleichzeitig tun, herrscht ein großes Gedränge, und sie kommen nur langsam vorwärts. Wenn sie endlich in ihrem eigenen kleinen Behälter angekommen sind, tun sie wieder alle das gleiche: Sie lassen sich auf ein Holzgestell nieder, das mit Gespinst bedeckt ist, und

nehmen Strahlen auf, die aus einem Kasten kommen. Dieser Kasten besteht aus dünngeschnittenem Baum und ist mit Metallteilen gefüllt.«

»Das klingt alles rätselhaft. Man kann noch nicht erkennen, ob es intelligente Wesen sind oder nicht.«

»Die meisten Handlungen bleiben mir unverständlich. Ich kann sie nur beschreiben. Wenn sie ein bestimmtes Alter erreicht haben, benutzen sie ihre Beinstengel nur noch selten als Fortbewegungsmittel. Sie stellen kleine Behälter aus gewalztem Metall her, die sich selbständig fortbewegen. Die Planetenbewohner steigen in diese Metallbehälter und rasen auf andere Behälter zu. Meistens gelingt es ihnen, dicht daran vorbeizurasen. Manchmal gelingt es ihnen auch nicht. In diesem Fall platzen die Metallbehälter auf. Die Lebewesen, die in den Behältern sind, werden dadurch bewegungslos, manche sogar für immer.«

»Das ist doch völlig verrückt!«

»Es kommt noch verrückter: Diese Lebewesen sind gezwungen, die Lufthülle ihres Planeten in winzigen Teilchen in sich aufzunehmen und wieder abzugeben. Viele der Lebewesen beschäftigen sich nun viele Zeiteinheiten lang damit, der Lufthülle durch Röhren Kohlenstoff, Schwefel und andere schädliche Gase zuzusetzen. Dadurch fällt ihnen und den anderen Lebewesen die Aufnahme der Luft schwerer.«

»Erzählst du die Wahrheit?« fragte der Koordinator ungläubig.

»Ich lüge nie«, sagte Ama Bend und schwieg gekränkt.

»Ich bitte um Entschuldigung«, sagte der Koordinator.

Ama Bend setzte seinen Bericht fort: »Viele Lebewesen sind nur damit beschäftigt, kleine Behälter aus Metall herzustellen . . .«

»Du meinst die, in denen sie sich fortbewegen?«

»Nein, nein. Sie sind kleiner und haben eine andere Aufgabe. Es gibt davon verschiedene Arten, die mit verschiedenen Stoffen gefüllt sind. Da gibt es welche, die haben die Aufgabe, das Metall zum Platzen zu bringen. In diesem Fall fliegen die Metallteile durch die Lufthülle des Planeten und reißen Löcher in die Lebewesen und machen sie für immer bewegungslos. Andere Metallbehälter erzeugen eine Luftverdichtung, die so stark ist, daß die Wohnbehälter einstürzen und die Lebewesen zerquetschen. Wieder andere erzeugen so hohe Temperaturen, daß die Lebewesen verkohlen. Dann gibt es welche . . .«

»Genug! Aufhören!« Der Gedankenstrom des Koordinators war so stark, daß er schmerzte: »Es ist mir egal, ob die Lebewesen intelligent sind oder nicht. Eines ist sicher: Sie sind verrückt! Sie sind wahnsinnig! Ich will von diesem irrsinnigen Planeten nichts mehr hören. Wir werden ihn zum Sperrbezirk erklären, um andere intelligente Lebewesen vor ihm zu schützen. Keiner soll mehr mit ihm Verbindung aufnehmen!«

»Sehr gut«, antwortete Ama Bend erleichtert. »Ich wollte den gleichen Vorschlag machen.«

»Nur noch ein paar abschließende Notizen für unseren Bericht«, fuhr der Koordinator fort. »Hat der Planet einen Namen?«

»Die Bewohner nennen ihn ›Erde‹. Und den großen Planeten, der die Strahlen aussendet, nennen sie ›Sonne‹.«

»Und die Bewohner?«

»Menschen. Sie nennen sich ›Menschen‹.«

»Hast du noch andere Bezeichnungen herausfinden können?«

»Nur noch wenige: den kugelförmigen Fortsatz nennen sie ›Kopf‹. Die großen Behälter, in denen sie sich versammeln, nennen sie ›Fabrik‹, und der kleine Kasten, vor dem sie so viele Zeiteinheiten verbringen, wird ›Fernseher‹ genannt.«

»Danke, das genügt«, sendete der Koordinator. »Du hast gut gearbeitet. Ich wünsche dir einen guten Heimflug! Auf später!«

»Danke. Auf später!« antwortete Ama Bend. Mit seinen Seitenfühlern stellte er den Gedankenverstärker aus, während er mit seinen blauen Vordertastern gleichzeitig den Hebel R-23-A auf Stufe vier schob. Dann saugte er sich gemütlich an der verspiegelten Innenfläche des kleinen Raumschiffs fest. Er freute sich: Sein Auftrag war beendet. Noch dreihunterttausend Zeiteinheiten, und er war wieder daheim.

Paul Maar[1]

3. Eschatologische Friedenshoffnung läßt sich auch mit dem wunderbaren buddhistischen Märchen ›Das Glöckchen‹ beschwören. Jedem, der seinem lieblichen Läuten lauscht, vermag es Zufriedenheit, Leichtigkeit des Lebens, Lust am Tanz (an der Welt), ja höchste Glückseligkeit zu schenken. Das erfahren ein alter Mönch, dessen Schüler, ein vom Pech verfolgter Apotheker und alle, die mit Psalm 126 wie die Träumenden zu sein vermögen:

---

1 Aus: ›Der fliegende Robert‹, 4. Jahrbuch der Kinderliteratur, hrsg. von Hans-Joachim Gelberg, © 1977 Beltz Verlag, Weinheim und Basel, Programm Beltz und Gelberg.

Das Glöckchen

In einem Städtchen am Meer lebte einst bei seinem Tempel ein alter Mönch. Er liebte es, auf der Veranda zu sitzen und aufs Meer hinaus zu schauen. Um sich aber nicht so allein zu fühlen, hatte er am Dach über der Veranda ein silbernes Glöckchen angebracht. Es hing an einem breiten Streifen Papier, auf dem ein wunderschönes Gedicht geschrieben stand. Sobald der Wind nur ein kleines bißchen wehte – und am Meer weht er ständig –, bewegte sich das Papier, und das silberne Glöckchen läutete gar lieblich. Der alte Mönch saß auf der Veranda, schaute aufs Meer, lauschte dem Läuten des silbernen Glöckchens und lächelte zufrieden.

In dem gleichen Städtchen lebte auch der Apotheker Mohej. Schon lange Zeit hatte er nichts als Pech, alles mißlang ihm, und er war so traurig, daß er sich nicht mehr zu helfen wußte. In seiner Not macht er sich eines Tages auf den Weg zu dem Mönch, um seinen Rat zu erfragen. Als er aber den Alten so zufrieden auf seiner Veranda sitzen sah und das beruhigende Läuten des silbernen Glöckchens hörte, wußte er mit einem Schlage, daß das Glöckchen auch ihn froher machen würde, wenn er so dasitzen und ihm zuhören könnte. Er überlegte nicht lange und bat den Mönch, ihm das Glöckchen wenigstens für einen einzigen Tag zu überlassen.

»Warum sollte ich es dir nicht leihen«, sagte der Mönch freundlich. »Doch vergiß nicht, es gleich morgen früh wiederzubringen, denn ohne das Glöckchen wäre ich sehr traurig.« Mohej dankte ehrerbietig und versprach, am nächsten Tag wiederzukommen. Dann ging er nach Hause

und hängte das Glöckchen über seiner Veranda auf. Es begann zu läuten, und Mohej wurde es so leicht ums Herz, und die Welt erschien ihm auf einmal so schön, daß er zu tanzen begann.

Am nächsten Tag war der Mönch schon vom Morgen an übel gelaunt. Immer wieder ging er vor den Tempel und schaute nach dem Apotheker aus. Aber Mohej kam und kam nicht. So verging eine Stunde, eine zweite, und als der Apotheker zu Mittag noch immer nicht mit dem Glöckchen erschienen war, rief der Mönch seinen kleinen Schüler Taro und befahl ihm: »Lauf in die Stadt zum Apotheker Mohej. Er hat sich gestern mein silbernes Glöckchen geliehen und sollte es heute früh zurückbringen. Erinnere ihn daran und sage ihm, daß ich schon ungeduldig warte.«

Taro lief zu dem Apotheker, aber kaum war er in dessen Garten getreten, blieb er stehen. Er hörte das fröhliche Läuten des Glöckchens und sah den Apotheker, der mit fliegenden Ärmeln und Schößen im Garten herumtanzte. Taro wußte nicht gleich, wie er ihn ansprechen sollte. Da wurde ihm auf einmal so fröhlich ums Herz, daß auch er zu tanzen begann.

Eine Stunde verging, eine zweite – der Apotheker war immer noch nicht erschienen, und Taro kam auch nicht zurück. Der alte Mönch schüttelte den Kopf, und weil er immer trauriger wurde, rief er seinen zweiten Schüler, Dschiro, und befahl ihm: »Lauf zu dem Apotheker Mohej und sage ihm, er möge mir mein silbernes Glöckchen zurückgeben. Und solltest du unterwegs Taro begegnen, so richte ihm aus, er solle sich schämen, seinem Lehrer so schlecht zu gehorchen.«

Dschiro lief so schnell er nur konnte. Als er zum Haus des Apothekers kam, hörte er fröhliches Geläut und sah zu seiner Verwunderung den Apotheker und Taro im Garten tanzen. Und ehe er sich noch entscheiden konnte, ob er zuerst Taro für sein Versäumnis rügen oder den Apotheker an die Rückgabe des Glöckchens mahnen sollte, drehte auch er sich im Kreise und vergaß die Welt.

Wieder war eine Stunde vergangen und bald auch die zweite. Die Sonne neigte sich schon dem Horizont zu. Aber weder der Apotheker noch einer der beiden Schüler ließen sich blicken. Der alte Mönch konnte sich das nicht erklären. Er wurde so traurig wie nie zuvor. Schließlich hielt er es nicht mehr aus. Er zog seine Sandalen an und machte sich selbst auf den Weg zum Hause des Apothekers.

Noch ehe er in den Garten trat, hörte er das zarte Läuten seines geliebten Glöckchens und fröhliches Lachen. Und bald darauf sah er, wie sich der Apotheker und seine beiden Schüler an den Händen hielten. Sie tanzten nach links und dann wieder nach rechts, und ein seliges Lächeln lag auf ihren Gesichtern.

Der Mönch schüttelte den Kopf und wußte nicht recht, wie er sich das erklären sollte. Aber da wunderte er sich nicht lange. Auf einmal war alle Traurigkeit verflogen, die Füße begannen von allein zu hüpfen, der Mönch lächelte dem Apotheker zu, reichte die eine Hand Taro und die andere Hand Dschiro, und dann tanzten sie alle vier.

Wie das weiterging? Ja, wenn wir das wissen wollen, müßten wir jemanden in den Garten des Apothekers schikken. Nur weiß ich nicht, ob er auch zurückkäme. Denn wenn er den lieblichen Klang des Glöckchen hört und die vier tanzen sieht, wird er alles vergessen und mittanzen. Und so müßten wir einen zweiten schicken und dann einen dritten, vierten . . .

Schließlich bliebe uns nichts anderes übrig, als selbst hinzugehen, und auch wir würden zu tanzen beginnen. Na, und das geht natürlich nicht, daß alle Menschen nur tanzen und tanzen. – Oder?

Japanisches Märchen[1]

Spielgestaltung als Erzählpantomime mit Orff-Instrumenten (formuliert als Anrede an die Kinder):
Ihr könnt nach dem Märchen ›Das Glöckchen‹ wunderbar spielen: Ihr könnt einen Scherenschnitt machen. [Wie den, der abgebildet ist, oder ähnlich.] Diesen Scherenschnitt könnt ihr auf einen Tageslichtprojektor legen und groß an die Wand werfen. Schon werden alle Zuschauer aufmerksam.
Schöner noch: Ihr könnt zu dem Märchen Musik machen. Mit dem Orffschen Instrumentarium: Eine Schelle (Glöckchen!), eine Triangel (Glöckchen!), ein Glockenspiel (Motiv für das Glöckchen erfinden!): Dreimal ›Glöckchen‹, d. h., das Glöckchen als Zentrum des Märchens wird dreidimensional dargestellt. Natürlich geht die Sache auch mit nur einem Glöckchen.

---

1 Aus: ›Japanische Märchen und Volkserzählungen‹, ins Deutsche übertragen von J. Kondrková, Reihe ›Märchen der Welt‹, Verlag Werner Dausien, Hanau am Main.

Mit einem weiteren Glockenspiel läßt sich ›Wind‹ (Äolsharfen) darstellen: Nur einfach mit dem Schlegel über die Plättchen auf- und abstreichen. Zart und leise hört jeder den Wind. Ebenso mit dem Xylophon für ›Meer‹. Immer, wenn in der Erzählung ›Wind‹ und ›Meer‹ genannt werden (und man kann sie häufiger, als im Text vorgeschrieben, nennen), ertönen diese beiden Instrumente. Spaß macht es zu probieren und dann aufzuführen.

Noch mehr Spaß macht eine begleitende Pantomime. ›Pantomime‹, ihr wißt, das ist Schauspiel ohne Worte (Stummfilm!). Alles ist ganz einfach: Einer sitzt im Schaukelstuhl (ein ganz gewöhnlicher Stuhl mit Lehnen). Es ist der alte Mönch. Er wiegt sich hin und her. Über ihm – vorgestellt – das zauberhafte Glöckchen. Einer aus der Gruppe (besser noch die Lehrerin) liest alles ganz langsam, die Vorgänge beobachtend, vor. Immer schaut er dabei auf die Spielenden (den alten Mönch, den Apotheker Mohej, die Schüler Taro und Dschiro): Der Apotheker, ganz mißmutig, besucht den alten Mönch, bittet um das Glöckchen, bekommt es, geht heim, befestigt es an seiner Veranda, lauscht seinem lieblichen Läuten, wird froh mit einemmal, fängt an zu tanzen . . . und alles ist vergessen.

Der alte Mönch, plötzlich mißmutig, wartend auf die Rückgabe des Glöckchens, sendet den Schüler Taro aus, dann den Schüler Dschiro. Keiner von beiden kehrt zurück. Sie sind dem Zauber des Glöckchens erlegen. Sie müssen tanzen, immer nur tanzen . . . Alles andere haben sie vergessen. Da geht der alte Mönch selbst zum Garten des Apothekers. Und wie allen anderen, geschieht es auch ihm: Er muß einfach mitmachen, tanzen, tanzen . . .

Und so alle anderen im Kreis der Beteiligten. Sie werden vom Erzähler (von der Erzählerin) aufgefordert, in des Apothekers Garten zu gehen, miteinander zu tanzen (Ausnahme: die Instrumentalisten). Der/die Lesende setzt bei diesen Vorgängen notwendige Zäsuren, indem er/sie auf einem Metallophonstab einen Ton anschlägt (alles verharrt!). Auch der Schluß »Das geht natürlich nicht, daß alle Menschen nur tanzen, tanzen . . . Oder?« ist ganz in die Regiekunst des/der Erzählenden gegeben.

Zu guter Letzt (oder auch anfangs schon) kann die Frage, wie denn das Gedicht, das auf dem Papier, an dem das Glöckchen hing, geschrieben stand, gelautet haben mag, dazu führen, sich selbst ein Gedicht (ein Lied) auszudenken.[1] Jeglicher Phantasie sind hier Tor und Tür geöffnet. Wenn all dies gelingt, so ist aus Pantomime, aus Vorlesen, Lied und Orffscher Musik ein kleines Gesamtkunstwerk ›Märchen‹ entstanden.

Ein anderer Schluß: Die Lehrerin (sie hat in jedem Fall eine stille Gesamtregie geführt), liest Psalm 126: »Wenn der Herr die Gefangenen Zions erlösen wird, so werden wir sein wie die Träumenden . . .«

---

1 Häufig wurde das Lied ›Alle Knospen springen auf‹ von Wilhelm Willms gewählt.

Vorschlag für eine Friedensfeier zum Thema ›Schalom‹ nach Materialien aus den Seiten 58–63

1. Lied: ›Es kommt die Zeit, in der die Träume sich erfüllen‹ (S. 63)
2. Lehrerin: »Ja, Träume haben wir von einer Zeit, in der alles anders, besser ist, in der die Welt heil ist und die Menschen in dauerndem Frieden leben, eine Zeit, in der sie Hand in Hand mit Gott gehen.«
3. Lied:

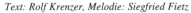

Text: Rolf Krenzer, Melodie: Siegfried Fietz

2. Sprecht mit mir vom Frieden
   hier in unserer Zeit.
   Solange man zusammen spricht,
   kommt es zu keinem Streit.

3. Spielt mit mir den Frieden.
   Nutzt hier eure Zeit.
   Ja, spielt den Frieden, nicht den Krieg,
   wenn ihr zusammen seid.

4. Singt mit mir vom Frieden,
   den uns Gott geschenkt.
   Und Gottes Friede ist in euch
   viel stärker, als ihr denkt.[1]

4. Lehrerin: »Schalom, das ist ein zauberhaft schönes Wort. Es bedeutet: ›Alles wird gut – alles ist gut: Friede!‹ Vom Frieden sprechen, den Frieden spielen, den Frieden singen, all das ist Schalom. In Israel begrüßen sich die Men-

---

1 Aus: ›Ein Regenbogen bunt und schön‹, Nr. 046, © ABAKUS Schallplatten & Ulmtal Musikverlag, 35753 Greifenstein.

schen mit ›Schalom‹. Schalom wünschen wir uns für Dorf und Stadt, für alles, was atmet, für die Nachtigall, für Wolf und Lamm, daß sie friedlich beieinander wohnen, für Gott und Mensch und Tier.«

5. Lied (Jahreslied): ›Schalom für Dorf und Stadt‹ (S. 5)
6. Lehrerin: »Gott spricht:
   Einen neuen Himmel will ich schaffen und eine neue Erde.
   Freut euch darüber, freut euch mit mir.
   Ich möchte, daß alle fröhlich sind.
   Keiner soll mehr weinen. Kein Kind soll mehr sterben.
   Mit den Menschen soll es sein wie mit einem Baum:
   Sie sollen wachsen, gedeihen und blühen.
   Alles, was sie tun, soll Früchte tragen.
   Es wird Friede sein:
   Wir werden uns verstehen, ihr Menschen, und ich, Gott.
   Und Wolf und Schaf werden beieinander weiden.«
   (nach Jesaja 65,17 ff.)
7. Lied: ›Einmal, da kommt die Zeit‹ (s. Zusatzmaterial).
8. Kind (mit Textblatt):
   »Kaum zu glauben ist dieser Friede:
   Als wenn der Wolf in den Schafstall kommt,
   und den Lämmern geschieht nichts.
   Als wenn der Löwe kein Zebra mehr reißt.
   Als wenn die Katze den Vogel nicht tötet,
   und der Fuchs die Gans zufriedenläßt.
   Als wenn der Elefant mit der Maus Freundschaft schließt,
   und sie krabbelt auf seinen Rücken.
   Als wenn die Spinne erst die Fliege fängt
   und dann selbst den Faden zerschneidet,
   daß die Fliege entkommt.
   Als wenn das kleine Kind mit der giftigen Schlange spielt,
   und es geschieht nichts.
   So wird dieser Friede sein.
   So hat es der Prophet Jesaja gesagt vor 2700 Jahren:
   Alle miteinander im Frieden, Mensch und Tier und die Natur.«
9. Lehrerin: »Viele Schritte müssen wir tun, viele kleine Schritte. Schritt für Schritt nähern wir uns diesem Frieden. Einen starken Arm gebrauchen wir, wache Ohren, gute Herzen und einen langen Atem.«
10 Lied: ›Viele kleine Schritte für den Frieden‹ (S. 54)
11. Aktion: Die von der Klasse gefertigte Friedenscollage wird aufgehängt. Alle stehen im Kreis davor. Jedes Kind erzählt: »Ich habe das gemacht, weil . . .« Zwischenfragen und Bemerkungen der anderen. Dann abrundender Gesprächsteil. Zuletzt: Jedes Kind spricht einen Satz: »Ich träume von einer Welt, in der . . .«
12. ›Viele kleine Leute an vielen kleinen Orten‹ (Bd. 2, S. 15).
13. Friedensspiel: Eine Reihe von Kindern übt in der Mitte der Klasse Ballonschlagen (vgl. S. 56, Aufgabe 2) in aller Stille.

14. Lied: Wiederholung Schalom-Lied, Strophe 3: »Spielt mit mir den Frieden. Nutzt hier eure Zeit. Ja, spielt den Frieden, nicht den Krieg, wenn ihr zusammen seid.«
15. Bild: Das Gesicht der Indianerfrau S. 58 wird projiziert. Kinder äußern sich in einem Gespräch.
16. Kind (mit Textblatt): Psalm 85,9–11 (S. 58). Dazu die Seligpreisung: »Freuen dürfen sich alle, die Frieden schaffen. Sie werden Gottes Kinder sein« (Bd. 3, S. 23).
17. Lied: ›Lieben statt hassen‹ (S. 59)
18. Friedensgebete (von Kindern formuliert):

Kind 1
Lieber Gott, ich möchte,
daß alle Länder Frieden haben,
nicht nur wir.
Gott, du hast uns mit allen Mitteln gezeigt,
daß auch ein kleiner Streit zum Frieden werden muß.
Daß man sich vertragen soll danach.
Ich danke dir. Amen.

Kind 2
Lieber Gott, rette uns den Frieden und helfe uns.
Daß wir nicht in den dunklen Schlund des Bösen fallen,
denn dann fangen wir selber den Krieg an.
Laß uns in Ruhe in einer Welt des Friedens leben.

Kind 3
Lieber Gott, erhöre mich: Der Krieg ist grausam.
Ich wähle den Frieden, das Reich Gottes, das Paradies.
Nicht die Angst, das Morden, nicht den Krieg.
Ich wähle den Frieden.

19. Lehrerin (Segensbitte):
»Schalom: Alles wird gut. Alles ist gut.
Gott, segne uns mit deinem Frieden,
der mehr ist als alles, was wir denken können.
Richte es unter uns auf, dein Reich des Friedens.
Laß uns den Weg der Gerechtigkeit gehen.
Gott segne uns durch den König des Friedens,
deinen Sohn Jesus Christus.«
20. Lied: ›Gehn wir in Frieden‹ (S. 62)

Teil 7: Symbole (Seiten 64–65)

Absichten

Die Kinder sollen:
- sich den Symbolbegriff (Symbolzeichen – Symbolhandlung – Ursymbol) kognitiv erarbeiten – S. 64
- sie sollen diesen Begriff an zahlreichen nichtchristlichen und christlichen Symbolen erproben – S. 65

Seiten 64–65

»Ein Symbol ist eine hör- und/oder sichtbare Gestalt, die eine unsichtbare Wirklichkeit in sich schließt« (Hubertus Halbfas).
Bisher haben die Kinder 3 Jahre lang Symbole erfahren, indem sie damit umgingen. Eine erste annähernde Bewußtwerdung war dabei immer eingeschlossen. Sie sahen, erahnten, erspürten etwas von den Dingen, die sich in Symbolen spiegelten, die durch sie hindurch transparent wurden. Symbole/Symbolhandlungen wurden gemeinsam inszeniert. Vor allem in Liedern, Bildern, Bildelementen, Geschichten, Gebeten (Psalmworten) konnten sie sich darin einüben. Sie kamen darüber ins Gespräch. Den Begriff ›Symbol‹ benutzten sie dabei noch nicht. Ohne große Schwierigkeiten hätten sie ihn bereits vom dritten Schuljahr an gebrauchen und sinngemäß anwenden können.[1] Im Grundschulwerk Oikoumene erlernen sie ihn indes erst im 4. Schuljahr – jetzt aber gleich in einer kognitiv angelegten systematischen Übersicht, die die Unterteilung in Symbolzeichen – Symbolhandlungen – Ursymbole[2] zugrundelegt und die die Begrifflichkeit dann in der 2. Hälfte des Buches konsequent verwendet.[3]

Übersicht über die Symbole in Kl. 1–3

1	2	3
Blume		Baum
Erdenstern		Mutter Erde
	Weg	Haus
	Freundschaftsweg	Traumhaus
	Lebensweg	Haus der Welt
	Kreuzweg	Erde als ›Haus‹
	Trauerweg – Freudenweg	Haus aller Menschen
	(Emmaus)	(Oikoumene)
	Christus-Weg	Bet-El – Haus Gottes
	Himmelreichstraße	Sklavenhaus Israels
	Weg-Weiser	Haus Davids
	(Johannes der Täufer)	
	Weg-Weiser (Jesus)	Haus ›Israel‹

---

1 Vgl. Werkbuch 1/2, S. 16.
2 Im einzelnen zur Symboldefinition und zur didaktischen Grundlegung der Seiten 62–63 Werkbuch 1/2 (unter der Thematik ›Lernen an und mit Symbolen‹, S. 12–18).
3 Zu Symbolen generell H. *Halbfas*, ›Lehrerhandbuch 6‹, a. a. O., S. 75–93.

1	2	3
	Weg-Weiser (Christus)	Haus Gottes (bei den Menschen) Haus der lebendigen Steine Haus der Ewigkeit (Tod) Haus der Religionen Tür Tür zum Gotteshaus Tür zu Gottes neuer Welt Himmelstür Tür zu Jesus Jesus als Tür Offene Türen und Tore (Advent)
	Brücke	Brücke Gottes
	Schuhe	Schuhe
	Hand (Arbeit, Gebet, Helfen, Segnen)	Hand des Menschen
Hand Gottes	Hand Gottes	Hand Gottes
	Hand Christi (weisend, einladend, segnend, heilend)	Hand Christi Hand des Todes
Licht Gottes Licht (Advent)	Licht (Volk im Dunkeln)	Licht (in der Dunkelheit der Welt)
Krippe	Krippe	Licht (Weg des Volkes Israel im Licht)
Laterne (Martin)		Licht (Menschen als Licht der Welt, Salz der Erde) Ewiges Licht (Gott)
Stern (Weihnachten)	Stern (über Betlehem)	Stern als Königsstern der Güte
Sterne (Abraham)		Sterne über Kalkutta Stall
	Hahn (Verleugnung) Dornenkrone	Dornenkrone
Kreuz	Kreuz (Tod) Siegeskreuz (Auferstehung)	Kreuz (Zeichen des Todes) Kreuz (Zeichen des Lebens) Kronenkreuz (Bethel) Lamm (Passaopfer) König (Christus, Friedenskönig)
Sonne (für Christus)	Dunkle Sonne von Golgata	
Ostersonne (Nimbus) Kreuznimbus	Ostersonne Kreuznimbus	

1	2	3
	Pfingstsonne	Feuer und Flamme (Pfingsten)
	Weihnachtssonne	
	Tisch	Tisch Gottes
	Brot	Brot (tägliches Brot, Erntedank, ungesäuertes Brot)
	Wasser (Taufe)	Wasser (Taufe; Taufe des Ministers)
	Wein	Wein (Passa, Abendmahl)
	Leiter (Jakob)	Taube
	Kette (von Kindern)	Himmel (Himmel Gottes mitten unter uns)
Sonne (Gott)		Wolkensäule (Gott)
Lichtkreis (Gott)		Feuersäule (Gott)
Licht (Gottes)		Dornbusch
Vater (Gott)		Berg (der Seligpreisung)
Hirte (Gott)		Gottesberg (Horeb, Sinai)
Nimbus (Nikolaus)		Fluß (Styx)
		Kelch
		Hostie
		Tabernakel ⎫
		Ewiges Licht ⎬ katholisch
		Weihwasser ⎭
		Fußwaschung (Symbolhandlung)
		Samenkorn ⎫
		Perle ⎬ Reich Gottes
		Schatz ⎭
		Hof (Friedhof)
		Geld (als Götze)

Die Kinder und die Symbole

Nachfolgend werden mehrere Unterrichtsstunden im 4. Schuljahr, in denen Kinder erstmals den Begriff ›Symbol‹ füllen sollten, beschrieben, dokumentiert, kommentiert, teilweise lediglich skizziert, andererseits wiederum mit erweiternden Zusätzen versehen. Gegliedert ist nach drei Abschnitten.

1. Abschnitt:

An der Tafel steht groß das Wort ›Symbol‹. Der Unterrichtende erbittet Äußerungen dazu (keine Vorgaben):

a) Die Kinder kommen einzeln und flüstern dem Unterrichtenden ins Ohr:

Daniel: »... was etwas darstellt ...«

Mirko: »Ein Zeichen für andere Sachen.«

Christopher: »... ein Andenken, wenn jemand gestorben ist, das Kreuz.«

Bettina:	»Z. B. das Symbol für das Glück, das Symbol für den Frieden« (ein jeweiliges Symbol selbst benennt Bettina nicht).
Diana:	erzählt das Senfkorngleichnis; verdeutlicht, daß die ganze Geschichte ein Symbol sei.
Lynn:	»Was Gott Noah gegeben hat mit dem Regenbogen – ein Symbol für Frieden.«
Saskia:	»Z. B. die Friedenstaube.«
Hans:	»Ein Fremdwort für Darstellung.«
Gerrit:	»Ein Zeichen für irgend etwas. Für den Frieden. Für ein Land, z. B. ein Adler« (meint Bundesadler).
Bettina:	». . . der Himmelsbaum, die Vögel . . .«

b) Die Kinder sprechen laut in der Gruppe (Auswahl):

Patricia:	»Das Senfkorn ist ein Symbol, der Himmel Gottes, die Raben . . .«
Mirko:	»Weihnachten ist ein Symbol – für den Frieden.«
Daniel:	»Manche Denkmale sind Symbole – für manche Städte oder Länder.«
Diana:	»Bilder sind ein Symbol, z. B. das Bild, wo Jesus den Schein hat, die Sonne.«
Gerrit:	»Freundschaft ist ein Symbol für Frieden.«
Hans:	»Das Kreuz ist ein Symbol.«
Daniel:	»Die weiße Fahne ist ein Symbol dafür, daß man aufgibt.«
Mirko:	»Tiere sind Symbole, z. B. weiße Tauben für den Frieden.«
Christopher:	»Ein vierblättriges Kleeblatt, ein Schornsteinfeger, ein Pilz (Glückspilz) sind Symbole für Glück.«
Bettina:	»Für die Abergläubischen ist ein Hufeisen und die schwarze Katze ein Symbol.«

Kommentar

1. Die Kinder können allgemeine Symbolzeichen/Symbolhandlungen benennen:
   – vierblättriges Kleeblatt (Glückssymbol),
   – Hufeisen, schwarze Katze (Symbole für Abergläubische),
   – Denkmale als Symbole für ein Land,
   – Bundesadler als Symbol für Deutschland,
   – die weiße Fahne als Symbol dafür, daß man aufgibt,
   – weiße Tauben für den Frieden,
   – das Kreuz (Grabkreuz), als Andenken, wenn jemand gestorben ist.
2. Sie können christliche Symbole benennen:
   – das Kreuz (Kreuz Christi),
   – den Regenbogen Noahs als Friedenssymbol,
   – das Senfkorn,
   – das Senfkorngleichnis als Symbol-Geschichte,
   – Himmelsbaum-Vögel (aus dem Senfkorngleichnis),
   – den Himmel Gottes.
3. Sie versuchen eine allgemeine Definition:
   – was etwas darstellt (gemeint ist: was etwas deutlich werden läßt),
   – ein Fremdwort für Darstellung,
   – ein Zeichen für andere Sachen,
   – ein Zeichen für irgend etwas (für den Frieden, Bundesadler für Deutschland),
   – Bilder können Symbole sein.

Die Beispiele zeigen, daß diese Kinder spontan ein Symbolverständnis entwickeln konnten, daß sie den Begriff ansatzweise zu definieren vermögen. Ein Kind erzählt eine Symbol-Geschichte, ein anderes benennt eine Symbolhandlung. Eine Kommunikation (Freundschaft) und ein Fest (Weihnachtsfest) werden als Symbole für Frieden bezeichnet. In der allgemeinen Definition finden die Kinder für Symbol den Begriff ›Zeichen‹. Ein Kind erkennt, daß auch Bilder Symbole sein können. Diese Kinder, so läßt sich resümieren, verfügen über die Voraussetzungen für die Erarbeitung der Seiten 64–65.

Erarbeitung der vier Ausgangssätze S. 64. Die Kinder können die Sätze selbst vervollständigen.

Es folgt eine knappe Definition:»Manche Sachen weisen auf etwas anderes hin.«

Dann wird von Symbolzeichen zu einer konkreten Symbolhandlung hingeführt: Streicheln als Symbol für Trösten. Dann wird das Arbeitsblatt ›Symbol‹ ausgegeben (s. Dokumentation 1).

Als letztes in diesem Abschnitt werden Ursymbole in einem leicht verständlichen Satz definiert:»Ur-Symbole sind Zeichen, die alle Menschen in aller Welt gleich verstehen.«

2. Abschnitt:

S. 64, Aufgabe 1: Symbole in bestimmten Medien der Einheit ›Wir suchen den Frieden‹ auffinden.

S. 64, Aufgabe 2: Symbole aus dem Jahreslied benennen: Neue Welt Gottes, Gottes Zelt, der Wolf neben dem Lamm, ein Kind, das einen Löwen lenkt, die Erde als Paradies.

S. 64, Aufgabe 3: Das Religionsbuch durchblättern:[1]

Auswahl: S. 5 (Zeichnung), S. 7 (Hand Gottes), S. 8 (Christus als Schöpfer), S. 9 (Paradiesesbaum), S. 15 (der Mensch wie eine Blume), S. 16 (der Himmel als Gottes Werk), S. 20 (Erdkugel als Erde Gottes), S. 21 (der große Gärtner), S. 26/27 (Hand Gottes), S. 29 (Taube), S. 30/31 (Regenbogen), S. 33 (Turm von Babel), S. 36 (Gott – Engel/Licht über Jerusalem), S. 38 (Rose im Bild, Lichtbahn), S. 40 (Licht), S. 41 (Wurzel Jesse), S. 42 (Krippe), S. 45 (Dornenkrone, Kerze, Kreuznimbus, Weihnachtssonne), S. 47 (Zerbrechen des Gewehrs als Symbolhandlung – Dokumentation 2), S. 48 (Figur: Engel über Dresden), S. 50/51 (viele Symbole im Picassobild), S. 52 (Panzer), S. 54 (Friedenstaube; Schwerter zu Pflugscharen); S. 55 (Friedensblume 2×), S. 56 (Friedenstauben), S. 57 (Licht der Hoffnung; sich an die Hände nehmen), S. 58/59 (Gesicht des Friedens), S. 60 (Symbolzeichen für den konziliaren Prozeß), S. 61 (Pflanze aus der Hand des Menschen), S. 62/63 (Schalom des Jesaja), S. 66/67 (Menschen hinter Gittern, Friedenstaube, Stacheldrahtkerze, Weg der Gerechtigkeit); S. 73 (Marsch der Schwarzen nach Washington als Symbolhandlung), S. 74 (flammende Synagoge, rote Fahnen, Fliehender mit Torarolle, Kreuz, Leiter, jüdischer Gebetsmantel, Nimbus, Lichtbahn, großer Leuchter), S. 77 (Paradiesesbaum, Äpfel, Tauben, Gottestisch, zerstörte Erde, Panzer, Flugzeuge, Schlange, sprießende Knollen an den Baumwurzeln), S. 78 (Lebenskreuz, Sternenkreuz,

---

1 Die Kinder fanden eine größere Anzahl der nachfolgend benannten Symbole, längst nicht alle!

☧-Siegeskreuz, Christus, der sich vom Kreuz herabneigt), S. 79 (Ostersonne mit Lebenskreuz), S. 81 (☧-Fahne, Schalom-Fahne mit Friedenstaube, offenes Haus, Feuerflammen, Buch, Kerze), S. 82 (Hahn der Verleugnung), S. 83 (Petrus als Fels), S. 85 (Synagogenstrafe als Symbolhandlung), S. 86 (Licht), S. 90 (Evangelistensymbole: Löwe, Mensch, Stier, Adler), S. 92 (Kerze), S. 95 (Brot, Wasser, schwarze Hände/weiße Hände, Kreuz), S. 98 (Schiff im Meer der Angst), S. 100/101 (Brot, Fisch, Nimbus, einander das Brot brechen, grünes Gras, sieben Körbe), S. 102) (Schwarz/Weiß, Kreuz), S. 107 (Schüssel, Hand Gottes, Taube, Gewehr), S. 111 (Fisch), S. 112 (Brunnen in der Wüste), S. 113 (weiße Kleider, Schafe für das Opfer), S. 114 (Baum, Klagemauer, Felsendom, ☧; Davidsstern, Bekenntnis der Muslime), S. 115 (Zerstörung der Götzen als Symbolhandlung), S. 117 (Schwarzer Stein), S. 118 (Friedenstaube; muslimische, jüdische und christliche Kinder fassen sich an = Symbolhandlung), S. 119 (Moschee neben der Kirche).

3. Abschnitt

S. 64, Aufgabe 4: Die Symbolzeichen der sechs kleinen Bilder bestimmen und erläutern.

S. 65, Aufgabe 1 und 2: Es werden Beispiele für Symbolhandlungen, Symbolzeichen und Ursymbole gegeben. Die Kinder sollen erläutern, bzw. ergänzen, nach christlichen und allgemeinen Symbolen unterscheiden.[1]

Zu ›jemandem die Füße waschen‹ vgl. Bd. 3, S. 75–76 (Fußwaschung Jesu); zu ›Segnen‹ vgl. Bd. 1, S. 93 (Segenslied), Bd. 2, S. 93 (Taufsegen), Bd. 3, S. 125 (Segenslied); zu ›ein Gewehr zerbrechen‹ vgl. S. 47; zum Händefalten Bd. 2, Foto S. 21, Bd. 3, Foto S. 30; zum ›Oikoumene-Schiff‹ Bd. 3, S. 102; zum ›Stern der Weisen‹ Bd. 1, S. 68, Bd. 2, S. 47; zu Sterne an Abrahams Himmel Bd. 1, S. 91; zu ›Regenbogen‹ S. 30/31; zu ›Brücke‹ Bd. 2 S. 18–20; zu ›Krippe‹ Bd. 1, S. 65, Bd. 2, S. 45, Bd. 3, S. 52; Bd. 4, S. 42; zu ›Kreuz‹, Bd. 1, S. 82, Bd. 2, S. 67, Bd. 3, S. 40/41, 42, 45, 81; Bd. 4, S. 74, 77, 85, 102; zu ›Taube‹ S. 29, 50, 54, 59/60, 67, 107; zu ›Sonne‹ Bd. 1, S. 14, 72, 85/86; Bd. 2, S. 32, 45, 68/69, 72, Bd. 4, S. 79, 86; zu ›Licht‹ Bd. 1, S. 62, 65; Bd. 2, S. 62; Bd. 3, S. 24; zu ›Wasser‹ Bd. 2, S. 92/93; Bd. 4, S. 98/99; zu ›Brot‹ Bd. 2, S. 90/91; Bd. 4, S. 95, S. 100/101; zu ›Wüste‹, S. 23 (Text); zu ›Weg‹ Bd. 2, S. 4/5, 10, 44, 40, 82–89; zu ›Baum‹ Bd. 3, S. 16/17; zu ›Berg‹, Bd. 3, S. 22; S. 58 (Text), S. 63 (Text); zu ›Haus‹ Bd. 3, S. 4–9; 18/19, 26, 66, 70, 72, 73, 83, 94–101; Bd. 4, S. 118/119.

S. 65, Aufgabe 3: Der Abschnitt bringt aus dem ›Abendmahlslied zu Weihnachten‹ von Jochen Klepper, die Strophe, in der christliche Symbole und christlicher Symbolglaube – in elementarer Sprache – nachhaltig verdichtet sind. Die Kinder können die Strophe lernen, sich selbst und die genannten Symbole (Stern – Krippe – Kreuz – Taube – Rollstein vom Grabe Christi = Fels – Brot – Wein) um sich herummalen. Die laut Aufgabe zu entdeckenden fünf christlichen Feste (Festzeiten) sind: Weihnachten – Passion – Ostern (Fels) – Himmelfahrt (Wolke) – Pfingsten (Taube); die gottesdienstliche Handlung ist das Abendmahl.

S. 65, Aufgabe 4: Erinnerung an den Sonnenkreis als Symbol für Gott, zuerst in Bd. 1, S. 73.

---

1 Nachfolgend wieder eine Auflistung möglicher Assoziationen. Im konkreten Unterrichtsverlauf spielten einige davon eine Rolle.

Dokumentation 1

Arbeitsblatt ›Symbole‹

(die Eintragungen der Kinder erscheinen – teilweise zusammengefaßt – kursiv)

Ein Tisch ist ein Tisch.
Er kann ein Symbol sein für *Gemeinschaft (viele).*
Ein Herz ist ein Herz.
Es kann ein Symbol sein für *Liebe (viele); für die Seele.*
Ein Brot ist ein Brot.
Es kann ein Symbol sein für *das Teilen (viele).*
Ein Kreuz ist ein Kreuz.
Es kann ein Symbol sein für *Jesus, Tod, Tod und Leben (mehrfach); für das ewige Leben.*
Eine Taube ist eine Taube.
Sie kann ein Symbol sein für *den Frieden (viele).*
Eine Bombe ist eine Bombe.
Sie kann ein Symbol sein für *den Krieg (viele).*
Ein Ring ist ein Ring.
Er kann zum Symbol werden für *die Ehe (viele).*
Ein Gewehr ist ein Gewehr.
Es kann zum Symbol werden für Krieg.
Ein Hakenkreuz ist ein Hakenkreuz.
Es kann zum Symbol für Hitler werden.
Eine Statue ist eine Statue.
Die Freiheitsstatue ist zu einem Symbol für Freiheit geworden.
Eine Perle ist eine Perle.
Sie kann auch das Symbol der Neuen Welt Gottes sein.

Einander die Hand geben, ist eine Form der Begrüßung.
Sie kann zum Symbol werden für *Freundschaft (viele); Versöhnung; Treue.*
Dann ist es eine Symbol-Handlung.
Streicheln ist Streicheln.
Es kann zum Symbol werden für *Trösten (viele); Trost, Tröstung.*
Dann ist es eine Symbolhandlung.

Denke nach über andere Symbolhandlungen.
Schreibe sie auf:
Wenn man miteinander streitet, das ist ein Symbol für Krieg.
Wenn man zusammenhält, das ist ein Symbol für Liebe.
Die Hände falten, das ist eine Symbolhandlung für Beten.
Eine Sache ist eine Sache.
Manche Sachen weisen auf etwas anderes hin.
Dann werden sie zum Symbol.
Eine Handlung ist eine Handlung.
Manche Handlungen weisen auf etwas anderes hin.
Dann werden sie zu Symbolhandlungen.

Dokumentation 2 (Überprüfung)

Ohne erneute Erwähnung des Symbolbegriffes wurde (zu einem späteren Zeitpunkt) nach der Symboleinheit die Friedensthematik mit einem Bildarbeitsblatt
noch einmal aufgenommen.
Schriftliche Äußerungen zum Vergleich der beiden Bilder (Picasso/Pankok).[1]
Auszüge:

»Dieses Bild meint: Eine Friedenstaube, eine Frau und Blumen: das Symbol
des Friedens. Die Natur soll nicht kaputt gehen. Was würde aus den Menschen werden ohne die Natur. Die
Menschen wissen nicht, was sie tun.
Sie vernichten ihre Natur.«

»Diese Frau könnte Maria sein. Und
Maria möchte Frieden. Und das ist die
Friedenstaube. Und die sorgt auch für
Frieden. Die Blume hat Gott gemacht.
Alle drei Dinge sollen Frieden bedeu-
ten.« »Das soll bedeuten, daß nach ei-
nem sehr sehr langen und gräßlichen
Krieg endlich Frieden eingekehrt ist.«

»Es ist ein Friedenssymbol: die Taube
des Friedens und die Rose, die im Gewehr steckt und das Gesicht für die
Freundschaft.«

»Dieses Bild erklärt, daß der Mann aus
dem Krieg kommt und nie wieder Krieg
haben will. Darum zerbricht er sein Gewehr. Frieden soll auf Erden sein.«

»Jesus zerbricht das Gewehr, weil er
Frieden haben will. Zwischen allen
Menschen. Das keiner mehr den andern haßt und daß sich keiner mehr
bekämpft.«

»In diesem Mann steckt Jesus' Seele.
Jesus haßt Gewehre, wie Gott. Und
Gott schickt Jesus, um Gewehre ka-
puttzumachen und sie zu vernichten.«

---

1 Pablo Picasso, ›Das Gesicht des Friedens‹ (Detail), Bleistiftzeichnung, 1951. © VG Bild-
Kunst, Bonn 1997. Otto Pankok, Christus zerbricht das Gewehr, Holzschnitt, 1950, Otto
Pankok Museum, Hünxe.

»Auf dem linken Bild ist die Friedenstaube und ein mildes Gesicht zu sehen und auf dem rechten Jesus, der ein Gewehr zerbricht. Vielleicht soll das bedeuten, daß die Menschen nett zueinander sein sollen, daß kein Krieg mehr sein darf und daß Jesus, wenn er heute leben würde, jede Waffe, die ihm in die Hände kommt, zerbrechen würde« (Hannes).

»Bild a: Die Friedenstaube bringt der Menschheit und der Natur Frieden.
Bild b: Jesus bringt Frieden, indem er symbolisch ein Gewehr zerbricht. Dabei strahlt er einen Glanz von Frieden und Pracht über den Krieg.
Bild a + b: Der Himmel bringt der Erde Frieden« (Benjamin).

Ergebnis: In den Äußerungen erscheint der Symbolbegriff wie selbstverständlich dreimal.

Teil 8: Die Rechte der Menschen (Seiten 66–73)

Absichten
Die Kinder sollen:
– Amnesty International als eine Organisation kennenlernen, die sich für die Grundrechte der Menschen einsetzt – S. 66–67
– Die Rechte der Kinder kennenlernen und sich damit auseinandersetzen – S. 68–69
– Martin Luther King als Amerikas großen gewaltlosen Führer, der im Kampf um die Rechte der Schwarzen ermordet wurde, kennenlernen und sich auf dem Hintergrund der Rassentrennung mit der Geschichte der Sklaverei befassen – S. 70–73

Seiten 66–67
Daß die Menschen sich Rechte gegeben haben, sollten die Kinder ebenso erfahren wie daß es Rechte der Kinder gibt. 1948 wurde von den meisten Ländern der Erde die Allgemeine Erklärung der Menschenrechte unterschrieben. Seit 1961 überwacht Amnesty International die Einhaltung der Menschenrechte in allen Ländern der Erde. Jedes Jahr gibt es einen Bericht. Jedes Jahr gibt es neue Verletzungen der Menschenrechte. Die Kerze im Stacheldraht (S. 66) ist das Symbol von Amnesty International. Bilder sprechen von der Not unschuldig Gefangener und Gefolterter, so die Picasso-Graphik S. 67 vom einem Menschen, der die Hände um die Gitterstäbe seines Gefängnisses krallt und voller Angst und Sehnsucht der vorbeifliegenden Taube des Friedens nachschaut.

»Ehe du dich versiehst, findest du dich hinter Gittern wieder. Du hast etwas gesagt oder getan, was dir das Gesetz der Weißen verbietet. Nun kennst du deine Freunde nicht wieder. Die trauen sich nicht, mit dir zu reden. Sie stehen da herum, ratlos, hilflos. Irgendwo hocken deine Mutter und deine Frau klagend. Sie liegen wachend in ihren Hütten und finden keinen Schlaf.« Das hat Azariah

Mbatha, der schwarze Künstler, zu seinem 1981 entstandenen Holzschnitt (S. 66) gesagt. Das kann helfen, dieses ungewöhnliche Bild zu entziffern. Das Lied »Laß uns den Weg der Gerechtigkeit gehn. Dein Reich komme« läßt sich als Schreittanz gestalten: Im Kreis 5 Schritte rechts (»Laß uns den Weg der Gerechtigkeit gehn«), dann stehenbleiben und mit den Händen einen großen Kreisbogen beschreiben (»Dein Reich komme, Herr, dein Reich komme«). In der Wiederholung dasselbe noch einmal, nur jetzt 5 Schritte links. Dann wiederum 9 Schritte nach rechts (»Dein Reich in Klarheit und Frieden, Leben in Wahrheit und Recht«), wieder stehenbleiben und den Kreisbogen beschreiben (»Dein Reich komme, Herr, dein Reich komme«).

Arbeitsmöglichkeiten:
1. Die drei Bilder der Doppelseite ohne Text zusammen auf eine Folie bringen und projizieren. Die Kinder frei reden lassen.
   Dem Sinne nach denkbare Äußerungen:
   - Eine brennende Kerze durchdringt den Stacheldraht.
   - Der Mensch hinter Gittern schaut sehnsüchtig auf die Friedenstaube. Er umklammert die Gitterstäbe.
   - Eine Frau hinter Gittern schaut genauso sehnsüchtig. Sie möchte frei sein. Rechts und links von ihr kniend Niedergedrückte, davor neun Liegende, rechts und links davon zwei, die ihren Kopf schmerzerfüllt in die Hand legen. Sie sind verbunden mit dem lastenden Berg, der wiederum eine in sich gekrümmte Figur bedeckt. So schwer ist die Last des Gefangenseins.

Was soll das alles?
Menschen hinter Gittern, Menschen zutiefst gebeugt (unterdrückt), Menschen, die Schmerzen haben, Menschen, die liegen und klagen? – Von der Ungerechtigkeit in der Welt ist hier die Rede, von Verfolgung, Kerker, Angst und Pein. So etwas gibt es in vielen Ländern der Welt. Wenn sie es noch können, verlassen solche Menschen ihre Länder und suchen u. a. bei uns Asyl (Erinnerung an Bd. 3, S. 118–119).
Aber es gibt auch Hoffnungssymbole in den Bildern: die Kerze, die Friedenstaube. Hoffnung für alle Verfolgten, Unterdrückten, Gepeinigten, Gequälten, Gefolterten in der Welt ist Amnesty International (s. Inschrift im Picasso-Plakat). Amnesty International ist eine Vereinigung gegen die Ungerechtigkeit in der Welt.
2. Menschen haben Rechte. Die Texte S. 66/67 lesen und besprechen. 1948: Erklärung der Menschenrechte.[1] 1961 Gründung von Amnesty International. Die Kerze im Stacheldraht als Wahrzeichen. Der größte Maler des 20. Jahr-

---

1 Vorausblick auf das Hungertuch S. 77. Oben links ›Droits de l'homme‹ in Verbindung mit den 10 Geboten! Literatur zum Thema: *David Winner,* ›Amnesty. Die größte internationale Menschenrechtsorganisation‹, aus dem Englischen von Barbara Weiner, Arena Verlag, Würzburg 1991; *Ingrid Heinrich-Jost,* ›Abenteuer Amnesty‹. Freiheit und Menschenwürde, Verlag Carl Ueberreuter, Wien 1991.

hunderts, Picasso, hat für Amnesty International ein Plakat entworfen. 1977 bekam Amnesty International für seine Arbeit den Friedensnobelpreis. Viel Unheil konnte abgewendet werden. Viele Menschen bekamen wieder neuen Lebensmut.

3. Erarbeitung des Liedes. Es verbindet im Text die Aufforderung, den Weg der Gerechtigkeit zu gehen mit der Vaterunserbitte »Dein Reich komme«. Es ist ein Reich in Klarheit und Frieden, ein Reich in Licht und Liebe, aber die Wege dorthin führen durch Leid und Entbehrung: Es ist die neue Welt Gottes. Tanzgestaltung, wie oben beschrieben.

Zusatzmaterial

Es ist ein anonymes und damit für alle ähnlichen Länder exemplarisches Land unter totalitärer Herrschaft, von dem Ursula Wölfel hier erzählt: Meinungsfreiheit ist mit Gefängnis bedroht, Denunziationen sind an der Tagesordnung. Angst geht um. Ein Junge, dessen Vater im Gefängnis sitzt, verstrickt sich unwissentlich in eine Denunziation, die einen weiteren Unschuldigen trifft. Die Kinder werden verstehen, daß Menschen ein solches Land zu verlassen suchen, um anderswo Asyl zu finden.

In einem solchen Land

Ein Junge war zwölf Jahre alt. Hier soll er Kit heißen. Das ist nicht sein richtiger Name. Es ist besser, wenn keiner seinen richtigen Namen kennt. Kit hatte Feindschaft mit einem anderen Jungen. Der soll hier Tapo heißen. Auch seinen richtigen Namen soll keiner kennen, es ist besser so.

Immer wenn Kit und Tapo mit den anderen Kindern spielten, gab es Streit. Immer wollte jeder von ihnen der erste sein.

Solche Feindschaft zwischen Jungen gibt es überall, deshalb braucht man kein Geheimnis aus ihren Namen zu machen.

Aber sie wohnten in einem Land, da durfte man nicht alles sagen, was man dachte, da durfte man nicht alles wissen, was man erfahren hatte.

Denn niemand sollte die Wahrheit sagen über das, was schlecht war in diesem Land. Wer laut darüber redete, kam ins Gefängnis.

Die Menschen in diesem Land hatten Angst vor denen, die regierten. Und die hatten Angst vor der Wahrheit, weil sie schlecht und ungerecht regierten. In einem solchen Land ist es gefährlich, einen Feind zu haben. Freundschaft kann auch gefährlich sein in einem solchen Land.

Eines Nachts wurde Kit von einem Lärm an der Wohnungstür wach. Er hörte fremde Männer rufen, und seine Mutter weinte laut.

Kit stand auf und sah, wie drei Männer seinen Vater wegführten.

»Hilf der Mutter, Kit!« rief der Vater. Dann brachten sie ihn weg.

Kit wußte, daß der Vater ins Gefängnis kam. Aber er wußte nicht weshalb. Die Mutter saß am Tisch und weinte.

Kit fragte sie: »Was hat er getan?«

»Er hat seine Freunde getroffen«, sagte die Mutter. »Sie haben von der Freiheit gesprochen.«

»Freiheit?« fragte Kit. »Das ist doch ein Wort aus den Zeitungen. Darf man darüber nicht sprechen?«

Die Mutter sagte: »Die Zeitungen lügen. Dort steht nichts von der wirklichen Freiheit. Ohne Angst zu sein, das ist Freiheit. Und in diesem Land ist keiner ohne Angst. Darüber haben die Männer gesprochen.«

»Wer war dabei?« fragte Kit. »Einer von denen muß den Vater verraten haben!«

»Keiner war dabei«, flüsterte die Mutter. »Hörst du, Kit? Keiner! Du darfst nichts davon wissen. Du weißt auch nichts vom Gefängnis. Du mußt sagen: Mein Vater ist verreist.«

Kit blieb bei seiner Mutter, bis es hell wurde. Dann schlief er am Tisch ein.

Am Tag darauf sollte Kit wie immer mit den anderen Kindern spielen. Die Mutter wollte es. Als er auf die Straße kam, lief Tapo weg. Das hatte er noch nie getan.

Kit fragte die anderen Kinder: »Was hat er?« Sie sagten: »Er muß zu Hause helfen.«

Und dann fragte einer: »Was war das für ein Lärm bei euch heute Nacht?«

Kit antwortete: »Mein Vater ist verreist. Bekannte haben ihn abgeholt.«

Die Kinder fragten nicht weiter.

In der nächsten Zeit war Tapo nie dabei, wenn Kit mit den anderen spielte. Immer mußte Tapo zu Hause helfen. Auch seine Geschwister liefen weg, wenn Kit auf die Straße kam. Und mit Tapos Geschwistern hatte Kit keine Feindschaft.

Kit begegnete Tapos Vater, und als er ihn grüßte, sah der Mann an ihm vorbei und ging schnell weiter.

Da fragte Kit seine Mutter: »Wo hat Vater seine Freunde getroffen? Wo haben die von der Freiheit geredet?«

»Ich weiß es nicht«, sagte die Mutter.

»Du weißt es. Du willst es nicht sagen. War es in der Gastwirtschaft von Tapos Vater?«

»Ich weiß es nicht. Frag mich nicht. Du sollst nicht mehr daran denken.«

Aber Kit dachte weiter darüber nach: Bestimmt hatten der Vater und seine Freunde sich in der Gastwirtschaft von Tapos Vater getroffen. Tapo lief weg, wenn Kit auf die Straße kam. Tapos Geschwister gingen ihm auch aus dem Weg. Tapos Vater grüßte Kit nicht mehr.

Es war, als hätten sie alle ein schlechtes Gewissen. Tapos Vater mußte der Verräter sein.

Kit sagte zu den anderen Kindern: »Ich weiß etwas Schlimmes von Tapos Vater.«

Er sagte das immer wieder, und die Kinder erzählten es ihren Eltern.

Bald danach kam Tapo auf die Straße, als Kit dort mit den anderen Kindern spielte.

Tapo sagte: »Heute habe ich Zeit. Wir haben die Gastwirtschaft zugemacht. Mein Vater mußte verreisen.«

Tapo sah Kit an, als er das sagte.

Kit drehte sich um und ging weg. Tapo lief ihm nach. An der Ecke wartete Kit auf ihn.

Kit fragte: »Bekommt ihr viel Geld dafür, daß ihr meinen Vater verraten habt? So viel, daß ihr die Gastwirtschaft jetzt zumachen könnt?«

Dann wollte er weitergehen.

Aber Tapo packte ihn und warf ihn auf die Erde. Er hielt ihn fest, er flüsterte: »Du Schuft, du Hund, du hinterlistiger! Was redest du? Mein Vater ist jetzt auch im Gefängnis, weil du ihn verraten hast, mit deinem gemeinen Geschwätz! Was hast du davon?«

»Der ist doch nicht im Gefängnis! Das glaube ich nicht«, sagte Kit. »Der Verräter! Ihr habt ja alle ein schlechtes Gewissen. Weggelaufen seit ihr von mir, und dein Vater wollte mich nicht mehr kennen.«

Tapo ließ ihn los.
»Weil wir Angst hatten«, sagte er.
»Verstehst du das nicht? Wenn einer zuviel redet und geschnappt wird, dann suchen sie nach seinen Freunden. Das weißt du doch.«
»Und?« fragte Kit. »Natürlich weiß ich das. Mein Vater ist nicht allein im Gefängnis. Viele von seinen Freunden sind dort, weil sie die Wahrheit gesagt haben, wie er.«
»Ja«, sagte Tapo, »und mein Vater ist jetzt auch dabei. Deinetwegen! Niemand wußte etwas davon.«
»Wovon?« fragte Kit.
»Tu nicht so dumm!« schrie Tapo. »Du weißt genau, was ich meine!« Er sah sich um. Die anderen Kinder kamen. Tapo flüsterte: »Sie wollten ihn auch holen, damals in der Nacht. Er hat zu ihnen gesagt: ›Ich bin doch nur der Gastwirt. Was meine Gäste reden, geht mich nichts an. Da höre ich nicht hin.‹ Sie haben ihm geglaubt, aber wir hatten immer noch Angst. Wenn einer ihnen einmal verdächtig ist, schnüffeln sie weiter. Und dann hast du alles verraten mit deinem dummen Gerede!«
Tapo spuckte Kit vor die Füße und ging weg.
»Du lügst! Du lügst!« schrie Kit ihm nach.
»Was ist?« fragten die anderen Kinder.
»Nichts«, sagte Kit und lief nach Hause. Er fragte seine Mutter:
»Was weißt du von dem Gastwirt? Jetzt muß ich das wissen. Tapo sagt, sie hätten seinen Vater ins Gefängnis geholt.«
Die Mutter erschrak. Sie sagte: »Der Gastwirt war Vaters Freund.«
Kit glaubte das nicht. Er wollte es nicht glauben.
Keiner glaubte dem anderen.
Kit und Tapo blieben Feinde.
Mißtrauen, Angst und Feindschaft sind nicht verboten in einem solchen Land.

Ursula Wölfel[1]

Seiten 68–69
Die Doppelseite hat einen Schwerpunkt im Teilthema Kinderarbeit.[2] Und zwar im Zusammenhang mit den Rechten der Kinder, die, 1959 in einer 10-Punkte-Erklärung der UNO verkündet (verkürzte Fassung S. 68, vollständige Fassung in der Dokumentation), an vielen Orten der Welt mit Füßen getreten werden. Von den Rechten europäischer Kinder müssen wir die Rechte von Kindern in den armen Ländern unterscheiden. Dort geht es vorwiegend darum, nicht brutal ausgenutzt, nicht verprügelt, nicht vergewaltigt, nicht gefangengesetzt, nicht zur Prostitution gezwungen, gefoltert oder gar getötet zu werden.
Das Bild von Fikuda Abate, 11, Äthiopien, dem Schuhputzerjungen, der sich wehrlos fühlen muß, entwürdigt vor dem übermächtig großen, grimmig blickenden Erwachsenen, wird durch die Schuhputzergeschichte ›Unverschämter Rotzbengel‹ (Material 1) von Gudrun Pausewang, in der die Frage nach der Gerechtigkeit in der Welt eine überraschende Wendung nimmt, lebendig.

---

1 Aus: *Dies.*, ›Die grauen und die grünen Felder‹. Wahre Geschichten, © 1970 Neithard Anrich Verlag, Weinheim.
2 Vgl. Bd. 3, S. 116.

Als Zeitungsverkäufer arbeiten Kinder an Bushaltestellen, an Plätzen und Märkten. Sie verkaufen Süßigkeiten und Kleider auf der Straße. Sie helfen in den Imbißstuben und Schnellküchen. Viele arbeiten als Lastträger. Sie schuften in Werkstätten und Ziegeleien, unzählige von ihnen als Sklaven in der Teppichindustrie. Einige verfallen der Kinderprostitution (dazu Material 2 ›Alles gelogen‹). Andere werden umgebracht.

In Brasilien kommt es regelmäßig zu Morden an Straßenkindern. Nach einem Bericht von 1995 wurden in den vorausgehenden 5 Jahren etwa 16.000 getötet. Kinder stehlen, um zu überleben. Die berüchtigten Todesschwadronen töten sie dafür. Alternativen sind Folter und Vergewaltigung. Die Polizisten erklären, sie müßten die Armut beseitigen. Andere handeln im Auftrag. Ein brasilianischer Geschäftsmann sagte öffentlich im Radio von Rio:»Wer ein Kind tötet, tut der Gesellschaft einen Gefallen.« Das Recht des Kindes auf Leben (Überleben) steht hier zur Debatte. In den 10 Artikeln der UNO ist es nicht einmal vermerkt.

Hilfe gibt es. In Brasilien z. B. arbeiten Lehrer und Sozialarbeiter mit in den Gruppen der »Nationalen Bewegung der Jungen und Mädchen auf der Straße«. Mit Spruchbändern für ermordete Leidensgenossen haben die Straßenkinder demonstriert. Sie haben im Abgeordnetenhaus eine Garantie ihrer Rechte verlangt. In zwei großen Kongressen haben sie aller Welt ihre erbärmliche Situation vor Augen geführt. Es gibt auch Häuser für die Straßenkinder, wo sie Schutz und eine Ausbildung finden.

Kinder kämpfen für ihre Rechte (s. Foto S. 69). In Peru wurde 1979 die Manthoc-Bewegung ins Leben gerufen (Manthoc, eine Abkürzung, lautet ins Deutsche übersetzt:»Christliche Bewegung der arbeitenden Kinder und Jugendlichen«). Manthoc lehrt Straßenkinder, die sonst keine Aussicht auf Schulbildung haben, das Schreiben und das Lesen. Er werden auch Gesprächskreise angeboten, in denen Kinder ihre Sorgen und Probleme erörtern können.

Der Gewalt ein Ende zu setzen, das ist der Wunsch der Straßenkinder. In der Verfolgung solcher Ziele engagieren sie sich bis zur Aufmüpfigkeit. Viele Erwachsene helfen ihnen. Gildácio, der auf den Straßen von São Paulo lebt, schrieb einige Zeilen auf:

> *Ich will das Recht haben, Kind zu sein.*
> *Ich will das Recht haben,*
> *auf eine bessere Welt hoffen zu dürfen.*
> *Ich will eine bessere Welt.*
> *Ich will wachsen, wie du, Erwachsener.*
> *Kannst du mir dabei helfen?*[1]

Arbeitsmöglichkeiten:
1. Die Rechte der Kinder in den armen Ländern: Dazu die Zeichnung von Fikuda Abate (S. 68) und die Erzählung ›Unverschämter Rotzbengel‹ (Material 1).
2. Kinderprostitution in Brasilien: ›Alles gelogen‹ (Material 2).

---

1 Die Ausführungen gehen zurück auf einen Artikel von *Barbara Hüfner* in: ›Die Weltmission 2‹, 1990, S. 11–13.

3. Straßenkinder der Welt (es gibt etwa 70 Millionen) lassen sich helfen und helfen sich selbst: Lehrerinformation nach dem Text Werkbuch S. 178; Foto Religionsbuch S. 69.
4. Die Kommentare der eigenen Klasse zu den Kinderrechten abrufen. Dann die Kommentare der Klasse 3b aus Esslingen diskutieren und den Kinderrechten zuordnen (Aufgabe S. 69).

Material 1

Gudrun Pausewangs ›Unverschämter Rotzbengel‹ wurde zum Thema ›Gerechtigkeit‹ entworfen. Herrscht im Himmel Gerechtigkeit? Ein reicher Rechtsanwalt behauptet das gegenüber dem armen Schuhputzerjungen Rufino. Dessen Folgerung:»Dann werden *Sie* mir also dort meine schönen, teuren Schuhe putzen.«

Unverschämter Rotzbengel

Rufino ist zwölf Jahre alt. Er hat schwarzes, glattes Haar und schwarze Augen. Seine Haut ist nicht blaß, sondern kaffeebraun. Außerdem ist sie schmutzig, denn er hat daheim kein Duschbad. Er hat überhaupt kein Zuhause. Seinen Vater kennt er nicht, seine Mutter ist tot. Niemand hat ihn in eine Schule geschickt, denn zur Schule gehen kostet Geld.

Aber Rufino ist nicht dumm. Er hat trotzdem ein bißchen lesen gelernt, und er kann seinen Namen schreiben. Darauf ist er stolz. Noch stolzer ist er auf seinen Schuhputzkasten mit allem, was dazugehört. Er ist ein tüchtiger Schuhputzer. Er hat einen festen Platz vor der Kirche San José, und er hat eine feste Kundschaft, die immer wiederkommt. Schuhputzer, das ist fast ein Beruf. Mit dem Schuhputzen verdient er genug Geld, um fast immer satt zu werden.

Aber Rufino ist barfuß. Immer fängt er an zu sparen für ein Paar Schuhe, aber immer wieder hat er Pech: Einmal mußte er in ein Krankenhaus hinken, weil er in eine Scherbe getreten war. Für den Verband hat ihm der Arzt alles Geld abverlangt, was er bei sich hatte – genug für einen Schuh. Ein anderes Mal haben ihm zwei ältere Jungen sein Erspartes mit Gewalt weggenommen. Und als er dann wieder so viel beisammen hatte, daß es beinahe genug für ein Paar Schuhe gewesen wäre, mußte er erst einmal eine neue Fußstütze kaufen, weil die alte nach vier Jahren Schuhputzerei fast zusammenbrach. Außerdem hat er einem kleinen Mädchen, das immer in seiner Nähe vor der Kirche bettelt, auf dem Flohmarkt eine alte Decke gekauft, weil es in den kalten Nächten so fror. Es bewacht seine Schuhputzsachen, wenn er mal hinüber auf den Markt laufen will, um sich ein Brötchen oder eine Banane zu kaufen. Da kann er es doch nicht frieren lassen.

Aus all diesen Gründen ist er also noch immer barfuß, obwohl er sich den ganzen Tag mit Schuhen beschäftigt. Er beugt sich über schwarze und braune Schuhe, rindslederne und schweinslederne Schuhe, Schlupfschuhe und Schnürschuhe, billige und teure Schuhe von Größe neununddreißig bis sechsundvierzig, und er spart nicht an Creme und Spucke und bürstet und poliert, daß ihm der Schweiß ausbricht. Er gibt sein Bestes.

»In den Schuhen, die du geputzt hast,

kann man sich spiegeln«, hat der Pfarrer gesagt. Der Herr Pfarrer persönlich.

Sein vornehmster Kunde – außer dem Pfarrer – ist der Rechtsanwalt Sandoval. Der hat oft in der Pfarrei zu tun, denn er ist ein guter Freund des Pfarrers und hat in der Kirche mitzureden. »Brav, brav«, sagt Señor Sandoval jedesmal zu ihm, wenn er zahlt. »Bist ein tüchtiger Junge, ein strebsamer Junge. Das sieht Gott gern. Nur weiter so!«

Aber seit dem vergangenen Mittwoch läßt sich Señor Sandoval seine Schuhe von einem anderen Schuhputzer polieren. Das kam so: Als er an diesem Mittwochmorgen zahlte, sagte er auch wieder: »Brav, brav, nur weiter so.« Und er fügte hinzu: »Du wirst es noch zu etwas bringen.«

Darauf nickte Rufino heftig und sagte: »Ja, Señor, ich will es zu einem Paar Schuhe bringen. Das ist mein größter Wunsch. Die will ich mir zusammensparen – ein paar schöne Schuhe, wie Sie sie haben.«

»Die sind teuer, mein Junge«, antwortete Señor Sandoval lachend.

»Ich weiß«, sagte Rufino. »Ich spar' schon lange dafür, aber immer kommt mir etwas dazwischen. Ich werde mich noch lange plagen müssen, bis ich mir so was Feines leisten kann.«

»Im Himmel, dereinst, wirst du Schuhe vom Feinsten tragen«, sagte Señor Sandoval. »Darauf kannst du dich jetzt schon freuen. Im Himmel herrscht Gerechtigkeit.«

»Gerechtigkeit?« fragte Rufino nachdenklich. »Dann werden *Sie* mir dort also meine schönen teuren Schuhe putzen?«

»Unverschämter Rotzbengel!« rief da Señor Sandoval erbost. »Was erlaubst du dir?« Er warf ihm ein paar Münzen hin und ging davon, hinein ins Pfarrhaus. Seitdem hat er sich seine Schuhe von Rufino nicht mehr putzen lassen.

Jetzt wird Rufino noch länger brauchen, bis er das Geld für ein Paar Schuhe zusammen hat. Keine von den allerfeinsten. Nur ein Paar billige, die sich nur mit Mühe blankputzen lassen.

Gudrun Pausewang[1]

Material 2

Alles gelogen

›Você, Cola? Du, Cola?« Der bullige weiße Mann beugt sich über den runden Tisch in der Bar. Grinsend schaut er Adriana mit seinem rotgebrannten Gesicht an. Auch sein ebenso großer und kräftiger Freund mit dem hellen blonden Haaren neben ihm sieht Adriana an.
»Beber! Trinken!« sagt er. Aber

Adriana antwortet nicht. Sie weicht den Blicken der Männer aus und schaut auf ihre Hände, die sie gefaltet zwischen die Knie steckt. Adriana wird heiß. Sie schwitzt, obwohl vom Meer eine kühle abendliche Brise über die Terrasse der Bar weht. Adriana möchte fortlaufen. Sie fühlt sich allein unter all den Menschen in der Bar.

---

1 Aus: ›Menschenzeit Gotteszeit‹, Verlag E. Kaufmann, Lahr 1992. © Autorin.

Dabei ist Adriana jetzt dort, wo viele Mädchen leben möchten. In Boa Viagem. Im Viertel der Reichen und ausländischen Touristen in der großen Stadt Recife. Hier dröhnt aus den Lautsprechern ihr Liebsingssamba. Hier sitzt Vanda, ihre Schwester, neben ihr.

»Sie ist noch ein wenig schüchtern«, deutet Vanda den beiden Männern mit einer Geste an. »Sie ist fünf Jahre jünger als ich, erst zwölf.« Vanda hebt erst beide Hände und spreizt dann noch einmal Zeigefinger und Daumen. Dann lächelt sie.

Die Männer, die so alt sein könnten wie Adrianas Eltern, grinsen sich an. »Não problema«, winkt der blonde Stefan neben Adriana ab. »Kein Problem, kleines Mädchen süß«, radebrecht er in gebrochenem Portugiesisch und bestellt beim Kellner. Dann legt er seine Hand auf Adrianas Schulter. Der andere rückt näher an Vanda heran. Beide reden kurz miteinander und lachen plötzlich laut los.

Adriana bewegt sich nicht. Mit großen Augen sieht sie Vanda flehend an. Die breite Hand des Deutschen drückt auf ihre Schulter. Es fühlt sich an, als wenn die Haut brennt.

»Stell dich nicht an«, zischt Vanda, als der Ober die Getränke bringt. »Brauchst keine Angst zu haben. Wir gehen nachher ins Hotel, und dann ist alles sofort vorbei. Wirst sehen.«

Adriana läßt resigniert den Kopf hängen. Sie streicht mit ihren Fingern über den Nagellack auf ihren Fingernägeln. »Ist alles gelogen, alles gelogen«, murmelt sie, holt tief Luft und spricht dann laut: »Du hast uns alle angelogen, Mama, Papa, mich, die ganze Familie. Du arbeitest gar nicht als Dienstmädchen in einer reichen Familie. Jeden Tag rennst du hier in Recife zum Flughafen und wartest auf Touristen, mit denen du dann losziehst.«

Vanda hört gar nicht zu. Sie sieht nur Hans und Stefan an, die sich über einen Kokosnußverkäufer lustig machen. Mühselig zieht der Mann seinen schweren Karren vor der Bar die Strandpromenade entlang.

Adriana gibt nicht auf. »Und alle zuhause glauben, daß ich auch bei einer Familie arbeite. Deswegen haben sie mich ja hergeschickt. Damit du mir eine Familie suchst«, schluchzt sie. »Und jetzt sitze ich in einer Bar mit fremden Männern, die mit uns . . .« Adriana stockt. Ein dicker Kloß verstopft ihr den Hals. Die laute Musik dröhnt in ihrem Kopf.

Zornig schaut Vanda sie an. »Wo hätte ich denn sonst das Geld für mich und euch verdienen sollen? Du weißt doch genau, daß es dort, wo wir herkommen, nichts mehr gibt. In den Zuckerrohrfeldern vor der Stadt wird der Lohn doch immer weniger. Oder hast du vergessen, wieviele Leute jeden Morgen an der Straße stehen und einen Job suchen? Hast du vergessen, wie oft Vater wieder nach Hause kam ohne einen Cruzeiro? Und hast wohl auch vergessen, wie krank und schwach er ist?«

Vanda nimmt einen Schluck von ihrer Cola und lächelt den beiden Männern zu. »Ja, aber«, sagt Adriana und will etwas entgegnen.

»Was, ja aber«, raunt Vanda und sieht Adriana wieder böse an. »Vor zwei Jahren, als sie mich hergeschickt haben, habe ich genauso gedacht. Aber ich habe dir schon ein paar Mal gesagt, daß die reiche Familie, wo ich gearbeitet habe, mich wieder entlassen hat. Wo sollte ich denn da hin? Wenn ich nicht eines der Mädchen aus Brasilia Teimosa getroffen hätte, säße ich heute auf der Straße. Klar, die Touristen amüsieren sich mit uns. Wir verkaufen uns an diese Männer aus Deutschland oder aus der Schweiz in einem Hotel oder in einem Loch im Hinterhof. Aber das ist besser als nichts . . .« Adriana erschrickt. Eine Hand legt sich auf ihre Beine.

Der deutsche Mann schiebt sich näher an sie heran. Ihr Herz klopft immer heftiger. Schnell rückt sie ihr Beine zur Seite. »Na, na«, brummt der Mann, greift zu seinem Glas Bier und trinkt es mit einem Schluck aus.

»So sind die Brasilianerinnen eben«, sagt Vanda schnell, lächelt und zupft ihr enges Kleid zurecht. Als die Männer ihre Brieftaschen zücken, um zu bezahlen, blickt sie Adriana noch einmal finster an. »Hör zu, Kleine. Zier dich jetzt nicht so. Wir brauchen das Geld. Ich habe mir alle Mühe gegeben, die Typen aufzugabeln.«

»Aber . . . ich habe Angst, Vanda«, stottert Adriana. »Quatsch«, sagt Vanda. »Stefan hat mir gesagt, daß er kleine Mädchen sehr gerne mag. Er wird dir schon nichts tun. Wirst sehen. Außerdem sagt Hans, daß er mich nach Deutschland mitnimmt. Verdirb mir diese Chance ja nicht!«

»Also gehen wir«, sagen die Deutschen und deuten gleichzeitig mit dem Kopf zum Ausgang. Erst jetzt fallen Adriana die dicken Bäuche der Männer auf. Riesig türmen sie sich neben den zierlichen Mädchen auf. Vanda zieht Adriana vom Stuhl. Sie schiebt die Schwester vor sich her aus der Bar heraus. Auf der Straße am Strand zupft Vanda noch einmal an ihrem kurzen Kleid, während Hans seinen Arm um sie legt.

»Ins Hotel?« fragt Stefan und will Adriana an sich ziehen. Da stößt Adriana voller Ekel die breiten Hände des Mannes von sich und läuft los. Sie läuft und läuft die breite Strandpromenade entlang, stolpert, fällt und richtet sich schnell wieder auf.

»Wartet!« ruft Vanda den erstaunten Männern zu und rennt Adriana nach. Aber Adriana ist schneller als Vanda in ihren hohen Schuhen. Adriana läuft in eine Nebenstraße und dann in eine andere dunkle Straße. Sie läuft und läuft. Bis sie nicht mehr kann und sich an einer hohen Gartenmauer in den Straßenstaub hockt.

Völlig außer Atem kommt Vanda angelaufen. »Spinnst du?« faucht sie. »Komm jetzt mit!«

Aber Adriana rührt sich nicht. Sie zieht die Beine an und tastet mit den Fingern nach der blutenden Wunde an ihrem Knie. Sie zittert am ganzen Körper. Tränen rollen ihr über die Wangen. Sie lösen die Farbe auf ihren Augenlidern, die Vanda ihr aufgetragen hat. Als Adriana die Tränen wegwischt, verschmiert sie die Farbe auf der Wange.

»Mist«, schimpft Vanda. »Wie sollen wir denn sonst Geld verdienen? Die Straßen sind doch voller Leute, die keine Arbeit finden.«

Aber Adriana weint weiter. Sie kann die Tränen nicht aufhalten. Erst als Vanda sich neben sie setzt und ihren Arm um sie legt, beginnt sie sich zu beruhigen.

»Glaubst du wirklich«, schluchzt sie immer noch, »der Mann hätte dich nach Deutschland mitgenommen?« »Weiß nicht«, antwortet Vanda und sieht in den Sternenhimmel. »Vielleicht.« Adriana schaut die Schwester an. »Als sie bezahlten, habe ich ein Foto in seiner Brieftasche gesehen. Er, eine Frau und ein kleiner Junge.«

Uwe Pollmann[1]

Dokumentation

Die zehn Rechte der Kinder – Erklärung der Vereinten Nationen vom 20. November 1959

Da die Menschheit dem Kinde ihr Bestes zu geben schuldig ist, verkündet die Generalversammlung der Vereinten Nationen

Grundsatz 1 Das Kind erfreut sich aller in dieser Erkklärung enthaltenen Rechte. Ohne jede Ausnahme und ohne Unterscheidung oder Benachteiligung durch Rasse, Hautfarbe, Geschlecht, Sprache, Religion, politische oder sonstige Überzeugung, nationale oder soziale Herkunft, Eigentum, Geburt oder sonstige Umstände, sowohl hinsichtlich seiner selbst wie seiner Familie, hat das Kind auf diese Rechte Anspruch.

Grundsatz 2 Das Kind genießt besonderen Schutz; ihm werden Gelegenheiten und Erleichterungen durch Gesetz und auf andere Weise gegeben, sich gesund und natürlich in Freiheit und Würde körperlich, geistig, moralisch, seelisch und sozial zu entwickeln. Das Beste des Kindes ist für diese Gesetzgebung bestimmend.

Grundsatz 3 Das Kind hat Anspruch auf einen Namen und eine Staatsangehörigkeit von Geburt an.

Grundsatz 4 Das Kind erfreut sich der Wohltaten der sozialen Sicherheit. Es ist berechtigt, in Gesundheit heranzuwachsen und zu reifen; deshalb werden ihm und seiner Mutter besondere Fürsorge und Schutz gewährt, einschließlich angemessener Pflege vor und nach der Geburt. Das Kind hat das Recht auf ausreichende Ernährung, Wohnung, Erholung und ärztliche Betreuung.

Grundsatz 5 Das Kind, das körperlich, geistig oder sozial behindert ist, erhält diejenige besondere Behandlung, Erziehung und Fürsorge, die sein Zustand und seine Lage erfordern.

Grundsatz 6 Das Kind bedarf zur vollen und harmonischen Entwicklung seiner Person der Liebe und des Verständnisses. Es wächst, soweit irgend möglich, in der Obhut und der Verantwortung seiner Eltern, immer aber in einer Umgebung der Zuneigung und moralischer und materieller Sicherheit auf; in zartem Alter wird das Kind nicht von seiner Mutter getrennt, außer durch ungewöhnliche Umstände. Gesellschaft und öffentliche Stellen haben die Pflicht, alleinstehenden und mittellosen Kindern verstärkte Fürsorge angedeihen zu lassen. Staatliche und anderweitige finanzielle Unterstützung kinderreicher Familien ist wünschenswert.

Grundsatz 7 Das Kind hat Anspruch auf unentgeltlichen Pflichtunterricht, wenigstens in der Volksschule. Ihm wird eine Erziehung zuteil, die seine allgemeine Bildung fördert und es auf der Grundlage gleicher Möglichkeiten in den Stand setzt, seine Anlagen, seine Urteilskraft, sein Verständnis für moralische und soziale Verantwortung zu entwickeln und zu einem nützlichen Glied der menschlichen Gemeinschaft zu werden. Das Beste des Kindes ist der Leitgedanke für alle, die für seine Erziehung und Führung Verantwortung tragen; diese

---

1 Aus: ›Samsolidam‹ 29/1993 (bearb.).

liegt zuallererst bei den Eltern. Das Kind hat volle Gelegenheit zu Spiel und Erholung, die den gleichen Erziehungszielen dienen sollen; Gesellschaft und Behörden fördern die Durchsetzung dieses Rechtes.

Grundsatz 8   Das Kind ist in allen Notlagen bei den Ersten, die Schutz und Hilfe erhalten.

Grundsatz 9   Das Kind wird vor Vernachlässigung, Grausamkeit und Ausnutzung jeder Art geschützt. Es ist in keinem Fall Gegenstand eines Handels. Das Kind wird erst nach Erreichung eines geeigneten Mindestalters zur Arbeit zugelassen; nie wird es gezwungen oder wird ihm erlaubt, einen Beruf oder eine Tätigkeit auszuüben, die seiner Gesundheit oder Erziehung schaden oder seine körperliche, geistige oder moralische Entwicklung hemmen könnten.

Grundsatz 10   Das Kind wird vor Handlungen bewahrt, die rassische, religiöse oder andere Herabsetzung fördern. Es wird erzogen in einem Geist des Verstehens, der Duldsamkeit, der Freundschaft zwischen den Völkern, des Friedens, weltumspannender Brüderlichkeit und in der Vorstellung, daß seine Kraft und Fähigkeiten dem Dienst an seinen Mitmenschen zu widmen sind.

Seiten 70–73

Person und Werk Martin Luther Kings[1]

Martin Luther King sah seinen Tod voraus: Als John F. Kennedy, dem er sich persönlich verbunden fühlte, 1963 ermordet wurde, sagte King: »So wird es auch mir ergehen.« Fünf Jahre später ist es ihm so ergangen.

Als zweites von 10 Kindern am 15. Januar 1929 in Atlanta, Georgia, geboren, kann Martin – sein Vater James King hat sich aus ärmlichen Verhältnissen zum hochangesehenen Pfarrer der Baptistenkirche emporgearbeitet – hervorragende Schulen und Universitäten für Schwarze besuchen. Seine theologische Dissertation befaßte sich mit dem Gottesbegriff bei Paul Tillich und Henry Nelson Wiemans. Sohn des heißblütigen Südens, wird er ein wortgewaltiger, enthusiastischer Prediger (zuerst in der Dexter Avenue Baptist Church in Montgomery, Alabama, dann in der Ebenezer Baptist Church in Atlanta, Georgia). Als Baptist hängt er mit Leib und Seele am wörtlich als Heilswirklichkeit verstandenen Wort der Bibel. Er fühlt sich zuhause in der Welt des Volkes Israel. Er denkt nach, er bemüht sich, in die für ihn so schwierigen Zusammenhänge der religiösen, der rassischen, politischen, wirtschaftlichen Probleme einzudringen, die das Riesenreich USA bewegen. Er nimmt wahr, daß das ›Negerelend‹ in den großen Städten des Nordens oft noch schreiender, hoffnungsloser, verzweifelter ist als in seinem geliebten Süden.

1953 heiratet er die Musikstudentin und Sängerin Coretta Scott. Vier Kinder werden in der glücklichen Ehe geboren.

In Martins kämpferischem Engagement für die Befreiung der Schwarzen von jeglicher Unterdrückung wird Mahatma Gandhi (Märtyrer 1948) sein großes

---

1 Zum Thema auch *H. Halbfas, ›Lehrerhandbuch 3‹*, a. a. O., S. 294–299.

Vorbild: » Ich bin früh dazu gekommen, zu sehen, daß die christliche Lehre der Liebe – arbeitend mit der Methode Ghandis von der Gewaltlosigkeit – eine der stärksten Waffen für den Schwarzen in seinem Kampf um Freiheit ist.« Nonviolence: ›Sie werden ihre Schwerter umschmieden zu Pflügen!‹

Dennoch: Er wird die Spitze derer, die auf direkte Konfrontation zwischen der gerechten schwarzen Sache und der weißen Machtstruktur drängen. Ausdruck dessen sind die groß angelegten Märsche mitten hinein in das Herz von Städten. ›We shall overcome‹, ursprünglich ein Kirchenlied der Schwarzen, wird zur ›Marseillaise‹ der Bewegung. Die Demonstranten singen es angesichts von Polizei, Hunden und Wasserwerfern, in Gefangenentransporten, in den Gefängnissen des ganzen Südens, die Martin nun immer häufiger von innen kennenlernt – als Häftling.

›We shall overvome‹ ist das Lied des ›Großen Traums‹, den Martin in Predigten, Reden und schriftlicher Darstellung immer wieder formuliert. So auch vor den Augen und Ohren der ganzen Nation im Rahmen des Washington-Marsches am 28. August 1963. King weiß, daß Millionen, auch Präsident Kennedy, am Fernsehschirm zusehen. In der Einführung zu Kings Rede nennt ihn A. Philip Randoph ›den moralischen Führer der Nation‹.

Dieser Führer, jetzt in aller Welt bekannt, erhielt im Oktober 1964 den Friedensnobelpreis. Er hat aber kaum Zeit, sich mit dieser höchsten Auszeichnung der Welt zu befassen. Am 2. Juli 1964 hatte Präsident Johnson als ›Vermächtnis Kennedys‹ den Civil Rights Act unterzeichnet und im Fernsehen erklärt: »Jene, die gleich sind vor Gott, sollen nun gleich sein in den Wahllokalen, in den Klassenzimmern, in den Hotel, Restaurants, Kinos und an anderen Orten, die im Dienste der Öffentlichkeit stehen.« Endlich werden die »Nur-für-Weiße«-Schilder abmontiert, und den Schwarzen ist es möglich, sich für Bürgermeister-, Sheriff- oder andere Posten in den Gemeinden zu bewerben. Damals weiß Martin noch nicht, daß er in den letzten Jahren seines Lebens, nach schweren Rückschlägen, nach vielfachem Scheitern in den auf das Erfolgsjahr 63 folgenden Jahren seine Bewegung aus- und umbauen wird zu einer Menschenrechtsbewegung, die für *alle* entrechteten Minderheiten sich einsetzen wird, für Indianer, Mischlinge, die mexikanischen Landarbeiter, die proletarisierten Weißen im Süden und Norden, gegen die Trennung der christlichen Kirchen und für den Frieden in dieser einen Welt.

»Wir alle sind Kinder Gottes, Weiße und Schwarze, Katholiken, Protestanten, Juden, Ungläubige, Heiden.« Das ist die Oikoumene der Zukunft, die M. L. King in seinen amerikanischen Traum integriert. »Das große Haus, in dem wir leben, verlangt, daß wir eine weltweite Nachbarschaft in eine weltweite Bruderschaft verwandeln.«

Dafür hat er gelebt. Dafür ist er gestorben.[1]

---

1 Darstellung nach *Friedrich Heer*, ›Martin Luther King, Vorkämpfer für die Menschenrechte‹, in: ›Große Gestalten des Glaubens. Leben, Werk, Wirkung‹, hrsg. von Bruno Moser, Südwest Verlag, München 1982.

Didaktische Überlegungen
Warum unterrichten wir Martin Luther King für Kinder des 4. Schuljahres?:
– Er steht exemplarisch für den Kampf gegen Diskriminierung.
– Er steht exemplarisch für eine friedliche Form des Sichwehrens gegen Unterdrückung.
– Sein Verhalten ist biblisch begründet: »Liebt eure Feinde und betet für die, die euch verfolgen« (Matthäus 5,44).
– Er steht exemplarisch für Leidenschaft um der Gerechtigkeit willen – bis hin zum Tod (»Wir werden eure Fähigkeit, Leid anzutun, mit unserer Fähigkeit, Leid zu ertragen, beantworten«).
– Er ist ein oikoumenischer Christ.

Arbeitsfolge:
 1. Geschichte ›Schwarz und Weiß‹ (Material 1). Die Kinder werden emotional in das Problem Schwarz-Weiß verstrickt.
 2. Information über M. L. King: Religionsbuch S. 70: Steckbrief, Karte der Südstaaten (Material 2), Bildinterpretation: In der Familie M. L. Kings wird zu Tisch gebetet! An der Wand hängt das Porträt Mahatma Gandhis.
 3. Kindheitserlebnisse (Material 3).
 4. Der Busstreik von Montgomery. Kurztext und Fotos S. 71. Erzählfassungen (Material 4 und Material 5).
 5. Die Demonstrationen. Fotos S. 72 oben. Erzähltext (Material 6). Marsch auf Washington. Text S. 73. Foto.
 6. Das Protestlied ›We shall overcome‹ erarbeiten. Das Lied ›Laß uns den Weg der Gerechtigkeit gehen‹ (S. 67) wiederholen.
 7. Das Ende. Erzähltext (Material 7). Dazu das Foto S. 72 unten.
 8. Der große Traum: Text S. 70. Integration in das bisher Erarbeitete. Die Rede in eigenen Worten schriftlich festhalten.
 9. Die Sklaverei (Material 8).
10. Zusatztexte: Wie die Schwarzen in bissig-humorvollen Geschichten von ihrer Situation erzählten (›Schwester Gans und Bruder Fuchs‹ – ›Demokratie im Himmel‹ – ›Weiße Frau‹).
11. Flugblätter (Einladung zu einer Protestveranstaltung, zu einem Protestmarsch) entwerfen. Schilder mit Parolen für den Protestmarsch nach Washington herstellen.
12. Mit kopierten Fotos, selbstgemalten Bildern und eigenen Texten ein Plakat zu Martin Luther King und seiner Bürgerrechtsbewegung gestalten. Auf dem Plakat die Begriffe ›Gewaltlosigkeit‹ – ›Gerechtigkeit‹ – ›Feindesliebe‹ – ›Frieden‹ besonders hervorheben.
13. Spielszenen verschiedener Art erfinden.
14. Eine Martin Luther King-Gedächtnisfeier gestalten.[1]

---

1 Literatur: *Valerie Schloredt* und *Pam Brown,* ›Martin Luther King‹. Amerikas großer gewaltloser Führer, der im Kampf um die Rechte der Schwarzen ermordet wurde. Reihe ›Vorbilder‹, Arena-Verlag Georg Popp, Würzburg 1990 (nach Vorlagen dieses Buches sind die Erzähltexte – Material 3–7 – gestaltet).

Material 1
Hans Georg Noacks Erzählung zeigt eindringlich, was es für einen schwarzen Jungen heißt, angesichts gewalttätigster Aggressionen (Mord am Vater) und gemeinster Provokation auf Gegengewalt zu verzichten.

Schwarz und Weiß

Wenn es in Lumberton überhaupt einen aufgeweckten Jungen gibt, dann ist das Jimmy. Das dürfte eigentlich niemand bestreiten, der ihn kennt. Für seine vierzehn Jahre ist er ein bißchen schlaksig. Seine Beine wachsen dauernd unten aus den Hosen heraus, und seine Arme wissen niemals recht, wohin sie sollen. Er wächst so schnell, daß man beinahe zusehen kann. Wahrscheinlich wird er ein Zweimetermann wie sein Onkel Joshua.

Jimmys Vater war auch nicht viel kleiner. Seine Bekannten behaupten noch heute, einen so starken Mann hätte man in den ganzen Staaten nicht noch einmal gefunden. Das mag schon stimmen. Aber seine Kraft hat ihm nicht viel geholfen, damals . . .

Seine schöne Stimme übrigens auch nicht. Oh, niemand konnte so singen wie Jimmys Vater. Seine Stimme klang tief, wie die dickste Seite auf dem Schlagbaß, aber auch so hoch wie Grillengezirpe, oder beinahe so. Solche Stimme hatte freilich mancher in Lumberton, und doch konnte niemand so singen wie Jimmys Vater. Wenn er sang, dann lauschten alle Männer, die, wie er, abends auf den Steinstufen vor ihren Häusern saßen. Und die Frauen lehnten sich dann manchmal aus den Fenstern, obwohl sie im Hause genug Arbeit hatten. Jimmys Vater kannte viele Lieder. Die meisten klangen ein wenig traurig. Er konnte einen lauthalsigen Streit zur Ruhe singen, wie eine Mutter ihr kleines Kind in den Schlaf wiegen kann.

Jimmy ist ein sehr lebensfroher Bursche und beileibe kein Kopfhänger. Ganz bestimmt nicht! Die Nachbarn sagen, er sei ein Lausejunge. Aber sie lächeln meistens, wenn sie es sagen. Sie mögen ihn nämlich gut leiden, den Jimmy. Vielleicht liegt das an dem blitzenden Lächeln, mit dem man ihn meistens sieht.

Aber wenn Jimmy an den Gesang seines Vaters denkt, dann lächelt er nicht. Dann verkriecht er sich manchmal abends von den Steinstufen vorzeitig ins Haus. Er hört noch ganz genau die Stimme und das Lied, das sein Vater am letzten Abend gesungen hat:

»Komm, weißer Bruder, komm!
Laß uns treten vor unseren Gott.
Und wenn wir vor ihm stehen,
werde ich sagen:
Herr, ich hasse nicht,
ich werde gehaßt.
Ich quäle nicht,
ich werde gequält.
Ich verspotte kein Volk,
mein Volk wird verspottet.
Und, Bruder, was wirst du sagen,
weißer Bruder?«

Das ist nun schon viele Monate her. Als der Vater dieses Lied sang, waren die Männer ringsum sehr still geworden. Dann war der Vater aufgestanden, hatte sich gereckt, daß man die Muskeln unter seinem offenen Hemd spielen sah, hatte gelächelt (das Lächeln hatte Jimmy von ihm!) und zu seinem Sohn gesagt: »Komm, Jimmy! Holen wir die Mutter ab!«

Die Mutter arbeitete als Packerin in

einem großen Werk. Manchmal gingen Vater und Sohn ihr abends ein Stück entgegen.

Jimmy erinnerte sich genau. Der Abend war warm. Vor dem Schnellrestaurant an der Ecke blinzelte der Junge zu seinem Vater auf, der Vater kniff ein Auge zu und nahm seinen Sohn mit in den Laden, steckte zwei Geldstücke in den Automaten und ließ für jeden ein Glas Limonade einlaufen, bevor sie weitergingen. Es war ein schöner, friedlicher Abend. Der große Mann und sein Junge schlenderten ohne Eile dahin. Manchmal traten sie vom Gehsteig in die Gosse, wenn ihnen ein weißes Pärchen Arm in Arm entgegenkam. Dann wurde der Platz auf dem Gehsteig ein wenig knapp, und Vater und Sohn traten in die Gosse. Es machte ihnen nichts aus, denn sie waren daran gewöhnt.

Dann kamen sie an einem Lokal vorbei. An der Tür hing ein Schild: »Hunden und Farbigen ist der Zutritt verboten!« Sie wären da aber ohnehin nicht hineingegangen.

Der Zufall wollte es, daß gerade in dem Augenblick, als Jimmy und sein Vater vor der Drehtür waren, ein paar junge Männer aus dem Lokal drängten. Vier waren es. Und ein junges Mädchen war auch dabei.

Und der Zufall wollte weiter, daß Jimmy seinen Vater gerade auf einen kleinen weißen Hund aufmerksam gemacht hatte, der drüben auf der anderen Straßenseite mit einem leeren Pappkarton kämpfte. Nur so konnte es geschehen, daß der Vater das junge Mädchen anstieß.

Sofort baute sich einer der jungen Männer vor Jimmys Vater auf. Sein Scheitel reichte dem großen Schwarzen nur eben bis zur Kinnspitze. »Hast du keine Augen im Kopf, Nigger?«

fragte der junge Mann hochfahrend. Aber Jimmys Vater war gutmütig, und der Abend war still und friedlich. Warum sollte man ihn durch einen Streit verderben?

»Doch, zwei sogar«, antwortete der Vater deswegen lächend und wandte sich an das junge Mädchen. »Ich habe ihnen doch nicht wehgetan, Miß?«

»Quatsch gefälligst keine weiße Dame an, Nigger!« rief da ein anderer aus der Gruppe. Und als der Vater sich ihm, noch immer lächelnd, zuwandte, schlug der Kleine zu. Jimmy sah ihn erschrocken an, aber doch auch ein wenig geringschätzig an. Was war denn schon an dem Kerl dran? Mit dem würde er selbst es auch noch aufnehmen, wenn es mußte. Aber es mußte nicht sein, und es durfte auch nicht sein. Der Vater hatte blitzschnell zugegriffen und hielt den Arm des jungen Schlägers fest.

»Hoppla!« sagte er, als habe ihn der andere nur versehentlich im Gedränge angestoßen.

»Er greift mich an!« keifte der Kleine. »Dieser stinkige Nigger greift einen weißen Mann an!«

Und dann hatte es der Vater plötzlich mit vier Gegnern zu tun, deren Mut erhöht wurde, weil sie sich vor dem jungen Mädchen großtun wollten. Er wehrte sich. Jimmy hätte ihm gern geholfen, doch er dachte daran, daß sein Vater ihm befohlen hatte: »Wenn du einmal in Streit mit einem Weißen geräts, steckst du die Hände in die Tasche und gehst weiter. Verstanden?«

Jimmy drückte sich ein paar Schritte zur Seite. Aber dann sah er, daß die Sache ernst wurde. Nun wollte er doch lieber seinem Vater helfen. Aber das war schon nicht mehr möglich. Er kam nicht mehr heran.

Aus dem Lokal kamen andere junge

Burschen gelaufen. Jimmy konnte den Vater im Gewirr gar nicht mehr sehen. »Da steht ja noch so'n Nigger!« rief einer.

Kein Zweifel: damit war Jimmy gemeint. Er stürzte davon. Erst an der nächsten Straßenecke blieb er stehen und blickte zurück. Niemand war ihm nachgelaufen.

Plötzlich sah Jimmy seinen Vater aus dem dichten Menschenknäuel vor dem Lokal mit gesenktem Kopf hervorbrechen. Er stieß zwei, drei Männer zurück und lief in langen Sätzen über die Fahrbahn. Dort war eine Kirche. Der Vater wollte hinein, rüttelte an der Tür. Sie war verschlossen. Die Meute der Verfolger stürmte ihm nach und stellte ihn auf den Kirchenstufen erneut.

Jimmy winkte angstvoll einem langsam heranrollenden Streifenwagen. »Was ist?« fragte ein Polizist. »Da vorn! Sehen sie doch! An der Kirche! Sie bringen meinen Vater um!« Der Polizist maß den Jungen von Kopf bis Fuß. »Deinen Vater?« fragte er gedehnt. »Na ja, mal sehen.« Zögernd fuhr der Polizeiwagen wieder an, rollte einige Meter auf die Kirche zu, wendete dann auf der Straße und fuhr davon, ohne sein Tempo zu beschleunigen. »Ihr müßt doch meinem Vater helfen!« schrie der Junge.

Als er sich wieder umwandte, war der Spuk vor der Kirchtür vorbei. Die weißen Männer, zehn oder zwölf mochten es zuletzt gewesen sein, waren verschwunden. Wie gehetzt lief der Junge zu seinem Vater. Er mußte ihm doch helfen!

Aber da gab es nichts mehr zu helfen. In der Zeitung stand am nächsten Tag, ein Neger habe ein weißes Mädchen angegriffen. Die Begleiter des Mädchens hätten ihn in Notwehr getötet.

An der Beerdigung nahmen viele Menschen teil. Es gab wohl keinen Schwarzen im ganzen Viertel, der nicht dabei war. Diesmal sorgte die Polizei für Ordnung. Sie hatte den Friedhof abgesperrt.

Als das Grab geschlossen war, mußte Jimmy viele Hände schütteln. Er sah einige bekannte und weit mehr fremde Gesichter. Aber alle diese Menschen, die Nachbarn und die Fremden, *meinten* Beileid, wenn sie Beileid sagten.

In den nächsten Tagen wurde Jimmys Tapferkeit oft besprochen. Er hatte nicht einmal geweint.

Aber, wie gesagt, das ist nun schon Monate her. Jimmy hat sein Lächeln längst wiedergefunden.

Als er vom Begräbnis nach Hause kam, fragte er seinen Onkel Joshua: »Warum darf man das mit uns machen?«

»Darf man ja nicht«, antwortete der Onkel brummend. »Kopf hoch, Jimmy! Lange dauert das nun nicht mehr. Es wird anders. Man redet doch schon überall davon. Bald soll es wirklich nur noch Amerikaner geben, weißt du. Der Präsident will es auch. Es wird bestimmt besser! Nein, Jimmy, du darfst nicht den Kopf schütteln. Der Präsident hat es versprochen!«

Erst konnte Jimmy trotzdem nicht so recht daran glauben. Aber dann allmählich . . . in den Nordstaaten, so sagte man, durfte doch ein farbiger Amerikaner auch genau wie sein weißer Landsmann auf der Straße gehen, die Straßenbahn benutzen, in jedem beliebigen Lokal ein Glas trinken. Dort konnten Jungen wie er sogar zur Musikschule gehen. Nimand fand etwas dabei.

Die Musikschule ist nämlich Jimmys sehnlichster Wunsch. Nur, hier in Lumberton geht das leider nicht. Die weißen Schüler wollen keinen schwarzen neben sich dulden. Natürlich gibt es Gesetze, die das alles regeln. Deswegen hat die Polizei Jimmy auch zwei- oder dreimal zur Schule gebracht. Aber schließlich kann er ja nicht immer unter Polizeischutz seine Noten lernen. Deswegen ist eben doch nichts Ordentliches daraus geworden. Aber Joshua hatte recht. Das alles mußte bald besser werden. Der Präsident war eine Hoffnung.

Am 22. November 1963 schlenderte Jimmy durch die Straßen. Er blieb vor einem Kino stehen und sah sich die Bilder an. Drüben, an der anderen Seite des Eingangs, standen drei weiße Jungen. Sie hatten einen ganz kleinen Burschen bei sich, der bestimmt noch nicht zur Schule ging.

Jimmy sah, wie die drei die Köpfe zusammensteckten, dann tuschelten sie dem Kleinen etwas zu. »Los, Bobby!« hörte Jimmy sagen.

Der Kleine kam auf ihn zu, blieb vor ihm stehen, hielt sich die Nase zu und sagte: »Pfui, Nigger, du stinkst!«

Jimmy steckte die Fäuste in die Hosentaschen und wandte dem Kleinen den Rücken zu. Doch der ließ nicht locker. »He, Nigger!« rief er mit seinem hellen Stimmchen.

»Laß mich in Ruhe«, brummte Jimmy und wollte weitergehen. Aber die anderen vertraten ihm den Weg.

»Hey, Schwarzer! Was hast du mit dem Kleinen vor?«

»Nichts. Geht mir aus dem Weg!«

»Was fällt dir ein? Wir sollten einem Drecksnigger wie dir aus dem Weg gehen? Wir sollen dir wohl mal Manieren beibringen, wie?«

»Macht, daß ihr wegkommt, sonst kriegt ihr Nasenbluten!«

Der größte der drei grinste breit, zog ein Messer aus der Tasche hervor und klappte es auf. »Ach nee? Du drohst uns? Das wird dir wohl schlecht bekommen, Nigger!«

»Laß ihn doch«, sagte ein anderer Junge. »Faß ihn nicht an. Du machst dir bloß die Finger dreckig. He, Bobby! Gib du's ihm! Los, du darfst ganz doll hauen!«

Der Kleine warf einen halb ängstlichen, halb frechen Blick auf Jimmy.

»Nur zu, Bobby! Er darf dir nichts tun, sonst renne ich ihm das Messer in den Leib.«

Und der Kleine hob die winzige Faust und versuchte, Jimmy ins Gesicht zu schlagen. Das gelang ihm nicht, denn Jimmy war zu groß. Der Schlag streifte nur über Jimmys Jacke.

»Los, Bobby! Tritt ihm vors Schienbein!« Das ließ der Kleine sich nicht zweimal sagen. Er gehorchte dem Befehl mit gewissenhaftem Eifer.

Nur eine Sekunde lang dachte Jimmy daran, sich der drei Jungen zu erwehren. Aber dann fiel ihm sein Vater ein. Er wandte sich um und lief davon. Seine langen Sprünge wirkten ein wenig komisch, weil Jimmy ja wirklich ein bißchen schlaksig ist.

Und der Kleine lachte hinter ihm her: »Seht nur, wie der Nigger läuft! Er reißt vor mir aus! Er hat Angst vor mir!«

Jimmy lief weit genug, um ganz sicher zu sein, daß niemand ihn mehr sah, der Zeuge dieses beschämenden Zwischenfalls geworden war. Er, Jimmy, war tatsächlich davongelaufen, nachdem ihm ein winziger Bursche einen Tritt versetzt hatte. Wehgetan hatte es nicht. Aber er hatte fortlaufen müssen. Dabei wäre er vielleicht mit den drei großen Jungen ganz allein fertiggeworden. Er war gelaufen, als würde er von einem Gespenst verfolgt. Und sie hatten ihn ausgelacht!

Er ging nach Hause. Auf der Treppe begegnete ihm sein Onkel Joshua. Er war ganz grau im Gesicht.

»Was hast du?« fragte Jimmy.

»Sie haben den Präsidenten ermordet«, sagte der Onkel. Seine Stimme verriet, daß er noch nicht glauben konnte, was er eben erfahren hatte.

»Den Präsidenten, der gesagt hat, es würde nun auch für uns alles anders werden?«

»Ja, den.«

Da setzte sich Jimmy auf die Treppenstufe und weinte. Der Präsident, das war eine Hoffnung.

Hans Georg Noack[1]

Gesprächsimpulse:
- Viele Leute mochten Jimmy gut leiden.
- Das Lied, das Jimmys Vater singt, bringt bestimmte Erfahrungen zum Ausdruck.
- Am Abend, als Jimmy seinen Vater abholen wollte, passierte etwas.
- Am nächsten Morgen stand etwas in der Zeitung.
- Den 22. November 1963 wird Jimmy nie vergessen.
- Jimmy wehrt sich nicht, obwohl er stärker ist als die weißen Jungen, die ihn anpöbeln.

Material 2

Karte der Südstaaten

---

1 Aus: ›Vorlesebuch Religion 1‹, a. a. O., S. 259–265. © Autor.

Material 3

Kindheitserlebnisse

Eines Tages, als Martin noch ein kleiner Junge war, sagte man ihm, er dürfe nicht mehr mit zwei weißen Freunden spielen. Deren Mutter schickte ihn nach Hause und sagte, ihre Kinder seien jetzt zu groß, um noch mit einem schwarzen Kind zu spielen. Martins Eltern erklärten ihm, er solle niemals glauben, er sei minderwertig. Aber Martin war tief verletzt. Er konnte das einfach nicht verstehen. Der Vorfall, der ihn am meisten demütigte, ereignete sich, als Martin 15 Jahre alt war. Er hatte bei einem Rednerwettbewerb seiner Schule den 1. Preis gewonnen. Nach der Preisverleihung fuhr er mit seiner Lehrerin im Bus nach Hause. Im Laufe der Fahrt stiegen immer mehr Fahrgäste zu, bis alle Sitze besetzt waren. Zwei Weiße stiegen noch dazu, und der Busfahrer verlangte, daß Martin und seine Lehrerin aufstehen sollten. Martin weigerte sich, und der Busfahrer beschimpfte ihn. Darüber wurde Martin entsetzlich wütend und hätte sich am liebsten geschlagen. Aber seine Lehrerin bat ihn, aufzustehen und keinen Ärger zu machen. In diesem Moment konnte Martin sehr wenig tun, also stand er bebend vor Wut auf.
Martins Vater aber wußte, wie man sich gegen Beleidigungen wehren mußte. Als ihn eines Tages ein Polizist anhielt und sagte: »Boy« – d. h. auf deutsch Junge – »zeig mir deinen Führerschein«, zeigte der Vater auf Martin und sagte: »Sehen sie dieses Kind dort? Das ist ein Boy, ich bin ein Mann.« Er ging damit ein großes Risiko ein, denn schwarze Menschen, die Polizisten widersprachen, wurden oft verhaftet.

Material 4
Martin Luther King wurde Prediger. Seine erste Kirche war die Dexter Avenue Baptist Church in Montgomery. Ursprünglich wollte King Rechtsanwalt werden, aber dann folgte er dem Beispiel seines Vaters, der auch ›Reverend‹ war.

Der Busstreik von Montgomery

Als Junge mußte Martin im Bus für einen Weißen aufstehen. Er war damals verletzt und wütend gewesen. Die Dinge hatten sich inzwischen nicht gebessert: Schwarze durften nur im hinteren Teil eines Busses sitzen. Es war ihnen allerdings erlaubt, sich in den mittleren Teil zu setzen, wenn die Plätze leer waren und keine Weißen sie haben wollten. Die ersten vier Reihen im Bus waren für Schwarze absolut verboten und hatten ein Schild: ›Whites only‹ (›Nur für Weiße‹). Wenn sich der Bus füllte, mußten alle Schwarzen im Mittelteil aufstehen, damit sich die Weißen setzen konnten.
Ihre Fahrkarte mußten die Schwarzen vorn im Bus bezahlen, dann wieder aussteigen und hinten einsteigen.
Am Abend des 1. 12. 1955 verließ eine schwarze Frau in Montgomery das Warenhaus, in dem sie als Näherin arbeitete, und ging zur Bushaltestelle. Sie hieß Rosa Parks. Sie wartete auf den Bus, um nach Hause zu fahren. Der erste

Bus, der kam, war voll. Sie beschloß, den Bus abfahren zu lassen. Sie bestieg den nächsten und setzte sich, weil alle Plätze im hinteren Teil besetzt waren, auf einen leeren Platz im Mittelteil. Neben ihr saßen noch drei andere Schwarze. Drei Haltestellen weiter stieg eine Handvoll Weißer zu und besetzte alle noch übrigen ›Nur-für-Weiße-Plätze‹ im vorderen Teil. Ein weißer Mann blieb stehen. Der Busfahrer drehte sich nach Rosa Parks und den drei anderen um. »Ich brauche diese Plätze«, sagte er. Keiner der Schwarzen rührte sich, bis der Fahrer sich ein zweites Mal umdrehte und drohend hinzufügte: »Ihr macht lieber schleunigst, daß ihr hier wegkommt und gebt mir die Plätze.« Die anderen drei standen auf, aber Rosa Parks blieb sitzen. Wieder drehte sich der Busfahrer um: »Werden Sie wohl aufstehen! – Wenn nicht, dann lasse ich Sie einsperren.«

Rosa Parks war müde. Sie hatte einen langen Tag hinter sich. Irgend etwas klinkte in diesem Moment in ihr aus. Vielleicht war es die Geduld, mit der sie jahrelang Beschimpfungen ertragen hatte. Sie setzte sich aufrecht in ihren Sitz und sagte: »Nur zu, dann lasse ich mich eben einsperren . . .«

Die anderen Fahrgäste sahen sie neugierig, erschrocken, aber auch bewundernd an. Rosa Parks rührte sich nicht. Der Busfahrer stieg aus und holte einen Polizisten. Der Polizist fragte Rosa Park: »Warum sind Sie nicht aufgestanden?« Rosa Parks antwortete: »Ich glaube nicht, daß ich das tun sollte. Warum behandeln Sie uns so?« »Ich weiß es nicht«, sagte der Polizist, »aber Gesetz ist Gesetz, und Sie sind verhaftet.«

Was Rosa Parks getan hatte, ging wie ein Lauffeuer durch Montgomery. Sie hatte sich gegen das Gesetz aufgelehnt. Das hatte so noch niemand in Montgomery gewagt.

Endlich gab es einen Anlaß, der die Schwarzen von Montgomery vereinte: Ein Busstreik wurde geplant. Beginn: 5. Dezember 1955. Martin Luther King war der Organisator.

Auszüge aus Martin Luther Kings Rede vom 5. 12. 1955:
»Es kommt der Augenblick, an dem die Menschen es satt haben. Wir sind heute abend hier, um denen, die uns solange mißhandelt haben, zu sagen, daß wir es satt haben. Daß wir es satt haben, ausgeschlossen und gedemütigt zu werden, daß wir es satt haben, ständig mit Füßen getreten zu werden . . . Vereint können wir vieles von dem erreichen, was wir uns nicht nur wünschen, sondern was uns gerechterweise zusteht.«

Material 5

Selbstzeugnis Martin Luther Kings –
Verhaftung während des Busstreiks in Montgomery

Mitte Januar fuhr ich eines Nachmittags mit einem Freund, Robert Williams, und der Gemeindesekretärin, Mrs. Lilie Thomas, nach mehrstündiger Arbeit in unserem Büro nach Hause. Ehe ich das Hauptgeschäftsviertel der Stadt verließ, machte ich einen Abstecher zu dem dortigen Parkplatz, um noch ein paar Leute, die in meiner Gegend wohnten, mitzunehmen. Ich ließ drei Fahrgäste in meinen

Wagen einsteigen und fuhr ans Ende des Platzes, wo ich von einem Polizisten angehalten wurde. Während er meinen Führerschein verlangte und mich fragte, wem der Wagen gehöre, rief ein anderer Polizist über die Straße: »Das ist der verdammte King!«

Als ich weiterfuhr, bemerkte ich hinter mir zwei Polizisten auf Motorrädern. Einer folgte mir auch noch, als wir drei Häuserblocks weitergefahren waren. Ich sagte Bob Williams, daß wir verfolgt würden, und er antwortete: »Beachte nur genau alle Verkehrsregeln!« Langsam und sehr vorsichtig fuhr ich heimwärts, der Motorradfahrer immer hinter mir. Als ich schließlich anhielt, um meine Fahrgäste aussteigen zu lassen, fuhr der Polizist heran und sagte: »Steigen Sie aus, King! Sie sind verhaftet, weil sie dreißig Meilen statt fünfundzwanzig die Stunde gefahren sind.«

Ohne etwas zu erwidern, stieg ich aus, bat Bob Williams, mit Mrs. Thomas weiterzufahren und meine Frau zu benachrichtigen. Gleich darauf kam ein Streifenwagen der Polizei, aus dem zwei Polizisten stiegen. Sie durchsuchten mich von oben bis unten, schoben mich in ihren Wagen und fuhren zum Stadtgefängnis. Ein Polizist führte mich in das Gebäude hinein. Nachdem ich meine Wertsachen abgeliefert und die gewünschten Auskünfte gegeben hatte, brachte mich der Aufseher in eine schmutzige, stinkige Zelle. »So, hinein mit dir zu den andern!« sagte er, als sich eine schwere eiserne Tür auftat. Im ersten Augenblick hatte ich das Gefühl, als fege ein eisiger Wind über mich hin. Zum ersten Mal in meinem Leben befand ich mich hinter Gittern. Dann sah ich mich in der überfüllten Zelle um und erblickte zwei Bekannte. Der eine war ein Lehrer, der auch unter dem Vorwand, etwas mit Protest zu tun zu haben, verhaftet worden war. Es ging im Gefängnis immerhin so demokratisch zu, daß wir mit Landstreichern, Trunkenbolden und Schwerverbrechern zusammengesperrt waren. Aber so weit ging die Demokratie wieder nicht, daß sie das Gesetz der Rassentrennung brach. Weiße und Schwarze schmachteten in getrennten Zellen.

Als ich mich umzusehen begann, war ich so entsetzt, daß ich bald meine eigene mißliche Lage vergaß. Ich sah Männer auf harten Holzpritschen liegen, andere auf Feldbetten mit zerissenen Matratzen. Die Toilette befand sich ohne jede Schutzwand in einer Ecke der Zelle. Ich sagte mir, daß diese Männer, was sie auch getan haben möchten, nicht so behandelt werden durften. Alle drängten sich um mich und wollten hören, warum ich hier sei. Sie waren ziemlich erstaunt, daß die Stadt so weit gegangen war, mich zu verhaften. Bald erzählte mir einer nach dem anderen, warum er hier war, und bat mich, ihm wieder herauszuhelfen. Nachdem mich der dritte um Hilfe gebeten hatte, sagte ich: »Freunde, ehe ich euch helfen kann, hier herauszukommen, muß ich doch selbst erst wieder draußen sein.« Da lachten alle. Kurz darauf holte mich der Gefängnisaufseher. Als ich die Zelle verließ, rief mir einer der Männer nach: »Vergiß uns nicht, wenn du draußen bist!« Ich versprach es ihm.

Der Aufseher führte mich durch einen langen Korridor in ein kleines Zimmer auf der Vorderseite des Gefängnisses. Einen Augenblick dachte ich, ich würde wieder entlassen, merkte aber bald meinen Irrtum. Der Aufseher forderte mich barsch auf, mich hinzusetzen und begann meine Finger auf ein Stempelkissen zu reiben. Wie bei einem Verbrecher wurden mir Fingerabdrücke abgenommen.

Inzwischen hatte sich die Nachricht von meiner Verhaftung in Montgomery verbreitet, und eine große Zahl von Menschen hatte sich auf den Weg zum Gefängnis gemacht. Als erster kam mein guter Freund Ralph Abernathy an. Er wollte sofort für mich bürgen, aber die Beamten erklärten ihm, er müsse erst eine gerichtliche Bescheinigung bringen, daß er vermögend sei. Ralph Abernathy wies darauf hin, daß es fast 6.30 Uhr nachmittags und das Gericht schon geschlossen sei. Gleichgültig entgegnete der Beamte: »Na, dann müssen Sie eben bis morgen früh warten.«

Abernathy fragte dann, ob er mit mir sprechen dürfe. »Nein«, antwortete ihm der Aufseher. »Sie dürfen erst morgen vormittag um 10 Uhr zu ihm.«

»Gut. Kann man eine Kaution stellen?« Der Aufseher bejahte zögernd. Eilends fuhr Abernathy in sein Kirchenbüro, das einige Häuserblocks entfernt lag, um jemanden anzurufen, der das Geld aufbringen konnte.

Inzwischen hatten sich viele Menschen vor dem Gefängnis versammelt, unter ihnen Diakone und Vorstandsmitglieder meiner Gemeinde. Bald waren es so viele, daß dem Gefängnisaufseher angst und bange wurde. Er kam in mein Zimmer gestürzt und rief: »King, Sie können gehen!« Und ehe ich noch meinen Mantel richtig angezogen hatte, führte er mich hinaus, auf meine eigene Bürgschaft hin. Er gab mir meine Wertsachen wieder und sagte, ich würde am Montagvormittag um 8.30 Uhr verhört.

Als ich durch das Tor trat und die vielen Freunde sah, bekam ich wieder neuen Mut. Ich wußte, daß ich nicht alleine stand.

Seit diesem Tag setzte ich mich noch hingebungsvoller, noch energischer für den Kampf um die Freiheit ein.

Martin Luther King[1]

Material 6

Die Demonstrationen

Der Streik hatte Erfolg. Ob gutes oder schlechtes Wetter: Die schwarzen Einwohner von Montgomery gingen zu Fuß zur Arbeit, oft bis zu acht Kilometern am Tag. Fast dreizehn Monate lang boykottierten sie 1955/56 die Autobusse der ›Montgomery City Line‹ mit dem Ziel, darin die Rassentrennung aufzuheben. Der Bus-Streik von Montgomery wurde der Auftakt einer großen, die Schwarzen einenden Bewegung: der Bewegung der Bürgerrechte für *alle* Bürger der Vereinigten Staaten.

Wenn King die schwarze Gemeinde aufrief, verlangte er immer von seinen Anhängern, ohne Bitterkeit zu handeln. Als der Busboykott vorüber war, sagte er zu der Menge: »Ich wäre entsetzlich enttäuscht, wenn irgendjemand von euch hinginge und prahlte: ›Wir, die Schwarzen, haben über die Weißen gesiegt.‹ Wir dürfen das nicht als einen Sieg über die Weißen betrachten, sondern als einen Sieg der Gerechtigkeit und Demokratie.«

---

1 Aus: Martin Luther King, ›Freiheit‹, Oncken Verlag, Wuppertal.

Es begann die Zeit der jahrelangen großen Demonstrationen. Schwarze und Weiße, die die Bürgerrechte der Schwarzen unterstützten, gingen auf die Straße und kämpften für das gleiche Ziel. Ohne Gewalt. Viele junge Weiße machten das Gleichheitszeichen auf ihre Stirn, um ihre vollkommene Zusammengehörigkeit mit den Schwarzen zu zeigen.

Immer wieder war M. L. King zusammen mit seinem Freund Ralph Abernathy der Anführer solcher Demonstrationen. Immer größer aber wurde die Wut vieler Weißer. Als King seine Leute bei einer Demonstration im Gebet niederknien ließ, kreischten hunderte von Zuschauern: »Haß! Haß! Haß!«

Material 7

Das Ende

Zu Martin Luther Kings Überraschung tauchten bei einer Demonstration in Birmingham, einer Stadt in Alabama, nicht nur Erwachsene, sondern auch Kinder auf. Da er an seine eigenen Kinder dachte, überlegte er sich ernsthaft, was er tun sollte. Aber schließlich stand die Zukunft der Kinder auf dem Spiel. Sie hatten das Recht, sich der Demonstration anzuschließen. Etwa eintausend Kinder machten sich auf den Weg und sangen: »We shall overcome«. Polizisten stellten sich ihnen in den Weg. Sie befahlen den Kindern umzukehren, aber die Kinder hörten nicht. Sie setzten ihren Marsch einfach fort.

Feuerwehrleute richteten ihre Schläuche auf die Kinder. Die Wasserstrahlen trafen sie mit der Wucht einer Riesenfaust. Sie wurden durcheinandergewirbelt; ihre Kleider zerrissen von der Kraft des Wassers. Die Polizisten ließen ihre Hunde los, die sich auf die Kinder stürzten und nach ihnen schnappten.

Aber die ganze Zeit liefen Fernsehkameras. Am nächsten Tag sah die ganze Welt diese Szenen. Die Menschen waren entsetzt.

Am 4. April 1968 ging Martin Luther King nach Memphis. Den größten Teil des Tages verbrachte er in seinem Hotelzimmer, um eine Rede vorzubereiten. Am Abend trat er auf den Balkon des Hotels hinaus, um sich die Beine zu vertreten. Plötzlich fiel ein Schuß. Martin Luther King brach zusammen. Kurz danach starb er. Die Kugel eines Weißen hatte ihn getötet.

Man legte ihn in eine Kiste aus einfachen Holzbrettern und fuhr ihn durch die Stadt. »Wenn ich sterbe, will ich ein einfaches Begräbnis.« So hatte er zu seiner Frau Coretta gesagt. Aber zur Trauerfeier kamen 150.000 Menschen. Nur 750 paßten in die Kirche, in seine Ebenezer Baptist Church.

Auf seinem Grabstein steht: ›Free at last. Free at last. Thank God almightly, I'm free at last.‹ ›Endlich frei. Endlich frei. Dank Gott, dem Allmächtigen, ich bin endlich frei.‹

Nach seinem Tod haben seine Frau Coretta und seine Freunde seine Arbeit fortgeführt. 1964 und 1965 hatten Kongreß und Senat die Bürgerrechte verabschiedet. Ohne Martins Wirken wäre das nicht so rasch geschehen. Vieles hat sich durch Martin Luther King zum Guten geändert. Doch auch heute noch gibt es in den USA Unterschiede zwischen weißen und schwarzen Menschen. Indes, wäre Martin Luther King nicht aufgestanden, all das wäre so nicht gekommen.

Material 8

Die Sklaverei[1]

Ein Schwarzer erzählt: Ich bin in Amerika geboren und auch meine Eltern und Großeltern. Aber nicht meine Urgroßeltern: Sie stammen aus Afrika, aus dem Land, wo heute noch die meisten schwarzen Menschen leben. Zwischen Amerika und Afrika liegen tausende von Kilometern.

Wie meine Urgroßeltern nach Amerika kamen, das ist eine traurige Geschichte: Sie gingen nicht ›freiwillig‹, wie viele weiße Menschen vor ungefähr 200 Jahren, die Deutschland, England oder Irland verließen, um sich in Amerika ein neues Leben aufzubauen.

Meine Urgroßeltern *mußten* Afrika verlassen. Sie wurden aus ihrem Haus gezerrt und von ihrer Familie fortgerissen. Wochenlang hausten sie wie Tiere, aneinandergekettet, hungrig und immer wieder geschlagen im Laderaum eines Segelschiffes. Das Schiff brachte sie und viele andere schwarze Menschen nach Amerika. Dort angekommen, wurden sie auf einem Sklavenmarkt verkauft. Ein reicher Plantagenbesitzer ersteigerte meine Urgroßeltern: Mein Urgroßvater mußte tagaus, tagein auf den Baumwollfeldern arbeiten, meine Urgroßmutter im Haushalt. Sie konnten sich nur heimlich sehen. Wenn sie dabei erwischt wurden, peitschte man sie zur Strafe aus. Sie wurden gnadenlos ausgebeutet, gedemütigt und geschlagen.

---

1 Zum Sklavenhandel: *H. Halbfas,* ›Lehrerhandbuch 9‹, a. a. O., S. 340–346.
  Foto: BBC Hulton Picture Libary.

Oft von den eigenen Stammesbrüdern in Afrika eingefangen, verkauft, während der Überfahrt von Afrika nach Amerika zusammengepfercht und versteigert, wenn sie das Zielland erreicht hatten – immer wurden die Schwarzen wie eine Ware behandelt. Die erste verbürgte Schiffsladung mit afrikanischen Schwarzen kam 1518. Bis 1863, als die Sklaverei offiziell abgeschafft wurde, wurden schätzungsweise über 15 Millionen Männer, Frauen und Kinder über den Atlantik verschleppt.

Nur langsam kamen einzelne Menschen in Amerika zu der Einsicht, daß die Sklaverei falsch war, daß alle Menschen das Recht hatten, frei zu sein. Aber sie konnten nicht alle davon überzeugen, daß die Sklaverei verboten werden sollte. Schließlich brach über die Frage der Sklaverei der amerikanische Bürgerkrieg aus.
1863, noch vor Ende des Krieges, wurde die Sklaverei abgeschafft. Nach diesem Krieg wurde Amerika reich und mächtig. Aber die Vorstädte verkamen zu Slums, in denen jetzt die Schwarzen lebten – keine Sklaven mehr, aber Menschen 2. Klasse. Sie verrichteten nunmehr die Arbeit, die sonst keiner tun wollte.
Für die meisten Weißen war jeder Schwarze, gleichgültig wie intelligent oder klug er sein mochte, ein minderwertiges menschliches Wesen.
Vor allem im Süden von Amerika wurden Gesetze erlassen, die Schwarze von Weißen trennten: Keine Schwarzer durfte im Restaurant eines Weißen essen oder auf einem für Weiße reservierten Platz sitzen. In manchen Städten war es verboten, daß Schwarze mit Weißen Karten spielten.

Zusatzmaterial[1]

Schwester Gans und Bruder Fuchs

Schwester Gans schwamm einst auf einem See, und der alte Bruder Fuchs verbarg sich hinter den Weidensträuchern. Langsam schwamm Schwester Gans gegen das Ufer hin. Als sie nahe genug herangekommen war, sprang Bruder Fuchs aus seinem Versteck hervor, um sie zu fangen.
»So, Schwester Gans«, sprach er, »jetzt hab ich dich. Du bist auf meinem See geschwommen, und das nicht zum erstenmal. Heute habe ich dich endlich gefaßt. Ich werde dir jetzt das Genick umdrehen und dich auffressen.«

»Immer langsam, Bruder Fuchs«, antwortete die Gans. »Ich habe doch wohl das Recht, auf diesem See zu schwimmen, wie du! Falls du das bezweifelst, wollen wir vor Gericht gehen und dort soll geklärt werden, ob du ein Recht dazu hast, mir das Genick umzudrehen und mich aufzufressen.«
Und so gingen sie vor Gericht. Aber als sie dort hinkamen, was mußte die Gans da erleben! Der Sheriff war ein Fuchs, der Richter war ein Fuchs, die Staatsanwälte waren Füchse, und die Geschworenen waren auch Füchse. Sie verhörten die Gans, verurteilten sie,

---

1 Aus: ›Wer bekommt das Opossum?‹, Georg Bitter Verlag, Recklinghausen und *Frederik Hetman* (Hrsg.), ›Märchen des Schwarzen Amerika‹, (Fischer TB 1497) Fischer Taschenbuch Verlag, Frankfurt am Main.

ließen sie hinrichten und nagten gemeinsam die Gänseknochen ab.
Nun Kinder, hört mir gut zu, wenn alle Leute, die man auf den Gerichten antrifft, Füchse sind, und unsereiner ist nur eine ganz gewöhnliche Gans, dann braucht ihr keine Gerechtigkeit für einen armen Nigger zu erwarten.

Frederik Hetman

Demokratie im Himmel

Es war einmal ein weißer Pfarrer, der wollte in seiner Predigt seiner schwarzen Gemeinde klarmachen, daß es auch im Himmel Rassentrennung gäbe, mit den weißen Heiligen auf der einen Seite und den schwarzen Heiligen auf der anderen.
Nach der Predigt kam die Reihe an einen der schwarzen Diakone. Er sollte das Gebet sprechen. Der alte schwarze Mann gehörte zu jenen Menschen, die mit Gott so reden wie mit anderen Leuten, in denselben Worten und auch, indem sie an die vorgeschriebenen Gebete noch gewisse Zusätze anhängen. Und so betete der alte schwarze Mann:
»Herr, wir danken dir für den Bruder Pfarrer, der zu uns gesprochen hat. Wir danken dir für den Himmel. Wir danken dir dafür, daß wir alle in den Himmel kommen können, aber was die Trennung angeht, Herr, so danken wir dir, daß du uns mit lauten Stimmen begabt hast. Wir danken dir, daß wir so laut brüllen können. Gewiß werden wir mit unserem lauten Gesang die Trennwände zum Einstürzen bringen und uns über den ganzen Himmel ausbreiten. Und wir danken dir auch von Herzen, daß du die Weißen, sofern sie unser Geschrei nicht aushalten, in deiner großen Gnade und Barmherzigkeit aus dem Himmel entlassen wirst. Sie können ja dann anderswohin gehen. Amen!«

Märchen des Schwarzen Amerika

Weiße Frau

Es war einmal ein Schwarzer in Atlanta, der wollte Selbstmord begehen. Also ging er eines Tages die Hauptstraße hinunter und fuhr mit dem Frachtaufzug bis zum Dachgeschoß des höchsten Wolkenkratzers in Georgia. Es war damals den Schwarzen noch verboten, die Personenaufzüge zu benutzen, aber er war wild entschlossen, seinen Selbstmord auszuführen, und davon sollte ihn auch keines der Gesetze zur Rassentrennung abhalten.
Also fuhr er mit dem Lastenaufzug hinauf.
Als er auf dem Dach des Gebäudes stand, zog er den Mantel aus, holte tief Atem und sprang. Er wirbelte durch die Luft und sah schon unten den Bürgersteig auf sich zukommen, als er bemerkte, daß eine weiße Frau um die Ecke bog. Da sagte er sich: »Joe, du weißt, man soll sich nicht auf eine weiße Frau stürzen.« Also machte er eine Kurve und flog wieder aufwärts.

Märchen des Schwarzen Amerika

Teil 9: Passion Jesu in aller Welt (Seiten 74–77)

Absichten

Die Kinder sollen:
- erkennen, daß Jesus sich mit seinem Leiden und seinem Tod auch in das Leiden seines jüdischen Volkes hineinstellt – S. 74–75
- erkennen, daß er sich mit seinem Kreuzestod an die Seite aller Leidenden und gepeinigten Menschen auf dieser Erde (Beispiel Haiti-Hungertuch) stellt und darin zum Symbol für Friede und Gerechtigkeit wird – S. 76–77.

Seiten 74–75

Chagall malte das Bild[1] S. 74, eines seiner bedeutendsten Werke, unter dem Eindruck der Reichspogromnacht vom 9./10. November 1938. Der Gekreuzigte der Christen ist hier ganz Jude, der in seinem Leiden das Leiden des jüdischen Volkes mitträgt. Deutlich wird das durch das jüdische Kopftuch (statt Dornenkrone), durch den jüdischen Gebetsmantel als Lendentuch und durch die Menorah als zentralem jüdischen Symbol unter dem Kreuz.[2] Die hebräische Inschrift im Nimbus unter dem I.N.R.I. lautet ›Jesus, der Nazarener, König der Juden‹. Damit zeigt Chagall, daß weder der Nimbus, der Jesus zum Christus macht, noch die Pilatusinschrift, die im ›König der Juden‹ ebenfalls den Messias meint, ihn wesentlich stören. Dogmatische Fragestellungen spielten für ihn keine Rolle. Er lebte nicht als strenger Jude. Von der Bibel sagte er:»Sie ist für mich die größte Quelle der Dichtung.« Allerdings wäre es ihm nach Aussagen seiner Tochter Ida nie eingefallen, im Neuen Testament zu lesen.

Neben dem Gekreuzigten trägt auch die Menorah das Lichtkreissymbol. Das besagt, daß beide gleicherweise in die Herrlichkeit Gottes einbezogen sind, ebenso wie die diagonal einfallende breite Lichtbahn, die das ganze Kreuz einschließt, ein drittes Zeichen der Gegenwart göttlicher Herrlichkeit in diesem ansonsten so sehr vom Schrecklichen erfüllten Bild ist. Aber auch die wie segnend ausgebreiteten Arme des Gekreuzigten und die am Kreuz lehnende Leiter (man vergleiche S. 75 das Augustinuswort, denke aber auch an die Gottesleiter, auf der Urvater Jakob die Engel herabsteigen sah) sind den Hoffnungssymbolen zuzurechnen. Der Jude Jesus, so Chagall, will seinem im Leid ertrinkenden Volk mit dem teilnehmenden Leid des Bruders Trost spenden.

Und das Leid des Volkes ist überall: Rechts oben: Der blaue Toravorhang der geschändeten Synagoge (im Giebelfeld der Davidsstern und die Löwen aus Judas Stamm, darüber die Gesetzestafeln) brennt mit großer roter Flamme. Ob der Mann mit rotem Gesicht und Armbinde ein Jude, der in äußerster Eile die Tora rollen zu retten sucht, ist, oder ein SS-Mann, der sich diese Rollen aneignen will, ließ sich bisher nicht klären.[3] Hingeworfen sind die Einrichtungsgegenstände der Synagoge, der Stuhl des Beters, der Kronleuchter, Bücher. Überall Flie-

---

1 Marc Chagall, ›Die weiße Kreuzigung‹, Öl auf Leinwand, 1938, The Art Insitute of Chicago; vgl. ›Folien 3/4‹, a. a. O., Folie 26.
2 Wenn auch nur 6 statt 7 Kerzen brennen, dürfte doch mit Sicherheit die Menorah gemeint sein.
3 Das Letztere ist allerdings eher unwahrscheinlich.

hende und Verzweifelte: Rechts unten ein alter Jude mit Schultersack, ganz unten eine klagende Frau (Kopf![1]), links ganz unten ein weinender Alter (Kopf!). Rechts unten eine mit großer weißer Flamme brennende Torarolle; links unten wiederum ein mit der Torarolle fliehender Jude, der zurückschaut, und ein Alter im blauen Kittel mit dem Brusttuch, an dem sonst die Schaufäden, die das Gesetz symbolisieren, befestigt sind. Chagall hatte ursprünglich – später tilgte er es – auf das Brusttuch die deutschen Worte ›Ich bin Jude‹ geschrieben.

Angst, Flucht, Tod auch in der Mitte links: In einem großen Boot fliehen Menschen (sieht Chagall bereits die, die sich dem Zugriff der Nazis per Schiff nach Israel entziehen werden?). Darüber ein geplündertes, brennendes russisches Dorf (Witebsk; Chagall: ›Niemals vergesse ich den Boden, auf dem ich geboren bin‹) mit umgestürzten Häusern[2] und einem Toten hinter dem Zaun. Sah Chagall schon 1938 die späteren Pogrome der Nazis in Rußland voraus? Andererseits bricht von links her eine bewaffnete Schar mit roten Fahnen herein. Sie erinnert an die Rote Armee Stalins. Woran Chagall dabei auch immer gedacht haben mag,[3] oben meint er ganz offensichtlich die Vorfahren seines Volkes (drei alte Juden und eine Frau mit Kopftuch), die schwebend klagen.[4] Der größte der Männer befindet sich zur Hälfte im Lichtband, das auch von den züngelnden Flammen des Synagogenbrandes tangiert wird. In den Schwebenden wird das Leid der Erde zur Klage des Himmels. Die Gleichzeitigkeit von Vergangenheit und Gegenwart entspricht jüdischem Denken. Ein Bild der Anklage, ein Bild des Bekenntnisses zum jüdischen Bruder Jesus, ein Bild der Hoffnung – trotz allem. Jesus leidet mit seinem Volk, er klagt mit seinem Volk. Darum Psalm 22![5]

---

1 Was in der unten beschnittenen Abbildung des Buches nicht zu sehen ist: Die Frau hält ein Kind in den Armen.

2 Die Gesetze von Statik und Schwerkraft scheinen aufgehoben. Die Gebäude, wie aus weißem Papier gefaltet, liegen auf dem Dach, auf der Seite. Eins von ihnen brennt lichterloh.
Im Jahr von Chagalls Geburt, 1887, hatte Witebsk etwa 60 000 Einwohner, die Hälfte davon Juden, viele wie Chagalls Vater, der Fischhändler war. Indes: Blieb die materielle Basis auch bescheiden, das Kulturleben war reich – durch die jüdische Tradition und Frömmigkeit. Sabbat und religiöse Feste bestimmten den Jahresablauf. Die Gesetze der Tora, vor allem das Bildverbot, wurden streng befolgt. So hatte Marc Chagall, später einer der größten Maler des 20. Jahrhunderts, bis zu seinem 19. Lebensjahr noch kein Bild gesehen.

3 Sieht er die Soldaten der Roten Armee als Retter? Immerhin war er zwei Jahre lang (1918–1920) in Witebsk Kunstkommissar der Bolschewiki. Andererseits hatte er für ideologische Auseinandersetzungen keinen Sinn. Nirgendwo findet sich ein Hinweis, daß er sich mit dem Marxismus-Leninismus intensiv befaßt habe. Für Chagall war die Revolution eine Chance, schöpferische Kräfte freizusetzen. Das genügte ihm.

4 Chagall war ein Meister der Schwebenden (Träumende! Liebende! Musizierende!). Hier sind es die in der Klage erhobenen Propheten und Prophetinnen des Alten Testamentes. Die Chassidim, die frommen Ostjuden, kannten das Erhobensein des Menschen in besonderen Lebenssituationen. Chagall wuchs in der Tradition des Chassidismus auf. Mit den Chassidim suchte er in der Realität – und mochte sie noch so unvollkommen, elend und quälend sein – die Vollkommenheit göttlicher Ordnung. So kann es nicht verwundern, wenn der Älteste in der Lichtbahn, der die Gebetskapsel am Kopf trägt, den drei Trauernden Trost zuzusprechen scheint, Heil, Segen Gottes.

5 Zur Interpretation des Bildes vgl. auch H. *Halbfas,* ›Lehrerhandbuch 4‹, a. a. O., S. 307–311.

Anders als Picassos ›Guernica‹ ist das Ganze kein Protestbild, vielmehr ein Sinnbild des Leidens, das Kunde gibt von einer anderen, einer jenseitigen Welt.

Arbeitsfolge:
1. Das Bild frei interpretieren. Dann die Zusatzinformationen aus der Bildbeschreibung einbringen.
2. Sachinformation:
   »1938 wurden in Deutschland die Synagogen in Brand gesetzt. Und dann begann die Vernichtung der Juden in Europa. Sechs Millionen von ihnen wurden verschleppt, in Konzentrationslager gesperrt, totgeschlagen, vergast, verbrannt. Von den Nationalsozialisten. Von Hitler und Himmler. Von der SS. Von Deutschen. In Auschwitz und Treblinka. In Bergen-Belsen, Buchenwald und Dachau. Und an vielen, vielen anderen Stätten des Grauens und des Todes. Es war die größte Tragödie der Menschheit. Und Deutsche waren schuld daran. Eine unauslöschliche Schuld.«
   Dazu die Frage: »Was denkst du? Darf man das jemals vergessen?«
3. Als Erweiterung des Sachhintergrundes Berichte: »Natürlich habe ich es gewußt« (Material 1) und »Planmäßiger Massenmord« (Material 2).
4. Was Marc Chagall in seiner Hebräischen Bibel beim Propheten Jesaja liest: Der leidende Gottesknecht gehört seinem Volk (vgl. Bd. 3, S. 80: Jesaja 53,7–9).
5. Psalm 22 lesen: diese Klage könnte sowohl der Gekreuzigte (vgl. Markus 14,34) als auch das gemarterte Volk sprechen (Aufgabe 1).
6. Symbole im Bild benennen und deuten: Feuer (Flammen); Torarolle (brennend, entwendet, gerettet); umgestürztes Haus; Schiff; Gebetsmantel und Kopftuch; segnende Hände des Gekreuzigten; Kreuz; Leiter; Menorah unter dem Kreuz; Schwebende; Nimben (Jesus, Menorah); Lichtbahn (Ältester in der Lichtbahn).
7. Was hätten die Nazis mit Jesus gemacht, wäre er 1941 in Europa gewesen (Judenstern, KZ, Tod in der Gaskammer)?

Material 1
Gegen die Aussagen vieler Menschen der Hitlerzeit, sie hätten von den Greueltaten der Nazis nichts gewußt, folgender Bericht, der gerade in seinem ausschnitthaften Charakter eindringlich spricht. Wie der alte Mann mit langem Bart aussah, läßt sich von dem Chagall-Bild her gut vorstellen.

Natürlich habe ich es gewußt

Es gab Menschen in Bergen, die sahen, was in Belsen geschah. Im Funkfeature »Anne Frank – Spur eines Kindes« von Ernst Schnabel (Erstsendung am 9. März 1958 im Norddeutschen Rundfunk) berichtet ein Augenzeuge:

Natürlich habe ich es gewußt. Wir sahen doch die Züge. Sie kamen Tag für Tag, und die Züge bestanden aus offenen Waggons, bis zu Brust ungefähr, und darin steckten die Menschen, die sie in den letzten Monaten noch nach

Belsen schleppten. Sie steckten in den Waggons . . . wie Grubenholz. Man sah ja auch die SS. Und einmal, im März 45, kam ich in die Wirtschaft da hinten und wollte ein Glas Bier trinken. Und erst als ich trinken wollte, merkte ich, wie es in der Gaststube stank, und ich fragte die Wirtin:»Was stinkt denn hier so?« – Und die Wirtin sagte:»Ach, seien Sie still. Das Fenster hat offengestanden, und drüben . . .«Und sie zeigte durchs Fenster nach Belsen hinüber.»Drüben verbrennen sie wieder welche. Es geht schon den ganzen Tag . . .« Da dachte ich: Das mußt du sehen. Und ich nahm mir mein Rad und fuhr nach Belsen hinüber. Da stand ein Zug an der Rampe, und die SS schrie herüber:»Weitergehen!« Ich ging ein paar Schritte und schob das Rad, aber sie hatten mit dem Zug zu tun, und ich blieb wieder stehen und sah, wie sie die Menschen auf die Rampe trieben. Die Toten blieben in den Waggons zurück. Aber die noch gehen konnten, die trieben sie über die Rampe und dann die Straße hinunter zum Lager. Und ich sah, wie zwei junge Juden einen alten Mann mit sich führten, und sie stützten ihn, und seine Füße bewegten sich langsam durch den Sand. Er sah wie ein Priester aus, denn er hatte einen langen Bart, oder wie ein Prophet, und der Kopf hing ihm hintenüber, so daß seine Augen den Himmel anstarrten, und die beiden Jungen führten ihn und beobachteten ihn von der Seite, und so merkten sie nicht, daß sich seine Beine plötzlich nicht mehr bewegten. Eine andere Veränderung war nicht mit ihm vorgegangen, nur seine Beine bewegten sich plötzlich nicht mehr. Und sie stützten und führten den Toten, bis er mit einem Male vornüber sackte. Da schrie die SS wieder:»Gehen Sie weiter!« Und ich merkte erst nicht, daß sie mich meinten, bis plötzlich einer gerannt kam. Da nahm ich mein Rad und fuhr los.

Augenzeuge[1]

Material 2
Juden wurden nicht nur in KZ's verschleppt und vergast, sie wurden häufig schon an ihren Wohnorten umgebracht. So 1942 in der Ukraine. Das zarte, vom Glauben getragene Miteinander der jüdischen Familien angesichts des sicheren Todes steht in krassem Gegensatz zu der kalten Gefühllosigkeit des SS-Mörders.

Planmäßiger Massenmord

Im Mai 1982 findet gegen zwei ehemalige SS-Polizeioffiziere ein Prozeß statt. Ein Augenzeuge berichtet über eine zwei Tage dauernde Massenerschießung von über 1000 Juden in der Ukraine.
Hermann Friedrich Gräbe, Ingenieur einer deutschen Baufirma, der von 1941–1944 eine Zweigstelle dieser *Firma in der Ukraine leitete, schildert das grausame Geschehen:*
5. Oktober 1942. Die von den Lastwagen abgestiegenen Menschen, Männer, Frauen und Kinder jeden Alters, mußten sich auf Aufforderung eines SS-Mannes, der in der Hand eine Hundepeitsche hielt, ausziehen und ihre Kleider, nach Schuhen, Ober- und Unter-

1 Aus: ›Neues Vorlesebuch Religion 1‹, a. a. O., S. 186.

kleidern getrennt, an bestimmten Stellen ablegen. Ich sah einen Schuhhaufen von schätzungsweise 800 bis 1000 Paar Schuhen, große Stapel mit Wäsche und Kleidern. Ohne Geschrei und Weinen zogen sich diese Menschen aus, standen in Familiengruppen beisammen, küßten und verabschiedeten sich und warteten auf den Wink eines anderen SS-Mannes, der an der Grube stand und ebenfalls eine Peitsche in der Hand hielt. Ich habe während einer Viertelstunde, als ich bei den Gruben stand, keine Klagen oder Bitten um Schonung gehört. Ich beobachtete eine Familie von acht Personen, einen Mann und eine Frau, beide im Alter von ungefähr 50 Jahren, mit deren Kindern, so ungefähr 1-, 8- und 10jährig, sowie zwei erwachsene Töchter von 20 bis 24 Jahren. Eine alte Frau mit schneeweißem Haar hielt das einjährige Kind auf dem Arm und sang ihm etwas vor und kitzelte es. Das Kind quietschte vor Vergnügen. Das Ehepaar schaute mit Tränen in den Augen zu. Der Vater hielt an der Hand seinen Jungen von etwa 10 Jahren, sprach leise auf ihn ein. Der Junge kämpfte mit den Tränen. Der Vater zeigte mit dem Finger zum Himmel, streichelte ihm den Kopf und schien ihm etwas zu erkären. Da rief schon der SS-Mann an der Grube seinem Kameraden etwas zu. Dieser teilte ungefähr 20 Personen ab und wies sie an, hinter den Erdhügel zu gehen. Die Familie, von der ich hier sprach, war dabei. Ich entsinne mich noch genau, wie eines der Mädchen, schwarzhaarig und schlank, als sie nahe an mir vorbeiging, mit der Hand an sich herunterzeigte und sagte: »23 Jahre!« Ich ging um den Erdhügel herum und stand vor einem riesigen Grab. Dicht aneinandergepreßt lagen die Menschen so aufeinander, daß nur die Köpfe zu sehen waren. Von fast allen Köpfen rann Blut über die Schultern. Ein Teil der Menschen bewegte sich noch. Einige hoben ihre Arme und drehten den Kopf, um zu zeigen, daß sie noch lebten. Die Grube war bereits dreiviertel voll. Nach meiner Schätzung lagen darin bereits ungefähr 1000 Menschen. Ich schaute mich nach dem Schützen um. Dieser, ein SS-Mann, saß am Rand der Schmalseite der Grube auf dem Erdboden, ließ die Beine in die Grube herabhängen, hatte auf seinen Knien eine Maschinenpistole und rauchte eine Zigarette.

Ich machte die vorstehenden Angaben in Wiesbaden, Deutschland, am 10. November 1945. Ich schwöre bei Gott, daß dies die reine Wahrheit ist.

Friedrich Gräbe[1]

Seiten 76–77
Dank der Initiative des Hilfswerkes Misereor erleben die Hungertücher seit 1976 eine bundesweite, ja weltweite Renaissance. Ihre Idee ist fast 1000 Jahre alt. Sie entstammt dem kirchlichen Brauch, mit einem schmucklosen Tuch in der 40-tägigen Fastenzeit (Passionszeit) den Altar zu verhüllen. Die Tücher dienten der ›Askese der Augensinnlichkeit‹. Später stellten sie die Heilsgeschichte (Leidensgeschichte Jesu) in Bildern dar und bekamen so eine erzählerische Funktion (biblia pauperum = Bibel der leseunkundigen Armen). Die Hungertücher der

---

1 Aus: Walter Hofer, ›Der Nationalsozialismuns‹, © Fischer Bücherei, Frankfurt a. M. 1975, 1982.

Gegenwart verbinden biblische Aussagen mit der Situation der armen Länder in Afrika, Asien und Lateinamerika. Sie sind Rückkehr der Botschaft aus den sogenannten Entwicklungsländern und Appell an die reichen Länder des Nordens zugleich. Sie wollen zeigen, daß sich der christliche Glaube nicht mit der Ungerechtigkeit in der Welt abfindet.[1]

Das Misereor-Hungertuch aus Haiti[2] ist vom Gesamtkonzept wie von der künstlerischen Ausführung her eines der bedeutendsten bisher.[3] Seine didaktische Qualität ist einmalig.

»Kunstwerke aus Haiti waren bis in die vierziger Jahre des 20. Jahrhunderts unbekannt. Dann kam es zu einem wahren Ausbruch schöpferischer Kraft, besonders bei Haitianern, die niemals eine formale Ausbildung gehabt hatten. Heute gelten ihre Werke als die erstaunlichste ›naive Kunst‹ unserer Zeit (Hans Ruedi Weber).

Der Künstler Jacques Chéry wurde am 2. Februar 1928 in Cap Haïtien/Haiti geboren. Er ist verheiratet, lebt seit den 60er Jahren in der Hauptstadt Port-au-Prince und hat neun Kinder. Er zählt in Haiti zu den sogenannten ›primitiven Künstlern‹, deren optimistische und robuste Kunst in der Frische ihrer Bilder und dem erstaunlichen Sinn für Formen und Farben begründet ist. Jacques Chéry kennt die Bibel ebenso wie die Leidenssituation seines Volkes. In kraftvoller Komposition und starker Farbigkeit vermag er beides miteinander zu verbinden. Das Gesamtbild ist (in neun Szenen) gegen den Uhrzeigersinn von links oben her zu lesen (vgl. die Zeichnung S. 77).

Teilbild 1: Menschenrechte (französisch: ›Droits de l'homme‹ und kreolisch ›Doalom‹) und 10 Gebote auf einem Stein! Für den Künstler gehören sie zusammen. Menschen zeigen auf das erste Gebot: ›Ich bin der Herr, dein Gott!‹ Ein Zweig vom Paradiesesbaum überschattet sie. Eine Paradiesesfrucht ist ganz nahe. Wer nach den Geboten lebt, ist in der neuen Welt Gottes, im Paradies. Aber der geöffnete Mund des Zeigenden sagt auch etwas anderes: »Was wird aus den Menschenrechten, den Geboten? – Werden sie gehalten?«

Teilbild 2: Jesus (rotes Gewand, dunkelhäutig, eine Kreole[4]) steht mit den wehrlosen Tieren auf einer Erdkugel, die von Menschen zerhackt wird. Brutale Ausbeutung der Ressourcen, das steht hier unter Anklage. Rechts als Wohlstandssymbole ein Auto und ein Haus. Jesus (der Christus), hier mit Nimbus, segnet die Erde. Er hat Schalom mit den Tieren. Dieser Schalom gilt der ganzen Welt.

Teilbild 3: Vertriebene, verzweifelte Menschen verschiedener Hautfarbe im Boot auf dem wilden Meer (boat-people). Menschen auf der Flucht; das Recht auf Heimat ist mißachtet. Jesus sitzt mitten unter ihnen. Er ist den verängstigt Schreienden nahe. Er ist einer der Ihren.

---

1 Misereor-Hungertücher gibt es neben dem Haiti-Hungertuch aus Äthiopien, Indien, aus Kamerun, Peru, aus Südafrika (Azariah Mbatha) und neuerdings aus Deutschland (Sieger Köder).
2 Viertes Hungertuch der Misereor-Fastenaktion (1981), als Auftragsarbeit gemalt von Jaques Chéry, Haiti; vgl. ›Folien 3/4‹, a. a. O., Folie 27.
3 Es ist zum Star-Medium in allen Altersstufen, auch im kirchlichen Unterricht, avanciert.
4 Jacques Chéry ist Kreole. Unter seinen Vorfahren haben sich indianische Ureinwohner des Landes mit importierten Schwarzafrikanern verbunden.

Teilbild 4: Es ist die Szene der Kriegsgreuel: Aus einem Flugzeug fallen Bomben. Ein Panzer feuert sein Geschütz ab. Zwei Soldaten kämpfen. Ein dritter schlägt einen Gefesselten. Hinter dem Panzer zwei, die ihr Opfer mit dem Messer bedrohen. Einer weint. Ein Rotkreuzhelfer tut seine Arbeit. Jesus ist von den Soldaten niedergeknüppelt, Opfer des Militärs. Er leidet mit allen Opfern von Terror und Gewalt.

Teilbild 5: Aus den Fluten erhebt sich ein turmartiger Berg. Auf diesem Turm von Babylon will einer gegen den anderen nach oben kommen. Rücksichtslos wird getreten. Zweimal aber wird einem Ertrinkenden geholfen. Einmal, ganz rechts unten, ist Jesus der Ertrinkende. Andere sitzen klagend am Wasser, wie die Vertriebenen von Babel (2. Chronik 36,14–16). Aber auch bei den Aufsteigenden sieht man helfende Hände, die den Teufelskreis des Bösen durchbrechen.

Teilbild 6: Tempelaustreibung. Jesus zeigt mit der Linken auf das Paradiesesbild oben. Die Händler sind sehr betroffen. Werden sie zur glaubenden Gemeinde?

Teilbild 7: Endzeitliche Tischgemeinschaft der Christen mit Gott (Christus). Kinder bringen Früchte des Paradiesesgartens. Wieder Menschen mit verschiedenfarbigen Gesichtern. Das Ganze ein Bild des Friedens.

Teilbild 8: Friede im Paradies. Unter dem früchteschweren Baum Adam und Eva. Sie schämen sich ihrer Nacktheit nicht mehr. Die Lämmer können friedlich schlafen, obwohl die Löwen in der Nähe sind. Es wird geerntet und gearbeitet: Bebauen und Bewahren.

Teilbild 9: Im Kreuzesbaum, der zum früchtetragenden Paradiesbaum wurde, hängt der dunkelhäutige Jesus.[1] Die Wurzeln dieses Lebens-, Freiheits-, Welt-, Osterbaumes reichen tief in das Dunkel, das Tohuwabohu von Krieg und Zerstörung, aber sie tragen in fruchtbarer Erde zugleich keimende rote Samen der Hoffnung (»Wenn das Weizenkorn nicht in die Erde fällt und stirbt . . .« Johannes 12,24). Die Spitze des Baumes aber entfaltet sich nun als Baum der Erkenntnis des Guten im Paradies. Die schweren Früchte sind Zeichen der Fülle in der neugewonnenen Welt Gottes. Die Schlange ist bezwungen. ›Des Menschen Sohn ist gekommen, daß er diene und gebe sein Leben zu einer Befreiung für viele‹ (Markus 10,24). Des Menschen Sohn ist gekommen, zu suchen und zu retten, was verloren ist (Lukas 19,10). Im Schnittpunkt der beiden Bäume das Symboltier für die Hingabe des Menschensohnes, das Lamm.

Umspannt wird das Ganze vom siebenfarbigen Noah-Bogen, Zeichen für das Ja Gottes zu seiner gesamten Schöpfung: Die Erde soll Lebensraum sein für die Menschen auf immer. Es sollen nicht mehr aufhören Saat und Erde, Frost und Hitze, Sommer und Winter, Tag und Nacht (Genesis 8,22; vgl. S. 30/31).[2]

---

1 95% der ca. 4,7 Millionen Einwohner Haitis sind Schwarze oder Mulatten, Nachkommen der seit 1539 – nach der fast völligen Ausrottung der Indianer – aus Afrika importierten schwarzen Sklaven (zur Sklaverei vgl. die Ausführungen über Martin Luther King). 1803 erkämpften die Schwarzen gegen die französische Besatzungsmacht politische Unabhängigkeit. Die neugewonnene Freiheit kam jedoch nur einer kleinen Oberschicht zugute. Die Mehrheit der Bevölkerung Haitis lebt bis heute in Armut und Unterdrückung.

2 In dem Bild steckt das ganze Christentum in seiner gegenwärtigen Lage, mit seinen gegenwärtigen Hoffnungsperspektiven.

Zum Didaktischen

Das Bild kommt den Kindern und ihrer Entdeckerfreude entgegen, wenn sie zunächst frei interpretieren: vermuten, assoziieren. Haben die Kinder einzelne Szenen isoliert und ausgelegt, läßt sich das Neunerfeld ergänzend und ordnend einführen und das Lied (S. 76), das von Rolf Krenzer zu dem Hungertuch geschrieben wurde, vergleichend heranziehen. Insbesondere die Strophen 5 und 6 haben einen direkten Bezug. Das Lied ist leicht zu singen. Es mündet in österliche Strophen: »Zum Baum ist ausgeschlagen, das Holz, das er getragen« (Str. 5). »Der Baum wird Früchte tragen. Es werden immer mehr« (Str. 6). Kein Zweifel, das Hungertuch aus Haiti schließt die Passion (Krieg, Umweltzerstörung, Wirkmächtigkeit des Bösen, Tempelaustreibung[1]), die Jesaja-Friedenshoffnung (S. 62/63), den Noah-Friedensbund (S. 30/31) ebenso ein, wie eine österlich-paradiesische Friedenshoffnung: Jesus, der Christus, ist ins werdende, reifende Leben hinein gekreuzigt. Er hat das Böse, die Schlange, überwunden. Die Kinder werden das erfassen, ebenso die oikumenische Perspektive des Ganzen: Gerechtigkeit (vgl. Menschenrechte S. 66–69), Frieden (vgl. das Friedenskapitel S. 46–63) und Bewahrung der Schöpfung (vgl. S. 18–21).

Arbeitsfolge:

1. Offene Bildbetrachtung S. 77 (Folie oder Original, u. a. aus einer Kirchengemeinde entliehen). Dann Einzelszenen näher betrachten (Schema!). Dann: Etwas über den Künstler, seine Welt, seine Absichten erfahren.
2. Wozu sind Hunger-Tücher da? Notizen zur Geschichte. Ziel: Sie wollen in der Fasten-Zeit (Passionszeit) zum Nachdenken, auch zur Umkehr (Buße) anregen. Sie wollen auf die Not in der Einen Welt aufmerksam machen.
3. a) Jesus ist 6mal zu sehen. Aufsuchen, beschreiben.
   b) Tafelsatz: ›Jesus leidet mit den Menschen aus Haiti‹. Gespräch. Zeigen, wo dieses Mitleiden deutlich wird. ›Haiti‹ steht stellvertretend für alle Notgebiete der Welt.
   c) Tafelsatz: ›Jesus ist ein Haitianer‹. Aus dem Bild begründen.
   d) Mit S. 74/75 vergleichen.
4. Aufgaben 2–4 S. 77.
5. Zu Aufgabe 5 S. 77: Vor dem Schreiben des Textes Bibelstellen aufsuchen und den Teilbildern zuordnen: Matthäus 2,13 – Psalm 137,1 – Markus 11,15–17 – Matthäus 5,9 – Genesis 2,15 – Lukas 14,15 – Genesis 9,8–17 – Epheser 2,16 und Kolosser 1,20 – Exodus 20,1–17.
6. Das zum Hungertuch geschriebene Lied von Rolf Krenzer erarbeiten, ersingen (Aufgabe 1 S. 77). Strophen 5 und 6 als Osterstrophen interpretieren und auf das Bild beziehen.
7. Aufgabe 1 S. 76.

---

1 Tempelaustreibung = Einschreiten Gottes gegen die Dämonie des Kapitals.

Teil 10: Oster-Kreuze und die Kreuzes-Ostersonne (Seiten 78–79)

Absichten
Die Kinder sollen:
– den unterschiedlichen theologischen Hintergrund von Osterkreuzen (Lebenskreuz, Siegeskreuz, Kreuz als Symbol des Helfens) erarbeiten – S. 78
– die Ostersonne mit dem eingeschlossenen Lebenskreuz als Ursymbol für Ostern erkennen – S. 79
– erarbeiten, daß die Ostererzählungen dem Ursymbol, dem Urbekenntnis ›Ostern‹ theologisch wie zeitlich nachgeordnet sind – S. 79

Seiten 78–79
Mit den Osterkreuzen S. 78 ist die Oster*erfahrung* der Christenheit angesprochen. Das knapp formulierte bzw. legendär erzählte Oster*zeugnis* (Kerygma) findet sich S. 79.

Zur Ostertheologie
»Auferstehen durch Gottes Kraft.« – »Dieses Wunder von Jesus.« – »Man kann es nicht sagen. Man kann es nur glauben« (Kinderaussagen). – Solche Erkenntnis von einem Geschehen, dessen Tiefe mit dem Verstand nicht auszuloten ist, hat eine nicht zu übersehende Fülle theologischer Aussagen über die Auferstehung hervorgerufen, hat dieses Geschehen zum Zentraldatum christlichen Glaubens gemacht, ohne das kein christliches Bekenntnis wäre, kein Neues Testament, kein Christentum, kein christliches Abendland.
»Wir glauben fest, daß Jesus nach seinem Tod auferstanden ist« (1. Thessalonicher 4,14). »Er ist auferweckt wie einer, der geschlafen hat. Gott hat ihn auferweckt. Er lebte wie ein Mensch. Er ging den Weg der Erniedrigung bis zum Tod. Er starb den Verbrechertod am Kreuz. Dafür hat Gott ihn über alles erhöht« (Philipper 2,7b–9a). Das ist die Osterbotschaft, wie sie in den ersten Jahren und Jahrzehnten nach dem wehrlosen Zugrundegehen des Jesus aus Nazaret am Kreuzpfahl der römischen Besatzer die damalige ›Welt‹ = die Welt des Mittelmeerraumes, durcheilte. Das waren die Glaubenszeugnisse, die Glaubensformeln der Urchristenheit. ›Der schändlich Getötete ist der Lebendige, ist in Wahrheit Gottes Sohn. Er ist der langersehnte Messias (griechisch ›Christus‹ – gesalbter König von Gott). Das Kreuz ist ein Zeichen für Sieg. Gegen alle anderen Herrschaftsansprüche hat Gott Jesus als den Herrn und Herrscher der Welt eingesetzt.‹ Von diesem Glauben war die Urchristenheit durchdrungen: ›Er ist erschienen: Petrus als erstem, dann vielen anderen (einzelnen und Gruppen), zuletzt auch mir.‹ So Paulus in der wichtigen urchristlichen Glaubensaussage 1. Korinther 15,3–8. Und Paulus hat uns zugleich auch das persönlichste Zeugnis der Urchristenheit gegeben: »Gott hat mir seinen auferstandenen Sohn gezeigt« (Galater 1,15–16). »Habe ich nicht unsern Herrn Jesus gesehen?« (1. Korinther 9,1). ›Gesehen‹ – ›erschienen‹, was meint das?: Mit Sicherheit etwas von außen Zukommendes. Mit Sicherheit etwas, das tiefste Beteiligung dessen, der sah, voraussetzte. Das also Glauben gleichzeitig voraussetzte und stiftete. Als

Offenbarung Gottes, als ›Widerfahrnis des Sehens‹, als ›Erscheinungswiderfahrnis‹ wird dieses Sehen von Theologen unserer Zeit beschrieben: »Sehen von etwas, das einem zu sehen gegeben wird. Kein stets wiederholbares Sehen. Nicht ein Sehen von etwas, das immer da ist« (J. Moltmann). Vorausgreifendes Sehen, verbunden mit Berufung und Auftrag. Sehen als Wiedererkennen. Ein reales Sehen in Raum und Zeit, ein »Geschehen in dieser Zeit und Welt und doch zugleich ein Geschehen, das dieser Zeit und Welt Ende und Grenze setzt« (G. Bornkamm).

»Wir haben ihn gesehen.« – »Er ließ sich sehen.« – »Gott hat ihn uns sehen lassen.« – Derartiges kann der Historiker nur als Bekenntnis von zutiefst betroffenen, ergriffenen Menschen notieren. Er kann nur die Folgen eines solchen sowohl vom Glauben ausgehenden als auch Glauben begründenden Sehens beschreiben, faszinierende Folgen indes: Plötzliche Öffentlichkeit nach totalem Zusammenbruch, nach Entsetzen, Angst und zitterndem Verstecken. Plötzlicher Mut bei den Anhängern Jesu: Enthusiasmus, Gewißheit, Werbung; eine Botschaft, ein Programm, eine Predigt: Predigt in die Welt hinaus, Predigt von einer mitreißenden Kraft, von einer überwältigend verändernden Wirkung.

Davon gehen die Theologen aus, von dem »Sehen« des Auferstandenen, von dem unerwarteten Umschlag nach totalem Ende, von den Osterzeugnissen der Erstzeit ebenso wie von den erzählenden Osterpredigten einer späteren Epoche. Denn dies ist wohl festzuhalten: Zu den Glaubensformeln aus den Gottesdiensten der Anfangszeit kamen Erzählpredigten – unterschiedlich zu verschiedenen Zeiten, an verschiedenen Orten, vor ganz verschiedenen, zumeist sehr einfachen Hörern. Dabei mußten die Boten eines erkannt haben: Der Glaube an den auferstandenen Christus läßt sich nicht nur in Gebet und Bekenntnis weitersagen, er muß erzählt werden.

Soweit im Neuen Testament festgeschrieben, werden diese Ostererzählungen von der heutigen neutestamentlichen Wissenschaft nach »Erzählungen von Erscheinungen Jesu« (Emmausjünger, der Auferstandene vor Maria Magdalena, der Auferstandene im Jüngerkreis) und nach »Erzählungen vom leeren Grab« unterschieden. Bei den letzteren ging es in der späteren Zeit auch um die Abwehr der Verdächtigung, die Anhänger Jesu hätten seinen Leichnam heimlich beiseitegeschafft. Was aber alle diese sehr verschiedenen Erzählungen als schöpferische Leistungen predigender Erzählkunst des 1. Jahrhunderts (also nicht als trockene Protokolle von Sachverhalten) miteinander verbindet, ist die unüberhörbar hindurchklingende Osterbotschaft: »Gott ist auf unserer Seite. Kann uns da noch jemand von Jesus Christus und seiner Liebe trennen? Etwa Leid, Not, Verfolgung, Hunger? Etwa Entbehrung, Gefahr oder Tod? – Nein, in all dem triumphieren wir mit Hilfe dessen, der uns seine Liebe erwiesen hat« (Römer 8,31.35.37).

In dieser Liebe zu Jesus Christus machten die ersten Christen sich fest. In der Liebe Gottes. In der Liebe als letzter entscheidender Macht. Und das heißt Ostern auch heute verwirklichen: Einen Weg der Liebe für Christus gehen . . .[1]

---

[1] Zu ›Auferstehung‹ und zur Exegese von Ostergeschichten vgl. *H. Halbfas* ›Lehrerhandbuch 4‹, a. a. O., S. 318–330 und ›Lehrerhandbuch 9‹, a. a. O., S. 378–382.

Wozu sind wir gerufen zu Ostern? Zur Auferstehung heute und jetzt. Zur Hoffnung, daß unser Leben nicht vernichtet, sondern im Tod verwandelt wird. »Sterben gilt nicht für Gott und seine Kinder«, sagt Rose Ausländer. Alle Augen springen auf, fangen an zu sehen: Das ganz Neue. Das überraschend andere. Die Liebe Gottes. Eine Welt aus Licht. »Steh auf!« sagt Jesus zum jungen Mann aus Nain. Und der streckt seine Hand aus. Da geschieht sie, die Auferstehung.

Zum Didaktischen

»Wie stellst du dir das vor, Auferstehung?« Kinder eines vierten Schuljahres:
– »Ich kann mir zwar nicht vorstellen, daß man nach seinem Tode auferstehen kann. Aber mit Gottes Hilfe kann alles geschehen.«
– »Es war ja keiner dabei!«
– »Nicht mit Flügeln in den Himmel!«
– »Auferstehen kann man nur durch Gottes Kraft.«
– »Man kann es nicht sagen, aber man glaubt es.«
– »Die Auferstehung ist wie ein Wunder von Jesus.«
– »Ich kann es nicht erklären.«
Mancherlei Möglichkeiten, bildhaft-symbolische Darstellungen und Deutungen der Auferstehung Jesu in aller Intensität und Tiefe wahrzunehmen, zu verstehen, zeigen sich bei derartigen Kinderaussagen. Gleichzeitig wird deutlich, daß diese Kinder unserer Zeit sich eine leibliche Auferstehung Jesu nur schwer vorstellen können: »Tot ist tot«, sagt ein Neunjähriger, »und sei er (Jesus) noch ein so großer Prophet.«

Seite 78
Vier sehr unterschiedliche Kreuzdarstellungen sind miteinander kombiniert.
Zum Lebenskreuz links oben[1] haben Kinder gesagt:
– »Vielleicht bedeutet das Kreuz den Tod. Und daß die Pflanzen so hochwachsen – bedeutet das vielleicht Leben aus dem Tod?«
– »Das Kreuz nach dem Tod, wo das Leben angewachsen ist . . .«
– »Das ist so gekommen wie das neue Leben von Jesus.«

---

1 Kreuz als Lebensbaum (Sinnbild neuen Lebens), Zeichnung von Fulvio Testa nach einer byzantinischen Skulptur. Der Kreuzes-Baum hat eine völkerkundliche, aber auch eine altchristliche Symbolik. Seit dem 5. Jh. werden in Darstellungen christlicher Kunst Kreuze als lebende Pflanzengebilde mit Blättern (auch mit Blüten und Früchten) gestaltet. Religionsgeschichtlich ist der Baum »unerschöpfliche Quelle kosmischer Fruchtbarkeit« (Otto Malzal). Im lebenden Baum erscheint Gott (brennender Dornbusch). Kein Zweifel: Sprossen, Blätter, Blüten machen das Kreuz zum Baum des Lebens. Für Zachäus wird der Maulbeerfeigenbaum zum Heilsbaum. Beim Einzug in Jerusalem wird der Messias Jesus mit frischen Baumzweigen und von Bäumen herab geehrt. Noahs Taube bringt einen Zweig vom Ölbaum, dem Symbol der Tugend. Im apokryphen Marienevangelium (2. Jh.) wird Anna, der Mutter Marias, deren Geburt unter einem Lorbeerbaum, dem Symbol der Fruchtbarkeit (immergrünend, entsühnend, heilbringend), verkündet. Lebenssymbol ist auch die Palme, die nach der Überlieferung des apokryphen Pseudomatthäus (8./9. Jh.) die heilige Familie auf der Flucht nach Ägypten erquickte. Der Baum ist Symbol von Fruchtbarkeit, Überfluß, Gesundheit, Glück; er ist Symbol für Regenerierung. All das drückt sich im Kreuz als Lebensbaum aus. Historisch zum Kreuz als Symbol vgl. *H. Halbfas*, ›Lehrerhandbuch 8‹, a. a. O., S. 338–343.

Kein Zweifel, daß Kinder diesem Kreuz rasch einen Titel geben können: Lebenskreuz, Osterkreuz, Friedenskreuz, Auferstehungskreuz . . .
Das Kreuz rechts oben[1] ist in seiner Symbolik ganz einmalig. Die frühe Christenheit scheute sich, Jesus als den Gekreuzigten darzustellen. Zu schändlich war
diese Todesart.[2] Statt des geschundenen Menschen sehen wir das Siegessymbol
des Auferstandenen, das ☧ (das konstantinische Christusmonogramm), im römischen Siegeskranz. Ein Adler, Herrschaftssymbol Roms, hält diesen Lorbeerkranz[3] von oben mit seinem Schnabel. Seelenvögel auf den Kreuzarmen picken
daran.
Einer der Kreuzwächter (dies ist frühchristliches Motiv bei den Grabeswächtern)
schläft; der andere blickt gläubig auf.

Wie die Seitenfelder deutlich machen, ist es wirklich ein Sarkophag österlicher
Würde (die Bezeichnung Passionssarkophag ist also ganz unzutreffend). Links

1 Mittelnische eines Sarkophags aus der Domitilla-Katakombe, Rom um 350. Museo Pio Chri-
  stiano, Vatikan. Der Sarkophag gehört zur Gruppe der sog. Passionssarkophage.
2 Cicero, der berühmte römische Redner, bezeichnete die Kreuzigungsstrafe als die grausamste
  und scheußlichste aller Strafen. Sie wurde über Mörder, Wegelagerer, Seeräuber und über
  Aufrührer (!) verhängt. In Judäa endeten in den Auseinandersetzungen mit Rom – nicht zuletzt
  unter Pilatus 26–36 – Abertausende am Kreuz. Die Verurteilten wurden angenagelt (für das
  Anbinden gibt es nur wenige Belege).
  Am Kreuz war gewöhnlich ein schmaler Holzklotz angebracht, auf den sich der Gekreuzigte
  setzen konnte, wenn er sich hochzog. Das verlängerte die Todesqualen. Aus dem Skelettfund
  eines 26jährigen Gekreuzigten bei Jerusalem 1968 weiß man, daß dieser Mann vermutlich in
  Hockstellung gekreuzigt war. Man stellte den Verurteilten an das Kreuz, nagelte seine Unter-
  arme an, schob seine Beine nach oben und nagelte die Fersen an. Unter dem Gewicht des
  Körpers rissen die Unterarme bis zum Handgelenk auf. Der Tod trat durch Ersticken ein.
3 Lorbeerkränze als Auszeichnung für Siege und Erfolge tauchen in der ganzen frühchristlichen
  Ikonographie auf. Sie werden Petrus und Paulus überreicht, sie werden Märtyrern verliehen.
  Der Lorbeerkranz oder auch der Bürgerkranz aus Eichenblättern, die corona civilis, war im
  Römischen Reich im übrigen nur dem Kaiser, der kaiserlichen Familie und hohen Feldherrn
  vorbehalten.

setzt ein römischer Soldat Jesus nicht die Dornenkrone, sondern den Siegeskranz auf. Rechts geleitet ein anderer wie eine Ehrenwache Jesus zu Pilatus.[1] Keiner tritt dem Herrn zu nahe. Nirgendwo mehr Leiden, sondern nur noch Stolz, Würde, kraftvolle Repräsentation.

Um 350 entwickelte sich das Christentum immer mehr zur beherrschenden Religion des Römischen Reiches (392 wird es dann unter Theodosius auch de iure Staatsreligion). Das heißt, das Selbstbewußtsein der Christen verdeutlichte sich jetzt auch in der öffentlichen Repräsentation durch ihre Sarkophage. Die Darstellung eines am Schandpfahl Verreckten darin aber war unangebracht. Das hätte nur den Spott (man denke an die berühmte Zeichnung des Spottkruzifix vom Palatin) der immer noch zahlreichen Heiden auf sich gezogen. So kam es zu Passionsdarstellungen, in denen Jesus bereits als der österliche Christus gesehen wurde. Das Siegessymbol am Kreuz war die Lösung der Probleme. Theologisch, so unser Sarkophag, ist die Kreuzigung bereits der Sieg, der die Erlösung bringt.

Links unten die anspruchsvollste Kreuzesdarstellung der Christenheit.[2] Wir sehen ein mit Edelsteinen besetztes riesiges Gold-Kreuz[3] in den Sternenhimmel (ins Weltall) gesetzt.[4] Das Ganze umschlossen von einem breiten Schmuckkranz: Rechts und links von den Kreuzesarmen A und Ω, A und O, Anfangs- und Endbuchstabe des griechischen Alphabets = Christus ist der Anfang und das Ende von allem. Über dem Kreuz ›Ichthys‹, ›Fisch‹, identisch mit ›Christus‹, unter dem Kreuz ›Salus mundi‹ = ›Heil der Welt‹. Im Zentrum des Kreuzes – den späteren Pantokrator vorwegnehmend – eine kleine Brustfigur des Christus mit Bart. Noch ist er von seinem Kreuz umschlossen, aber dieses ist als Siegessymbol über alle Welt erhoben. Was hier gesagt wird, ist nicht weniger als: Christus, der längst den Weltenherrscher Augustus hinter sich gelassen hat, ist zum Herrn des Kosmos aufgestiegen. Salus mundi = er ist nicht nur das Heil der Menschen, sondern auch das Heil der Sternenwelt. Gibt es eine machtvollere Symbolik?

Indes, nicht jeder heißt so etwas gut. Vielen ist der Mensch Jesus, ja selbst der am Kreuz sterbende Mensch Jesus näher als dieser in höchste und jenseitige Bereiche entrückte Christus.

Oskar Kokoschka hat ihn auf ganz eigenwillige Weise ins Bild gebracht, den Menschen für Menschen.[5] Auf einem Plakat. Er läßt das Kreuzigungsbild zum Speisungsbild werden. Jesus am Kreuz, der Mann mit dem gütigen Gesicht, hat die rechte Hand vom Nagel, der sie hielt, gelöst. Er neigt sich herab und bietet den hungernden Kindern seinen rechten Arm zur Speise an.

---

1 »Jesus, jung und strahlend schön, zeigt keine Zeichen des Leidens. Den bewaffneten Soldaten neben sich duldet er wie ein Ehrengeleit; die Dornenkrone empfängt er wie einen Siegeskranz« (*H. Halbfas*, ›Lehrerhandbuch 9‹, a. a. O., S. 391).

2 Apsismosaik (Ausschnitt), Ravenna, San Apollinare in Classe, um 550.

3 So sah auch das berühmte Kreuz aus, das Kaiserin Helena auf dem Hügel Golgata aufstellen ließ.

4 »Hier rückt das Kreuz in eine himmlische Welt ein, von wo es zum Mittelpunkt des neuen Himmels und der neuen Erde wird« (*Hubertus Halbfas*).

5 Lithographie (Plakat) 1945.

Das ist fast schockierend. Und so nimmt es nicht wunder, daß Kokoschka, als er zu Weihnachten 1945 in den Londoner U-Bahn-Stationen 5000 dieser Plakate anbringen ließ, ein nicht geringes Aufsehen auslöste, auch durch die Inschrift: »In memory of the children of Europe, who have to die of cold and hunger this christmas« – »Im Gedenken an die Kinder Europas, die zu diesem Weihnachtsfest an Kälte und Hunger sterben müssen«.

Der zeitlebens politisch engagierte Maler schrieb in dieser Zeit resignierend in einem Brief: »Ich arbeite noch, aber ich weiß, es ist ein verlorener Kampf. Was mich am Leben erhält, ist ein wachsendes Mitgefühl für das Elend unschuldiger Kinder.«

»Ich bin das Brot des Lebens« (Johannes 6,35), das zeigt Jesus in seiner Zuwendung zu den Kindern. Gott gibt sich euch als Brot. Eßt davon, und ihr werdet leben. Kokoschka aber fordert mit seinem Plakat dazu auf, diese Speisung in aller Welt Realität werden zu lassen, den Kindern, den Schwächsten unter den Notleidenden – von denen auch heute noch täglich 50 000 an Hunger oder Krankheiten sterben –, hilfreich nahe zu sein, Brot zu geben, sich selbst zu geben in aufopfernder Barmherzigkeit.

Arbeitsmöglichkeiten:
1. Alle Bilder (wenn möglich als Folie ohne Text projiziert) eingehend betrachten. Offene Gespräche – Assoziationen.
2. Jedes Bild noch einmal für sich – diesmal mit Zusatzinformationen durch die Lehrenden (jeweiliger entstehungsgeschichtlicher bzw. zeitgeschichtlicher Hintergrund) – erörtern. Mit dem Haiti-Kreuzesbaum S. 77 vergleichen.
3. Die beiden unteren Bilder (u. U. mit Kritik am Kreuz im Sternenhimmel) miteinander vergleichen.
4. Tafelimpuls: ›Oster-Kreuze‹! Wieso? Gespräche.
5. Das Lieblingsbild wählen und nachzeichnen. Etwas dazu schreiben: »Warum ich dieses Kreuz wichtig finde.«
6. Zu der Redewendung »Er/sie hat ein schweres Kreuz zu tragen« Beispiele zusammentragen.
7. Die Legende ›Das leichte Kreuz‹ hören. Gespräch.

Das leichte Kreuz

Ein Mensch kam zu Gott: »Herr, ich kann nicht mehr. Das Kreuz, das du mir auferlegt hast, ist mir zu schwer. Ich kann es nicht mehr tragen.«

»Gut«, sprach Gott, »du kannst dir ein anderes aussuchen.« Und Gott führte den Mann in einen Raum, wo alle Kreuze der Menschen aufgestellt waren.

»Wähle!«

Und der Mann schaute sich um. Und er sah ein dünnes Kreuz. Das schien ihm leicht. Aber es war sehr groß. Da ließ er ab davon.

Jetzt sah er ein ganz kleines Kreuz. Er bückte sich, hob es auf – da war es schwer wie Blei.

Jetzt sah er eins, das ihm sofort gefiel. Er nahm es, legte es auf seine Schulter – und schrie auf vor Schmerz. Das Kreuz hatte eine Spitze an der Seite. Die war ihm wie ein Dorn ins Fleisch gedrungen. Nein, dieses Kreuz wollte er nicht. Und er schaute und prüfte und prüfte und schaute, aber immer wieder ließ er ab. Da – ein Kreuz. Es stand versteckt. Darum hatte er es bisher übersehen.

Jetzt aber: »Ja, das gefällt mir. Es ist so handlich, nicht zu schwer, nicht zu leicht, wie geschaffen für mich.« Er sah Gott an: »Gib es mir! Das will ich gerne tragen!« Gott sah ihn an: »Nimm es! – Es ist dein altes Kreuz!«

Nach einer russischen Legende

Seite 79

Die Zeichnung entstand nach einem Plakat, das Kinder des 4. Schuljahres als Abschluß ihrer Ostereinheit eigenständig entworfen hatten, wobei allem anderen die Entscheidung voranging, daß in der Mitte eine große Ostersonne mit Lebenskreuz stehen sollte. Die Zuordnung der Texte (die Kinder klebten Textblätter mit Kurzfassungen auf das Plakat) ergab dann fast von selbst auch die Umsetzung in Bilder.

Sowohl das Pauluszeugnis 1. Korinther 15 als auch die drei Erzählungen des Markus, des Lukas und des Johannes waren vorher erarbeitet worden. Ergebnis dieser Arbeit: ›Alle Osterzeugnisse sind unter der Urerfahrung des neuen Lebens im Licht der Ostersonne entstanden, früher oder später.‹ Das sollen die Kinder der Klasse der Zeichnung S. 79 entnehmen. Die Aufgabe unten leitet sie dazu an. Sie erkennen das Symbol, die Einzelbilder und was sie erzählen. Ziel auch hier wieder die Erkenntnis: ›Zuerst war da ein Urerlebnis, ein neues lichtvolles Sehen, ein Widerfahrnis des Sehens im Licht der Ostersonne, dann kam das Bekennen, das Zeugnis, das Erzählen von den Erfahrungen mit dem Auferstandenen‹.

Die Aufgabe fordert zum Nachlesen der Texte in der Bibel auf. Eindringlicher jedoch dürfte ein neues Erzählen sein, darum unter Material 1–3 gegenüber früheren variierte und vertiefte Erzählvorschläge.

Arbeitsfolge:

1. Unbefangenes Betrachten des Bildes (nach Möglichkeit ohne Text über Farbfolie). Entdecken, Vermuten.

2. Lesen oder Hören von 1. Korinther 15 – Gespräch –, Markus 16 – Gespräch –, Lukas 24 – Gespräch –, Johannes 20 – Gespräch. Danach Zuordnen. Feststellung: Noch trägt Christus in den Zeichnungen zur Lukas- und Johannesgeschichte keinen Nimbus, aber die große Ostersonne zeichnet diesen Nimbus vor.

3. Den Unterschied herausarbeiten zwischen 1. Korinther 15 (knappes Urzeugnis als Aufzählung) und den drei Erzählungen[1] (Dichtungen des Glaubens = mit den Augen des Glaubens gesehen). Diese Ostergeschichten von den indi-

---

1 Ostersonne, Christus als Glaubensbild und Emmausgeschichte als katechetisch zentrale Ostergeschichte bereits in Bd. 1, S. 84–87, in Bd. 2, S. 70–71. In Bd. 2, S. 68–69 darüber hinaus die Markusgeschichte von den Frauen am Grabe. Neu anschauen sollte man das Bild Bd. 1 S. 57: Das ist ein Jünger, dem das Widerfahrnis des österlichen Sehens – voller Schreck und Freude zugleich – zuteil wurde.

rekten oder direkten, aber immer geheimnisvollen Begegnungen mit dem Auferstandenen sind Poesie. Poesie aber hat Tiefe, Geheimnis. Ein Geschehen ist eingefangen, das »dieser Zeit Ende und Grenze setzt« (G. Bornkamm).

4. Ein ähnliches Plakat (Textblätter!) gestalten oder ganz eigene Gestaltungs- ideen entwickeln.

5. Osterlieder singen, bekannte (Bd. 1, S. 84: ›Wir tanzen voller Freude‹; Bd. 2, S. 71: ›Zu Ostern in Jerusalem‹, ›Halleluja‹; Bd. 3, S. 82: ›Der Herr ist aufer- standen‹, ›Christus ist auferstanden‹) und ein neues (s. Material 4).

6. Mit Liedern, selbstgemalten Bildern, Plakat, Ostererzählungen (Textauswahl!) eine Osterfeier gestalten, die in Erinnerung an das Emmausmahl auch eine gemeinsame Mahlzeit (Traubensaft, Rosinenbrot, Ostereier) an einem festlich geschmückten Tisch einschließen kann. Die Osterfeier kann auch einen An- dachtsteil enthalten (Vorschlag dafür: Material 5).

Material 1

Des Morgens früh am dritten Tag

Markus erzählt von den drei Frauen

Sie sind weggelaufen voll Schrecken
und Angst.
Sie konnten das alles nicht begreifen.
Hals über Kopf sind sie geflohen.
Sie wußten nicht mehr ein noch aus.
Richtige Angsthasen waren sie.

Wer?

Die drei Frauen am Ostermorgen,
Maria aus Magdala, Maria, die Mutter
des Jakobus, und Salome.

Das war am Schluß der Geschichte.
Am Anfang noch nicht.
Am Anfang ist da nur Trauer gewesen
und Liebe bei den drei Frauen,
Liebe für Jesus, der nun tot ist,
der ins Felsengrab gelegt ist,
in die Grabkammer.
Sie wollen ihn einbalsamieren
in dem heißen Land dort,
damit sein Körper nicht so schnell
verwest.
Darum kaufen sie wohlriechende Öle,
die drei Frauen,
und Duftkräuter für Salben,
am Abend, als der Sabbat vorüber ist,

um den geliebten Toten
mit kostbaren Salben zu bestreichen,
um ihn einzubalsamieren.

Und am nächsten Tag in der Frühe
– es ist der Sonntag, der dritte Tag,
gerade geht die Sonne auf –,
da gehen sie los zur Grabkammer
mit ihren kostbaren Salben.

Unterwegs
– der erste Schreck –,
da sagen sie zueinander:
»Wir haben ja gar nicht an den Stein
gedacht,
an den großen Rollstein,
der die Tür zum Grab verschließt.
Wer rollt uns denn den Stein
von der Tür des Grabes?
Für uns ist er viel zu schwer.«

Und da – zweites Erschrecken:
Als sie aufsehen,
da ist er fortgerollt, der große Stein,
schwer wie ein Mühlstein,
einfach fortgerollt.
Das Grab ist offen.
Hineingehen können sie.

Sie sind ganz durcheinander.

Sie wissen nicht, wie sie das verstehen
sollen.
Aber sie gehen die Stufen hinab.
Hinein ins Grab.

Und da – sie erschrecken entsetzlich:
Ein junger Mann sitzt dort.
Auf der rechten Seite.
In einem weißen Gewand.
Es ist ein Bote Gottes, ein Engel.
Er spricht zu den Frauen:
»Habt keine Angst.
Ihr sucht hier Jesus aus Nazaret,
der ans Kreuz genagelt wurde.
Er ist nicht hier.
Gott hat ihn vom Tode auferweckt.
Seht: Dort hat er gelegen!
Wollt ihr ihn finden, den Lebendigen,
dann geht dorthin, wo er immer war,
nach Galiläa.
Dort werdet ihr ihn sehen!
Geht und sagt es seinen Freunden.
Sagt es vor allem Petrus.«

So spricht er,
der Bote in weißem Gewand.

Die Frauen aber verstehen gar nichts.
Sie erschaudern.
Wie ein Schlag auf den Kopf
ist es für sie, wie ein Schock:
»Unser Jesus, wo ist er geblieben?«

Alles scheint sich zu drehen.
Tiefstes Entsetzen.
Weg, nur weg von hier . . .

Die Frauen fliehen.
Sie laufen die Stufen hinauf.
Sie rennen aus dem Grab.
Sie zittern.

Nichts sehen.
Nichts verstehen.
Nichts wissen wollen.
Nichts sagen.
Man kann nicht sprechen.
Man ist stumm . . .
So ist das bei einem großen Schrecken.

Einfach geflohen sind sie,
die drei Frauen,
Hals über Kopf,
stumm vor Schrecken.

Nach Markus 16,1–8

Material 2

Heiß ums Herz

Lukas erzählt von den Emmausjüngern

Am Tag nach dem Sabbat, am Sonntag,
am ersten Tag der Woche,
da gehen zwei von den Jüngern aus
Jerusalem fort in ein Dorf.
Das heißt Emmaus.

Traurig sind sie, ganz im Dunkel.
Sie reden miteinander:
»Er ist nicht mehr da.
Was sollen wir nur tun?
Die Welt ist so leer.«

Sie sind ohne Hoffnung.
Alles ist aus.
Ihre Augen sind dunkel vor Trauer.

Sie sehen ihn nicht. Und doch ist er da.
Christus geht mit auf dem Wege.

Ihre Augen sind wie zugehalten.

Er spricht: »Was redet ihr da?«

Da stehen sie still auf ihrem Weg:
»Sag, weißt du das denn nicht?«
Und Kleopas spricht:
»Du kommst aus der Stadt
und weißt nicht, was dort geschah?«

»Was denn?« fragt er.
»Das mit Jesus.
Sie haben ihn gekreuzigt.
Wir aber dachten, er ist der,
der Israel befreit.

Er hat so große Taten getan vor Gott
und dem Volk
wie ein Prophet.
Aber jetzt – er ist tot, drei Tage schon,
Jesus, unser Herr.

Heute morgen sind Frauen
von uns gekommen.
Die haben uns sehr erschreckt.
Die sind in der Frühe
beim Grab gewesen.
Die sagen, das Grab ist leer.
Und Engel hätten gesagt ›Er lebt‹.
Aber nein, das ist nur Gerede.«

Er schaut sie an: »Wißt ihr denn nicht,
was die Propheten schon sagten?
Es steht geschrieben:
›Er mußte das leiden.
Sie mußten ihn töten am Kreuz.
Nur so geht er ein
in die Herrlichkeit Gottes.
Wißt ihr das denn nicht?«

Und er fängt an bei den Propheten.
Und zeigt ihnen all das aus der Schrift.
Und ihnen wird ganz heiß ums Herz.

Und dann sind sie nahe bei Emmaus.
Sie sagen: »Herr, bleibe bei uns.
Es wird schon dunkel.
Wir sind im Dunkel.
Komm doch zu uns ins Haus.«

Er kommt. Er liegt mit ihnen zu Tisch.
Er nimmt das Brot. Er dankt.
Er bricht es durch. Er gibt es ihnen.
Da – wie ein Lichtblitz von Gott:
Da gehen ihnen die Augen auf:
»Du bist es, unser Herr!«

Und schon ist er nicht mehr
vor ihren Augen.
Sie aber wissen: Er lebt!
Heute und immer!
Sie schauen sich an:
»Brannte es nicht wie Feuer in uns,
als er mit uns ging
und uns alles erklärte?

Er lebt. Wir müssens den andern sagen.
Sie müssen es wissen. Schnell!«

Da springen sie auf in Emmaus.
Und sie laufen mit brennendem Herzen.
Sie laufen den Weg nach Jerusalem,
den Weg der Freude. Sie singen:

Erstanden ist der heilig Christ.
Halleluja, Halleluja,
der aller Welt ein Tröster ist.
Halleluja, Halleluja.

Und sie kommen zu den anderen
Jüngern.
Und die rufen schon: »Er lebt!
Der Tod hat keine Macht über ihn.
Petrus hat ihn gesehen!«

Und da müssen sie erzählen:
»Wir waren ja so traurig, so verzweifelt,
so sehr im Dunkel,
als wir nach Emmaus gingen.
Wir haben wirklich gedacht:
Es ist alles aus.
Es hat keinen Zweck mehr.
Wie gelähmt waren wir.
Aber dann auf dem Weg,
da horchten wir auf,
als er mit uns ging,
als er uns das alles aus den Schriften
erklärte.
Ja, unser Herz begann zu brennen.
Und dann im Haus,
wie er das Brot durchbrach
und darüber betete und es uns austeilte,
da wußten wir –
und es war wie eine heiße Flamme –:
Er ist es. Er lebt.
Da wußten wir:
Immer wird er bei uns sein.
Und mit dem Herzen können wir ihn
sehen.
Da war unsre Trauer wie weggeblasen.
Da mußten wir laufen und singen.
Und jetzt sind wir bei euch.
Alles ist neu.

Und es hat Kraft. Und es wird dauern.
Nie wird es zu Ende sein.
Wenn wir auf das Wort hören:

Er ist da.
Wenn wir das Brot miteinander brechen:
Er ist da.«

Nach Lukas 24,13–35

Material 3

Rühre mich nicht an

Johannes erzählt von Maria aus Magdala

Sie steht am Grab und weint,
Maria aus Magdala.
Sie ist untröstlich:
Sie hat gesehen: Er ist nicht mehr da.
»Wo mag er nur sein, mein Herr?«

Sie beugt sich vor.
Sie schaut ins Grab hinein.
Zwei Männer dort –
in weißen Kleidern –,
Boten, Boten von Gott.

Wo Jesus lag, dort sitzen sie,
einer oben und einer unten.
»Was weinst du, Frau?«
Sie fragen es.

Maria schaut sie an:
»Sie haben ihn fortgetragen,
Jesus, meinen Herrn.
Wo mag er nur sein?
Wo haben sie ihn hingebracht?
Wenn ich es nur wüßte.«

Sie weint.
Sie wendet sich um.
Christus dort.
Sie erkennt ihn nicht.

Er fragt: »Was weinst du, Frau?
Wen suchst du?«

Sie denkt, es ist der Gärtner:
»Sag, hast du ihn fortgetragen,
meinen lieben Herrn?
Wohin hast du ihn gebracht?
Ich möchte zu ihm.«
Sie schaut ihn an, den Mann.

Er aber spricht: »Maria!«

Maria erschaudert:
›Es ist der Herr.‹
Es geht ihr durch und durch.
»Rabbuni«, sagt sie: »Du lieber Lehrer.
Ich sehe dich. Du bist es.«

Sie will ihn berühren.

»Rühre mich nicht an!«
Er spricht: »Bringe den Freunden
Botschaft von mir:
Ich gehe jetzt zu meinem Vater,
zu eurem Vater.
Aber ich verlasse euch nicht!«

Maria hört das.
Sie nimmt es auf in ihr Herz.
Sie sieht ihn nicht mehr,
den sie ›Rabbuni‹ nannte.

Wie ein Traum ist das alles:
›Er ist mir erschienen.
Gott hat ihn mir zu sehen gegeben.
Er ist mein Herr. Für immer.‹

Maria läuft.
Sie kommt zu den Jüngern,
zu Petrus und Johannes:
»Glaubt mir, ich sah ihn.
Glaubt mir, er lebt!«

Alles erzählt sie ihnen:
»Gott hat ihn mir zu sehen gegeben.
Er rief mich bei meinem Namen.
Jetzt ist er bei Gott, bei unserm Vater.
Freut euch! Ich bin so froh.«

Maria kann es kaum begreifen.
Alles ist wie ein Traum.

Nach Johannes 20,11–18

Material 4

Text: Rolf Krenzer, Melodie: Ludger Edelkötter

Gro-ße Leu-te, klei-ne Leu-te fei-ern fröh-lich Os-tern
heu-te, weil vom To-de Je-sus Christ, auf-er-stan-den,
auf-er-stan-den, wirk-lich auf-er-stan-den ist.

2. An das Kreuz ward er geschlagen,
er war tot, doch nach drei Tagen
wissen wir, daß Jesus Christ
auferstanden, auferstanden,
wirklich auferstanden ist.

3. Das konnt' einem nur gelingen,
einer konnt' den Tod bezwingen.
Singt mit uns, daß Jesus Christ
auferstanden, auferstanden,
wirklich auferstanden ist.[1]

Material 5

Andachtstext

Der Anfang war beim Kreuz.
Das war der Gekreuzigte:
Jesus.
Tötet ihn! Bringt ihn um!
So haben sie geschrien, die Feinde.
Ausgeliefert wurde Jesus,
angeklagt als Aufrührer.
Verurteilt wurde Jesus,
verhöhnt und verlästert
als König der Juden.
Angespuckt wurde er,
ausgepeitscht, gequält.

Sie hatten Macht, die Feinde.
Von Nägeln durchbohrt wurde Jesus,
ans Kreuz geschlagen von den Römern,
getötet.
An einem Freitag geschah das.
Das Passafest sollte beginnen,
das Fest des Wartens auf Gott.
Gott sollte kommen,
sein Volk zu befreien,
wie damals in Ägypten.
Statt dessen Finsternis und Schrecken.
Die Sonne verlor ihren Schein.

---

1 © Impulse-Musikverlag, 48317 Drensteinfurt.
Es liegt nahe, auch im Evangelischen Gesangbuch nach Liedern zu suchen, die als Erzähllieder anzusprechen sind, z. B. ›Des Morgens früh am dritten Tag, da noch der Stein am Grabe lag, erstand er frei ohn all Klag‹ (EG 103,2–4) zur Markusgeschichte (vgl. EG 105,4–17 das gesungene Wechselgespräch zwischen dem Evangelisten, den Frauen und dem Engel).

Jetzt ist er weg, dieser Jesus.
Der ist tot.
So haben die Feinde gedacht.
Verzweifelt waren die Freunde.
Angst war unter ihnen,
kein Rat mehr:
Alles aus, vorbei.
Alles dunkel.
Alles zu Ende.
Wie tot waren die Freunde, die Jünger.
Sie waren geflohen.
Sie hatten Jesus verlassen.
Es gibt keine Hoffnung mehr:
Gekreuzigt.
Gestorben.
Begraben.
Mein Gott,
warum hast du mich verlassen?

Aber dann:
Etwas Neues!
Etwas Neues wächst auf,
wie ein Halm aus trocken-zerrissenem
Boden.
Hoffnung wächst.
Glaube wächst.
Liebe wächst:
Gott ist bei uns.
Gott tut etwas.
Gott hilft uns.
Neues Leben wächst.
Jesus ist nicht im Tode geblieben.
Gott hat ihn angenommen.
Gott hat ihn gerettet.
Unvergängliches Leben,
Leben aus dem Tod.

Menschen sehen etwas. Sie atmen auf.
Sie leben wieder. Plötzlich.
Alles ist anders. Alles ist neu.
Ein Licht ist aufgegangen,
wie ein Licht
aus dem Dunkel der Nacht.
Ja: Sehen!
Anders sehen. Neu sehen.
Etwas erkennen.
Mit dem Herzen sehen.

Wie ein Blitz ist das,
wie ein Lichtblitz von Gott.
Die Augen sind geöffnet:
Er ist uns erschienen: Jesus.
Wir haben ihn gesehen.
Wir haben ihn geschaut.
Mit Schrecken. Mit Staunen.
Unbeschreiblich. Das war Gott.

Gott zeigt.
Gott macht offenbar,
was tief und verborgen ist.
Gott macht etwas sichtbar:
Ein neues Bild.
Ein neues Bild von Jesus:
Jesus ist der Christus, der Messias,
der Retter,
auf den wir alle warten.

Sehen!
›Petrus hat Jesus gesehen.
Als erster.
Zwölf haben ihn gesehen.
Mehr als fünfhundert auf einmal haben
ihn gesehen.
An verschiedenen Orten.
Zu verschiedenen Zeiten.
Jakobus hat Jesus gesehen.
Alle Apostel haben ihn gesehen.
Zuletzt auch ich, Paulus.
Er ist auch mir erschienen.‹
So schreibt Paulus,
erst ein Feind von Jesus,
dann sein Freund:
›Ich habe ihn gesehen.
Ich habe ihn erkannt.
Gott hat ihn mir zu sehen gegeben.
Jesus, den Christus.‹

Und dann erzählen sie
die Geschichten von Ostern,
Markus, Lukas und Johannes.
Sie erzählen sie überall.

Ostern:
Das größte Fest, das Christen feiern,
am ersten Tag der Woche, am Sonntag.

Ostern:
Da ist kein Tod. Da ist nur Leben.
Ostern:
›Er ist für uns gestorben,
Jesus, der Christus.
Aber er lebt.
Und wir leben mit ihm.
Neues Leben ist da, Leben für alle.
Liebe ist da, Liebe für alle.

Er hat uns lieb.
Und darum lieben wir einander.‹
So sagen Christen.
So glauben sie.
Ostern:
Nichts kann uns trennen von Gott.
Nichts kann uns trennen von
Jesus Christus.
Nichts kann uns trennen von seiner Liebe.

Dokumentation eines alternativen Versuches:
Die Bildtextfolge an der Zeitleiste zur Entstehung der Weihnachtsgeschichte mit
dem Wechsel von der Jesuszeit zur Christuszeit in der Mitte von S. 44/45 hatte
Vorläufer, in denen Passion und Ostern ausführlich in Bildern an der Zeitleiste
dargestellt wurden. Die Kinder haben hier Nach-
zeichnungen angefertigt. Daraus – als Anregung
zu ähnlichen Versuchen – zwei Beispiele:

1. Jahr 30: Kreuzigung: Die Sonne verfinstert
   sich (Zeichnung Daniela, 9).
2. Symbol für die stete Gegenwart Christi ist
   das Kreuz im Weltenkreis oben. Die Kinder verfügen bereits über den Symbolbegriff. Das Jahr 30 ist der Wendepunkt:
   Links davon: oben Kreuzigung, unten die
   sich verfinsternde Sonne. Rechts davon:
   oben noch Trauer, Verzweiflung. Dann
   aber rechts ein sprießender Halm aus dür-
   rem Boden (Symbol für neues Leben), daneben der österliche Christus mit Kreuznimbus. Unten: Geöffnetes Rollsteingrab
   und die drei überrascht schauenden Frauen
   (Zeichnung Elisabeth, 9).[1]

---

1 Hingewiesen sei auf den Osterschulgottesdienst in: *Dietrich Steinwede*: ›Meinen Bogen setz
  ich in die Wolken‹, Schulgottesdienste für die Grundschule, Verlage Patmos/Kaufmann,
  Düsseldorf/Lahr 1989, S. 37-46.

Teil 11: Petrus, ein Apostel in der Anfechtung (Seiten 80–83)

Absichten

Die Kinder sollen:
– Petrus als den mutigen Prediger der Pfingstbotschaft kennenlernen – S. 80–81
– von der Schwäche des Petrus erfahren – S. 82
– seinen wiederum mutigen Weg in die Welt als Apostel Jesu Christi, seinen
  Märtyrertod und die auf ihn gebaute Kirche des Papsttums erörtern – S. 83

Seiten 80–81
Kinderaussagen (4. Schuljahr) zum Thema ›Heiliger Geist‹ – ›Pfingsten‹:
Heiliger Geist, das ist:
– »Das Gute, das in den Menschen steckt von Gott her.«
– »Daß Gott unter uns ist.«
– »Etwas in den Menschen, das ihnen den Mut gibt, über Gott und Jesus und das
  Christentum zu reden.«
Pfingsten, das ist:
– »Alles, was das Christentum umfaßt, die ganze Gemeinde.«

Pfingsten: Das ist das alte Fest ›Pentekoste‹ (griechisch: fünfzigster Tag), von
den Juden fünfzig Tage nach dem Passafest als Abschluß der Weizenernte
gefeiert, auch in Erinnerung an Gesetzgebung und Bundesschluß am Sinai be-
gangen; von den Christen dann umgedeutet als Fest der Ausgießung des Geistes,
als Gründungstag der Kirche.
Pfingsten: Das ist ein dynamisches Fest, visionär, offen auf Zukunft hin. Aber
auch ein Fest, das unter einer starken Spannung steht: Hier guter Geist – dort
böser Geist. Dort ein Geist, der in Haß, Gemeinheit, Niedertracht, in Hetze,
Neid, Aufruhr und Krieg alles zerstört. Hier ein Geist, der das Gute will, ein
Geist, der etwas baut und schafft, ein Geist der Liebe im Miteinander und
Füreinander, ein Geist der Wahrheit und der Kraft in Gebet und Gottesdienst.
Wer wird letztlich die Welt regieren?
Pfingsten: Das ist ein unfaßbares, unglaubliches Ereignis: Menschen außer
Atem. Menschen ganz zur Verfügung Gottes. Menschen, die einander dienen,
lieben, vergeben, heilen. Menschen, die ein Bekenntnis frei und öffentlich be-
kanntmachen: ›Jesus Christus ist unser Herr. Der, der am Kreuze starb, der will
uns alle retten.‹ Menschen, die glauben mit Worten, die ›Anfang und Ende
haben, den ewigen Gott auszusprechen als den Vater, den Sohn und den heiligen
Geist‹ (Aurelius Augustinus). Ganz und gar umgewandelte Menschen. Feuerköp-
fe, die die Welt erfüllen mit dem Atem dieses neuen Geistes, die unzählbar viele
andere Menschen anstecken, begeistern, verändern. Menschen, die einer für den
anderen in den Tod zu gehen bereit sind, die als Märtyrer sterben mit dem
Namen ›Christus‹ auf den Lippen.
Das ist Pfingsten: Grenzen der Sprache werden überwunden. Widergöttliche
Turmbauten von Egoismus, Hochmut, Ruhmsucht und Machtstreben stürzen ein.
Ein Geist des Friedens, der Demut, der Tröstung und der Zucht breitet sich aus.
Ein kleines Feuer zuerst. Aber dann ein Weltbrand.

So wie damals, so auch heute: Pfingsten bleibt etwas Visionäres auf Zukunft hin. Im Kampf gegen Hunger, Schmutz, Krankheit und Aberglauben. Auch bei uns, von dir zu mir. Gewiß, es gibt einen verirrten Geist, es gibt erlöschende Flammen. Es gibt die Säkularisation in Mitteleuropa, die Knechtsgestalt vieler Gemeinden. Was aber ist das gegen die Kraft des wirkenden Geistes Gottes über die Jahrtausende hinweg. Was ist das gegen die stets lebendige Hoffnung auf Jesus Christus als den Inbegriff des alles verwandelnd Neuen.
›Wir können Zukunft mitgestalten.‹ Das glauben Christen. ›Wir sind schwach.‹ sagen sie. ›Aber wir hoffen. Wir hoffen auf das, was wir noch nicht sehen. Wir warten geduldig darauf. Wir wissen, daß die ganze Schöpfung bis jetzt noch vor Schmerzen stöhnt wie eine Frau bei der Geburt. Aber wir werden nicht mehr Sklaven des Todes sein, sondern am befreiten Leben der Kinder Gottes teilhaben‹ (Römer 8,21–23).
Und darum feiern wir auch heute noch Pfingsten – aus dem Geist der Urchristenheit, als Menschen, die mit ›glühenden‹ Worten, mit ›feurigen‹ Zungen reden, als Menschen, die einen ›Sturm der Begeisterung‹ zu entfachen vermögen.
Pfingsten, das ist ein Fest des Geistes, der die Erde neu macht, ein Fest des Feuers, das Menschen entflammt, das Fest eines daherfahrenden Sturmes. Pfingsten, das ist ein Fest der Fassungslosigkeit, das Fest der glühenden Zungen, das Fest der glaubwürdigen Rede, das Fest einer neuen Sprache: Kein Babeln und Babbeln mehr.
Pfingsten, das ist: Fest des Verstehens: Menschen zueinander und miteinander, ›eine große Menge aus allen Nationen, Stämmen, Völkern und Sprachen‹ (Offenbarung 7,9). Alle verstehen sich.

Pfingsten wird im 4. Schuljahr an der Gestalt des Petrus festgemacht: Er ist erfüllt vom Sturm, vom Atem, vom Geist Gottes. Und er läuft hinaus und beginnt zu reden vor all den verschiedenen Menschen dort aus verschiedenen Ländern. Laut beginnt er zu rufen. Und sie verstehen den Namen, den er da immer wieder ruft: ›Jesus! Jesus!‹ (S. 80). Mit Pfingsten wird die Petrusdarstellung des Buches eröffnet.

Bildbeschreibung S. 81
Der Maler-Pfarrer Sieger Köder wurde am 3. Januar 1925 in Wasseralfingen (Württemberg) geboren. Von Kindesbeinen an dem Zeichnen und Malen zugetan, besuchte er von 1947–1951 die Kunstakademie in Stuttgart. 1954–1965 unterrichtete er als Kunsterzieher an einem Gymnasium in Aalen. Dann begann er noch einmal neu, und zwar mit dem Studium der katholischen Theologie in Tübingen und München. 1971 wurde er zum Priester geweiht. 1975–1995 war er dann Pfarrer in Hohenberg, später in Rosenberg bei Ellwangen. In dieser Zeit wurde er durch seine zahlreichen vom Geist eines theologisch reflektierten Glaubens erfüllten, erfindungsreichen, farb- und ausdrucksstarken biblischen Bilder berühmt. Er schuf Altäre, Kirchenfenster, Skulpturen, zuletzt 1995 das erste europäische Hungertuch (›Hoffnung der Ausgegrenzten‹) unter den von Misereor seit 1976 neu inspirierten Hungertüchern aus aller Welt. Zwei Bibelfolgen gestaltete er, die ›Tübinger Bibel mit Bildern‹ und im Auftrag des Schwa-

benverlages die ›Bibel mit Bildern von Sieger Köder‹. Darin findet sich auch unser Pfingstbild.[1]

Ein machtvoller bärtiger Petrus tritt aus der weitgeöffneten großen roten Tür des pfingstlichen Hauses auf uns zu. In den Händen das uns (den Betrachtern) entgegen aufgeschlagene Buch mit dem griechischen Wort euangelion.[2] Wir sollen sie schauen und hören, die große Botschaft von Christus, dem Lebendigen. Die übrigen Jünger – entflammt – sind noch im Haus. Über dem Kopf des Petrus – Flamme des Geistes – ein breiter roter Lichtstrahl.

Zwei Etagen von Fenstern öffnen sich in der oberen Bildhälfte. Überall schauen bewegte, erregte Menschen heraus.

Untere Reihe: Links: ein evangelischer Pfarrer, Mitte: ein orthodoxer Priester, rechts: ein römisch-katholischer Kardinal. Pfarrer und Kardinal strecken weit ihre Hände aus. Der Priester hält eine große mit wehender Flamme brennende Kerze. Pfingsten, das ist, so Sieger Köder, die Ökumene, das Miteinander der Konfessionen im Geist Gottes.

Obere Reihe: Links schwingt ein junger Mann eine schwarze Fahne mit einem in der Linienführung bewegten ☧, also eine Christus-Fahne. In der Mitte lassen ein junges Mädchen und ein Schwarzer gemeinsam aus zwei Fenstern ein breites weißes Friedensband flattern: Eine Friedenstaube ist darauf gemalt, geschrieben sind die Worte SCHALOM und pacem in terris (Frieden auf Erden).[3] Aus einem vierten Fenster heiligt ein Ministrant dieses Band, indem er ein Weihrauchfaß darüber schwingt. Dies ist also die Zone des Friedens, des Friedens mit Christus, des Friedens unter den jungen Leuten, des Friedens zwischen Schwarz und Weiß, des Friedens auch mit der Kirche. All das, so Sieger Köder, vermag der Geist Gottes.

Wie aber sind die Baugerüste mit den dunklen schlafenden, verzagten Menschen rechts und links unten zu erklären?: Jugendliche haben gesagt, das sind die Turmbauer von Babel, deren Sprache verwirrt ist, so daß sie verzweifeln müssen an der Fortsetzung ihres Baus. Vermutlich darf man es so sehen. Dann verdrängt gewissermaßen das von oben hereinstürzende, dynamische Haus Gottes die alten, unvollendeten Bauten.

Eine ganz neue Sehweise auf Pfingsten hin entdecken wir. Ein vielschichtiges Bild voller Anspruch und Hoffnung hat Sieger Köder da gemalt, ein Bild, das mit seiner ökumenischen Etage und seiner Friedensetage wichtige Gegenwartsprobleme integriert.

---

1 Sieger Köder, ›Ich werde von meinem Geist ausgießen‹. Pfingsten. Privatbesitz.

2 Wir machen uns noch einmal klar, es ist der einfache Fischer Petrus vom See Gennesaret, der dem Ruf Jesu, Menschenfischer zu werden, folgte. Pfingsten ist sein großer Aufbruch. Jetzt kann er das Netz Gottes auswerfen über Menschen aus aller Welt. – ›Bin ich ein Fisch? Gehe ich Gott ins Netz?‹ mag sich mancher fragen, oder: ›Fange ich Menschen für Gott?‹
Eine andere Frage knüpft sich an das Jesaja-Wort: »Ihr seid meine Zeugen«, spricht der Herr, »und ich, Gott, ich bin, ich wirke« (Jesaja 43,12–13). Petrus ist Zeuge für Gottes Wirken. Und ich, bin ich auch Zeuge? Bin ich in Gottes pfingstlichem Haus? Bin ich einer, der die Türen weit öffnet, der heraustritt, der Frieden wünscht?

3 Vgl. dazu das Wort »Unter ihm soll Friede werden, der Friede, den er gestiftet hat. Dieser Friede umfaßt die Menschen auf der ganzen Erde« (Kolossser 1,20).

Arbeitsmöglichkeiten:

1. Projektion des Bildes über Folie. Freie Assoziationen und Deutungen. Wo erwünscht, unterstützende Information durch die Lehrenden (vgl. Aufgabe 1–3).

2. Erinnerung:

   a) Pfingsten im 2. Schuljahr (Bd. 2, S. 72/73): »Zu Pfingsten in Jerusalem, da ist etwas geschehn . . .!« – »Eine freudige Nachricht breitet sich aus . . .«. Beide Lieder (vgl. auch Aufgabe 4) passen zu dem Bild, nicht zuletzt die Zeilen: »Türen und Fenster rissen sie auf, schrien's die Straße hinunter, hinauf . . .!« Vergleich mit dem Pfingstbild Bd. 2, S. 72: Was dort *vor* dem Haus geschieht, hat sich hier im Innern des Hauses ereignet.

   b) Pfingsten im 3. Schuljahr (Bd. 3, S. 86–89): »Am hellen Tag kam Jesu Geist, alle wissen jetzt, was Freude heißt.« Alle, das sind Menschen aus aller Welt (Fotos S. 87). In unserem Bild sind es Menschen aller Konfessionen, Altersstufen und Hautfarben. Dort werden S. 88/89 die jungen Frauen und Männer hervorgehoben, hier sind sie integriert.

   Teilaufgabe zur Wiederholung: Nenne den wichtigsten Satz Bd. 3, S. 89. Erzähle dazu (Text S. 88).

3. Pfingsterzählung frei oder nach dem Text S. 80.

4. Wo steht: »Und wer es hörte irgendwann, die Nachricht, die viele Menschen gewann, für den fing ein neues Leben an«?

5. Ein neues Pfingstlied erlernen

Text und Melodie: Wolfgang Longardt

2. Geist, der uns treibt, wie Wind, daß wir nun Boten sind.
   Geist, der Gemeinde schafft, welch eine Kraft.[1]

6. Alternativ:

   a) mit Texten, Bildern, Pfingst- und Oikoumeneliedern aus Bd. 2–4 eine eigene oikoumenische Pfingstfeier gestalten,

   b) Klassengottesdienst zum Thema[2].

---

1 © Verlag Ernst Kaufmann, Lahr.

2 Hingewiesen sei auf den Pfingstschulgottesdienst in: *Dietrich Steinwede,* ›Meinen Bogen setz ich in die Wolken‹, Schulgottesdienste für die Grundschule, a. a. O., S. 47–57.

Seiten 82–83
»Was ich von Petrus denke?«
Nach einer längeren Beschäftigung mit dem Jünger Jesu und Apostel haben
Kinder eines vierten Schuljahres sich schriftlich geäußert:
»Petrus hatte wie jeder Mensch seine guten und schlechten Seiten.«
»Petrus hat Jesus dreimal verleugnet; und er hat es später mächtig bereut.«
»Petrus wollte, daß immer mehr Christen auf der Welt sind, und er hat es fast
geschafft.«
»Petrus ist fast genauso gestorben wie Jesus. Er ist wegen seines Glaubens
gestorben.«
»Ich denke, daß Jesus Petrus eine besondere Kraft gegeben hat.«
»Ich würde Petrus auch ›Fels‹ nennen.«

Der Mensch Petrus
Die Kinder beschreiben ihn so wie das Neue Testament – ohne etwas beschöni-
gend zu übermalen. Ein Zweifler, ein Zauderer war Petrus gewiß, oft unüberlegt
handelnd, großsprecherisch, wankelmütig (so zeichnet ihn auch die christliche
Legende). Aber Petrus war auch einsatzbereit, voller Eifer für Jesus, zupackend,
die Anstrengungen einer weitausgreifenden Mission unter den Völkern nicht
scheuend. Er war von großer Hingabe und Aufopferungsbereitschaft, mutig
genug, für Christus in den Tod zu gehen. Petrus war ein ›Mensch mit seinem
Widerspruch‹ (U. v. Hutten).

Der historische Petrus
Geschichtlich wissen wir von Petrus weniger als von Paulus. Gegenüber den
historisch verläßlichen sieben Paulusbriefen stammen die Petrusbriefe aus späterer Zeit. Der erste Petrusbrief wurde um 90 geschrieben, der zweite um 150.
Markus, Matthäus und Johannes setzen im Petrusbild ihrer Evangelien jeweils
unterschiedliche Akzente. Das Petrusbild des Lukas in Evangelium und Apostel-
geschichte ist davon wieder sehr unterschieden. Grundsätzlich liegen ja im Neu-
en Testament Zeugnis und Geschichte untrennbar ineinander. Dennoch hat die
Forschung eine Reihe geschichtlicher (oder geschichtlich nahezu gesicherter)
Daten zusammenstellen können. Danach stammte Petrus aus Betsaida am See
Gennesaret in Galiläa. Sein Vater hieß Jona (Matthäus 16,17). Wie sein Bruder
Andreas war Petrus Fischer von Beruf – nach Markus Wurfnetzfischer, nach
Lukas Besitzer eines Bootes mit Schleppnetz. Petrus war verheiratet (1. Korin-
ther 9,5). Jesus heilte seine Schwiegermutter (Markus 1,30 f.). Der eigentliche
Name des Petrus war Simeon (griechisch ›Simon‹). Der Name Petrus, ›Stein‹,
›Fels‹ (griechisch ›Petros‹, aramäisch ›Kephas‹ ist ihm beigelegt worden – ob
von Jesus selbst (Markus 3,16; Matthäus 16,17 ff.) oder von der Urgemeinde, ist
in der theologischen Wissenschaft umstritten.
Anders als Paulus, hat Petrus die Jesuszeit zentral miterfahren. Und wenn das
Auferstehungszeugnis 1. Korinther 15,5 und Lukas 24,34 ihn als den nennt, der
den Auferstandenen als erster ›gesehen‹ hat, dürfte hier historisches Geschehen
transparent werden. Mit Sicherheit war Petrus einer der maßgebenden Führer der
Jerusalemer Gemeinde (Galater 2,6). Das spiegelt sich auch in der Apostelge-

schichte, z. B. in den Erzählungen von der Nachwahl des Matthias, von der Heilung des Lahmen am ›Schönen Tor‹ des Tempels, von Ananias und Saphira, von dem mutigen Zeugnis des Petrus und des Johannes vor dem Hohen Rat. Anders als die übrigen aus dem Kreis der Zwölf war Petrus auch treibende Kraft der ersten Mission in Palästina. Beispielhaft ist hier die Erzählung von der Bekehrung des nichtjüdischen Hauptmanns Kornelius, in der Petrus als Vertreter eines den Nichtjuden gegenüber aufgeschlossenen Judenchristentums erscheint. Der Kontakt mit Paulus ist geschichtlich unbestritten. Nach seinem Selbstzeugnis Galater 1,18 wollte Paulus Petrus gerne kennenlernen. Offensichtlich sind die beiden während des 14tägigen Beisammenseins in Jerusalem gut miteinander ausgekommen (Apostelkonvent im Jahre 48). Offensichtlich scheint auch die Stellung des Petrus in der Jerusalemer Urgemeinde unangefochten gewesen zu sein. Indes scheiterte er in Antiochien gegenüber den Griechenchristen am Beschneidungsgesetz der Juden. Das führte auch zum Bruch mit Paulus. Danach war Petrus wieder in Jerusalem, wo er während der Hinrichtung des Jakobus (erster Märtyrer aus dem Kreis der Zwölf) durch Herodes Agrippa (52 n. Chr.) im Kerker lag. Er kam wieder frei.

In der Folgezeit verlieren wir den geschichtlichen Petrus aus den Augen. Seine angenommene Tätigkeit in Kleinasien ist nicht nachweisbar; eine solche in Griechenland – in Korinth gab es zur Pauluszeit eine Kephas-Partei (1. Korinther 1,12) – ebensowenig. Kaum bezweifelt ist jedoch der Tod des Petrus in Rom. Woher (auf welchem Weg) er dorthin kam, wissen wir nicht. Wie lange er sich dort aufhielt, auch nicht. Er war auch nicht Gründer der römischen Gemeinde (Paulus erwähnt ihn im Römerbrief nicht). Aber er starb unter Nero. Sehr alte Zeugnisse sprechen von der Verehrung des Petrusgrabes auf dem Vatikanhügel. Die heutige Peterskirche steht über diesem Grab, so wie die Basilika San Paolo fuori le muri mit großer Wahrscheinlichkeit über dem Grab des Paulus steht. Die älteste schriftliche Notiz über den Märtyrertod des Petrus findet sich im 5. Kapitel des um 95 von Rom nach Korinth geschriebenen Clemensbriefes. Ebenfalls auf alte Überlieferung geht die Aussage zurück, daß am 29. Juni (Peter und Paul) Rom schwarz von Menschen gewesen sei, die zu den Gräbern der Apostelfürsten pilgerten.

Petrus im Zeugnis

Wirksam in der Geschichte des Abendlandes wurde der im Neuen Testament bezeugte, der kerygmatische Petrus. Die ganz aus der glaubenden Überlieferung heraus gestalteten Petrus-Christus-Geschichten veränderten den Lauf der Welt. Zu nennen sind hier die Berufung, der Zuspruch der Rettung, wenn nur der Glaube stark genug ist (Petrus und Christus auf dem Meer). In diesen Kreis gehört vermutlich auch die Fels- und Schlüssel-Geschichte Matthäus 16,13–20 (indes finden sich auch Exegeten, die für die Geschichtlichkeit der Szene sprechen). Diese kerygmatisch dichten Texte sind nachösterliche Erzählpredigten aus der Rückschau der Späteren, ebenso wie die geisterfüllt-glühende Pfingstpredigt des Petrus, in der Lukas gewissermaßen schon ein Heiligenbild, eine pfingstliche Petrus-Ikone malt. Im Zeugnis der Berufungsgeschichte (Markus 1,17: »Geht mit mir, ich mache euch zu Menschenfischern«) und der Fischzugsgeschichte Lukas 5,1–11 wird uns dieser Glaubens-Petrus vielleicht am eindring-lichsten gezeichnet:»Auf dein Wort – wir fahren hinaus« (gegen alle Vernunft und Erfahrung vertrauend).»Herr, gehe fort von mir« (angesichts der wunderba-ren Fülle sich als Sünder erkennend, bekennend). Und diesen Petrus beruft Jesus, der Christus:»Fürchte dich nicht – dich will Gott.«

Petrus und Paulus: Hier ein einfacher Fischer aus Galiläa (aus einer Randprovinz des römischen Weltreiches), dort ein glühender Jude, ein eifernder Pharisäer aus Tarsus in Kilikien. Beide vermochten, getrieben von einer neuen tiefreligiösen Erkenntnis, den Lauf der damaligen Welt zu verändern. Nur weil einer (Jesus, der Christus) gesagt hatte:»Ich komme von Gott. Ich bringe euch, die ihr im Elend seid, eine gute neue Nachricht.« Petrus und Paulus, beide wurden zu Ur-Heiligen der Christenheit.

Petrus: Hier ein schwacher, suchender, zweifelnder, angstvoller Mensch. Dort eine Kultfigur mit Nimbus. Petrus: Der ruhende ›Fels‹ der Kirche, von Christus, von den Gemeinden, von der wachsenden Kirche selbst zur Schlüsselfigur ge-macht, zum Schlüssel-Verwalter des Reiches Gottes. Diese Schlüssel-Figur ist in der römisch-katholischen Kirche bis heute lebendig – in der Gestalt des Papstes. Petrus, ein Mensch, der sich bewährt – trotz seiner Schwächen. Schwächen, das kennen die Kinder. Sich zu bewähren, das hoffen sie.

Seite 82

Die Schwäche des Petrus kommt am nachhaltigsten in der hier kurz erzählten Verleugnungsgeschichte zum Ausdruck. Die Lithographie von Otto Dix[1] zeigt einen machtvoll krähenden Hahn[2] und einen verzweifelt die Hände vor's Gesicht schlagenden, weinenden Petrus. Otto Dix (1891–1969), in seinen Bildern vor-wiegend bekannt als Ankläger von Kriegsgreueln (berühmt ist sein Triptychon ›Der Krieg‹ von 1929/32 in der Dresdener Gemäldegalerie), als scharfer Sozial-und Kapitalismuskritiker, wandte sich nach 1933, verstärkt nach 1945, bibli-schen Themen zu. Das Motiv ›Petrus und der Hahn‹ hat er vielfach, auch farbig, variiert, doch blieb die Grundkonzeption immer die gleiche: Im Zentrum der apokalyptische Hahn, am unteren Bildrand Petrus, der vor Schreck und Scham beide Hände tief in das Fleisch seiner Wangen eingräbt.

Seite 83

Der Ausschnitt aus dem Speisungsbild (vgl. S. 100/101) der frühchristlichen Handschrift (Fragment) von Sinope ist von hoher spiritueller Kraft. Der Christus

---

1 Aus den Lithographien zu ›Das Evangelium nach Matthäus‹ 1960, publiziert im Käthe Vogt Verlag, Berlin.

2 Der Hahn, schon in der Antike Symbol für die Sonne, da er das Tagesgestirn noch vor seinem Aufgang ankündigt, aber auch Symbol für Wachsamkeit und Kampfeslust, wurde der Chri-stenheit dann zum Symbol für den reuigen Sünder Petrus. Entsprechende frühchristliche und frühmittelalterliche Darstellungen finden wir auf Säulen und Sarkophagen. Der Hymnendich-ter Prudentius hat den die Morgenröte ankündigenden Hahn dann auch als Symbol für den auferstehenden Christus verstanden (G. Heinz-Mohr). Seit dem 9. Jahrhundert taucht der Hahn dann auf den Kirchtürmen auf, wo er als Wächter und Erwecker – zumindest bei evangelischen Kirchen – bis heute geblieben ist.

im hellpurpurnen kaiserlichen Gewand mit riesigem Kreuznimbus, langhaarig, bärtig, mit übergroßen Augen, legt seine Hand segnend auf die empfangende Hand des Apostels Petrus und auf das Brot zugleich: ›Ich bin das Brot des Lebens.‹ – ›Ich gebe das Brot des Lebens.‹ – ›Gib du das Brot des Lebens!‹ Es ist der Herr, der alle Speise, nicht nur die für die Sättigung des Leibes, segnet, der Herr, der seine Gemeinde in Zeit und Ewigkeit nicht hungern lassen wird. Petrus, in der bekannten frühchristlichen Typisierung mit dem kurzgeschnittenen Haar über der Rundstirn, schaut auf seinen Herrn. Den Brotkorb hält er fest an seine Brust gedrückt.

Wunderbar das Spiel der Farben Blau – Weiß – Gelb – Gold – Purpur, hell und dunkel – und der dynamisch gezogenen Schwarzlinien in diesem einmaligen Bild.[1] Der Text gibt eine Kurzcharakteristik des Petrus und zeichnet das Ende seines Weges.

Arbeitsmöglichkeiten:

1. Tafelimpuls ›Petrus‹! Gespräch.
   Erinnerung an Petrus in den anderen Schuljahren:
   a) Petrus wird berufen (Bd. 1, S. 45).
   b) Kafarnaum als Wohnort des Petrus (Bd. 1, S. 46/47: Sachzeichnung).
   c) Heilung der Schwiegermutter des Petrus (Bd. 1, S. 50).
   d) Petrus fragt: ›Wie oft muß ich vergeben?‹ – Jesus antwortet mit der Geschichte ›Vom unbarmherzigen Knecht‹ (Bd. 2, S. 58; Werkbuch 1/2, S. 202–208).
   e) Liedstrophe: ›Petrus gelobte erst, ich helfe dir gern, dann aber hat er doch verleugnet den Herrn‹ (Bd. 2, S. 65).
   f) Petrus fragt: ›Welchen Lohn bekommen wir?‹ – Jesus antwortet mit der Geschichte ›Von den Arbeitern im Weinberg‹ (Bd. 3, S. 20/21).
   g) Petrus will sich nicht die Füße waschen lassen (Bd. 3, S. 75/76; Bild!).
   h) Petrus beim Abendmahl (Bd. 3, S. 77: Bild!).
   i) Liedstrophe: ›Petrus und die andern treten mutig vor‹: Pfingsten (Bd. 3, S. 86/87).
2. Das Bild S. 82 wird als Papierabzug verteilt. Kurzinformation zu Otto Dix. Dann: Die Kinder schreiben ihre Assoziationen auf. Erinnerung an die Verleugnungsgeschichte liegt nahe. Vorlesen der Ergebnisse. Diskussion über den schwachen Petrus. Zum Vergleich: Vorlesen/Lesen des Textes S. 82. Dann: Rekapitulierend-erweiternde Erzählung: Über Petrus in der Umgangssprache – Berufung – Heilung der Schwiegermutter – Christusgeschichte von der Berufung (Lukas 5,1–11): Material 1. Gespräch. Erweiterung der Niederschrift auf dem Papierabzug nach den neuen Informationen.
3. Bild S. 83 über Farbfolie. Offenes Gespräch zur Auslegung. Vermutlich wird Petrus erkannt. Information: Jesus, der Christus, gibt Petrus Brot zum Verteilen: »Gib du den Menschen zu essen!«[2] Das steht so nicht in der Bibel, und ist

---

1 Evangelienfragment aus Sinope, Kleinasien, um 550. Paris, Bibliothèque Nationale.
2 Damit ist immer auch ein reales Verteilen von Brot gemeint. Deshalb läßt sich auch das Lied ›Brot in meiner Hand‹ Bd. 2, S. 91 wiederholen.

doch ganz biblisch! Jesus, der Christus, meint das ›Brot Gottes‹, die Botschaft von der neuen Welt Gottes. Petrus soll sie verkündigen. In der Bibel wird das anders ausgedrückt mit den Worten vom ›Fels‹[1] und vom ›Schlüssel‹: Rekapitulierend-erweiternde Erzählung Material 2.

4. Text S. 83 lesen. Gespräche: a) Petrus jetzt als mutiger Bote Christi, der den Tod nicht scheut. b) Kurz: Die Kirche, die auf Petrus, dem Felsen, ruht; der Papst als Stellvertreter des Petrus. Erinnerung an Bd. 3, S. 36/37: Papstfoto.

5. Rekapitulierend-erweiternde Erzählung: Leidensankündigung – Fußwaschung – Getsemane – Verleugnung – Kreuzigung – Ostern. Gespräch.

6. ›Meine Petrusgeschichte‹. Die Kinder treffen eine Wahl. Zu ihrem Text malen sie ein Bild.

7. Aufsatz: ›Was ich von Petrus halte‹. Austausch über die Ergebnisse.

Material 1

Über Petrus 1

Petrus, wer ist das eigentlich?
Oh, da gibt es viele Meinungen.
Manche sagen:
»Petrus ist für das Wetter zuständig,
ob die Sonne scheint oder ob es regnet.«
Manche sagen:
»Er sitzt im Himmel an der Tür.
Er läßt nur die Seelen der Guten ein.«
Manche sagen:
»Er war der erste Bischof von Rom.
Der Papst sitzt auf seinem Stuhl.«
Die Angler sagen: ›Petri Heil!‹
Sie hoffen auf guten Fang.
Die Seeleute rufen: ›Petrus, hilf uns.‹
Sie denken an Schutz in der Not.
Legende und Märchen erzählen von Petrus,
daß er mit Gott und mit Christus auf der Erde ging.
Daß er immer wieder Fehler machte, daß er oft schwach war.
Manche sagen:
»Petrus war ein Freund von Jesus.
Er ist mit ihm gegangen.
Er hat viele Fragen gestellt.
Er war wankelmütig.
Einmal hat er Jesus verleugnet –
als es darauf ankam,
als es hart auf hart ging bei der Verhaftung von Jesus.«

---

1 Petrus (lateinisch) = Fels. Kephas (aramäisch) = Fels!

Manche sagen:
»Petrus hat zu Pfingsten gewaltig gepredigt.
Er war gar kein Angsthase.
Er ist für Jesus gestorben.«
Viele Meinungen.
Wer war dieser Petrus wirklich?

Sein Geburtsname ist Simon.
Sein Vater heißt Jona.
Petrus kommt aus Betsaida,
dem Fischerdorf am See Gennesaret in Galiläa.
Später wohnt er in Kafarnaum am See.
Er ist verheiratet.
Markus, der Evangelist hat erzählt,
daß Jesus in Kafarnaum
zur Schwiegermutter des Petrus ins Haus kommt.
Sie ist krank. Sie hat Fieber.
Sie liegt zu Bett.
Jesus nimmt ihre Hand.
Er richtet sie auf.
Das Fieber verschwindet.
Die Schwiegermutter des Petrus kann aufstehen.
Sie kann für ihre Gäste sorgen.

Auch dies hat Markus erzählt:
Simon ist ein armer Fischer.
Er fischt mit dem Wurfnetz im flachen Wasser am Ufer.
Er fängt kleine Fische
zusammen mit seinem Bruder Andreas.
Jesus kommt am See entlang, am Ufer.
Er sieht die beiden, Simon und Andreas.
Gerade werfen sie ihr Netz aus.
Mit großem Schwung.
Jesus ruft:
»Ihr da, kommt mit!
Gott braucht euch. Kommt!
Ich mache euch zu Menschenfischern!
Ihr sollt jetzt Menschen fischen!«
Sofort kommen die beiden aus dem Wasser.
Sofort lassen sie ihr Wurfnetz am Ufer liegen.
Sofort gehen sie mit.
Es ist unglaublich . . .

Menschen ›fischen‹ – was heißt das?

Alles aufgeben,
die Frau, die Eltern, die Kinder, das Zuhause.

Keine Fische mehr fangen.
Keine Fische mehr auf den Markt bringen.
Kein Geld mehr verdienen für die Familie.
Fortsein von allem.
Immer unterwegs sein. Immer bei Jesus sein.
Nicht wissen, ob man zu essen bekommt. Nicht wissen, wo man schlafen wird.
Nicht mehr an sich denken. Nur noch an Gott denken.
Nur noch an andere Menschen denken.
Einer ist für den anderen da.
Einer fängt den anderen ein. Für Gott.
Einer ›fischt‹ den anderen.
Simon sieht, wie das ist bei Jesus:
Wie Jesus für andere da ist, wie er auf sie hört, ihnen hilft,
wie er Kranke heilt, wie er mit Zöllnern zu Tische sitzt,
wie er die Kinder in die Arme nimmt,
wie er sagt:
»Auch die verachteten Samaritaner gehören zu Gott, auch die Zollbetrüger,
auch die Frauen, die verschrien sind, daß sie es mit Männern treiben.«
Simon sieht und hört, wie Jesus in Gleichnissen von Gott erzählt,
wie Jesus sich streitet mit den Lehrern der Schrift.
Simon begreift, was das heißt: Menschen ›fangen‹ für Gott.

Später haben die Christen eine Geschichte davon erzählt.
Lukas hat sie aufgeschrieben.
In dieser Geschichte ist Christus am See. So viele Menschen umdrängen ihn,
daß er in ein Boot steigt, um vom Wasser aus zu predigen.
Es ist das Boot des Fischers Simon.
Christus spricht zu den Menschen vom Boot aus. Dann aber schaut er Simon an:
»Jetzt fahre weiter hinaus, dorthin, wo das Wasser tief ist.
Dort werft eure Netze aus, du, der andere Fischer in deinem Boot
und Johannes und Jakobus vom anderen Boot.
Dort sollt ihr Fische fangen.«
Simon sagt: »Herr, wir haben uns abgemüht.
Wir haben nichts gefangen – die ganze Nacht.
Nur bei Nacht fängt man die Fische draußen über den Tiefen. Nicht bei Tage.«
Wieder schaut Christus Simon an. Er sagt nichts . . .
Da spricht Simon: »Auf dein Wort, Herr.
Weil du es sagst, will ich es tun. Ich fahre hinaus.«
Und da, als sie die Netze werfen über den Tiefen,
da fangen sie Fische, unzählbar viele. Die Netze drohen zu zerreißen.
Da rufen sie Johannes und Jakobus vom anderen Boot: »Kommt! Helft uns!«
Simon aber, als er das sieht, die unzähligen Fische,
da fällt er vor Christus in die Knie: »Herr, gehe fort von mir!
Ich bin es nicht wert, daß du bei mir bleibst.
Ich habe an dir gezweifelt. Ich bin ein Sünder . . .«
So erschrocken ist Simon. Zittern ist über ihn gekommen, Entsetzen.

Christus aber spricht zu ihm:
»Gerade du, Petrus! Fürchte dich nicht: Dich will Gott.
Du sollst einer sein, der Menschen einfängt. Von nun an!«

So hat es Lukas aufgeschrieben. Etwa sechzig Jahre später.
In einer Zeit, da sich schon alles erfüllt hatte:
Unzählige Fische – unzählige Menschen.
Unzählige waren zu Christus gekommen. Die Netze waren voll.
Für Lukas war alles ganz wunderbar . . .

Man merkt etwas in der Geschichte des Lukas:
Simon hat einen neuen Namen bekommen.
Simon heißt jetzt ›Petrus‹.

Material 2

Über Petrus 2

Matthäus hat davon erzählt,
wie Jesus zu Simon sagt:
›Petrus‹ – ›Fels‹ – sollst du jetzt heißen.
Ein Fels, der ist hart,
fest, stark, schwer.
Nicht leicht zu zerstören.
Ein Fels kann viel tragen,
viel aushalten.
Hoch ragt er auf.
›Gott ist wie ein starker Fels‹,
haben die Menschen in Israel gesagt.
Sie haben so gebetet:
›Gott, du bist mein Fels.‹
Und auch Jesus sagte:
»Wer sein Haus auf den Felsen baut,
der hat es sicher gebaut.
Wenn ein Wolkenbruch niedergeht,
wenn Flüsse über die Ufer treten,
wenn ein Sturm am Hause rüttelt,
es stürzt nicht ein.
Ist es doch auf den Felsen gebaut!«
Petrus – Fels!
Matthäus hat auch das von den Schlüsseln aufgeschrieben.
Später, lange nach Ostern.
Diese Geschichte ist so:
Jesus kommt in die Nähe einer Stadt.
Es ist die Stadt Caesarea Philippi.
Jesus fragt seine Freunde:
»Für wen halten die Menschen mich?«

Sie antworten:
»Einige halten dich für den Täufer Johannes.
Die denken: Johannes ist wiedergekommen.
Einige halten dich für den Propheten Elia.
Die denken: Elia ist wiedergekommen.
Einige halten dich für den Propheten Jeremia.
Die denken: Jeremia ist wiedergekommen.
Einige halten dich für einen anderen Propheten . . .«

Jesus sieht seine Freunde an:
»Und ihr, für wen haltet ihr mich?«
Da sagt Simon Petrus:
»Du bist Jesus Christus,
der Retter, der Sohn des lebendigen Gottes!«

Jesus sagt zu Simon:
»Das weißt du von Gott.
Simon, Sohn des Jona, du darfst dich freuen:
Du bist wie ein Fels.
Auf dich als Felsen will ich meine Kirche bauen.
Und dieser Fels wird stark sein . . .«

Und Jesus spricht weiter:
»Ich gebe dir die Schlüssel, Petrus,
die Schlüssel zum Reich Gottes, zu Gottes neuer Welt.
Mit einem Schlüssel kannst du zuschließen,
daß niemand hineinkommt, der nicht soll.
Mit einem Schlüssel kannst du aufschließen,
öffnen, Menschen einlassen zu Gott.«

Jesus schaut Simon Petrus an:
»Ich gebe dir die Macht, Petrus, anzunehmen und abzulehnen.
Wen du hier auf Erden ablehnen wirst, den wird auch Gott ablehnen.
Wen du hier auf Erden annehmen wirst, den wird auch Gott annehmen.«

Als Matthäus das aufschreibt, lange Zeit nach Ostern,
da ist es bereits so eingetroffen:
Die Kirche ist wie ein Haus, auf den Felsen gebaut.
Wenn Wolkenbrüche niedergehen, wenn Flüsse über die Ufer treten,
wenn Stürme am Haus rütteln, es stürzt nicht ein.
Als Matthäus das aufschreibt, da hat sich vieles erfüllt:
Viele Christen verehren Petrus.
Sie sagen: »Er ist wahrhaftig wie ein Fels,
der Fels, der unsere Gemeinde trägt.
Und wir in der Gemeinde gebrauchen die Schlüssel.
Wir schließen auf für die einen, die zu Christus kommen wollen.
Wir schließen zu für die anderen, die nur stören,
die etwas Falsches bekennen, die Gott und Christus verachten.«
Es ist, als ob Petrus zuschließt und aufschließt.

Und Christen von heute sagen: »So war das von Anfang an.
So ist die Kirche geworden: Christus hat Petrus die Schlüssel gegeben.
Petrus kam als Hirte zu den Christen in Rom.
Petrus war der erste Bischof von Rom.
Petrus hat viele Mühsale ertragen. Er hat der Gemeinde in Rom gedient.
Er ist in Rom gestorben.
Er wurde in Rom begraben. Auch Paulus wurde in Rom begraben.«

»Gehst du in Rom zum Vatikanischen Hügel, du findest das Grab des Petrus.
Gehst du in Rom an die Straße nach Ostia, du findest das Grab des Paulus.«
So hat es jemand aufgeschrieben, schon in der ganz frühen Zeit.

Und über den Gräbern von Petrus und Paulus wurden Kirchen errichtet.
Zur Erinnerung.
Über dem Grab des Petrus zuerst eine kleine Kirche,
später die herrliche Kirche des Kaisers Konstantin.
Und heute steht über dem Grab des Petrus der Petersdom,
die größte Kirche der Christenheit.

Und nach Petrus sind andere Bischöfe gekommen in Rom.
›Papa‹ nannte man einen von ihnen.
Seitdem heißt der Bischof von Rom ›Papa‹ – ›Papst‹.
Katholische Christen sagen:
Der Papst ist der erste unter den Bischöfen in der Welt.

Material 3

Über Petrus 3

Einmal ist Jesus sehr streng gewesen.
Matthäus erzählt davon:
Jesus sagt zu seinen Freunden:
»Ich muß nach Jerusalem gehen. Dort werde ich viel leiden.
Man wird mich töten . . .«
Petrus sagt zu Jesus:
»Herr, das darf nicht sein.
So etwas darf nicht geschehen mit dir! Niemals!«
Jesus aber wendet sich ab: »Petrus der Teufel spricht aus dir.
Du willst mich irremachen. Du willst mich durcheinanderbringen.
Ich muß das tun. Weil Gott es will.«
Jesus ist streng mit Petrus. Er fährt ihn an:
»Petrus, du denkst nicht wie Gott,
du denkst, wie Menschen denken.«

Dann sind sie in Jerusalem. Das Passafest soll beginnen.
Johannes hat davon erzählt. Jesus weiß: Meine Zeit ist gekommen.
Da will er seinen Freunden seine Liebe zeigen – bis zuletzt.
Johannes hat erzählt, wie Jesus bei diesem Passafest

seinen Freunden die Füße gewaschen hat. Nach dem Essen.
Jesus weiß, daß er leiden, sterben muß.
Da steht er auf vom Essen. Er legt sein Obergewand ab.
Er nimmt ein Leinentuch. Er schlägt es um sich.
Er gießt Wasser in ein Becken. Er kniet nieder.
Er fängt an, seinen Freunden die Füße zu waschen.
Er trocknet ihnen die Füße ab – mit dem Tuch.
Fußwaschung! Niedrigster Dienst!
Nicht einmal von einem Sklaven in Israel darf man das verlangen.

Jesus wäscht seinen Freunden die Füße.
Und Jesus kommt zu Petrus. Der sagt:
»Du willst *mir* die Füße waschen, du, mein Herr?!«
Jesus sagt: »Was ich tue, verstehst du jetzt noch nicht.
Später wirst du es verstehen.«
Petrus sagt: »Nein! Nie! Niemals sollst du mir die Füße waschen!«
Jesus sagt: »Wenn ich dir nicht die Füße wasche, gehörst du nicht mehr zu mir.«
Petrus ist erschrocken: »Wenn das so ist, Herr, dann wasche mir nicht nur die
Füße, dann wasche mir auch die Hände, auch den Kopf.«
Jesus sagt: »Wer sich die Füße waschen läßt, der ist ganz rein.
Ihr seid alle rein – nur einer nicht.«
Jesus denkt an Judas. Er weiß, daß Judas ihn ausliefern wird.

Jesus setzt sich zu Tisch. Er sagt: »Begreift ihr, was ich eben für euch tat?
Ihr nennt mich ›Lehrer‹ und ›Herr‹. Ihr habt recht. Ich bin euer Herr.
Und doch habe ich euch die Füße gewaschen. Versteht ihr, was ich meine?
Ich wollte euch ein Beispiel geben. Ihr sollt ebenso tun.
Keiner soll Knecht sein, keiner Herr.
Ihr sollt euch alle gegenseitig die Füße waschen.
Keiner soll *mehr* sein wollen als der andere.
Ihr sollt euch liebhaben untereinander. Ihr sollt das Gute tun.«

Ja, Petrus will das Gute tun. Er will zu Jesus halten. Immer.
Alles will er richtig machen. Aber oft schafft er es nicht.
Immer wieder ist er schwach.

Am Abend – sie haben das Mahl gegessen, sie haben das Danklied gesungen –,
da gehen sie hinaus in die Nacht – zum Ölberg.
Jesus sagt: »Der Hirte wird getötet. Die Herde wird auseinanderlaufen.
Ihr werdet zweifeln an mir.«
Petrus sagt: »Nein! Nein! Nein! Andre vielleicht.
Ich nicht. Ich werde nicht zweifeln an dir.« – Jesus sagt:
»Heute nacht, ehe der Hahn zweimal kräht, hast du mich dreimal verleugnet!«
Jesus schaut Petrus an . . .
Petrus sagt: »Nein! Niemals! Und wenn ich sterben müßte mit dir!«

In dieser Nacht: Jesus ist im Garten Getsemane –
mit Petrus, Johannes und Jakobus.

»Wartet hier«, sagt er, »wacht mit mir. Ich muß dort hingehen und beten.«
Jesus zittert. Er hat Angst, Todesangst. Jesus geht in den Garten hinein.
Jesus wirft sich hin auf die Erde vor Gott. Er betet.
Jesus kommt zurück. Sie schlafen, die drei: Petrus, Johannes, Jakobus.
»Schläfst du?« sagt Jesus zu Petrus: »Kannst du nicht eine Stunde mit mir wachen?
Ihr drei, bleibt wach! Betet!
Ich weiß, ihr habt den guten Willen. Aber ihr seid schwache Menschen.«
Und wieder geht Jesus hin und betet. Er kehrt zurück. – Sie schlafen.
Da ruft Jesus laut: »Schlaft ihr denn immer noch?
Genug jetzt! Steht auf! Da kommt er schon, der mich ausliefert!«
Und so ist es: Judas kommt.
Mit einer Truppe von den Hohenpriestern.
Er küßt Jesus. Sie verhaften Jesus. In dieser Nacht. Sie haben Macht über ihn.
Einer von den Freunden aber will Jesus verteidigen.
Er schlägt mit dem Schwert zu.
Er schlägt dem Knecht des Hohenpriesters ein Ohr ab.
Jesus aber fährt ihn an:
»Laß ab! Keine Gewalt! Stecke es ein, dein Schwert!«
Johannes erzählt, dieser eine mit dem Schwert, das sei Petrus gewesen.

In dieser Nacht bringen sie Jesus fort zum Palast des Hohenpriesters.
Und Petrus folgt den Soldaten. Vorsichtig. Heimlich. Von fern.
Er kommt in den Innenhof. Er setzt sich ans Feuer. Heimlich.
Drinnen steht Jesus vor Gericht.
Draußen aber: Eine Dienerin kommt. Sie sieht Petrus am Feuer.
Sie blickt ihn scharf an: »Du warst doch auch bei diesem Jesus aus Nazaret?!«
»Nein«, ruft Petrus. »Wieso? Ich weiß nicht, wovon du redest!«
Petrus steht auf. Er geht in die Vorhalle. Da – ein Hahn kräht.
Das Mädchen aber geht Petrus nach. Sie sagt es zu den Soldaten:
»Der da – der gehört auch zu dem Jesus!«
Petrus schreit los: »Das ist nicht wahr! Das ist gelogen!«
Kurz darauf beginnen die Soldaten Petrus zu mustern:
»Ja, es ist richtig: Du bist aus Galiläa, genau wie dieser Jesus!
Wir merken es an der Art, wie du sprichst. Deine Sprache verrät dich!«
»Nein«, schreit Petrus: »Gott soll mich strafen.
Ich schwöre: Ich kenne ihn nicht!«
Da – wieder kräht der Hahn.
Da schießt es Petrus ins Herz: Mein Gott! Was habe ich getan . . .
Und Petrus geht hinaus aus dem Hof und weint bitterlich.

Und dann wird Jesus zum Tode verurteilt – von Pontius Pilatus, dem Römer.
Die Freunde sind nicht mehr da. Auch Petrus ist nicht mehr da.
Jesus wird gekreuzigt. Er stirbt. Er wird begraben.
Doch der Tod hat keine Macht über ihn. Etwas Neues kommt.
Gott macht etwas sichtbar. Gott gibt Jesus neu zu sehen.

Er gibt ihn zu sehen als den König, den Gesalbten, als den Christus.
Viele haben ihn ›gesehen‹, Jesus, den Christus.
Mit dem Herzen. Mit den Augen des Glaubens.
Ein anderes Sehen ist das. Nur wer glaubt, kann sehen.
Petrus hat Christus gesehen, Petrus als erster.
Petrus ist wieder da.
Jakobus hat Christus gesehen. Die Zwölf haben ihn gesehen.
Mehr als fünfhundert auf einmal haben ihn gesehen.
Paulus hat ihn gesehen.
Die Freunde sind wieder da. Sie atmen auf.
Keine Trauer mehr. Keine Angst.
Sie leben wieder: Glück und Freude.
Eine neue Zeit: Gottes Zeit.

Teil 12: Paulus, ein Welt-Apostel (Seiten 84–89)

Absichten
Die Kinder sollen:
– knapp über den Lebensweg Paulus informiert werden – S. 84–88
– darin seine Gesetzesliebe, seinen Eifer für Gott als Antrieb seines Handelns
  erkennen – S. 85
– daraus seine Intention zur Verfolgung der für ihn gesetzesuntreuen Christen
  verstehen lernen – S. 85
– seinen totalen Wandel als Handeln Gottes an ihm erkennen – S. 86
– die weltweite Ausbreitung der Botschaft durch ihn (auch seine Differenzen
  mit Petrus) wahrnehmen und erörtern – S. 87
– die Geschehnisse in Ephesus und Korinth sowie das Ende des Paulus kennenlernen – S. 88
– einen Paulusbrief im Auszug als Kompendium seiner Lehre erörtern – S. 89

Seiten 84–89
Die nachfolgenden kommentierenden und zusammenfassenden Aussagen von
Kindern eines 4. Schuljahres nach einer längeren Beschäftigung mit Paulus
lassen keinen Zweifel, daß sich dieser erste große Theologe und Weltmissionar
der Christenheit mit seinem farbigen abenteuerreichen Leben hervorragend für
Kinder eignet.

»Winnetou und Paulus sind gleich. Robin Hood kommt gleich dahinter! Das ist
wirklich, wie ich denke, und nicht gelogen!«
»Mit Paulus, das ist aufregend! Irgendwie kam sich der doch wie ein großer
Anführer vor, wie ein Anführer von vielen Leuten!« – »Er hat immer gemacht,
was Gott verlangt hat«. – »Ein Mann, der hat geschworen, daß er die Christen
tötet. Und dann ist es wie ein Blitz gekommen. Und dann war er *für* die Christen

und hat für die gearbeitet«. – »Er hat nur noch gewollt, daß die Menschen an
Jesus glauben.« – »Er hat alle Gefahren in Kauf genommen.« – »Er war ein sehr
mutiger und erfolgreicher Mann.« – »Manchmal haben ihn die Menschen gemein
behandelt.«
»In Philippi wurde er von den Römern vor Gericht gestellt.« – »Er wurde aus der
Stadt geworfen Die wollten ihn nicht mehr haben.« – »Dort wurde der erste
europäische Christ getauft, die Lydia! – Die war ein Purpurhändlerin!«
»In Thessalonich hat er auch wieder gepredigt.« – »Und da hat er noch mehr
Erfolg gehabt.« – »Die haben wenigstens auf ihn gehört.« – »Die haben ihm
geglaubt.« – »Und diese Gemeinschaft da, die haben ihm Geld gegeben für die
Armen.« – »Da ist auch der erste Brief angekommen von Paulus.« – »Die Briefe
sind so aus Papyrus.«
»In Korinth hat Paulus Aquila und Prisca getroffen. Die waren auch Zeltmacher.
Da hat er mit den Zeltmachern gewohnt.« – »Korinth liegt in der Provinz
Achaja.« – »In Korinth sind auch berühmte Briefe von Paulus angekommen.«
»In Jerusalem waren Juden, die nicht an Jesus glaubten. Vorher hatten die einen
Freunde zu Paulus gesagt: Fahre nicht nach Jerusalem! Aber er hat es doch getan
mit einem anderen Schiff! Und dann hat er das Geld abgeliefert.
Die Freunde in Jerusalem sagten: ›Du mußt zeigen, daß du ein Jude bist.‹ Paulus
ist in den Tempel gegangen. Da wurde er gefangen. Er sollte gesteinigt werden.
Da hat er gesagt, er wäre ein Römer. Er muß vor ein römisches Gericht!« – »In
Jerusalem, da kommt der ganze Glaube von den Christen zusammen.« – »Da
waren die Apostel Petrus und Jakobus und Johannes. . .«
»Wieso, alle Menschen sind gleich. Paulus glaubte an einen Gott. Wir glauben
an denselben Gott. Winnetou glaubt auch an einen Gott. Es gibt nur andere
Namen dafür.«

Erkenntnisse der Forschung
Die Paulusforscher der letzten Jahrzehnte haben deutlich gemacht, daß der Paulus der Briefe, und zwar der eindeutig authentischen Briefe, der historische
Paulus ist. Zu den echten Paulusbriefen zählen der 1. Thessalonicherbrief, die
Korintherbriefe, der Galaterbrief, der Philipperbrief, der Brief an Philemon und
der Römerbrief. Man hat vermutet, daß der 2. Korintherbrief sowie der Philipperbrief jeweils aus Teilen dreier verschiedener Briefe zusammengestellt worden
sind. Diese Briefe sind unschätzbare historische Originaldokumente für die Erst-
gestalt und Erstausbreitung des Christentums in den Anfangsjahrzehnten nach
dem Tode Jesu. (Man stelle sich nur vor, es gäbe einen authentischen Brief von
Jesus!). Zwischen 50 und 58 n. Chr., in 6–8 Jahren einer insgesamt 25jährigen
Tätigkeit, hat Paulus sie geschrieben. Es waren die entscheidenden Jahre seiner
Christusverkündigung in Griechenland (Philippi – Thessalonich – Korinth) und
Kleinasien (Ephesus). Durchgehend auf Fragen von Christologie (Christuslehre)
und Gemeinde bezogen, gewähren sie in (allerdings meist sparsamen und sprö-
den) Randnotizen auch biographischen Einblick in diese Jahre – und in die
davorliegenden ersten Jahre des Christen Paulus. Über Kindheit und Jugend des
Paulus wissen wir wenig, aus Galater 1,14 immerhin, daß Paulus, Kind jüdischer
Eltern, streng im pharisäischen Gesetzesgehorsam erzogen worden war.

Wenn uns die Briefe des Paulus also ursprüngliches, unmittelbares Zeugnis
geben, geschichtlich zuverlässige Information, so verhält es sich mit der 30 Jahre
nach dem Tod des Paulus in einem hellenistischen Land verfaßten Apostelgeschichte des *Lukas* anders: Die Pauluserzählungen dieses theologisch konzipierten Lehr- und Erbauungsbuches sind vielfach legendär gefärbt (Beispiel: die
Heilung eines Lahmen in der kleinasiatischen Stadt Lystra, Apg 14,8 ff.); da, wo
ihnen die Forschung jedoch Nähe zu historischen Ereignissen zubilligt, wurden
sie für die Darstellung herangezogen (im Text:»Lukas hat später erzählt«). Das
betrifft vor allem Paulus in Philippi, in Thessalonich, in Korinth, die Gefangen-
nahme in Jerusalem, Gefangenschaft und Gerichtsverhandlungen vor den Prokuratoren Felix und Festus in Caesarea und indirekt auch das Ende in Rom.

Paulus – Mensch und Theologe
Geboren unter Augustus, gestorben unter Kaiser Nero in Rom (um 60 n. Chr.[1]),
war Paulus auf dem Höhepunkt seiner Wirksamkeit, als in Rom Agrippina, die
Gründerin Kölns, ihren kaiserlichen Gatten Claudius ermorden ließ, um bald
darauf selbst von ihrem Sohn Nero heimtückisch beseitigt zu werden. Beim
Märtyrertod des Paulus lag der große Brand Roms (64 n. Chr.) noch vier Jahre
voraus, die Zerstörung Jerusalem durch Titus noch zehn Jahre. Lukas, dieser
unbekannte Christ in einem hellenistischen Lande, hatte zu diesem Zeitpunkt die
Geburtsgeschichte Jesu (unsere Weihnachtsgeschichte) noch nicht in seinem
Evangelium festgehalten.

Wer war dieser Paulus? Wer ist er?
Ein leidenschaftlich bewegter Mensch ohne Zweifel; einer der bekanntesten
Menschen der Antike; der erste und einer der größten christlichen Theologen,
weltgeschichtlich wirksamer Missionar der Christusbotschaft; ein Mann von
universalem Geist und universalen Perspektiven, der in Handeln, hoffendem
Wunsch und Vision die Weiten des mediterranen Raumes durchmaß, um eine
Welt für Christus zu schaffen.
Paulus sah sich als Sklave seines Herrn. Er sah sich durch Christus freigemacht
von jüdischer Gesetzes- und Rechtfertigungslehre. Er sah sich freigemacht zur
Liebe. Als Mensch für Menschen erlitt er Verfolgung, Schmach, Peinigung; aber
zwischen Leiden, Glauben und Hoffnung erfuhr er immer wieder auch Zuwendung und Tröstung, Hilfe und Freundschaft von seinen Mitarbeitern, von seinen
Gemeinden. Paulus war dem Alltag verhaftet, dem Zeltmacherberuf in Sorge für
den eigenen Unterhalt; er war in Geldsorgen für die Armen in Jerusalem, in
Sorge vor allem für seine Gemeinden, die, kaum gegründet, bereits wieder von
falschen Brüdern verunsichert, auf Abwege gerieten. Daß er sein Leben stets von
neuem aufs Spiel gesetzt hat für die Verkündigung des Heils und der Wahrheit,
das macht ihn den großen Gottesmännern des Alten Testamentes vergleichbar,
das bringt ihn uns heute so nahe, das läßt die Paulusgeschichte für Kinder so
erregend, so spannend werden, daß sie Paulus in (sicherlich unsachgemäßer)
Nachbarschaft sehen zu Winnetou, zu Robin Hood.

---

1 Wir gehen von 60 als dem Todesjahr aus. Andere nennen das Jahr 57.

Das Pauluskapitel im Religionsbuch Oikoumene 4 möchte den neun- und zehn-jährigen Kindern in Text, Bild und Zeichnung den geschichtlichen Paulus ein-dringlich vor Augen stellen. Biographische Einzelaussagen der Briefe in unter-schiedlicher Verknüpfung sind dabei mit historisch glaubwürdigen Nachrichten der Apostelgeschichte sowie mit sachkundlichem Wissen über die Zeitgeschich-te verbunden worden. Raffend, verdichtend, mit Blick auf wenige Hauptakzente wurde der theologisch sehr differenzierte Römerbrief nachgeschrieben, ›nacher-zählt‹, ohne daß die Fülle des Gesagten dadurch ersetzt oder in ihrer Tiefe ausgelotet wäre. Manches, das in der Forschung mit guten Gründen vermutet wird, aber dennoch nicht eindeutig zu erweisen ist, wurde in die Darstellung einbezogen, z. B. die Gefangenschaft des Paulus in Ephesus, die sich aus einer Kombination verschiedener Briefaussagen erschließen läßt.
An der Geschichtlichkeit der Christusvision von Damaskus jedoch – entschei-dender, elementarer Lebenswende, Wandlung, Umkehr, Berufung, ›Bekehrung‹ des Paulus – zweifelt kein Paulusforscher. Was sich in Damaskus ereignete, war eine Offenbarung, ein Widerfahrnis: »Ich habe ihn gesehen. Er hat mich ergrif-fen. Ich habe ihn erkannt« (Galater 1,15 f.; Philipper 3,8):

Aus der Finsternis strahlte das Licht.
So wollte es Gott.
Das Licht strahlte auf in meinem Herzen.
So wollte es Gott.
Das Licht strahlte auf im Angesicht Jesu Christi.
So wollte es Gott.

Nach 2. Korinther 4,6

Die Bilder
1. Paulusporträt (S. 8)[1]
   Aussagen eines vierten Schuljahres bei unbefangener Begegnung, aber nach-dem bereits einige Kenntnisse über Paulus erworben waren:
   »Was soll der goldene Kranz da?« – »Das ist wahrscheinlich ein Heiligen-schein!« – »Vielleicht hat der Maler sich das so vorgestellt, daß Paulus das Licht aufgegangen ist, als er schlecht zu den Christen gewesen ist.« – »Wie konnten die wissen, wie der Paulus aussieht?« – »Die haben sich den Paulus so vorgestellt!« – »Die haben das mit Sicherheit nicht abgemalt! Dann müßte das viel älter sein. Das ist genauso wie bei Jesus, den haben sie sich auch später so vorgestellt.«

In den Bogenlaibungen des Kreuzgewölbes dieses kleinen kunst- und kirchenge-schichtlich höchst bedeutsamen Oratoriums, das den Bischöfen von Ravenna nahezu 1500 Jahre lang als Privatkapelle diente, finden sich – einer zentralen

---

1 Mosaik. Ravenna, Erzbischöfliche Kapelle am Dom, Ende 5./Anfang 6. Jahrhundert; vgl.
›Folien 3/4‹, a. a. O., Folie 16.

Christusfigur zugeordnet – zwölf Apostelmedaillons. »Der Kopf des Völkerapostels Paulus gehört sicherlich zu den schönsten . . . und ist gewiß einem Meister mit großen künstlerischen Fähigkeiten zuzuschreiben«.[1] Die Entstehung wird in die ausgehende Zeit des weströmischen Reiches bzw. den Beginn der Gotenzeit (493 eroberte Theoderich Ravenna) gelegt. Die Büste – im Rundmedaillon etwas nach links verschoben – ist in den Gesichtszügen nach der herkömmlichen Typisierung des Paulus (hohe Stirn mit Locke, dunkles Haar, Spitzbart) gebildet, aber gewiß nicht ohne Individualität.

Übergroße Augen beherrschen das ernste Gesicht[2]. Unter den kräftig gezeichneten Bögen der Augenbrauen blicken sie den Betrachter sinnend, wissend, forschend an – und durch ihn hindurch. Sie scheinen eine lebendige, übernatürliche Gegenwart zu suggerieren. Das Farbprogramm unterstützt die zentrierende, alles auf das Gesicht lenkende Komposition des Ganzen. Eine Auflichtung des sonst tiefblauen Untergrundes in Grautönen hinter dem Kopf läßt diesen um so plastischer hervortreten. Kinder entdecken auch rasch die akzentuierenden rötlichen Linien über der Nase, von der Nase zum Backenbart und unterhalb der Unterlippe. Aus tausenden kleiner Steinchen (Stein, Marmor, farbiger Glasfluß, Perlmutt) wurde in einer schwingenden Farbsymphonie von Blau, Rot, Grün, Grau, Weiß und Schwarz eines der hervorragendsten Apostelporträts der christlichen Frühzeit geschaffen, in seiner ursprünglichen, nie erlöschenden Leuchtkraft eine ›Malerei für die Ewigkeit‹ (Ghirlandaio).

2. Toraschüler – Weber (S. 85)

a) Junger Jude an der Westmauer (Klagemauer) des Tempels.

b) Alter Berber am Webstuhl (Südtunesien).

Bildbeschreibung und Theologie

a) Dieser junge orthodoxe Jude beim Gebet an der Klagemauer, ein Chassid[3] aus dem Jerusalemer Stadtteil Mea Schearim (›Hundert Tore‹) mag zum Inbild des für das Gesetz brennenden jungen Paulus werden. Kinder eines dritten Schuljahres sagten, diesem Bild (ohne Teil 2: ›Weber‹) in der zweiten Stunde einer Unterrichtseinheit ›Paulus‹ relativ unbefangen konfrontiert:

---

1 So Giuseppe Bovini in ›Ravenna‹, Köln 1971, S. 68. Die Namen der Mosaikmeister dieser Zeit sind uns unbekannt. Man unterscheidet jedoch zwischen einem magister imaginarius, einem entwerfenden Künstler, und einem magister musivius, einem ausführenden Künstler.

2 Spannungsvoll teilende Mittellinie von der Stirnlocke über die Nase bis zur Bartspitze!

3 Chassidismus: Bewegung des »Umsturzes durch die Freude«, im 18. Jh. unter den Juden der Südprovinzen Polens entstanden. Gefühlsbetont, ekstatisch. Grundgedanke: »Es gibt nichts, worin Gott nicht sei«. Jedoch nicht panentheistisch zu verstehen. Gott bleibt auch anredbares Gegenüber. Aber: Alles enthält göttliche Funken. Von jedem Ding der Schöpfung her ist Zugang zu Gott möglich. Leidenschaft, Freude wird entfaltet, auch Freude am Gesetz. Es ist eine Lust zu leben, zu essen, zu trinken, zu singen, zu tanzen, zu feiern. Der Chassidismus kennt große Rabbiner und viele Anekdoten (vgl. ›Religion in Geschichte und Gegenwart‹, Bd. 1, Tübingen ³1957, Sp. 1644).

- Ein Mann, der hat 'ne Bibel.
- Vielleicht Paulus in der Kirche.
- Das ist ein Kind!
- Ein junger Mann.
- Der guckt zur Seite.
- Er ist ungewiß.
- Er ist gedankenvoll.
- Er glaubt, da muß irgend etwas sein.
- Er blättert die Seite um.
- In der Bibel sind noch ganz alte Schriften.
- Er konzentriert sich auf etwas Bestimmtes.
- Er hat 'n Hut auf.
- 'ne Melone!
- Er hat 'n schwarzen Anzug an.
- . . . und ein weißes Hemd.
- Er hat 'ne Brille auf.
- Er sitzt vor dem Stein.

Die Kinder beschrieben sehr treffend, was sie sahen. Nachfolgende Informationen durch den Lehrer (in Stichworten):»Dieser junge Mann gehört zu der Gruppe von Juden in Jerusalem, die besonders gesetzeseifrig sind, die immer noch auf den Messias warten. Er ist Schüler einer Tora-Schule (Yeshiva Bachurin) mit Seitenlocke (Peiyot), rundem Hut (Streimel) und Kaftan. Seine Vorfahren kommen aus Polen. Er trägt noch die altertümliche Kleidung. Er hält den Sabbat sehr streng, glaubt, wenn die Menschen nur einmal den Sabbat wirklich so halten, wie Gott es befohlen hat, dann wird der Messias endlich kommen.«

b) Der webende alte Berber steht für den zweiten ›Beruf‹ des Paulus[1]. Die handwerkliche Webtechnik, heute noch in Tarsus an den berühmten Ziegenhaartüchern geübt, hat sich im Orient wie in Nordafrika in 2000 Jahren kaum verändert. Paulus fertigte vermutlich Zeltdecken aus Ziegenhaar. Sein Webgenosse Aquila (laut Apostelgeschichte 18,3 wohnte und arbeitete Paulus in Korinth bei Aquila und Prisca) stammte ebenfalls aus Kleinasien (aus der Stadt Pontus, Apostelgeschichte 18,2), das in römischer Kaiserzeit für seine Textilindustrie bekannt war.

3. Licht – Verfolgung (S. 86)
Foto: Erste Strahlen der aufgehenden Sonne über dem Berggipfel des Hermon (arabisch: dschebel el teldsch, Berg des Schnees).

Bildbeschreibung und Theologie
Ein in strahlender Helle aufleuchtendes neues Licht, das ist die Aussage des symbolisch gemeinten Fotos. Es verweist auf den inneren Vorgang:»Gott, der

---

1 Der ›Student‹ Paulus lernte auch einen Handwerksberuf. Er konnte sich später damit ernähren. 1. Korinther 9,19 beruft er sich darauf:»Ich bin frei und von keinem abhängig«. Ähnliche Überlegungen begegnen auch bei jungen Menschen heute.

gesagt hat ›aus der Finsternis strahle das Licht‹, hat es in meinem Herzen aufstrahlen lassen, damit alle Menschen die göttliche Herrlichkeit erkennen, die Jesus Christus ausstrahlt« (so Paulus 2. Korinther 4,6). Vom Licht tiefster Erkenntnis ist hier die Rede. Gemeint ist die Lebenswende von Damaskus:»Ich ließ mich um alles bringen, was mir bisher von Bedeutung war, weil ich von Jesus Christus ergriffen wurde« (Philipper 3,8).[1]

4. Mittelmeerraum – Pauluszentren (S. 87)

Die Karte dient dem Überblick. Die Farbskizzen sollen die Pauluszentren – Tarsus/Damaskus/Jerusalem/Antiochien/Philippi und Thessalonich (Via Egnatia)/Korinth/Ephesus/Caesarea und Rom hervorheben und damit den Lebensweg des Paulus markieren[2]. Als Symbole gewählt wurden steinerne Zeugnisse, die schon in der Pauluszeit zu sehen waren und heute (in Resten) noch vorhanden sind (das gilt für Rom, Korinth, Ephesus, Caesarea und Philippi/Thessalonich – Via Egnatia) oder ein Rekonstruktionsmodell (Jerusalem!), eine stark verkleinernde Luftansicht (Antiochien), ein späteres christliches Pauluszeugnis (Damaskus, Paulustor) bzw. ein Hinweis auf ökonomische Verhältnisse (Tarsus/Weber).

Die Karte sollte im Paulus-Lehrgang immer wieder zur sachlichen (geographischen) Orientierung herangezogen werden. Bewußt wurden nur wenige Namen eingetragen.

Beschreibung der Zentren
1. Tarsus
Wichtig als Geburtsort des Paulus[3] und als Ausgangsort früher Missionstätigkeit[4]. Seit 66 v. Chr. Hauptstadt der römischen Provinz Kilikien, war das am Kydnosfluß und Taurusgebirge gelegene antike Tarsus eine hellenistisch geprägte Großstadt orientalischen Charakters, in der Seehandel und Textilindustrie[5] ebenso blühten wie die stoische Philosophie. Paulus, von Geburt (durch seine Familie) römischer Bürger (civis Romanus), wurde hier von seinen Eltern streng im jüdischen Glauben erzogen[6] (hebräische Sprache, Thoraschule vom 4. Lebensjahr ab, Bar-Mizwa, ›Sohn des Gesetzes‹ = Aufnahme in die jüdische Gemeinde mit zwölf Jahren!); gleichzeitig erfuhr er griechische Bildung (die griechische Gemeinsprache der Völker des Ostens – Koine – war auch in Tarsus Umgangssprache).[7]

---

1 »Das reine, starke, gleißende, läuternde Licht. Es hebt die Konturen der Geschöpfe und der Dinge hervor, seziert sie fast. Es macht die wesentliche Wahrheit sichtbar«, so Viktor Malka in ›Israel erleben‹ (Bonn 1974, S. 53) über den Eindruck der Ewigkeit, der – in der Verbindung ihrer Steine mit ihrem Licht – von der Stadt Jerusalem ausgeht.

2 Zeichnungen: Fulvio Testa. Vgl. ›Folien 3/4‹, a. a .O., Folie 16.

3 Selbstzeugnis Apostelgeschichte 21,39:»Ich bin ein Jude aus Kilikien, ein Bürger der bekannten Stadt Tarsus.«

4 Apostelgeschichte 11,25; 9,30; Galater 1,21.

5 Tarsus war berühmt für die Herstellung von Zelten aus Ziegenhaar.

6 »Ich wurde beschnitten, als ich eine Woche alt war. Ich bin von Geburt ein Israelit aus dem Stamme Benjamin, ein Jude aus einer alten jüdischen Familie. Was die Stellung zum Gesetz angeht, gehörte ich zur Richtung der Pharisäer. Mein Eifer ging soweit, daß ich die christliche Gemeinde verfolgte. Gemessen an dem, was das Gesetz vorschreibt, stand ich vor Gott ohne Fehler da« (Philipper 3,4–6; vgl. 2. Korinther 11,22; Römer 11,1).

7 Die ›Bibel‹ des jungen Paulus war vermutlich die griechische Septuaginta.

2. Damaskus

Bedeutende Handelsstadt in einer fruchtbaren Ebene, in alttestamentlicher Zeit Hauptstadt Syriens, in neutestamentlicher Zeit wechselweise unter römischer und nabatäischer Oberhoheit. Paulus erfuhr hier (nahe der Stadt?) seine zentrale Lebenswende (Galater 1,13 ff.; 2. Korinther 4,6; 12,1 ff.),[1] kam nach hier von den ersten Versuchen seiner Christusverkündigung in Arabien zurück (Galater 2,17) und erlitt hier selbst die erste Verfolgung als Christ. Originaltext aus dem 2. Korintherbrief (11,32 ff.): »Als ich in Damaskus war, stellte der Stadtkommandant des Königs Aretas Wachen an die Stadttore, um mich zu verhaften. Aber durch eine Maueröffnung wurde ich in einem Korbe hinuntergelassen und entkam.«[2] Die Skizze zeigt das Paulustor, auch Bâb Kîsân genannt. Es gilt als die Stelle, wo Paulus im Korb heruntergelassen wurde, stammt jedoch nur in den unteren Steinlagen aus biblischer Zeit.

3. Jerusalem

Die Skizze zeigt aus dem Rekonstruktionsmodell im Garten des Holyland-Hotels in Jerusalem die von Herodes dem Großen ausgebaute Burg Antonia (Nordstecke des Tempelbezirks). Von hier aus wurde Paulus, bei seinem Tempelbesuch erkannt und von wütenden Juden angefallen, durch Eingreifen der römischen Wachtruppe in Haft genommen (vor einer möglichen Lynchjustiz bewahrt; Apostelgeschichte 21,17–23,22, besonders auch 21,31 und 23,10). Jerusalem war für Paulus der Ort ersten Kennenlernens von Petrus und Jakobus (ca. 34; vgl. Galater 1,18–20), der Ort der großen Übereinkunft zur Juden- und Heidenmission (ca. 48/49; vgl. Galater 2,1–10), vor allem der Ort der ihn immer wieder bewegenden Kollekte für die Armen unter den Christen dort (vgl. etwa Galater 2,10 – das Versprechen –, Römer 15,25–29 – die Einlösung des Versprechens).

4. Antiochien am Orontes

Das heutige kleinstädtische Antakya in der südlichen Türkei nahe der syrischen Grenze (25 km östlich vom Mittelmeer) war in der Pauluszeit Weltstadt[3] mit bedeutendem Handel, mit allem Prunk römisch-hellenistischer Bauten (seit 64 v. Chr. Residenz des römischen Statthalters von Syrien), mit einer auch religiös bunt gemischten Einwohnerschaft (darunter 10% Juden!) und mit einer vorpaulinischen jüdisch-griechischen Christengemeinde. Bedeutend in der Mission war Barnabas, hellenistischer Judenchrist aus Cypern. Er holte Paulus für eine einjährige gemeinsame Arbeit aus Tarsus nach Antiochien (Apostelgeschichte 11,25). Er begleitete Paulus 48/49 von hier aus zum Apostelkonvent nach Jerusalem (Galater 2,1 ff.) und trat auch später als sein Begleiter hervor (Paulus nennt ihn z. B. 1. Korinther 9,6). In Antiochien, das als eines der großen frühchristlichen Zentren gilt, wurden die Anhänger des Gekreuzigten aus Nazaret erstmals Christusleute, ›Christen‹, genannt (Apostelgeschichte 11,26). Christentum und Heidentum begegneten sich auf breiter Grundlage. Die Botschaft trat aus der ›palästinischen Enge‹ heraus. Nach dem unlösbaren Streit zwischen Juden- und Griechenchristen in der Beschneidungsfrage (Paulus trennte sich von Petrus!)[4] nahm die Weltmission des Paulus von Antiochien ihren Ausgang.

---

1 Bei Lukas, Apostelgeschichte 9,1–25, legendär erzählt!

2 Aretas IV. (9 v.–28 n. Chr.). Seine Tochter war die wegen der Herodias verstoßene Frau des Herodes Antipas (Markus 6,17).

3 Drittgrößte des Imperiums nach Rom und Alexandria! $1/2$ Million Einwohner! Die Skizze versucht, diesen Eindruck aus der Vogelschau zu erwecken.

4 »Als dann Petrus nach Antiochien kam, trat ich ihm offen entgegen, weil er im Unrecht war« (Galater 2,11).

5. Philippi – Thessalonich (Via Egnatia)

a) *Philippi,* 357 v. Chr. von Philipp II. von Mazedonien, dem Vater Alexanders des Großen, gegründet, Ort der Schlacht, in der Octavian und Marc Anton 42 v. Chr. die Caesarmörder Cassius und Brutus besiegten, römisch und militärisch (Veteranensiedlung!) geprägt, wurde zum Schauplatz der ersten Missionstätigkeit des Paulus in Europa. Die Stadt hatte keine Synagoge, nur einen Gebetsplatz der kleinen jüdischen Gemeinde am Gangitesfluß außerhalb der Stadttore.[1] Paulus und Silas wurden hier von römischen Richtern verurteilt (Apostelgeschichte 16,20–24; 1. Thessalonicher, 2,2). Der Gemeinde in Philippi fühlte Paulus sich stets besonders herzlich verbunden: »Ich trage euch alle in meinem Herzen. Gott weiß, wie sehr ich mich nach euch sehne«.[2] Vor allem rühmt er sie ihrer Gebefreudigkeit wegen (Philipper 4,10–20).

b) *Via Egnatia,* die hervorragend ausgebaute römische Militärstraße, die das Schwarze Meer mit dem Adriatischen Meer (u. a. Philippi mit Thessalonich) verband. Sie war vorwiegend für Truppenverschiebungen gedacht, wurde aber auch vom Handels- und Reiseverkehr genutzt. Sie hatte einen festen Unterbau und war mit großen Steinplatten gedeckt (heute noch zwischen dem alten Neapolis – jetzt Kavalla – und Philippi über mehrere Kilometer erhalten. Skizze!). Paulus ist auf der Via Egnatia nach Westen gezogen.[3]

c) *Thessalonich*[4], »volkreich, lebenslustig, für alles Neue, ob gut oder böse, offen« (der griechische Geograph Strabo im 1. Jh. v. Chr. über Thessalonich), war eine prachtvolle Hafenstadt mit blühender Textilindustrie, mit einer reichen Oberschicht, aber auch Elendsquartieren im Hafen. Hier gab es eine große jüdische Gemeinde mit vielen Proselyten (zum jüdischen Glauben Übergetretene). Paulus sah sich jüdischer Verfolgung ausgesetzt (Jason-Episode, Apostelgeschichte 17, 5–9).
Der Brief von Korinth an die Thessalonische Gemeinde (50 geschrieben, ältestes *historisches* Dokument des Christentums!) verdeutlicht das gute und enge Verhältnis zu den Christen in Thessalonich: »Wir hatten euch so liebgewonnen. . .; wir waren zu euch so freundlich wie eine Mutter zu ihren Kindern« (1. Thessalonicher 1,7–8; vgl. 1,11–12; 2,19; 3,6–13). Die Thessalonische Gemeinde blieb nicht ohne Verfolgung (1. Thessalonicher 2,14).

6. Korinth

Die reiche Handelsstadt, auf einer Landenge zwischen zwei Meeren (Adria-Ägäis) gelegen, schon vor 1000 v. Chr. bestehend, 146 v. Chr. von den Römern zerstört, zu Ehren Caesars glanzvoll wiederaufgebaut, seit 27 v. Chr. Hauptstadt der neu konstituierten römischen Provinz Achaja, war bei ihrer farbenfrohen Bevölkerung aus vielen Rassen und Religionen auch ein blühendes Kulturzentrum. Korinth war berühmt als Ort der Isthmischen Spiele, durch seine Architektur (korinthischer Stil!), durch seinen Export von Bronzen und Töpferwaren (korinthische Vasen!), durch seinen Aphroditetempel aus dem 6. Jh. v. Chr., der – über der Stadt gelegen – Tausende von Gläubigen anzog.[5] Allerdings waren in Korinth noch stärker als anderswo Pracht und Elend gemischt. In den Hafenslums versammelte sich alles menschliche Elend. Und Diogenes, der Faßphilosoph, hatte sich in Korinth bei hellichtem Tage mit einer Lampe aufgemacht, um »einen Menschen zu suchen«.
Die korinthische Synagogengemeinde war die bedeutendste Griechenlands. Paulus (bei Aquila und Prisca wohnend) vermochte Juden (Synagogenvorsteher Crispus) und Griechen (Stephanas, Titius Justus) für Christus zu gewinnen. 1 ¹/₂ Jahre (Winter 49/50 – Sommer 51) blieb er

---

1 Zur Taufe der Purpurhändlerin Lydia vgl. Apostelgeschichte 16,11–15.
2 Philipper 1,7–8.
3 Das römische Straßennetz kam einer raschen Ausbreitung des Christentums entgegen!
4 315 v. Chr. gegründet, seit 148 v. Chr. Hauptstadt Mazedoniens mit eigenem Stadtrat. Heute Saloniki!
5 Die Skizze zeigt die noch erhaltenen sieben Säulen des dorischen Apollotempels an der Agora (550 v. Chr.).

hier. In diese Zeit fällt die in Apostelgeschichte 18,12–16 wohl verläßlich berichtete Verhandlung vor dem Prokonsul Gallio[1] (dem Bruder Senecas), bei der die Klage der ihn wieder verfolgenden Juden gegen Paulus abgewiesen wurde.
In der frühen Kirchengeschichte ist die offensichtlich rasch gewachsene korinthische Gemeinde bekannt für die harten Auseinandersetzungen, die Paulus von Ephesus aus mit ihr hatte. Seine Briefe, insbesondere der Tränenbrief (2. Korinther 10–13), legen eindringliches Zeugnis davon ab. Ein Zwischenbesuch verschärfte offenbar die Lage. Streitsüchtig, parteiisch, jedem neuen Einfluß (Wanderprediger aus Jerusalem!) gegenüber offen, geriet die auch moralisch labile Gemeinde in offenen Aufruhr gegen ihren persönlich zutiefst getroffenen Gründer. Erst nach vielen Mühen kam es zur Beruhigung (vgl. 2. Korinther 1,1–2,14; 7,5–16). Während seines letzten Besuches in Korinth von Mazedonien aus (Winter 55/56?) schreibt Paulus dann bei den nun wieder versöhnten Brüdern den Römerbrief.

7. Ephesus
Ausführliche Beschreibung von Stadt, Artemistempel (-kult) und Paulusgeschehnissen in den Bilderläuterungen zu S. 88 und in den Materialien 6 (letzter Teil) und 6a. Die Skizze zeigt die ›schöne‹ Artemis (1./2. Jh.). Zu den Briefen aus Ephesus (Korintherbriefe, Philipperbrief, Brief an Philemon) vgl. die Erzählungen.

8. Caesarea am Meer
Die Skizze zeigt römische Säulen vom alten Hafen. Zur Zeit Jesu war Caesarea (›die Kaiserliche‹), von König Herodes 20–10 v. Chr. in hellenistischem Stil glanzvoll ausgebaut, Residenz der römischen Präfekten und stark belegte Truppengarnison. Die Apostelgeschichte berichtet ausführlich von Gefangenschaft und Verhören des Paulus vor den Prokuratoren Felix und Festus (Apostelgeschichte 23,23–26,32).[2]

9. Rom
Die Skizze zeigt die drei Säulen vom Tempel des Castor und Pollux (484 v. Chr. errichtet) auf dem Forum Romanum. Dieser Tempel war in der Pauluszeit sicher noch ganz erhalten. Wir dürfen davon ausgehen, daß Paulus bei der vermutlich »relativ leichten Haft« (Bornkamm) in Rom – bevor der wiederaufgenommene Prozeß unter Nero zu seinem Todesurteil führte – auch das römische Forum, dieses politische (handelspolitische) und religiöse Zentrum des Imperiums, kennengelernt hat. Wieviel ihm die römische Christengemeinde bedeutete, zeigt der aus Korinth geschriebene Römerbrief. Paulus widmet den ihm unbekannten römischen Christen (»Ich würde euch gern persönlich kennenlernen«,[3] Römer 1,11) sein wichtigstes theologisches Zeugnis. Voller Vertrauen spricht er zu ihnen.[4] Wiederholt erwähnt er seinen Versuch, sie zu besuchen (Römer 1,13; 15,23). Er teilt ihnen seine weiteren Reisepläne mit (zuerst wegen der Kollekte nach Jerusalem, dann über Rom nach Spanien!; Römer 15,25 ff.). Er bittet um ihr Gebet (Römer 15,30).

5. Artemis und Münzen (S. 88)
Statue der Göttin Artemis, Ephesus 1./2. Jh.; Münzen: Biene, Artemistempel.[5]

---

1 Eine Inschrift aus Delphi, die das Konsulat Gallios für 51/52 ausweist, macht eine absolute Chronologie für Paulus möglich. Der ›Richterstuhl‹ des Gallio (Bema), vor dem Paulus stand, ist erhalten!

2 Nach der Apostelgeschichte war Paulus schon früher in Caesarea gewesen (9,30; 18,22; 21,8), war die christliche Missionierung durch Philippus und Petrus erfolgt (8,40; 10,24).

3 Aquila und Prisca dürften ihm in Korinth viel aus Rom berichtet haben.

4 »Immer wenn ich bete, denke ich an euch. Gott kann bezeugen, daß ich damit die Wahrheit sage« (Römer 1,9).

5 Nachzeichnungen von Fulvio Testa.

Bildbeschreibung und geschichtlich-religionsgeschichtliche Information
Artemis, leichte, anmutige Jägerin, jungfräulich-keusch, weltweit verehrt, ›Herrin des Draußen‹ (Göttin des Waldes, der Wildnis, der Wildtiere, der Wildbäche, Quellen und Flüsse, aber auch Betreuerin der Mädchen und Frauen bei Eheschließung und Geburt), verschmolz schon früh mit einer uralten kleinasiatischen Gottheit vom Typ der Großen Mutter, einer Allernährerin jeglichen Lebens, die auch Herrschaft über Natur und Kreatur ausübte. Das uralte Symbol dieser Göttin – wie auch der Stadt Ephesus – war die Biene (Münze![1]). Später erhielt ihre Kultstatue, flankiert von Hirschkühen,[2] eine Fülle von Tiergestalten und die Vielzahl jener nicht eindeutig geklärten Brüste (Eier?, Bieneneier? Stierhoden?), die allerdings unbezweifelt Symbole der Fruchtbarkeit sind.

Das Bild zeigt im Ausschnitt Kopf und Oberkörper einer der drei in den letzten Jahrzehnten in Ephesus selbst aufgefundenen marmornen Kultbilder aus dem 1./2. Jahrhundert nach Christus.[3] Wir sehen Löwen auf dem Oberarm, unter dem Blütenkranz auf der Brust einen Springbock und einen Zentaur, am Kopfschild Stiere sowie eine dreifach scheibenartige Bekrönung des trotz zerstörter Nase eindrucksvoll strengen Antlitzes. Der Ausdruck des Ganzen ist statuarisch, ›seltsam ungriechisch‹ (E. Feber), von hoher kultischer Würde.

Aufgestellt war das Kultbild im Artemistempel, der am Fuße eines Hügels frei in der Ebene lag und dessen machtvoller Eindruck unbeschreiblich gewesen sein muß. Ein früher Bau (6. Jahrhundert), bereits weltberühmt, wurde 356 v. Chr. von Herostrat, der sich damit Unsterblichkeit verschaffen wollte, niedergebrannt. Größer und schöner (u. a. mit Unterstützung Alexanders des Großen, der 334 in Ephesus war) wurde der Tempel aus weißem Marmor wieder aufgebaut. Seitdem galt er als eines der sieben Weltwunder.[4] 263 n. Chr. von den Goten zerstört, wurde er 1863 von dem Engländer Wood nach jahrelangem Suchen wiederentdeckt und ausgegraben (Reste unbedeutend).

Der Kult der Göttin war reich, z. T. ekstatisch. Unzählbare Priester und Priesterinnen, ›Bienen‹ genannt, übten den Tempeldienst aus. Allgemein üblich war der Ruf »Groß ist die Artemis von Ephesus« (vgl. Apostelgeschichte 19). Die Vielzahl der Artemis-Pilger (Wallfahrtsrummel!) hatte eine reiche Andenkenindustrie ins Leben gerufen. Amulette zum persönlichen Gebrauch, Votivgaben aus Terrakotta, Marmor, Silber fanden sich im Mittelmeerraum vielerorts bis hin nach Marseille!

Ephesus, die Stadt des Artemiskultes, glanzvolle Metropole Asiens[5] (in der

---

1 3. Jh. v. Chr.! die Aufschrift EΦ bedeutet Ephesus; genauer, da die Bezeichnung im Genitiv steht: »Ich bin die Münze der Epheser«.
2 Zweite Münze: Artemis in ihrem Tempel, dem weltberühmten Artemision, rechts und links Hirschkühe!
3 1956 ausgegraben, ca. 2 m hoch, Museum Selçuk, als ›Schöne Artemis‹ bekannt. Das Kultbild der Frühzeit war aus Holz, schwarz oder auch mit Gold überzogen.
4 109 m lang, 49 m breit; 127 über 20 m hohe Säulen; weite von Säulenhallen gesäumte Höfe!
5 Seit 133 v. Chr. Hauptstadt der römischen Provinz Asia, mit höchster Blüte unter den römischen Kaisern (ca. 200 000 Einwohner!). Wie sehr der Artemiskult gerade auch in der Pauluszeit durch die römischen Kaiser gefördert wurde, zeigt eine Münze des Claudius

ursprünglichen Wortbedeutung ›Stadt der Bienengöttin‹), durch den Kaystros-Fluß mit dem Meer verbunden, nannte sich aufgrund von Kult, Größe und Schönheit auf eigenen Inschriften zu recht die ruhmreichste, »die erste und größte (Stadt) Asiens«. Das bewiesen u. a. die Bauten. Das kaiserzeitliche Theater – großartige Lage! – hatte mehrere Vorgängerbauten (3. Jh./1. Jh. v. Chr.). Es faßte in dreimal 22 Sitzreihen 24 000 Menschen. Es diente szenischen Aufführungen und Volksversammlungen (Apostelgeschichte 19,29). Die schnurgerade Arkadiane (Name nach dem oströmischen Kaiser Arcadius, 395–408 n. Chr., der sie großzügig renovierte), 530 m lang, 21 m breit (11 m breite Fahrbahn!), mit Marmorplatten belegt, mit Säulenhallen und Geschäften an beiden Seiten, führte einstmals zu dem 300 v. Chr. angelegten, heute längst versandeten künstlichen Binnenhafen.

Arbeitsmöglichkeiten:
1. Unbefangenes Betrachten des Paulusbildes S. 84 (Projektion über Farbfolie). Äußerungen sammeln. U. U. stellen die Kinder die Verbindung zum Petrusteil her. Dann Informationen nach der Bildbeschreibung.
2. Erzählung Material 1. Gespräch. Aufschlagen des Buches (bzw. Folie). Fotos S. 85 und Foto S. 86 als erweiternde Information. Gespräch.
3. Aus dem Text S. 84/85 eine eigene knappe Paulus-Erzählung gewinnen (nacherzählen/aufschreiben).
4. Die Karte S. 87 betrachten. Auf Fragen zu den Pauluszentren mit entsprechenden Informationen reagieren. Die Zeichnung eines Webers (Tarsus) z. B. mit dem Weberfoto S. 85 in Beziehung setzen.
5. Erzählungen Material 2 und 3. Den Text S. 86–87 – ohne den letzten Absatz über Korinth – nachlesen. Die Pauluskarte S. 87 nachzeichnen. Zentrale bis jetzt bekannte Paulusorte eintragen: Tarsus – Jerusalem – Damaskus – Antiochien – Troas – Philippi – Thessalonich.
6. S. 87 den Abschnitt über Korinth lesen. Fragen der Kinder mit der Erzählung Material 4 beantworten. Dann als Textvorlage Material 5 (1. Thessalonicherbrief). Die Kinder lesen, fragen und unterstreichen ihnen wichtige Stellen. Mazedonien, Achaja und Korinth in die eigene Karte eintragen. Zu den Paulusorten kleine eigene Bilder malen.
7. Bild und Münzen S. 88. Gespräche – Fragen – Informationen. Erzählungen Material 6/6a. Gespräche. Szenisches Spiel: ›Die Silberschmiede von Ephesus‹. Bilder malen. Den Text S. 88 nachlesen. Dazu Erzählung Material 7 mit dem Brief an Philemon.
8. Römerbrief mit den Aufgaben S. 89. Die Sätze ›Wir Christen sind wie Zweige an einem Baum. Die Juden aber sind die Wurzeln des Baums. Sie tragen den Baum‹ als wahrhaft oikumenische Sätze – Oikumene der Religionen – würdigen. Dazu ergänzend gemeinsam lesen: Römer 1,5.13–16; 15,16–24.

(41–54), die auf der Rückseite mit der lateinischen Aufschrift DIAN EPHE Tempel und Kultbild der Göttin trägt.

9. Das Ende des Paulus: Erzählung Material 8. Ephesus, Caesarea und Rom in die Karte eintragen.
10. Einen ausführlichen Steckbrief des Paulus erstellen (vgl. den Steckbrief Martin Luther Kings S. 70).
11. Als Gemeinschaftsarbeit ein Paulusplakat gestalten. Großer Packpapierbogen. Grundlage die Kartenskizze. Alle wichtigen Orte eintragen. Die kleinen selbstgemalten Bilder einkleben. Fotokopien von Bildern S. 84–89 einfügen. U. U. im Zentrum groß der Kopf des Paulus! Kleine Texte und wichtige Sätze aufschreiben, ausschneiden und aufkleben. Den Steckbrief nicht vergessen. Das Plakat aufhängen.
12. Vor dem Plakat abschließende Paulusandacht Material 9. Stilles Antwortgespräch: Noch einmal eine Erinnerung an die Damaskusvision und an Leidenssituationen im Leben des Paulus: Trennung von Petrus, Krankheit, falsche Brüder (Korinth), Gefangenschaft (Ephesus, Caesarea, Rom), Tod.

Material 1

Paulus, der Christ – Die Botschaft in der Welt

Und dann lernt Paulus die Christen kennen. Er ist nach Damaskus gekommen in Syrien, in die große Stadt. Viele Juden sind hier Christen geworden. Paulus hört, wie sie von Jesus reden, immer nur von Jesus Christus. Paulus hört, wie sie sagen:»Jesus ist am Kreuz gestorben, aber dennoch ist er bei uns. Gott hat ihn zu unserem Herrn gemacht. Er ist der Messias, der gesalbte König Gottes!«
Paulus sagt:»Wer ist dieser Jesus? – Ein Gekreuzigter! Ein Gehängter! Ein Verbrecher! Ein Gesetzloser! Wer am Kreuz stirbt, ist außerhalb des Gesetzes! Und der soll der Messias sein?« Die Christen sagen:»Ja, er ist der Messias, unser Herr!«
Paulus ist erschrocken. Das kann nicht sein. Das darf nicht sein. Das dürfen sie nicht sagen. Er will den Christen diesen Messias austreiben. Wer einem Gesetzlosen dient, der ist gegen das Gesetz!
Aber die Christen bleiben dabei:»Gott ist unser Herr. Jesus ist unser Herr. Und Jesus ist der Messias!«
Da wird Paulus zornig:»So darf das nicht weitergehen. Es muß etwas geschehen. Diese Leute dürfen keinem Gesetzlosen dienen. Das ist falsch.«
Und Paulus läßt viele Christen gefangennehmen. Er bringt sie vor das Gericht der Synagoge. Die Synagoge ist das Gebetshaus der Juden, das Gemeindehaus. Aber hier wird auch Gericht gehalten. Paulus klagt die Christen an:»Sie wollen das Gesetz Gottes nicht halten. Sie zerstören das Gesetz!«[1]

---

1 Das ist der Gesetzeseifer, der sich bereits im ›Studium‹ des Paulus zeigte. Dazu Galater 1,13–14:»Ihr wißt doch, was für ein eifriger Anhänger der jüdischen Religion ich früher gewesen bin. Ich befolgte die Vorschriften des Gesetzes peinlich genau und übertraf darin viele meiner Altersgenossen. Mit dem größten Eifer setzte ich mich für die überlieferten Lehren ein«; Philipper 3,4–6:»Gemessen an dem, was das Gesetz vorschreibt, stand ich vor Gott ohne Fehler da.«.

Die Christen in Damaskus werden verurteilt. Sie werden ausgepeitscht. Angebunden am Pfahl, vornübergebeugt, bekommen sie Geißelhiebe auf Brust und Rücken, neununddreißig Schläge! – ›Vierzig weniger einen‹, das ist die Strafe der Synagoge.

Paulus verfolgt voller Zorn die Christen in Damaskus. Er ist außer sich. Da geschieht etwas. Urplötzlich. In Damaskus. Mit Paulus: Er sieht Jesus, Jesus Christus, den er verfolgt. Ein Licht strahlt auf. Paulus erkennt. Er begreift:»Du bist von Gott, Jesus. Du bist der Herr. Du allein!« Paulus ist außer sich. Er weiß es plötzlich:»Nicht ich habe recht. Die Christen haben recht. Wichtiger als das Gesetz ist die Liebe!«

Urplötzlich ist es über ihn gekommen. Paulus ist wie verwandelt danach, ein ganz neuer Mensch. Später schreibt er:»Ich habe Jesus gesehen. Aus der Finsternis strahlte das Licht. Es strahlte auf im Angesicht von Jesus Christus. Es strahlte auf in meinem Herzen. So wollte es Gott.

Gott hat mich gerufen. Alles war Gottes Gnade. Ich bin nichts. Was ich bin, das bin ich durch Gott allein. Schon ehe ich geboren war, hatte Gott mich gerufen. Nur – ich wußte es nicht.«

Und Paulus geht hinein in die Welt und sagt es überall weiter, das von Jesus, dem Christus, die gute Nachricht, die frohe Botschaft. Bei den Nabatäern und ihrem König Aretas. In Antiochien in der Provinz Syrien. Auf der Insel Cypern. Vor allem aber in Kleinasien.

Paulus nimmt alles auf sich. Allein zieht er weit in die Länder[1], quer durch Kleinasien, viele hundert Kilometer weit. Immer in Gefahr, in Kälte und Hitze, in Hunger und Durst, in Schwachheit und Krankheit und Angst. Immer zu Fuß durch wildes Gebirge, über reißende Flüsse, auf unwegsamen Pfaden, aber auch auf den großen Straßen der Römer.

Paulus findet einen Freund: Timotheus, den griechischen Christen.

Paulus kommt zu den Galatern. Von Ort zu Ort zieht er in Galatien, überall predigend, immer unterwegs für Jesus. Und wieder gelingt es ihm, Menschen zu begeistern, daß sie an Gott glauben und an Jesus.

Die einen nehmen ihn auf wie einen Engel Gottes. Andere aber verfolgen und mißhandeln ihn.

Paulus ist krank. Aber er achtet nicht auf seine Krankheit. Er zieht weiter nach Westen. Er kommt zur Küste, nach Troas ans Ägäische Meer. Jenseits des Meeres liegt Mazedonien, dort liegt Griechenland, Europa.

Paulus will nach Europa. Er nimmt ein Schiff nach Mazedonien. Er kommt nach Griechenland. Er kommt in die Stadt Philippi. Wieder ist ein neuer Freund bei ihm: Silvanus, Jude, Christ und römischer Bürger wie Paulus selbst.

Und Paulus predigt in Philippi.

Aber er will weiter. Er hat einen großen Plan: In die Hauptstadt des Reiches! Nach Rom! Dort den Christen predigen! Das möchte er.

Christen gibt es bereits in Rom. Das weiß Paulus.

---

1 In der Didaktik des Unterrichts über Paulus ist die Betonung der Missions*reisen* (bei genauerem Zusehen sind es mehr als man früher in die entsprechenden Karten einzeichnete) zurückgetreten.

Und Paulus will noch weiter. Er will nach Spanien – bis ans Ende des Römischen Reiches. Überall sollen die Menschen von Jesus hören. Alle Länder des Weltreiches, alle Länder um das Mittelmeer sollen zu Jesus gehören. Das ist sein Plan.

Material 2

Das Gesetz der Beschneidung – Die große Konferenz in Jerusalem

Paulus war in Arabien. Paulus war in Damaskus. Und jetzt geht er nach Jerusalem. Jetzt will er Petrus sehen, den Freund von Jesus, der immer mit Jesus zusammengewesen ist. Jetzt will er alles von Jesus wissen.
Und Petrus erzählt es ihm. Sie sprechen über alles. Endlich kann Paulus es hören, wie Jesus lebte, wie er predigte, wie er den Menschen half, wie er starb.
Zwei Wochen lang bleibt Paulus bei Petrus.
Und Paulus lernt auch Jakobus kennen, den Bruder von Jesus, den Leiter der Gemeinde in Jerusalem. Paulus spricht mit Jakobus. Sie reden vom Gesetz, aber noch mehr von Jesus.
Und Paulus kommt wieder nach Tarsus, in seine Heimatstadt. Überall dort predigt er jetzt von Jesus, so, daß viele zum Glauben kommen, so, daß die Christen in Jerusalem davon hören. Da freuen sie sich. Da loben sie Gott: »Paulus, der Pharisäer, der Eiferer für das Gesetz, der verkündigt jetzt das Evangelium, die frohe Botschaft! Dank sei dir, Herr!«
Vierzehn Jahre lang predigt Paulus in Tarsus und überall dort in der Gegend, da kommt Barnabas aus Antiochien in Syrien, der drittgrößten Stadt im römischen Weltreich, Barnabas, der Judenchrist. Er ist erfüllt vom Geiste Gottes: »Alle haben von dir gehört«, sagt er zu Paulus. »Sie wollen dich sehen. Willst du zu uns kommen?«
Und Paulus kommt. Ein Jahr lang arbeitet er mit Barnabas in Antiochien zusammen. Sie erzählen von Jesus. Bei den Juden und bei den Griechen. Und die Christen in Antiochien freuen sich.
Und Paulus predigt in den Synagogen. Er liest aus den alten Schriftrollen der Juden. Aber er erklärt sie jetzt anders als früher. Die Menschen verstehen ihn: Vieles in den alten Schriften ist wie ein Wegweiser: Es zeigt hin auf Jesus. Wer an Jesus glaubt, der erkennt auch Gott richtig. Der kann voller Hoffnung auf Gott schauen – wie damals Abraham. Der kann stark sein im Glauben – wie Abraham.
Dann aber gibt es Streit in Antiochien. Einige in der Gemeinde sagen auf einmal zu den griechischen Christen: »Wer sich nicht beschneiden läßt, wie die Juden es tun, der ist kein richtiger Christ!«
Die griechischen Christen sind erschrocken: »Beschneidung? Was ist das?« – Sie kennen die Beschneidung nicht.
Die Juden lassen ihre neugeborenen Söhne beschneiden, acht Tage nach der Geburt. Ein Stückchen Haut vom Glied wird abgeschnitten. Das ist gut für die Reinlichkeit. Für die Juden gehört die Beschneidung zum Gesetz. Sie sagen: »Gott will es so: Jeder Jude *muß* beschnitten sein! Will einer Jude werden, dann muß er sich beschneiden lassen, auch als erwachsener Mann.«

Die griechischen Christen in Antiochien sind erschrocken: »Müssen wir Juden werden, um Christen zu sein? Sollen wir das Gesetz der Beschneidung annehmen?« Sie schicken Paulus und Barnabas nach Jerusalem, mit ihnen Titus, den griechischen Christen: »Fragt die Brüder dort, was wir tun sollen. Fragt sie, ob wir erst Juden werden müssen, um Christen zu sein!«
Paulus, Barnabas und Titus haben eine wichtige Zusammenkunft mit Petrus, Johannes und Jakobus. Sie besprechen alles.
Paulus sagt: »Das könnt ihr nicht verlangen. Unsere griechischen Brüder können keine Juden werden. Wir können ihnen das Gesetz der Beschneidung nicht aufzwingen. Unsere griechischen Brüder sind frei. Sie haben ihre Freiheit von Jesus!«
Petrus, Johannes und Jakobus sind erstaunt über das, was Paulus sagt. »Dieser Paulus hat Gnade vor Gott. Wir müssen ihm recht geben. Wir können den griechischen Brüdern keine Vorschriften machen. Wir können die Beschneidung nicht von ihnen fordern. Wer an Christus glaubt, soll dazugehören, überall in der Welt, ob er beschnitten ist oder nicht. Das soll gelten. Petrus soll zu den Juden gehen. Paulus soll zu den Griechen gehen.« So beschließen sie. So soll es sein. Sie geben sich die Hand darauf.
Und niemand sagt zu Titus: »Du mußt dich beschneiden lassen.«
Eine Bitte aber richten sie an Paulus: »Es gibt so viele Arme bei uns in Jerusalem. Kannst du uns helfen? Mit Geld? Du kommst soviel herum. Anderswo sind die Brüder reicher als wir.«
Paulus verspricht es. Er will für sie sammeln, wo immer er hinkommt.

Material 3

Paulus in Philippi und Thessalonich

In Philippi tauft Paulus Lydia. Lukas hat später davon erzählt.
Philippi ist eine römische Stadt. Römische Soldaten, die nicht mehr kämpfen können, leben hier. Der römische Kaiser gilt viel in Philippi. Römische Prätoren sind die Richter der Stadt. Vor hundert Jahren gab es eine große Schlacht bei Philippi. Oktavian, der später Augustus hieß, besiegte hier die Mörder Caesars. Juden gibt es nur wenige in Philippi. Sie haben keine Synagoge, nur eine Gebetsstätte.
Am Sabbat gehen Paulus und Silvanus hinaus vor die Stadt. Sie kommen zum Fluß Gangites. Sie suchen die Gebetsstätte der Juden. Sie setzen sich ans Flußufer. Da kommen Frauen aus der Stadt. Lydia ist dabei, die Griechin, die Purpurhändlerin, die teure Purpurwolle und die kostbaren Purpurstoffe verkauft, Lydia, die an den *einen* Gott glaubt, nicht an viele Götter.
Und es geschieht, als Lydia hört, wie Paulus und Silvanus von Jesus erzählen, da glaubt sie an Jesus Christus. Und sie läßt sich taufen. Paulus taucht sie unter im Fluß Gangites: »Ich taufe dich, Lydia, im Namen von Jesus!«
Lydia ist die erste Christin in Europa. Und sie sagt zu Paulus und Silvanus: »Kommt in mein Haus!« Paulus und Silvanus komen. Sie bleiben in Lydias Haus. Sie taufen die ganze Familie.

Und viele andere aus Philippi kommen dazu. Sie wollen auch zu Jesus gehören. Sie sind freundlich zueinander. Sie halten zusammen. Sie essen miteinander. Sie denken an Jesus. Sie sind eine Gemeinschaft, eine Gemeinde. Einer hilft dem anderen. Und Paulus hat sie alle lieb.

Die Römer von Philippi aber beschuldigen Paulus: »Du verbreitest hier einen falschen Glauben. Du führst hier fremde Sitten ein. Das können wir nicht dulden!«

Paulus kommt vor die Prätoren. Er wird verurteilt. Er wird eingekerkert. Er wird ausgepeitscht. Dann wird er ausgewiesen: »Du mußt die Stadt verlassen!«

Paulus und Silvanus tun, wie ihnen befohlen wird. Sie verlassen die Stadt. Sie wissen: Es gibt jetzt viele Christen in Philippi. Sogar ein Gefängniswärter ist Christ geworden. Darüber sind sie glücklich.

Auf der großen Überlandstraße der Römer, auf der Via Egnatia, kommen Paulus und Silvanus nach Thessalonich am Meer, in die Hafenstadt, die Hauptstadt von Mazedonien. Hier gibt es Tempel der Griechen – wie anderswo. Hier gibt es ihre Gottesdienste wie anderswo. Hier gibt es viele Juden. Hier gibt es eine Synagoge. Und Paulus predigt in der Synagoge.

Lukas hat davon erzählt.

Juden und Griechen hören Paulus zu. »Nur Mut«, sagt Paulus: »Gott kommt zu euch! Der Messias kommt! Er heißt Jesus! Er ist der Christus, gesalbter König von Gott! Am Kreuz ist er gestorben. Aber bei uns lebt er. Wir glauben an ihn. Wir denken an ihn. Wir reden von ihm. Wir taufen in seinem Namen!«

Viele Griechen in Thessalonich sind voller Neugier. Sie hören. Sie sehen. Sie verstehen, was Paulus sagt. Sie glauben. Sie nehmen die Botschaft von Jesus an. Sie lassen sich taufen. Sie wollen den Göttern nicht mehr opfern.

Viele Juden in Thessalonich aber hören nichts. Sie sehen nichts. Sie verstehen nichts.

Tag und Nacht arbeitet Paulus als Zeltmacher. Er will sein Geld selbst verdienen. Niemandem will er zur Last fallen. Er wohnt bei Jason.

Die Christen aus Philippi schicken ihm Geld. Sie wollen Paulus helfen. Sie haben ihn gern. Paulus denkt an die Armen in Jerusalem.

Die Juden in Thessalonich aber sind Paulus feindlich gesinnt. Sie holen sich ein paar üble Burschen von der Straße. Mit denen ziehen sie vor das Haus des Jason: »Heraus mit dir, Paulus!« schreien sie: »Heraus mit dir, Silvanus!«

Paulus und Silvanus aber sind nicht da.

Da bringen sie Jason vor das römische Gericht von Thessalonich. Sie klagen ihn an: »Dieser Mann nimmt Leute auf, die gegen den Kaiser hetzen, die gegen euch Römer sind, die sagen, ein gewisser Jesus sei König!«

Jason wird festgesetzt. – Später kommt er wieder frei.

Paulus und Silvanus aber verlassen auch diese Stadt. Bei Nacht! Doch sie wissen: Auch hier gibt es jetzt Christen. Es gibt jetzt die Gemeinde in Thessalonich.

Material 4

Paulus in Korinth

Paulus zieht weiter nach Korinth.
Korinth ist die Hauptstadt der griechischen Provinz Achaja. Ein römischer Pro-
konsul regiert hier, Gallio, ein kluger Mann, der Bruder des Philosophen Seneca.
Korinth liegt an der Landenge. Auf beiden Seiten ist Meer: Im Westen das
Adriatische Meer, im Osten das Ägäische Meer. Korinth hat einen Hafen mit
Schiffen aus aller Herren Länder und einen riesigen Marktplatz mit Ladenstra-
ßen, Säulenhallen und vielen Göttertempeln. Es gibt prächtige Häuser in Ko-
rinth, Mosaikfußböden, Wandmalereien überall. Es gibt Theater und römische
Bäder mit heißem und kaltem Wasser für jedermann. Es gibt den Tempel des
Apollo am Marktplatz und auf dem Berg hoch über der Stadt den Tempel mit
dem berühmten Altar der Aphrodite.
Aber es gibt auch Elendsviertel in Korinth, Vorstädte mit schmutzigen Straßen,
Elendswohnungen und armes, zerlumptes Volk.
Paulus predigt in der Synagoge von Korinth:
»Wer in der Welt gar nichts hat, gerade den hat Gott lieb. Wer im Elend ist, den hat
Gott sich ausgesucht zum Freund!« Paulus erzählt von Jesus, der in Galiläa zu den
Ausgestoßenen kam, zu den Unreinen, zu den Armen und Elenden. »Dieser Jesus«,
so predigt Paulus den Armen von Korinth, »dieser Jesus ist euer Retter!«
Viele können diese Predigt nicht verstehen, viele Griechen, viele Juden.
»Mag es viele ›Götter‹ und viele ›Herren‹ geben«, sagt Paulus, »für uns gibt es
jedenfalls nur den einen Gott, den Vater. Von ihm kommt alles. Für uns gibt es
nur den einen Herrn, Jesus Christus. Durch ihn leben wir.«
Und Stephanas hört auf Paulus, Stephanas, der Grieche. Er wird Christ mit seiner
ganzen Familie. Er ist der erste Christ in der Provinz Achaja. Er wird der Erste
der Gemeinde. Und viele andere kommen hinzu zu der Gemeinde in Korinth.
Paulus wohnt bei Aquila und dessen Frau Prisca, die aus Rom gekommen sind
von den Christen dort. Aquila und Prisca sorgen sich um Paulus. Sie sind Juden
wie er, Juden und Christen. Sie sind seine Freunde. Sie sind Zeltmacher von
Beruf wie Paulus.
Aus Rom wurden sie vertrieben, weil Kaiser Claudius es verordnet hatte. Es
hatte Streit gegeben zwischen Juden und Judenchristen in Rom.
Paulus arbeitet bei Aquila und Prisca, Tag für Tag. Aquila und Prisca helfen ihm,
wo sie nur können. Sie haben ihn lieb. Sie würden ihr Leben lassen für ihn.
Auch Timotheus und Silvanus helfen. Timotheus bringt Geld aus Thessalonich.
Silvanus bringt Geld aus Philippi. Paulus denkt an die große Sammlung für
Jerusalem.
Am Sabbat predigt Paulus in der Synagoge. Immer geht er zuerst in die Synago-
ge. Er ist ein Jude. Und er bleibt ein Jude. Und sein Volk behält er immer lieb.
Aber auch in Korinth sind viele Juden gegen ihn. Sie verbieten ihm die Synago-
ge. Da predigt Paulus im Haus nebenan, im Haus des Griechen Titius Justus.
Titius Justus wird Christ. Und auch Crispus, der Jude, der Vorsteher der Synago-
ge, hört auf Jesus.

Die anderen Juden aber verfolgen Paulus. Sie lassen ihn verhaften. Sie bringen
ihn vor das Gericht der Römer, vor den Prokonsul Gallio. Sie klagen ihn an:
»Dieser Mann will, daß unser Gesetz nicht mehr gelten soll. Dieser Mann ist
gegen Gott! Verurteile ihn, Gallio! Er ist ein Staatsfeind. Er verführt die Men-
schen. Er ist gegen unser Gesetz!«
Gallio ist ein kluger Mann: »Was schreit ihr so, ihr Juden? Was heißt hier
Gesetz? Meint ihr das Gesetz des Kaisers oder euer Gesetz?«
Gallio spricht: »Euer Gesetz ist nicht Kaisergesetz! Ich sehe keine Untat! Wozu
soll ich diesen Mann bestrafen? Was geht es mich an, wenn ihr euch streitet um
euer Gesetz. Dieser Mann ist ohne Schuld!«
Der römische Prokonsul Gallio spricht Paulus frei.
Paulus kann wieder predigen.
So hat es Lukas erzählt, dreißig Jahre später.

Material 5

Der Brief an die Christen in Thessalonich

Zwanzig Jahre sind es her, daß Jesus am Kreuz starb. Da wird ein Brief geschrie-
ben. Er kommt aus Korinth. Er geht nach Thessalonich. Paulus hat ihn diktiert.
Ein Freund hat ihn aufgeschrieben auf Papyrusblätter. Es ist der älteste Brief des
Paulus, den wir kennen. Noch heute können wir ihn lesen – im Neuen Testament.

»Ihr Thessalonicher!
Gnade und Frieden mit euch!
Alle sprechen davon, wie ihr zu Gott gekommen seid von den Göttern.
Ihr habt die Botschaft mit Freuden aufgenommen. Ihr hofft auf Jesus Christus.
Durch keinen Feind habt ihr euch schrecken lassen.
Ihr wurdet verfolgt von euren eigenen Landsleuten, wie die Christen in Judäa.
Ihr mußtet leiden. Aber ihr habt gesiegt. Ich bin stolz auf euch.
Ihr seid zum Vorbild geworden für alle Christen in Mazedonien und Achaja.
Ihr Thessalonicher!
Timotheus hat euch getröstet. Er hat mir gute Nachricht von euch gebracht, von
eurem Glauben, von eurer Liebe. Ihr seid mein Siegespreis. Ich freue mich. Gern
würde ich euch besuchen. Aber noch geht es nicht.
Ihr Thessalonicher!
Lebt so, daß ihr Gott gefallt! Seid gut zu euren Frauen! Haltet Frieden unterein-
ander! Nehmt eurem Bruder nichts weg! Helft den Schwachen! Habt Geduld mit
allen! Haltet euch fern von dem Schlechten! Prüft alles! Was gut ist, das sollt ihr
behalten!
Seid immer fröhlich! Betet zu allen Zeiten! Betet auch für uns!
Ihr Thessalonicher!
Denkt an die Toten! Wer im Glauben an Jesus gestorben ist, den wird Gott auch
mit Jesus zum Leben bringen. Wir können zusammen mit Jesus leben! Seid
wach! Seid bereit! Der Tag des Herrn kommt!
Grüßt alle Brüder! Umarmt sie! Lest allen diesen Brief vor!
Die Gnade des Herrn sei mit euch!«   *Paulus*

Eineinhalb Jahre bleibt Paulus in Korinth. Dann verläßt er die Stadt. Drei Christengemeinden gibt es jetzt in Griechenland, in Europa: Philippi, Thessalonich und Korinth.

Material 6

Paulus in Ephesus. Der Streit in Korinth

Paulus kommt zurück übers Meer. Er landet in Ephesus, der großen, reichen und schönen Stadt. Er predigt hier. Bald reist er weiter zu den Gemeinden in Galatien, dann bis Antiochien, dann wieder zurück nach Ephesus.
Es kommen Nachrichten aus Korinth nach Ephesus, keine guten Nachrichten. Manche tun, was sie wollen, in der Gemeinde dort. Sie sagen:»Christus hat uns doch frei gemacht!« Parteien haben sich gebildet. Die einen sagen:»Wir gehören zu Petrus!« Andere sagen:»Wir gehören zu Paulus!« Andere:»Wir zu Christus!« Wieder andere:»Wir zu Apollos!« Apollos ist ein Judenchrist aus Alexandria in Afrika, voller Begeisterung für Christus.
Paulus aber ist voller Sorge über diese Nachrichten. Er diktiert einen Brief:

»Ihr Christen in Korinth! Was spaltet ihr euch? Gehören wir nicht alle zu Christus? Gehört nicht Christus zu Gott? Ist Christus etwa in Teile zerspalten? Wollen wir nicht alle dasselbe? Sind wir nicht wie die verschiedenen Glieder an einem Körper? Hat nicht jeder von uns seine Aufgabe? Ich pflanze. Apollos begießt. Gott aber läßt es wachsen. Ist es nicht so?
Ihr Korinther! Haltet fest am Glauben! Es kann nicht jeder tun, was er will! Was ihr tut, das tut mit Liebe. Wer Liebe hat, der ist gut, geduldig, freundlich, der ist ohne Lüge, ohne Neid, ohne Eifersucht. Die Liebe macht uns stark. Niemals hört sie auf. Das habe ich selbst erfahren.
Seid einig, ihr Korinther! Seid wachsam! Betrügt euch nicht selbst!
Ich sende euch Timotheus. Nehmt ihn freundlich auf! Tut alles für ihn: Er ist mein Freund. Er arbeitet für Gott! Haltet euch an Stephanas!
Alles, was ihr tut, das tut mit Liebe! Grüße an alle von *Paulus*.«

Der Brief nützt nichts. Wanderprediger sind am Werk in Korinth, Judenchristen, die glatt reden können, die den Korinthern viel vormachen, die schlecht über Paulus reden.
Paulus schreibt einen zweiten Brief nach Korinth. Aber auch dieser Brief richtet nichts aus. Da ist Streit in der Gemeinde und Neid, Unbeherrschtheit und Beleidigung und Geschwätz. Da kommt Paulus selbst nach Korinth. Feindselig sind die Brüder. Sie wollen ihn nicht anhören. Sie machen ihm Vorwürfe:»Du bist schwach! Andere predigen besser als du! Ja, du predigst falsch!« Einer sagt: »Bist du denn überhaupt ein Gesandter von Christus, ein Apostel? Und das Geld, das du überall sammeln läßt, was machst du damit?«
Das ist zuviel: Kein Bote von Jesus. Dazu die Beschuldigung mit dem Geld. Das ist zuviel. Paulus kann nicht mehr bleiben. Er kommt zurück nach Ephesus. Und wieder schreibt er nach Korinth, diesmal unter Tränen, voller Schmerz, voller Angst des Herzens:

»Ich soll kein wahrer Bote von Jesus sein, ihr Korinther? Bin ich denn ein Narr? Bin ich denn verrückt, daß ich immer wieder von Jesus predige, daß ich mich bald umbringe für ihn?
Aber die bei euch, diese Heimtücker, diese Heuchler, diese eingebildeten Groß-tuer, die sind die wahren Boten, nicht wahr? Bei Gott, sie können sich gut verstellen. Kaum der Teufel kann es besser. Aber ich sage euch, ihr Korinther, sie legen euch herein. Sie verachten euch. Sie predigen euch einen falschen Jesus. Das habt ihr von mir nicht gehört, was die euch predigen. Ich sage euch, die werden erhalten, was ihre Taten wert sind.
Diese Leute prahlen, ihr Korinther? Bei Gott, prahlen kann ich auch: Sie sind Juden? – Ich bin auch ein Jude! – Sie sind Boten von Jesus? – Ich bin es viel mehr. Sie arbeiten für Jesus? – Ich arbeite viel mehr. Und viel mehr halte ich aus: Ich war öfter im Gefängnis. Ich bin mehr ausgepeitscht worden. Ich habe die ›vierzig weniger einen‹ fünfmal bekommen. Dreimal peitschten mich die Römer aus. Ich war in Todesgefahr. Einmal wurde ich gesteinigt. Dreimal hatte ich Schiffbruch. Einmal schwamm ich vierundzwanzig Stunden über dem Abgrund des Meeres. Räuber haben mich bedroht, Juden und Nichtjuden. Überall Gefahr: In den Städten, in der Wüste, auf hoher See, bei falschen Brüdern. Wie oft konnte ich nicht schlafen! Wie oft hatte ich Hunger und Durst! Wie oft habe ich gefroren! Und dann die Sorgen um die Gemeinden, wie oft drücken sie mich! Tag für Tag! Alles für Jesus!
Ich bin kein Apostel, ihr Korinther? Kein Bote? Wollt ihr das wirklich sagen? Habe ich Christus nicht gesehen? Gehöre ich nicht zu ihm? Bin ich nicht stark durch Christus? Als er am Kreuz starb, war er schwach. Aber durch Gottes Macht lebt er. Und ich werde mit ihm leben und stark sein!
Lüge ich, ihr Korinther? Nein! Gott weiß es. Prahle ich? Nein! Ich könnte prahlen. Ich will es nicht. Ich bin nichts. Aber Gott ist mit mir. Und darum bin ich immer noch mehr als die falschen Brüder bei euch. Wollt ihr es euch denn gefallen lassen, ihr Korinther, daß die euch belügen und betrügen?
Und dann das mit dem Geld: Ihr wißt doch genau, daß Titus für die Brüder in Jerusalem und Judäa sammelt. Warum also beschuldigt ihr mich? Ich habe euch nicht um Geld betrogen. Nie habe ich Geld von euch genommen. Auch nicht für meinen Unterhalt. Andere gaben mir Geld dafür. Ihr nicht. Warum also laßt ihr es zu, daß ich beschuldigt werde?
Ich werde euch wieder besuchen, ihr Korinther. Aber dann werde ich streng mit euch sein. Bessert euch! Prüft, ob ihr im Glauben lebt! Ich bete, daß ihr wieder zurechtkommt. Titus bringt euch diesen Brief. Wenn ich verrückt bin, dann für Gott, für Jesus. Gott gebe euch Gnade und Frieden. Lebt wohl.«

Paulus

Und es geschieht: Die Christen in Korinth erkennen ihr Unrecht. Sie bestrafen den, der Paulus beleidigt hat. Sie vertreiben die falschen Brüder. Als Paulus davon hört, da schreibt er:

»Ich bin so froh, ihr Korinther. Jetzt kann ich mich ganz auf euch verlassen. Ihr habt euch geändert. Den Schuldigen habt ihr bestraft. Aber straft ihn nicht länger! Begegnet ihm mit Liebe. Ich habe ihm verziehen.

Ihr Korinther! Jetzt kann ich von Geld zu euch reden: Die Brüder in Mazedonien haben soviel gesammelt. Eine große Summe ist zusammengekommen. Alles für die Armen in Jerusalem! Jetzt gebt auch ihr! Helft denen, die in Not sind! Wer viel gibt, gibt nicht zu viel! Wer wenig gibt, gibt nicht zu wenig! Gott liebt den, der gerne gibt. Ich danke Gott.«

Paulus

Und Paulus kommt noch einmal nach Korinth. Er bleibt bei den Brüdern. Und wieder denkt er an Rom: Ich muß zu allen Völkern.
Und dann schreibt Paulus seinen größten Brief. Es ist der Brief an die Christen in Rom.

Unendlich groß ist die Welt. Unendlich viele Götter werden angebetet. Aber jetzt gibt es die Christen, wenige noch, aber es gibt sie. Sie beten zu dem einen Gott. Sie beten zu Jesus Christus. Paulus ist erfüllt von Freude. Er ist voller Mut, und er bleibt in Ephesus.
Ephesus ist die Stadt der uralten Bienengöttin, der Muttergöttin, die jetzt Artemis heißt. Riesig ist ihr Standbild, mit einem mehrfachen Kranz von großen Bienen-eiern geschmückt. Mächtig und strahlend ist der Tempel der Artemis. ›Ein Wunder‹, sagen die Epheser. ›Das siebte Weltwunder‹, sagen viele. So groß, so herrlich ist dieser Tempel.
Von überallher strömen Menschen zusammen, um Artemis anzubeten, um dem Standbild der Göttin zu opfern. Reiseandenken kann man kaufen, kleine Artemistempelchen aus Silber.
»Betet zu Gott! Er allein ist der Herr!« So predigt Paulus in Ephesus: »Wir Christen halten nichts von Artemis, nichts von ihrem Tempel, nichts von ihren Priestern! Betet zu Gott! Jesus allein ist euer Herr!«[1]
Paulus hat keine Angst. Und es ist, als ob eine Tür sich auftut in Ephesus. Viele Menschen kehren sich ab von Artemis. Sie werden Christen: Andronikus und Junias, Urbanus und Rufus, Persis und Julia, Epainetos, Onesiphoros und viele, viele andere.
Alle sind voller Mut. Sie wollen der Göttin nicht mehr dienen. Sie versammeln sich im Haus von Aquila und Prisca, die auch aus Korinth gekommen sind. Auch Timotheus und Titus sind hier. Alle halten zu Paulus. Und Paulus hat sie lieb.
Und was Paulus predigt, das geht weit aus in das Land von Ephesus und in die Nachbarstädte.
Aber es gibt auch Feinde in Ephesus. Soviele Leute haben verdient an den kleinen Silbertempelchen. Sie verdienen jetzt nicht mehr soviel.

---

1 Paulus in (indirekter) Auseinandersetzung mit dem beschriebenen Artemis-Kult! Lukas gibt in der Demetrius-Erzählung zwar keine historisch zuverlässige Darstellung, dennoch hat er »nicht ohne Sinn für den genius loci der berühmten kleinasiatischen Metropole ein einiger-maßen geschlossenes imposantes Bild (›ein triumphales Gemälde des Demetriusaufstandes‹) zu geben verstanden.« Ohne Zweifel hat Paulus mit seiner Christusverkündigung den Arte-miskult (den Devotionalienhandel, die in Ephesus verbreiteten magischen Praktiken; vgl. Apostelgeschichte 19,18–20; 23–27) stark beeinträchtigt.

Material 6a

Diese das bereits Berichtete noch einmal erweiternde farbenreiche Erzählung
nach Apostelgeschichte 19,1–41; 20,1 entfaltet die christliche Auseinandersetzung mit der faszinierenden griechisch-römischen Großgottheit Artemis.

Eine Göttin zum Anfassen

Sie gab es vor 2000 Jahren in der Stadt Ephesus, in der heutigen Türkei: eine
Göttin zum Anfassen.

Es war die Göttin Artemis, die große Mutter, die Göttin der Fruchtbarkeit, die
Herrscherin über Wild, Wald und Flüsse und Quellen.

Eine große Figur gab es von ihr, ein Götterbild. Es stand in dem riesigen Tempel,
den die Menschen von Ephesus ihrer Göttin erbaut hatten. Mit seinen unzähligen
Säulenreihen gehörte dieser Tempel zu den größten der damaligen Welt. Viele
sagten:»Es ist ein Welt-Wunder.« So herrlich und strahlend, so kostbar und
schön war dieser Tempel.

Und mitten darin das Standbild der Göttin: Rechts von ihr eine Hirschkuh. Links
von ihr eine Hirschkuh.

Ganz aus Marmor war dieses Standbild. Über und über bedeckt mit Figuren.
Viele Eier waren auf der Brust der Artemis, Zeichen der Fruchtbarkeit. Löwen
und Hirschkühe auf ihren Armen und ihrem Gewand. Und viele, viele Bienen.
Denn die Biene war das Wahrzeichen der Stadt Ephesus.

Um den Hals trug die Göttin einen dichten Blumenkranz, wieder mit vielen
kleinen Tieren darin. Und hinter ihrem Kopf hatte sie eine Mauerkrone, die von
Ephesus.

Hoheitsvoll war diese Götterfigur. Etwas Strahlendes ging von ihr aus, etwas
Geheimnisvolles. Niemand durfte sie berühren.

Ja, die Menschen vor 2000 Jahren, die noch an Götter und Göttinnen glaubten,
die erschauderten vor dieser Figur, wenn sie den Tempel betraten. Sie fielen
nieder vor der Artemis, beteten sie an. Sie brachten ihr Geschenke und Opfergaben. Sie glaubten, diese Figur sei vom Himmel gefallen, ein Geschenk der
Götter, so seltsam war sie, so kostbar, so voller Geheimnis.

Und überall im Tempel und überall in der Stadt hörte man immer wieder den
einen Ruf:»Groß ist die Artemis von Ephesus!«

Tausende kamen nach Ephesus, Abertausende. Alle besuchten den Tempel. Alle
verehrten die Götterfigur.

Und dann, wenn sie wieder nach Hause zogen, dann wollten sie etwas mitnehmen, ein Andenken an ihren Besuch, ein Andenken an die Göttin. Und dann
kauften sie eine kleine Figur der Göttin, aus Silber. Zum Anfassen. Eine Göttin
zum Anfassen und Mitnehmen.

Sie wollten die Figur bei sich zu Hause haben. Sie sollte Unheil abwehren. Und
Glück bringen. Und Fruchtbarkeit.

So wie wir uns heute Ansichtspostkarten schicken, wenn wir an einem berühmten Ort waren. Oder Andenken mitbringen, Amulette, Schmuck, Halsketten,
Figuren. Immer mit dem Bild von dem Schloß oder dem Denkmal oder der

Kirche, wo wir waren. So wie die katholischen Christen an ihren Wallfahrtsorten kleine Bilder von Maria oder von Heiligen kaufen.

In Ephesus gab es viele Stände, wo die Silberfiguren der Artemis verkauft wurden, überall in der großen, prächtigen Stadt, die meisten aber beim Tempel.

Und die Silberschmiede von Ephesus, die die Artemisfiguren herstellten, die wurden reich davon.

Ja, man hatte wirklich die Artemis in der Hand, wenn auch klein. Man konnte sie in die Tasche stecken und wieder hervorholen. Und sie immer und immer wieder betrachten.

Und dann kommt Paulus nach Ephesus. Und er sieht dieses Treiben. Dieses Handeln und Feilschen mit den Silberfiguren. Und wie die Menschen ganz wild sind darauf.

Und er ruft: »Nein! Nein! Nicht diese Figuren! Sie haben nichts zu tun mit dem lebendigen Gott, dem einzigen, dem wahren, dem wirklichen Gott. Weg damit! Es gibt keine Götter! Es gibt auch keine Göttin Artemis! Es gibt nur den einen unsichtbaren Gott, den Vater unseres Herrn Jesus Christus. An ihn glaubt, an ihn allein. Nicht an die Artemis. Erkennt ihr es denn nicht: Handgemachte Göttinnen sind keine Göttinnen! Und Göttinnen gibt es sowieso nicht. Eure Artemis ist eine Figur. Und sonst nichts!«

Als das die Silberschmiede hören, da entbrennen sie vor Zorn: »Was, der, dieser hergelaufene Jude, der will unsere Göttin verunglimpfen? Der soll hier verschwinden, aber schnell!« Empört sind sie, voller Wut.

Und einer von ihnen, Demetrius, der ruft sie alle zusammen: »Männer, ihr wißt, unser ganzer Wohlstand hängt davon ab, daß wir diese Nachbildungen verkaufen. Wir leben von diesen Figuren. Und wir leben gut davon. Und jetzt kommt dieser Paulus und redet den Leuten ein, Götter, die man mit den Händen macht, seien gar keine Götter. Das bringt unsern Handel in Verruf. Das schadet unserem Geschäft. Paßt nur auf. Wenn das so weitergeht, dann verliert am Ende noch unser Artemistempel seine Berühmtheit. Dann kommen immer weniger her. Zuletzt gar keiner mehr. Keiner betet mehr zur Göttin. Keiner kauft mehr ihre Figuren. Stellt euch das nur vor! Was wird dann aus uns?«

Als das die Silberschmiede hören, da werden sie noch wütender. Und es ist wie ein Schrei: »Groß ist die Artemis von Ephesus!«

Und sie machen einen Tumult. Über die ganze Stadt breitet sich die Unruhe aus. Paulus ist gerade nicht zu sehen. Aber sie packen zwei Freunde von Paulus, zwei Juden, und schleppen sie zum Theater, in das große am Berge ansteigende Halbrund mit den vielen Sitzreihen.

Paulus ist gerade im Haus bei den Brüdern. Als er von dem Aufruhr hört, da will er hinaus und der Menge entgegentreten. Aber die Brüder halten ihn fest: »Nein! Bleib hier! Es ist viel zu gefährlich!«

Ja, hohe Beamte der Stadt, die Paulus freundlich gesinnt sind, die schicken Boten: »Komm ja nicht ins Theater, Paulus! Laß dich dort nicht blicken. Unter keinen Umständen!«

Im Theater aber herrscht ein gewaltiger Tumult. Hunderte von Leuten aus Ephesus sind zusammengelaufen. Viele wissen gar nicht, was los ist. Aber alle

schreien durcheinander. Vor allem aber schreien sie immer wieder: »Groß ist die Artemis von Ephesus!«
Es ist eine große Verwirrung. Da kommt Alexander nach vorn, ein Jude. Er winkt mit der Hand. Er will die Menge beruhigen. Er will sprechen. Er will die beiden Juden verteidigen, die sie hergeschleppt haben.
Aber die Leute wollen ihn nicht hören. Sie brüllen ihn nieder. Und wieder steigt er auf aus der Menge, urplötzlich wie aus einem Mund, der Ruf: »Groß ist die Artemis von Ephesus!«
Zwei Stunden lang geht das so: Toben und Schreien und wildes Gestikulieren. Und dazwischen immer wieder: »Groß ist die Artemis von Ephesus!«
Dann aber nimmt einer von denen, die in der Versammlung zu bestimmen haben, das Wort. Und ihm gelingt es endlich, die Menge zu beruhigen. »Männer von Ephesus!« ruft er: »Das weiß man doch in der ganzen Welt: Bei uns ist der berühmte Tempel der Artemis. Bei uns wird ihr herrliches Bild verehrt, das Bild, das vom Himmel gefallen ist. Glaubt ihr denn, daß irgend jemand etwas dagegen ausrichten kann? Darum: Beruhigt euch! Laßt euch nicht hinreißen, etwas Falsches zu tun. Diese jüdischen Männer hier, die haben nichts Böses getan. Sie haben weder den Tempel beraubt, noch haben sie unsere Göttin beleidigt. Darum laßt sie gehen. Und geht selber auch. Wenn Demetrius und seine Handwerker geschädigt sind – dafür gibt es Gerichte. Und wenn sonst noch einer Forderungen hat, dann werden wir dafür eine ordentliche Volksversammlung einberufen. Aber jetzt geht nach Hause. Es gibt wirklich keinen Grund für diesen Aufruhr. Unserer Göttin ist ja nichts passiert!«
Und da geschieht es. Die Menge beruhigt sich. Auch die Silberschmiede. Die Versammlung löst sich auf. Sie lassen die beiden Juden frei. Alle gehen nach Hause.
Paulus aber, als er hört, daß alles ruhig geworden ist, da ruft er die Christen von Ephesus zusammen. Er macht ihnen Mut: »Haltet zusammen. Im Vertrauen auf den Geist Gottes. Im Glauben an Jesus Christus, unsern Herrn. Habt nur Mut. Nicht mehr lange, und er wird verschwinden, der große Tempel der Artemis. Und niemand wird mehr von der Göttin reden.«

Nach Apostelgeschichte 19,1.8–10.18–20.23–41; 20,1

Material 7

Gefangen in Ephesus

Aber dann geschieht es: Die Feinde in Ephesus werden wieder stark gegen Paulus. Er wird verhaftet. Man bringt ihn in das Prätorium, in den Palast des römischen Statthalters. Paulus wird eingekerkert. Man kann ihn zum Tode verurteilen. Dann muß er mit wilden Tieren kämpfen in der Arena von Ephesus. Mit Löwen und Panthern. Mit bloßen Händen. Zur Belustigung der Zuschauer. Und die Tiere zerreißen ihn.
Paulus verliert den Mut nicht.
Und die Bewacher im Prätorium merken es bald: Dieser Mann ist kein Verbrecher. Und es wird gestattet, daß Paulus seine Freunde sehen kann.

Paulus erhält Briefe im Gefängnis von Ephesus. Und er schreibt Briefe. Die Freunde aus Philippi senden ihm Geld ins Gefängnis. Paulus antwortet ihnen:

»Ich grüße euch alle, ihr aus dem Volk Gottes in Philippi. Habt Dank für euer Geschenk. Jetzt habe ich mehr als ich brauche. Schon damals, als ich in Griechenland war, habt ihr mir geholfen. Danke! Ich freue mich. Ich sehne mich nach euch, ihr Brüder in Philippi. Ihr seid immer treu gewesen. Ich denke an euch. Ich trage euch im Herzen, wenn ich jetzt vor Gericht komme, wenn ich jetzt bezeugen kann, daß ich zu Christus gehöre. Betet für mich, daß ich freikomme. Wenn nicht, dann sterbe ich für Christus. Der Tod kann mich nicht schrecken. Ob ich lebe oder sterbe, ich bin bei Christus.

Viele hier im Prätorium wissen, daß ich ein Diener von Christus bin. Meine Freunde in Ephesus, Aquila und Prisca, Epainetos, Onesiphoros und alle anderen, haben keine Angst. Sie haben Vertrauen zum Herrn.

Seid freundlich zueinander, ihr Philipper! Vertragt euch. Haltet zusammen! Betet! Laßt euch nicht einschüchtern! Seid wie Jesus!

Er war bei Gott. Und er kommt von Gott.

Aber er ist ein Mensch geworden wie wir.

Er ist wie ein Sklave geworden, demütig, gehorsam,

gehorsam bis zum Tod, bis zum Tod am Kreuz.

Darum hat Gott ihn groß gemacht.

Gott hat seinem Namen Macht gegeben.

Gott will, daß alle es bekennen: Jesus ist der Herr!

Ich wünsche euch Freude, ihr Philipper! Freut euch. Noch einmal: Freut euch! Der Herr wird kommen. Sorgt euch nicht. Friede soll mit euch sein, Friede von Gott – anders als Menschen es begreifen können. Freut euch!«

Paulus

Philemon ist Christ, ein angesehener Mann in der Stadt Kolossä, in der Gegend von Ephesus. In Philemons Haus versammeln sich die Christen von Kolossä. Ein Sklave ist dem Philemon entlaufen, Onesimus. Onesimus hat Geld seines Herrn genommen. Das kann ihn das Leben kosten. Onesimus ist zu Paulus nach Ephesus gekommen, ins Gefängnis.

Paulus schreibt an Philemon:

»Lieber Bruder Philemon! Ich höre von deiner Liebe! Um der Liebe willen – ich möchte dich um etwas bitten. Es geht um Onesimus, deinen Sklaven, der bei mir im Gefängnis ist.

Er ist Christ geworden. Früher taugte er nichts. Jetzt aber ist er nützlich für dich und – für mich. Ich müßte ihn dir zurückschicken. Aber laß ihn mir. Ich habe ihn gern. Er ist wie ein Bruder für mich. Er kann mir beistehen im Gefängnis.

Er ist auch dein Bruder, Philemon. Als Sklaven kannst du ihn nicht mehr ansehen. Er ist dein Bruder in Christus. Bitte, laß ihn mir. Hat er dich geschädigt – ich will dir alles bezahlen. Das verspreche ich dir.

Wirst du meinen Wunsch erfüllen, Philemon? Du wirst es. Da bin ich ganz sicher.

Gnade mit euch allen!«

Paulus

Material 8

Gefangen in Jerusalem – Das Ende

Paulus kommt frei aus dem Gefängnis in Ephesus. Es geschieht: Er wird nicht zum Tode verurteilt. Er wird freigesprochen. Er ist gerettet. Er ist glücklich. Paulus reist nach Jerusalem. Redlich hat er sich abgemüht für das Geld. Es ist eine gemeinsame Sache. Viele Christen in Griechenland und in Kleinasien haben gegeben, viele über ihr Vermögen hinaus.

Aber werden die Brüder in Jerusalem das Geld annehmen? Werden sie nicht sagen, es sei Heidengeld von ehemaligen Heiden? Sie müssen es annehmen. Paulus betet darum. »Wenn sie es nehmen, dann sieht man, daß alle zusammengehören, Griechenchristen und Judenchristen. Das ist ein Zeichen.«

Paulus reist nach Jerusalem. Freunde haben ihn gewarnt: »Gehe nicht! Deine Feinde wollen dich töten!« Paulus reist auf einem anderen Weg. Angst hat er nicht. Und er kommt zu den Brüdern in Jerusalem. Er überbringt das Geld. Sie nehmen es an. Paulus ist glücklich.

Jakobus aber sagt zu ihm: »Gehe in den Tempel! Zeige dich dort! Zeige, daß du ein Jude bist, der nach dem Gesetz lebt!«

Schon an die Korinther hatte Paulus geschrieben: »Wenn ich bei den Juden bin, lebe ich wie sie. Wenn ich bei den Griechen bin, lebe ich wie sie. Ich bin den Juden ein Jude, den Griechen ein Grieche. Es geht doch nur darum, daß ich alle für Jesus gewinne.«

Paulus geht in den Tempel. Er zeigt, daß er nach dem Gesetz leben kann. Sieben Tage ist er dort, da erkennen ihn Juden aus Kleinasien. Sofort schreien sie los: »Das ist Paulus! Der Abtrünnige! Männer! Israeliten! Zur Hilfe!« Sie legen Hand an Paulus. Sie schleppen ihn fort: »Der lehrt falsch! Der lästert! Der hetzt gegen das Volk! Der gehört nicht mehr zu uns!«

Sie schreien. Sie machen einen Tumult. Sie schlagen Paulus. Sie wollen ihn töten.

Da kommen die Römer. Sie haben Meldung erhalten. Der Tribun kommt, der Befehlshaber der Kohorte, Offiziere und Soldaten mit ihm. Sie kommen aus der Burg Antonia beim Tempel. Sie schreiten ein. Sie verhaften Paulus. Sie legen ihn in Ketten. Die Juden werden still.

»Wer ist dieser Mann? Was hat er getan?« fragt der Tribun: »Bringt ihn in die Burg!« Paulus wird fortgetragen. »Weg mit ihm!« schreien die Juden wieder los: »Weg mit ihm! Schlagt ihn tot!« Sie toben. Sie schwenken ihre Mäntel vor Zorn. Staub wirbelt auf.

»Peitscht diesen Mann aus!« befiehlt der Tribun. Aber da wird ihm gemeldet, daß Paulus ein Römer ist. Ein römischer Bürger darf nicht gegeißelt werden. Da läßt der Tribun Paulus fortbringen, fort aus Jerusalem nach Caesarea am Meer.

In Caesarea am Meer hat Felix, römischer Prokurator von Judäa, seinen Amtssitz. Felix hält Gericht über Paulus. Juden aus Jerusalem klagen Paulus an: »Der Mann ist ein Volksverführer! Ein Aufrührer! Er hetzt gegen den Tempel, gegen das Gesetz! Der Mann ist schlimmer als die Pest!«

Paulus sagt: »Nein! Das ist nicht wahr. Ich bin unschuldig. Ich habe nichts

verbrochen: Nichts gegen den Tempel! Nichts gegen das Gesetz! Nur zehn Tage
war ich in Jerusalem. Ich habe keinen Tumult gemacht. Ich glaube an den Gott
der Juden. Eins allerdings ist wahr: Ich glaube auch an Jesus Christus!«
Der Prokurator Felix spricht kein Urteil. Er findet keinen Grund. Aber er möchte
Geld für die Freilassung von Paulus. Paulus hat kein Geld. Die Brüder lassen ihn
im Stich.»Gott möge es ihnen nicht anrechnen«, schreibt Paulus nach Ephesus.
Zwei Jahre lang bleibt Paulus in Haft in Caesarea. Dann wird Festus Prokurator.
Die Juden bestürmen ihn sofort:»Bringe Paulus nach Jerusalem! Halte dort
Gericht!« Festus sagt:»Er muß in Caesarea bleiben!«
Wieder kommt es zur Verhandlung. Die Juden fordern die Todesstrafe. Aber sie
können nichts beweisen.
Paulus sagt:»Ich habe kein Gesetz übertreten, auch kein Kaisergesetz!« Festus
sagt:»Willst du nicht nach Jerusalem vor Gericht kommen?« Paulus sagt:»Ich
rufe den Kaiser an! Ich bin ein Römer!«»Gut«, sagt Festus,»dann kommst du
vor den Kaiser, vor Nero! Du kommst nach Rom vor das Kaisergericht!«
Sie bringen Paulus auf ein Schiff. Andere Gefangene sind dabei. Die Fahrt geht
übers Mittelmeer nach Italien. Ein Sturm kommt auf, ein Wind, ein wilder
Orkan. Das Schiff gerät in Seenot. Das Schiff ist in höchster Gefahr. Aber alle
werden gerettet.
Lukas hat davon erzählt.[1]
Paulus kommt nach Rom – nicht in Freiheit, nicht mit Freuden. Er wird bewacht.
Er ist ein Gefangener in Ketten. Paulus wartet auf sein Urteil. Viele Brüder aus
Rom besuchen ihn. Er predigt ihnen von Jesus. Sie beten zusammen.
Zwei Jahre lang wartet Paulus. Dann ist es soweit. Er steht vor dem Kaiserge-
richt. Das Urteil wird gesprochen. Es lautet auf Tod. Paulus stirbt für Jesus. Etwa
sechzig Jahre ist er alt.
Dreißig Jahre sind es her, daß Jesus gestorben ist. Fünfundzwanzig Jahre lang hat
Paulus von Jesus gepredigt. Die Botschaft kam in die Welt.
Paulus stirbt durch das Schwert. So erzählt man später. Mehr wissen wir nicht
von seinem Tod. Begraben ist er an einem Ort, wo 250 Jahre später die prachtvolle Basilika ›St. Paul vor den Mauern‹ erstehen wird.

Material 9

Abschließende Andacht

Paulus ist ein Christ.
Er ist ein Mann Gottes, ein Bote,
ein Gesandter von Jesus Christus.
»Wenn Gott auf unserer Seite ist,
wer kann gegen uns sein?

Wenn Jesus auf unserer Seite ist,
wer kann gegen uns sein?
Es gibt Schwierigkeiten, Angst,
Verfolgung, Hunger,
Gefahr und Tod.

---

1 Apostelgeschichte 23,23–25,12; aus Kapitel 27 und 28.

Aber ich bin sicher:
Nichts wird uns von Gott trennen,
nichts wird uns von Jesus trennen,
nicht das Böse unter den Menschen,
nicht das Böse sonstwo,
nicht das Böse jetzt,
nicht das Böse in Zukunft.
Nichts!«

Das hat Paulus gepredigt, überall,
in vielen Ländern der Welt.
Davon hat er geschrieben.

Nicht jeder hat ihm zugehört.
Viele Menschen zweifelten.
Aber viele Menschen glaubten ihm.
»Ihr wißt es,
sie laufen und laufen und laufen,
die Läufer in der Rennbahn.
Sie kämpfen.
Sie laufen um den Sieg.
Jeder will gewinnen.
Jeder will als erster im Ziel sein.
Aber nur einer kann gewinnen.
Nur einer erhält den Siegespreis.
Lauft so, daß ihr gewinnt!
Ich laufe auch.
Ich laufe mein ganzes Leben lang.
Ich habe auch ein Ziel.
Ich will auch gewinnen,
aber anders als die Läufer
in der Rennbahn.
Mein Ziel ist unvergänglich.
Mein Siegespreis ist unvergänglich.
Viele können meinen Siegespreis
erringen!«

Das hat Paulus gesagt.
Paulus hat gekämpft für diesen
unvergänglichen Siegespreis.
Er hat gelitten,
sein Leben lang.

»Der Preis ist,
daß Gott mich zu sich holt,
weil ich zu Jesus Christus gehöre.
Ich bin Sieger durch den,
der mich stark macht.
Bist du Jude?
Bist du Grieche?
Bist du Sklave?
Bist du ein freier Mann?
Bist du Mann?
Bist du Frau?
Bist du Christ?
Bist du kein Christ?
Nehmt einer den anderen an!
In Christus seid ihr eins!

Ich, Paulus,
ich habe für Jesus Christus gekämpft.
Ich habe mich abgemüht.
Alles für Jesus Christus.
Alles für den unvergänglichen
Siegespreis.
Vorwärtskommen mußte ich,
damit ihr es glaubt,
damit alle es glauben,
alle Völker der Welt:
Jesus ist der Herr!

Ich, Paulus, Bote, Gesandter, Apostel,
ich *muß* von Jesus erzählen,
ich *muß* von Gott erzählen.
Ich schäme mich nicht.
Aus mir selbst bin ich nichts.
Durch Gott bin ich, was ich bin.
Ich bin schwach – aber Gott ist stark.
Ich habe euch zu Gott gebracht,
zu dem lebendigen,
dem einzig wahren Gott.

Ich, Paulus, ich habe etwas gesehen.
Ich *muß* es euch sagen.
Weh mir, wenn ich es nicht sage:
Maranatha: Unser Herr kommt!«

Teil 13: Evangelisten und Bibel (S. 90–93)

Absichten
Die Kinder sollen:
– die vier Evangelisten und die ihnen zugeordneten Symbole wahrnehmen –
  S. 90
– sich mit Kurzcharakteristiken der Evangelisten auseinandersetzen – S. 91
– die Bibel als Bibliothek würdigen – S. 92
– die Bibel in ihrer Entstehung kennenlernen – S. 93

Seiten 90–93
Die Seiten bringen einen bibelkundlichen Teil. Kinder des 3./4. Schuljahres, so
haben Versuche erwiesen, sind an der Frage, wie die Bibel entstanden ist, sehr
interessiert.

Seiten 90–91
Die knappe Auseinandersetzung mit den Evangelien ist ein Weg zur Hinführung
auf die Bibel insgesamt. Das kostbare Bild S. 90[1] vereinigt die vier Evangelisten
mit ihren Symbolfiguren (links oben Matthäus mit dem Menschen, rechts oben
Johannes mit dem Adler, links unten Markus mit dem Löwen, rechts unten Lukas
mit dem Stier) in einer Hügellandschaft mit offenem, baumbestandenen blau-
und rosafarbenen Horizont.[2] Die Landschaft entspricht spätantiken Vorbildern.
Die blauen wolkenartigen Felsgebilde, die auch Vertiefungen aufweisen, bilden
einen imaginären Raum. In einem solchen Raum – so der Glaube der Zeit –
erfolgt die göttliche Inspiration durch die vier Wesen, die den Evangelisten aus
den von ihnen gehaltenen Schriftrollen gleichsam vorlesen.[3] Diese sind – nach
innen hörend, zum Schreiben ansetzend – bemüht, die Botschaft wortgetreu
festzuhalten. Um ganz konzentriert sein zu können, sind die vier voneinander
abgewandt. Jeder hört das ihm zugeteilte, von den anderen unterschiedene Evangelium.
Gekleidet sind die vier in weiße, weitgebauschte spätantike Tuniken. Sie sitzen
auf roten Kissen, die auf antiken Truhen liegen. Mit Ausnahme des Matthäus
stützen alle ihre Füße auf Schemel. Neben Johannes befindet sich auf der rechten
Seite noch ein offener Buchkasten.

---

1 Vier Evangelisten. Evangeliar (Otto-Codex) aus der Hofschule Karls des Großen. Aachen um
  800. Schatzkammer des Münsters.
2 »Ort der vier Evangelisten ist die Welt, nach spätantiker Tradition als Terrassenlandschaft mit
  hohem Horizont dargestellt. Die Anordnung der vier Evangelisten im Geviert verweist auf die
  vier Weltgegenden. Die Temperamente der vier Inspirierten werden genau unterschieden«
  (Hans Holländer).
3 Die vier apokalyptischen Wesen aus Ezechiel 10,14 und Offenbarung 4,6–7. Man hat für die
  Zuordnung der vier Symbolfiguren Erläuterungen gefunden: *Matthäus*: geflügelter Mensch,
  weil sein Evangelium mit der Geburt Jesu anfängt. *Markus*: geflügelter Löwe, weil er die
  Predigt des Johannes in der Wüste (Löwe = Wüstentier) an die Anfangs setzt. *Lukas*:
  geflügelter Stier, weil er mit dem Priester Zacharias und seinem Opferdienst (im Tempel
  wurden auch Stiere geopfert) beginnt. *Johannes*: Adler, weil er mit seinen Gedanken so hoch
  fliegt, wie der Adler zur Sonne.

Markus taucht seine Feder gerade in das Tintenfaß auf dem erhöhten Schreibpult. Lukas (Linkshänder) schreibt über den Buchcodex hin tief gebeugt. Matthäus liest auf seinem Schoß das Geschriebene, hält aber in der Rechten die Feder, um notwendige Verbesserungen oder Ergänzungen vorzunehmen. Johannes, die Feder in weitausholender Bewegung in der Rechten bereithaltend, scheint seinen Text noch zu meditieren, bzw. die Inspiration noch zu erwarten. Ein breiter Rahmen mit aufgemalten Edelsteinen und Kammeen betont den sakralen Charakter des in der deutschen Tradition einmaligen Bildes. Es ist ein Glanzstück der Schatzkammer des Aachener Münsters. Man geht davon aus, daß es von Anfang an für die Pfalzkapelle bestimmt war. Der Künstler dürfte byzantinischer Herkunft sein. Etwas von der ursprünglichen Geisteskraft, mit der die Evangelien abgefaßt sind, wird in diesem Bild sichtbar. Deshalb wurde es trotz seines fremdartigen Charakters ins Buch aufgenommen.[1]

S. 91 stellt dann die Evangelisten vor und charakterisiert sie knapp nach ihrer theologischen Eigenart.

Arbeitsmöglichkeiten:

1. Das Bild (über Farbfolie) frei interpretieren. Vermutungen der Kinder mit Sachinformationen begegnen. Den bekenntnishaften Zug des Ganzen (Evangelium von Gott eingegeben) würdigen und kritisch beurteilen: Das Neue Testament erzählt von den Erfahrungen der Menschen mit Jesus und Gott. Darum gibt es auch Unterschiedliches.[2]
2. Von der Entstehung der Evangelien und ihren Eigenarten (Vorlage Text S. 91) erzählen. Gespräch.
3. Auf einer Zeitleiste (Blatt DIN A 3) die Zuordnung der Evangelisten zu Paulus – in didaktisch hilfreichen Zehnerabständen – knapp darstellen: Paulus (50–60), Markus (um 70), Matthäus (um 80), Lukas (um 90), Johannes (um 100). Erinnerung an die Weihnachtszeitleiste S. 44/45.
4. Auf die Zeitleiste kleine Bilder von Paulus sowie den Evangelisten mit ihren Symbolen malen. Aus dem Text S. 91 wichtige Sätze eintragen, z.B.»Markus war der erste, der ein Jesusbuch als Evangelium aufschrieb«.
5. Auf einer selbstgefertigten Schriftrolle den Anfang des Markusevangelium (etwa 1,1.9–13) in 1–2 Spalten festhalten.
6. Info-Texte nach Wahl aufschreiben. Etwa»Ich schreibe etwas über Johannes« – »Ich schreibe etwas über die mündliche Überlieferung, bei der sich viel veränderte« – »Ich schreibe etwas darüber auf, was die Evangelisten wollten« usf. Bei den Texten zu einzelnen Evangelisten das Neue Testament aufschlagen und weitere wichtige Geschichten und Sätze des gewählten Evangelisten notieren. Ergebnisse gegenseitig vorlesen. Diskussion.
7. Von der entstehungsgeschichtlichen Zuordnung der Evangelien erfahren: Markus kannte eine nicht mehr erhaltene Schrift, in der Reden und Sätze von

---

1 Zum Ganzen vgl. *H. Halbfas,* ›Lehrerhandbuch 7‹, a. a. O., S. 235–241 (›Bibelverständnis: Die Entstehung der Evangelien‹).
2 »Die Interpretation biblischer Schriften unterliegt keinen anderen Bedingungen des Verstehens als jede andere Literatur« (Rudolf Bultmann).

Jesus gesammelt waren (Logienquelle). Matthäus kannte diese Schrift auch. Ihm lag aber auch das Evangelium des Markus vor. Auch Lukas kannte die Redenquelle und das Markus- (nicht das Matthäus-)evangelium. Er hat aber noch viele eigene Geschichten, z.b. die Weihnachtsgeschichte, hinzugefügt (Sondergut). Johannes hat sein Evangelium unabhängig von den anderen geschrieben. Darum nennt man die ersten drei Evangelisten als ›Synoptiker‹ (Synopse = Zusammenschau) oft zusammen. Denn viele Geschichten bei ihnen können nebeneinandergestellt und dann zusammengeschaut werden.

8. Anfangsbuchstaben (Initialen) des ein oder anderen Evangeliums heraussuchen und, wie die Mönche im Mittelalter es taten, in Zierschrift groß aufmalen und ornamental ausschmücken.

Seiten 92–93

Seite 92 wird in Bild und Text über die Bibel erzählt (Einteilung, Bücher des AT, Bücher des NT, Bibelausgaben). Seite 93 wird knapp über die Entstehung des Alten und Neuen Testaments berichtet.

Seite 92

Die Sachzeichnung macht deutlich, daß die biblischen Bücher, jeweils für sich genommen, ein ganzes Bücherregal füllen könnten. Die Kinder sollten sich dabei nur die beschrifteten Bücher merken. AT: Tora/Bücher der Könige/Psalmen/Bücher der Propheten. NT: Evangelien/Apostelgeschichte/Paulusbriefe/andere Briefe/Offenbarung des Johannes. Die Fotos zeigen von links nach rechts: Kinder mit einer Bibel, eine alte Frau, die im Dunkeln (Kerze!) über ihrer Bibel meditiert, und eine Hand mit Gebetsriemen (rechts Fransen eines Gebetsmantels), die eine Hebräische Bibel hält.

Ziel beider Seiten ist: »Das Wort ›Bibel‹ soll Binnenstruktur und Farbe bekommen« (Hubertus Halbfas).

Seite 93

Die Kultur des Volkes Israel ist eine Buchkultur. Seit mindestens 2500 Jahren ist das Buch für den jüdischen Menschen »Grund, Mitte und Umfang seines Daseins. Immer wieder muß der Jude zurück zu seinem Buch, dem Gottesbuch« (Karl Wolfskehl).[1]

Indes, auch hier ging über Jahrtausende mündliche Überlieferung voraus. Die Vätergeschichten, so dürfen wir es uns vorstellen, wurden in Erzählkreisen an Lagerfeuern, in Zelten, unter Bäumen vorgetragen, wobei es wohl ebenso die locker vorgetragenen veränderbaren Inhalte wie auch die festen, geprägten Erzählstücke gab.

Seit der David-Salomo-Zeit aber beginnt die Schriftkultur (s. S. 93 linke Spalte), und etwa seit dem ersten Jahrhundert vor Christus – dies in der Antike einmalig – wurden in jüdischen Lehrhäusern (Synagogen) Kinder ab 6/7 von Rabbis in der Tora unterrichtet. Das begann mit dem Alphabet (an Tafeln) und wurde mit Übungen an kurzen Toratexten auf kleinen Schriftrollen fortgesetzt. Die Metho-

---

1 Zitiert nach *H. Halbfas*, ›Lehrerhandbuch 3‹, a. a. O., S. 578.

de war: Laut lesen, laut wiederholen, laut wiederholen . . . usf. = eine Vermittlung von Memorierwissen. Auf diese Weise lernten die Kinder – und so vermutlich auch das Kind Jesus aus Nazaret – die wesentlichen Inhalte ihres Glaubens. Dieses religiöse Schulwesen war hoch angesehen: »Man darf die Schulstunde nicht stören, nicht einmal wegen der Erbauung des Heiligtums«, hieß es und: »Auf dem Atem der Schulkinder ruht die Welt« (Talmud).

Arbeitsmöglichkeiten:
1. In der Gruppe (je 3–4 Kinder) eine Bibel aufschlagen, befühlen (Einband, Papier), untersuchen: Wie alt ist sie? Wo wurde sie gedruckt? Hat jemand etwas hineingeschrieben? Welche Menschen mögen sie in der Hand gehabt haben? Die beiden großen Teile entdecken. Im Inhaltsverzeichnis die Zahl der AT-Bücher und die der NT-Bücher ermitteln. Auf Anstoß und mit Hilfe der Unterrichtenden das Buch des Propheten Jesaja finden, das Liederbuch der Bibel, die Geschichten von Abraham bis Josef, die Geschichte vom Turmbau, die Geschichte von der Geburt Jesu, den Römerbrief des Paulus usf. Dann an der Zeichnung S. 92 sich eine erste Gesamtorientierung verschaffen.
   Die dort genannten biblischen Bücher noch einmal aufschreiben. Aber in einer anderen Form: DIN A 3-Blatt mit Konturen eines riesigen Buches versehen, darin oben die Bücher des AT, unten die Bücher des NT einzeichnen.
2. Bibeln von zu Hause mitbringen. Davon erzählen (die Bibel meiner Großmutter, meine Kinderbibel usf.). Über verschiedene Bibelausgaben sprechen: Es gibt Bibeln für Erwachsene und für Kinder, Bibeln nur mit Text und illustrierte Bibeln (gemalte Bilder, Fotos). Es gibt Traubibeln, Konfirmationsbibeln, Jugendbibeln, Schulbibeln. Es gibt Bibeln in der Ursprache (AT hebräisch, NT griechisch) für die wissenschaftliche Arbeit von Theologen. Es gibt Blindenbibeln. Es gibt Bibeln auf Kassette gesprochen für Alte und für Menschen, die nicht lesen können (auch in anderen Sprachen). Es gibt Bibeln in allen wichtigen Sprachen der Welt. Es gibt Bibelhefte (Bibel-Fibeln), an denen die Kinder in manchen Teilen unserer Welt das Lesen lernen.
3. Im Mittelalter gab es nur lateinische Bibeln. Die einfachen Menschen konnten sie nicht lesen. Nur Priester und Mönche. Das Volk erzählte sich Legenden und schaute die Bilder in den Kirchen an. Seit wann gibt es die Bibel in Deutsch für alle? (Bd. 3, S. 41).
4. Das Wort ›Bibel‹ in der Ursprache schreiben: BIBΛOΣ, biblos, griechisch = ›Buch‹. Das Buch mit den vielen Einzelbüchern galt vielen Menschen (Juden und Christen) als *das* Buch schlechthin. Sie nannten es auch ›Buch der Bücher‹. Damit meinten sie, es ist das wichtigste Buch der Welt. Wir können es aber auch anders verstehen, nämlich das Buch der vielen Bücher. Die Bibel ist das meistgelesene und meistverkaufte Buch der Welt. Entstanden ist dies Buch in einer Zeit von mehr als 1000 Jahren.
5. ›Welche Geschichten der Bibel fallen dir ein?‹ Unsystematisch notieren. Die Lehrenden können mit Stichwörtern, z. B. ›Josef‹ – ›Zachäus– ›Mose‹ usf. Erinnerungsanstöße geben. Danach: Eine Lieblingsgeschichte auswählen.

Aus der Erinnerung auf ein DIN A 3-Blatt schön aufschreiben (Ornamente, Bilder dazu!). Die Blätter in geordneter Reihenfolge aneinanderkleben. Es entsteht ›unsere‹ Schriftrolle, ›unsere‹ Bibel.

6. Alternativ: Einen Spruch aus der Bibel für eine Freundin/einen Freund aussuchen. Für sie/ihn schön aufschreiben und ausgestalten. Als Geschenk überreichen.

7. Warum die Evangelisten dieselben Geschichten verschieden aufschrieben: Diese Geschichten waren vorher mündlich erzählt und weitererzählt worden. Dabei veränderten sie sich. Übung dazu: Die Lehrerin erzählt eine kurze biblische Geschichte. Abgeschirmt (in einer Ecke) steht ein Kassettenrecorder mit Mikrophon. Einzelne Kinder kommen und sprechen – ohne daß die anderen es hören – ihre Nacherzählung auf Band. Andere Kinder schreiben ihre Nacherzählung auf. Der Vergleich ergibt, daß vieles sich verändert hat. Aber es gilt auch dies: Manche hörten sehr gut zu, wenn in einem Zelt, in einem Haus, unter einem Baum erzählt wurde. Und dann erzählten sie sehr genau weiter, oft wortwörtlich, so wie wir es bei einer Redewendung oder bei einem Witz tun, damit die Pointe richtig herauskommt.

8. Bild malen: An einem Lagerfeuer oder in einem Zelt (AT), in einem Haus oder unter einem Baum (NT) wird einer Gruppe von aufmerksamen Zuhörern erzählt.

9. Überlegen: Wo gibt es das heute noch, mündliches Erzählen?: Bei Tisch; wenn man etwas Tolles erlebt hat; in Kindergarten und Schule; im Familiengottesdienst. Meist wird Kindern erzählt. Gelegentlich aber auch Erwachsenen, z.B. von einem Pfarrer in seiner Predigt.

10. Überlegen: Was geschieht beim Erzählen?: Man schaut innere Bilder. Man geht innerlich mit. Man kommt ganz in das Geschehen hinein. Man vergißt alles um sich herum. Das ist wichtig. Weil man in seiner Phantasie selbst etwas tut. Beim Fernsehen hat man äußere Bilder. Sie fliegen oft schnell vorbei und haben dann keine besondere Wirkung. Geschichten behält man oft sein Leben lang.

11. Auf der Zeitleiste die Entstehung der alt- und neutestamentlichen Schriften im Grobüberblick darstellen (Aufgabe 2, S. 93). Vorher den Sachtext S. 93 lesen und besprechen. Wieder ein DIN A 3-Blatt nehmen. Zusatzinformation: Wie die Bibel aufgeschrieben wurde: Zuerst auf Tontäfelchen. Entweder beschrieb man Scherben mit Pinseln oder man drückte in den weichen Ton die Schrift mit Griffeln aus Holz oder Metall ein. Später nahm man Papyrus (Papier!), gewonnen aus dem Mark der Papyrusstaude. Später wiederum schrieb man auf fein geglättete Tierhäute: Pergament! Papyrus- und Pergamentblätter wurden lange Zeit nebeneinander verwendet.[1]

12. Wie das Bild[2] (S. 272 links) zeigt, schreiben die Juden noch heute die Tora auf Schriftrollen. In Hebräisch. Von rechts nach links. Diese Torarollen

---

1 Zu mündlicher und schriftlicher Überlieferung in Israel (Schriftkultur) vgl. *H. Halbfas*, ›Lehrerhandbuch 3‹, a. a. O., S. 564–577 und ›Lehrerhandbuch 5‹, a. a. O., S. 212–213.
2 Foto aus Edwin Yamauchi, ›Die Welt der ersten Christen‹, R. Brockhaus Verlag, Wuppertal. Foto: Camera Press.

werden in jeder Synagoge der Welt im Toraschrein aufbewahrt (vgl. das Chagall-Bild S. 74). Jüdische Kinder strenggläubiger Eltern lernen noch heute die Tora so, wie es bereits in den Synagogenschulen vor 2000 Jahren geschah. Auslegendes Schülergespräch mit Lehrerinformation.

Erinnerung an Bd. 1 S. 47: Dort schreibt ein Christ (Markus) sein Evangelium in eine Schriftrolle. Immer wieder mußte man die Bibel abschreiben. Im Mittelalter geschah das in den Klöstern. In den Schreibstuben (Skriptorien) schrieben und und malten die Mönche wunderbare Bibeln auf oft schneeweißes Pergament. Drucken konnte man Bibeln ab etwa 1450. Damals hatte Johannes Gutenberg in Mainz die Druckkunst erfunden. Von ihm gab es die erste gedruckte Bibel, eine große Kostbarkeit. Seitdem konnten sich mehr Menschen eine Bibel kaufen. Aber sie war immer noch sehr teuer. Heute gibt es Bibeln schon ab 12 DM.

13. Viele Christen in der Welt kennen als einziges Buch nur die Bibel. Sie lesen darin. Sie leben davon. Eine alte Frau in Australien hat gesagt: »Ich lese nicht das Buch. Das Buch liest mich.« Was mag sie wohl damit meinen?

Auf dem Foto[1] sprechen Menschen in Togo (Afrika) nach dem Kirchenbesuch miteinander über einen Text der Bibel. Sie suchen in der Bibel Wahrheit für ihr Leben. Wie ist das bei uns? Macht eine Umfrage, wie die Bibel eingeschätzt wird. Sprecht über die Ergebnisse.

Teil 14: Jesus in unserer Zeit – in seiner Zeit (Seiten 94–97)

Absichten
Die Kinder sollen:
– dem gegenwärtigen Jesus im Mitmenschen begegnen – S. 94–95
– den geschichtlichen Jesus in seinem Verhalten gegenüber Fremden kennenlernen – S. 96–97

---

1 Aus: ›Bibelreport‹ 1/96. © Deutsche Bibelgesellschaft, Stuttgart.

Seiten 94–97

In diesen vier Seiten geht es um die Gegenwart Jesu und um Jesus damals in einer ganz bestimmten Situation.

S. 92–93 stellt Jesus als gegenwärtig Erfahrbaren unter uns dar, und zwar in einer doppelten Funktion:

a) als den, dem wir in unserem leidenden Mitmenschen begegnen, also als der leidende Mitmensch selbst (Lied ›Jesus wohnt in unsrer Straße‹, Bild Sieger Köder),

b) als der gute Mensch, der dem leidenden Mitmenschen beisteht (›Er war da‹).

Die erste Funktion steht in enger Beziehung zu Matthäus 25,35–36:
»Was ihr getan habt einem unter den Geringsten meiner Schwestern und Brüder, das habt ihr mir getan:
Ich war hungrig – ihr gabt mir zu essen.
Ich war durstig – ihr gabt mir zu trinken.
Ich war fremd – ihr habt mich aufgenommen.
Ich war nackt – da habt ihr mir Kleider gegeben.
Ich war krank – ihr habt für mich gesorgt.
Ich war im Gefängnis – ihr habt mich besucht.«
Die zweite Funktion hat keinen biblischen Anhaltspunkt, ist aber ganz biblisch gedacht. Denn Jesus macht es uns selbst vor, was er in der Geschichte vom barmherzigen Samariter fordert: »Gehe hin und tue auch so. Schau auf den, der dich braucht.«

Seite 94

Das in seiner Sichtweise einmalige Erzähllied (es hätte um dieser Originalität willen ins EG aufgenommen werden müssen) beschreibt fünf Situationen: Jesus als der Einsame (Str. 1), Jesus als der Rollstuhlfahrer (Str. 2), Jesus als ein Schlüsselkind (Str. 3), Jesus als eine kranke Frau (Str. 4), Jesus als ein entlassener Strafgefangener (Str. 5). Der Refrain ist von Skepsis getragen: »Wer weiß denn schon, daß du es bist, der in seiner Not in dieser Straße wohnt, gleich um die Ecke nebenan?« Auch auf die verwunderte Frage »Du, wie kommt es, daß mich keiner kennt?« (Str. 6), folgt wieder die resignierte Antwort des Ich-Erzählers: »Wer weiß denn schon . . .«

Seite 95

Das eindringliche Bild[1] von Sieger Köder gibt die Antwort auf die Frage des Liedes: Hier wird geholfen. Hier weiß man, wer um die Ecke wohnt, gleich in der Straße nebenan.
Die berühmten sechs Werke der Barmherzigkeit,[2] aus Matthäus 25 gewonnen,

---

1 Sieger Köder, ›Werke der Barmherzigkeit‹; vgl. ›Folien 3/4‹, a. a. O., Folie 14. Zur christlichen Barmherzigkeit (Geschichte der Armut und Barmherzigkeit) *H. Halbfas,* ›Lehrerhandbuch 6‹, a. a. O., S. 354–390.

2 Das von der katholischen Kirche im Mittelalter hinzugefügte 7. Werk der Barmherzigkeit, die Totenbestattung, ist von dem katholischen Pfarrer Sieger Köder hier nicht berücksichtigt.

sind dargestellt. Im Vordergrund bittend ausgestreckte große schwarze Hände, denen zwei weiße Hände das Brot brechen (die Hungrigen speisen). Im Mittelfeld links eine junge Frau in Rot, die in einer Karaffe Wasser bereithält für das Glas, das ihr ein großer junger Mann (er sieht aus wie Jesus) entgegenhält (den Durstigen zu trinken geben). Rechts oben in einer Gefängniszelle (das Gitterfenster macht es deutlich) ein junger Mann, der einen alten Sträfling liebend umfängt (den Gefangenen besuchen und trösten). Oben in der Mitte eine junge Frau in Blau, die einem draußen stehenden, elend aussehenden Mann mit Karton und Hut freundlich die Hände auf die Schultern legt = ihn hereinbittet (den Obdachlosen Wohnung geben). Links davon eine Nonne, die einem bettlägerigen Mann ein Glas mit Medizin reicht (die Kranken pflegen). Und schließlich links oben neben einem dezent dargebotenen nackten Mann die Schrift ›Kleider für die Dritte Welt‹ (den Nackten kleiden).

Soviel Not in einem Bild. Soviele Menschen, die leiden. So wie Jesus am Kreuz. Das Kreuz sieht man draußen durch die geöffnete Tür. Es steht unter dem weiten Himmel, ganz in Rot, dem Rot der Liebe.

Grudrun Pausewangs Geschichte hingegen läßt Jesus selbst in Frankfurt plötzlich auftauchen und in sieben Szenen agieren:

1. Er trägt einer alten Frau die schwere Einkauftausche heim – fast schon ein Klischee für Hilfeleistung. Und doch, dem, der aufmerksam durch die Straßen seiner Stadt geht, ist diese Not tagtäglich unmittelbar vor Augen.
2. Er hilft einer Türkin, die nicht Deutsch kann, am Postschalter.
3. Er schiebt einen querschnittgelähmten Mann 2 Stunden lang durch den Palmengarten.
4. Er spielt mit einem kleinen geistigbehinderten Mädchen Ball.
5. Er besucht eine krebskranke Frau im Krankenhaus.
6. Er macht im Schwimmbad einem ängstlichen, gehänselten Jungen Mut, vom Dreimeterbrett zu springen.
7. Er schläft neben einem betrunkenen alten Mann auf der Parkbank, um ihn zu wärmen.

Szenen des Alltags, denen gegenüber wir so oft ›blind‹ sind (vgl. Bd. 1, S. 56) oder einfach den Mut nicht aufbringen, zu handeln oder auch Vorurteile haben oder Angst.

So schnell Jesus kam, ist er wieder verschwunden. Aber da sind viele, die sich jetzt freuen. Auch das geistigbehinderte Mädchen lacht und kann ihn jetzt werfen, den Ball.

Arbeitsmöglichkeiten:

1. Das Lied lernen. Wegen seiner rhythmischen Melodie singen die Kinder es gern.
2. Das Bild entschlüsseln (›Wem gehören die helfenden Hände? Vielleicht dir? Vielleicht mir?‹). Dazu singen ›Brot in meiner Hand‹ (Bd. 2, S. 91).
3. Lied und Bild unter Matthäus 25,35–36 in Zusammenhang bringen.
4. Die andere Sichtweise der Pausewang-Geschichte erarbeiten und im Gespräch würdigen. Zu dieser Geschichte Bilder malen.
5. An die Geschichte vom barmherzigen Samariter erinnern (Bd. 1, S. 52–53).

6. ›Wo kann unsere Klasse helfen?‹ Eine Aktion starten – und sei sie noch so gering. Auf das Einüben des Helfens kommt es an.

7. ›Welche Helfer fallen dir ein?‹ – Einer, der Brot an hungrige Kinder austeilt (Foto Bd. 2, S. 90), der Pfarrer Ernesto aus der Anahi-Geschichte (Bd. 1, S. 21–25), Albert Schweitzer und Mutter Teresa (Bd. 2, S. 84–89), das Mädchen bei der alten Frau (Bd. 3, S. 53), Vater Bodelschwingh (Bd. 3, S. 110–111).

8. Hilfsorganisationen: ›Brot für die Welt‹, ›Misereor‹ (S. 60–61), Amnesty International (S. 66–67), Deutsche Welthungerhilfe, das Rote Kreuz, Priester und Nonnen der katholischen Kirche in der Dritten/Einen Welt, evangelische Entwicklungshelfer (Missionare) in der Dritten/Einen Welt usf. Viele dieser Menschen, die sich aufopfern in der Hilfe für andere, denken an das Wort »Was ihr getan habt einem der Geringsten meiner Schwestern und Brüder, das habt ihr mir getan.«

9. Eine Feier gestalten: ›Jesus heute‹. Dazu das Lied, das Bild (Gespräch), die Pausewang-Geschichte und die Geschichte vom barmherzigen Samaritaner. Zu der Vorstellung, daß Jesus wie den Kindern in der Pausewang-Geschichte allen Kindern der Welt nahe sein kann, das nachfolgende Gebet:

Jesus, ich danke dir,
daß du ein Kind warst wie alle Kinder,
schwarz, braun oder weiß,
daß du ein Kind warst wie wir,
ein Arbeiterkind,
ein frohes Kind.

Jesus, ich danke dir,
daß du mit uns lebst,
täglich in unserer Mitte.

Du weinst mit uns.
Du freust dich mit uns.
Du hungerst mit uns.
Du lernst mit uns.
Du leidest mit uns.

Du segnest uns.

Jesus, ich danke dir.

Aus Sambia

Zusatzmaterial

1. Wer war Jesus? – Unterlagen für eine freie Erzählung

Geschichtlich gesehen wissen wir von Jesus kaum etwas. Das neutestamentliche Zeugnis von ihm ist bereits nachösterliche Verkündigung, also nicht Geschichts-, sondern Glaubenswahrheit. Die Evangelien bringen keine Biographie Jesu. Sie setzen sein ›Leben‹ gewissermaßen voraus, sind nur an seiner Heilsbedeutung interessiert. Über Predigt und Wirken Jesu gibt es also keine Augenzeugenberichte. Viele der ihm zugeschriebenen Worte stammen nicht von ihm. Und in dem Grab, das in Jerusalem verehrt wird, lag er nie. Nicht einmal die Namen der Evangelisten sind authentisch.

Dennoch läßt sich über Jesus als Mensch unter Menschen vieles zwischen den Zeilen der neutestamentlichen Briefe und Evangelien erlesen, vieles aus dem zeitgeschichtlichen Hintergrund erschließen.

Festzuhalten ist, daß Jesus vermutlich um das Jahr 7 vor der Zeitenwende geboren wird. Wohl in Nazaret, einem Ort im Hügelland Galiläas, unweit der

Ebene Jesreel. Seine Mutter Maria hat ihn auf natürliche Weise empfangen. Sie hat auch noch andere Kinder, Söhne und Töchter. Sein Vater Josef ist Handwerker (Zimmermann). Jesus dürfte in Nazaret aufgewachsen sein und dort als Junge die Synagogenschule besucht haben. Er spricht Aramäisch (ob auch Hebräisch und Griechisch, wissen wir nicht). Er kann lesen und schreiben, hat aber nichts Schriftliches hinterlassen. Seine Klugheit und Schriftkenntnis spiegelt die Lukasgeschichte vom Zwölfjährigen im Tempel. Seinen Namen Jeschua (›Gott rettet‹) gibt es damals häufig.

Wer ist dieser Jesus? Wie sieht er aus?

Eine Porträtskulptur (wie von Kaiser Augustus) oder ein Mosaikbild von ihm besitzen wir nicht. Er hatte wohl wie alle Menschen im vorderen Orient dunkle Augen und dunkle Haare. Aus den Evangelien ist zu entnehmen, daß er spartanisch lebte. Und seine Art zu beten war ungewöhnlich. Wie alle gläubigen Juden besuchte er am Sabbat die Synagoge und las die Textabschnitte aus den Schriftrollen.

Er war ein Mensch, der mit Sicherheit eine ganz ungewöhnliche Ausstrahlung hatte (dazu Andacht: ›Wie ein Magnet‹).

Hauptschauplatz seines Wirkens ist Galiläa. Seine öffentliche Predigt beginnt wohl um 27 in Kafarnaum am Nordufer des Sees Gennesaret. Erst gegen Ende seiner Tätigkeit kommt er nach Judäa und Jerusalem. Johannes der Täufer, der zwischen 27 und 28 in der Wüste Buße predigt und tauft, hat auf sein Wirken hingewiesen. Er hat ihn auch getauft (Jesus selbst taufte nie). Wie Johannes sammelt Jesus Jünger und Jüngerinnen um sich, die er durch einen absoluten Entscheidungsruf wie durch gelebte Gemeinschaft an sich bindet. Die Zahl 12 erinnert dabei an die 12 Stämme Israels.

In seiner Gottespredigt knüpft Jesus an die Vorstellungen und Erwartungen der Hebräischen Bibel an, setzt sich aber scharf mit anmaßenden, selbstgerechten Forderungen und Absichten, die manche aus ihr entwickeln, auseinander. Er kann streng sein, auch hart verurteilen. Doch bleibt im Zentrum seiner Botschaft die liebevolle Menschenfreundlichkeit Gottes: »Liebe deinen Nächsten, deinen Mitmenschen, als ob du es selbst bist.« Mit dieser Botschaft bringt Jesus vor allem den ›Armen‹ Hoffnung, Zuversicht und neuen Lebensmut.

Jesus ist der ›Prophet‹ der neuen Welt Gottes. Er zeigt Gott als den, der immer zur Vergebung bereit ist. Wenn Menschen wie ›Kinder‹ vor Gott werden, ist ihnen seine Zuwendung sicher.

Auf die, die ihm zulaufen, macht Jesus einen überwältigenden Eindruck, hier als Prediger, dort als charismatischer Heiler und Arzt. Viele nennen ihn ehrenvoll ›Rabbi‹ – ›Lehrer‹. Viele bringen voller Vertrauen ihre Kranken zu ihm: »Hilf ihnen! Du kannst es!« Allen Dämonen (die damalige Zeit sieht sie in den Geisteskranken wirken) sagt er den Kampf an. Seine Heilungen sind Zeichen und Bestätigung seiner Botschaft: ›Taube hören, Blinde sehen, Aussätzige werden rein‹.

Und dann kommt es zum Ende jener kurzen Jahre, die die Christenheit niemals vergessen wird. Im Zusammenhang mit dem Passafest 30 übergeben jüdische Führer, die ihn ablehnen, Jesus in Jerusalem dem römischen Präfekten Pilatus zur Kreuzigung. Die Römer üben in Israel eine brutale Besatzerherrschaft aus.

Pilatus, unfähig, korrupt, grausam – in der von unablässigen Unruhen heimgesuchten Stadt eine eindeutige Fehlbesetzung –, provoziert die religiösen Gefühle der Juden, wo er nur kann. Täglich gibt es Hinrichtungen. Und so stirbt auch Jesus, der neue Mensch Gottes, den Verbrechertod am Richtpfahl der römischen Fremdherren. Doch nicht lange, da ist er den Seinen wieder lebendig vor Augen. In Visionen. In ›Widerfahrnissen des Sehens‹. Sie nennen es Auferstehung. Ein neuer Geist breitet sich aus. Eine neue Lehre entsteht.

Zwischen 31 und 33 wird Paulus Christ. An ihn knüpft sich die theologische Durchdringung der neuen Lehre und ihre geisterfüllte Verkündigung unter den Völkern des römischen Reiches. Seitdem nimmt die Welt (die Weltgeschichte) Kenntnis von den Christen.

»Was bliebe von Jesus ›übrig‹, wenn kein Mensch, geschweige eine Gemeinde, je gesagt, geglaubt und sich dazu bekannt hätte, daß er der Messias, der Christus ist?« (Fridolin Stier).[1]

2. Material für eine Andacht (Erzählung)

Wie ein Magnet

Wie ein Magnet ist dieser Jesus.
Wie ein Magnet das Eisen anzieht,
so zieht er die Menschen an.
Er ist unglaublich,
wie sie zu ihm strömen,
wie sie sich drängen,
wie sie ihn voller Erwartung anschauen.

Immer dasselbe,
wohin er auch kommt:
Im Nu ist eine Menschenmenge
versammelt.
In den Dörfern. In den Städten.
Auf Straßen. Auf Plätzen.
Am Ufer des Sees. Auf einem Berg.

Und wenn er von Gott erzählt,
wie still sie ihm zuhören.
Und wenn er den Kranken,
die sie gebracht haben,
die Hand auflegt,
daß sie heil werden,
wie sie bewegt sind, erregt,
wie tief es sie trifft.

Es ist unglaublich.
So etwas hat es nicht gegeben bisher.
Die Menschen spüren es:
Dieser Mann Jesus, der ist von Gott.

Wie ein Magnet ist er.
Kraft geht aus von ihm.

Und wer da alles zu ihm kommt:
Gesindel, Diebe, Ehebrecher, Betrüger!
Zolleinnehmer! Sünder!
Leute, die in die eigene Tasche
wirtschaften,
Leute, die sich bereichern
an dem wenigen,
was andere haben.
Wirklich böse Leute.
Die scheinen es auch zu spüren,
welche Kraft von diesem Jesus ausgeht.

Die trauen sich hin zu ihm.
Haben sie Sehnsucht,
besser zu werden?

Wer weiß?

---

1 Zum historischen Jesus: *H. Halbfas,* ›Lehrerhandbuch 9‹, a. a. O., S. 470–475; vgl. auch ›Lehrerhandbuch 5‹, a. a. O., S. 312 (›Jesus, der Jude‹).

Sie kommen zu Jesus: Übles Volk!
Sie haben wirklich einen schlechten
Ruf.

Und Jesus –,
Jesus läßt sie zu sich.
Er schreit sie nicht an.
Er jagt sie nicht weg.

Nein, im Gegenteil:
Er gibt sich ab mit solchen.
Er geht sogar ins Haus zu denen.
Er kommt zu den Zolleintreibern.

Jesus in solcher Gesellschaft!
In schlechter Gesellschaft!

Zu Levi ist Jesus ins Haus gegangen.
Er hat sich an Levis Tisch gesetzt.
Er hat mit Levi gegessen
und mit dessen Zöllnerfreunden.

»Komm in mein Haus,
sei mein Gast«,
hat Levi gesagt.
Und Jesus ist gekommen.

Das ist unvorstellbar.
Vielleicht ist dieser Jesus verrückt.
Aber er zieht sie wirklich an,
die Menschen.
Alle Menschen.
Wie ein Magnet.

Vor der Zollstation des Levi
ist er gewesen.
Er hat Levi einfach angerufen:
»Du, komm mit!«
Und da ist Levi gekommen.
Sofort.

Alles hat er zurückgelassen.
Seinen schönen Posten.
Seine Reichtümer.
Er ist einfach mitgegangen.
Er hat Jesus in sein Haus eingeladen.

Was ist bloß mit diesem Jesus?
Daß er so etwas vermag.
Welche Kraft muß er haben:
Wie ein Magnet.

Nach Markus 2,13–17

3. Gedicht zum Bild von Sieger Köder

Befreiung

Nur das Wasser,
das wir zu trinken gaben,
wird uns erfrischen.

Nur das Brot,
das wir zu essen gaben,
wird uns sättigen.

Nur das Kleid,
das wir verschenkten,
wird uns bekleiden.

Nur das Wort,
das Leiden linderte,
wird uns trösten.

Nur der Kranke,
den wir besuchten,
wird uns heilen.

Nur der Gefangene,
den wir befreiten,
wird uns erlösen.

T. Consalvatica[1]

---

1 Aus: ›Erzählbuch zum Glauben. Bd. 4: Wort und Sakrament‹, hrsg. von E. Conrad/K. Dessecker/H. Gutschera/H. Kaiser, Verlage Kaufmann/Patmos, Lahr/Düsseldorf 1989, S. 222.

Seite 96

Die Jesuserzählung von der syrischen Frau ist durchaus anstößig. Kann es denn wahr sein, daß Jesus sich den Fremden, wenn sie in ihrer Not zu ihm kommen, verwehrt (Nichtjuden = Hunde!)? Die Frage macht zu schaffen. Aber von ihrem Ende her bringt die Geschichte die Auflösung (die Spannung ist also auszuhalten): Nach all den retardierenden Momenten gibt es bei Jesus diesen plötzlichen Wandel:»Du hast wirklich großes Vertrauen. Du gehörst zu Gott!« Als ob er sie auf die Probe stellen wollte, die fremde Frau. Auf einmal sind sie einander ganz nahe.

Seite 97

Foto:[1] So könnte die Fraus aus Syrien ausgesehen haben, so fragend, so fordernd, so entschieden. Sorge ist ihrem Gesicht eingeschrieben, aber auch der Wille, für ihre Tochter alles zu tun, jede Demütigung auf sich zu nehmen.

Das Gedicht aus Südafrika betont die oikoumenische Weite des Lebens und Handelns Jesu: Hier die jüdische Mutter, dort die Freude über den Glauben der syrischen Frau, die Freude über den Glauben des Centurios von Kafarnaum, hier wieder die Hilfe durch den Afrikaner (ist er ein Schwarzer?) Simon von Kyrene, der den Querbalken für das Kreuz durch die Stadt trägt. Menschen aller Welt gehören zu Jesus. Er gehört den Menschen aller Welt, so sie ihm denn glauben. Das auszudrücken, war den südafrikanischen Autoren des Gebetes sicher ein wesentliches Anliegen.

Arbeitsmöglichkeiten:

1. Tafelimpuls: ›Ein Brett vor dem Kopf haben‹ oder eine entsprechende Zeichnung. Assoziationen – Gespräch.
2. Bei Jesus schien es einmal so, als ob er ein Brett vor dem Kopf habe, als ob er nicht begreifen wolle, worum es ging. Erzählung. Dann im Buch nachlesen. Dann Gespräch.
3. Tafelimpuls ›Unbeirrbar‹. Dieses Wort als Interpretament im Gespräch über das Verhalten der Frau nutzen: Sie hat sich nicht beirren lassen. Auch nicht durch Beleidigungen. Dazu Aufgabe S. 96.
4. »Jeder soll seinen fremden Mitbürger lieben wie sich selbst« (Levitikus 19,33–34). Gespräch über dies alttestamentliche Wort. Die Problematik angesichts konkreter Situationen in unserem Lande erörtern. Auch wie schwierig es immer wieder ist, die anderen in ihrer Andersartigkeit wahr- und anzunehmen. In diesem Zusammenhang die beiden Worte *fremder Mitbürger* gesondert ins Auge fassen. Erinnerung an Bd. 3, S. 118–119 (Asyl).
5. Erinnerung an ›Menschen haben Rechte‹, S. 66–67.
6. Das Gebet S. 97 lesen, erörtern, abschreiben, illustrieren, u.U. lernen. Dazu die Aufgaben 1 und 2. Bei Simon von Kyrene auch an das Bild Bd. 3, S. 80 und an die Erzählung ›Zufällig hineingeraten‹ (Werkbuch 3, S. 116–118) erinnern.

---

1 Standfoto (Maria Magdalena) aus dem Zefirelli-Film ›Jesus von Nazaret‹.

Teil 15: Die nachösterlichen Christus-Wunder-Erzählungen (Seiten 98–101)

Absichten

Die Kinder sollen:
– die Seesturmgeschichte als Bekenntnis zur Hilfe im Meer der Angst kennenlernen – S. 98–99
– die Speisungsgeschichte als Bekenntnis zum Hungerstillen und Sattwerden bei Gott kennenlernen – S. 100–101

Seiten 98–101

Auf zwei Seiten zur unmittelbaren Gegenwart Jesu im alltäglichen Handeln und zum überraschenden Handeln Jesu in seiner Zeit folgen in bewußtem Kontrast vier Seiten mit Christusvisionen der neutestamentlichen Gemeinde, mit den großen Wundergeschichten von der Sturmstillung und der Speisung der vielen. Man sollte sich nicht scheuen, den Kindern zu sagen, daß es sich dabei ebenso wie bei der erfundenen Pausewang-Geschichte ›Er war da‹ um bildhaft ausgestaltete Erzählungen handelt, die wie Märchen oder Legenden eine Wahrheit enthalten, die es herauszufinden gilt. Die Seesturmgeschichte S. 99 erzählt von der vielfachen Verzagtheit und Angst (Todesangst) in den frühen Gemeinden und davon, daß Jesus, der Christus, zum Glauben an seine gebietende Macht auffordert. Wer mit Christus geht, gerät in Gefahr. Der kann den Tod vor Augen haben, der kann versinken im Meer der Angst. Aber er erfährt auch die große Stille, die Stille des Aufgehobenseins zu Gott. Die Speisungsgeschichte S. 100/101 erzählt vom Hungerstillen und Sattwerden bei Gott und vom Teilen: Wenn wir mit Christus gehen, dann sehen wir: Bei Gott ist Brot genug. Da wo Christus austeilt, da wo wir in seinem Namen austeilen, da werden alle satt, an Leib und Seele: »Wenn viele ihr Brot brechen und teilen davon aus, dann bricht auf dieser Erde ein Stückchen Himmel aus.«[1]

Zur Theologie der Christus-Wunder-Erzählungen

Jesus von Nazaret, der Mensch für Menschen, hat körperliche Krankheiten und Geisteskrankheiten geheilt. Das wird von keinem Bibelwissenschaftler bezweifelt. Er war so etwas wie ein charismatischer Arzt. Er hat beigetragen zur Entdämonisierung der damaligen Welt, in der Krankheit oft als Einwirkung einer bösen Macht galt. Jesus hatte Vollmacht (Römer 1,4; Markus 1,27; 2,10–11). Anders aber als die sonstigen Wunderheiler seiner Zeit stellte er seine Heilungen in den Dienst der Verkündigung der neuen Welt Gottes: »Wenn ich mit dem Finger Gottes die Dämonen unter euch austreibe, dann ist Gott mitten unter euch« (Matthäus 12,28). Seine Heilungstaten waren Zeichen.

Und so haben es die Christus-Prediger der nachösterlichen Zeit mit ihren Christus-Wunder-Erzählungen dann fortgesetzt. Zeichen des Glaubens wollten sie

---

1 Zu Jesus, dem Christus: *H. Halbfas*, ›Lehrhandbuch 9‹, a. a. O., S. 476–482. Zur Exegese der Christusgeschichten: *ders.,* ›Lehrerhandbuch 3‹, a. a. O., S. 306–310; zur Exegese neustamentlicher Speisungsgeschichten: *ders.,* ›Lehrerhandbuch 3‹, a. a. O., S. 319–329.

setzen. Tiefe Erfahrungen von Bewahrung und Hilfe in Hunger (Hungersnot in Galiläa 46–48), in tödlicher Angst (Christenverfolgung in Rom 64, Zerstörung des Tempels in Jerusalem 70) standen dahinter, aber auch Erfahrungen von Freude und Fülle in der Gemeinschaft mit Christus und den christlichen Schwestern und Brüdern. Hoffnung und Glaube im Hinblick auf eine Zukunft mit Christus, mit Gott, sollte bezeugend und tröstend weitergesagt werden. Die Frage nach einer Durchbrechung von Naturgesetzen war den Erzählern solcher Geschichten (wie ihrer Zeit insgesamt) dabei fremd.

In vorgegebenen Glaubensbildern des Alten Testamentes, aus einer jahrhundertealten tiefen Erfahrung und Erwartung des Volkes Israel heraus, predigten die jüdischen Christen ihren Hörern diese großen Geschichten weiter. Ebenso die griechischen Christen in der hellenistischen Welt, denen es ein Anliegen war, ihren von Kindesbeinen an mit wundertätigen Göttern vertrauten Hör- und Gesprächspartnern Christus als den alle Gottheiten überbietenden Weltenherrscher anzusagen (Konkurrenz des Christus Jesus mit dem Anspruch griechischer Götter – auch römische Kaiser – auf gottgezeugte Wunderkraft).

Für uns heute ist es wichtig, diese Funktion der Christus-Wundergeschichten des Neuen Testaments zu erkennen, ihre ›Wahrheit‹ als eine Wahrheit gepredigter Bilder, als eine Wahrheit hoffnungsvoll neuen Lebens mit Gott zu sehen. Zuspruch und Trost in der Anfechtung war die Absicht der Prediger, Festmachen im Glauben, Gemeindeaufbau, Mission, Werbung und Gewinn neuer Mitarbeiter. Hoffnung enthalten diese Erzählbilder. Hoffnung wollen sie erwecken.

Wer die Wunder um uns, die Wunder der Schöpfung, die Wunder der Technik, die Wunder der Liebe tief zu erfahren vermag, dem dürften die Christus-Wunder des Neuen Testamentes zugänglich sein.

Kinder, die einerseits sehr spontan bereit sind, Jesus als einen Großmagier, der Stürme stillte und Tote erweckte, zu sehen (»weil er ja Gottes Sohn war«), können bei entsprechender Anleitung (Gespräche zu den Geschichten sind hier wichtig) die Christus-Wundergeschichten von ihrer Entstehung und Botschaft her verstehen. Allemal ein Kind, das schreibt:

»Alles ist wie ein Wunder – irgendwie. Wenn ein Baum wächst – alles ist eigentlich wie ein Wunder. Wir leben alle wie durch ein Wunder. Aber vielen kommt das nicht wie ein Wunder vor. Sie denken nicht daran. Ein Baum ist wirklich wie ein großes Wunder. Wie der wächst. Wieviele Zweige der hat. Das sind alles Wunder, die mit Leben zu tun haben.«

Wichtiges kann man entdecken in den Christus-Wundergeschichten, Wahrheit von Christus und von Gott:

Er hat Großes getan, unbegreiflich und über alles Verstehen. Er tut es immer noch. Aber auch wir können etwas tun . . .

Neue Gemeinschaft mit Gott. Hilfe in Not. Stärkung, Mut und Selbstvertrauen. Licht gegen die Finsternis. Geborgensein gegen die Angst. Leben gegen den Tod – all das erzählen die Christus-Wundergeschichten in ihrer gleichnishaften Aussage und Sprache.

Herr, mein Gott,
wie groß sind deine Wunder und Gedanken,
die du an uns beweist.
Nichts ist dir gleich.

Psalm 40,6

Seite 98

Es handelt sich um eines der expressiv-transzendenten Bilder von Sieger Köder,[1] in denen die menschliche Existenz mehrdimensional gedeutet wird. Sehr wohl sind es Menschen in größter realer Seenot, denen Mast und Ruder zerbrochen sind, die verzweifelt Wasser schöpfen aus dem von den hereinschlagenden weißgischtenden Wellen hochgerissenen Boot. Aber im Bug des Schiffes liegt einer, in Weiß gehüllt, den Kopf in die Hand gestützt, ruhig schlafend. Und ein anderer wirft mit verzweifelt hochgerissenem Kopf die Hände auf ihn: »Was schläfst du, Herr! Hilf uns! Wir müssen sterben!«

Und hier erreicht Sieger Köder die andere, die existentielle Dimension, für die das sturmtobende Meer nur Bild ist: »Herr, wir gehen unter im *Meer der Angst,* wenn du uns nicht hilfst!« Es ist kein realistisch abbildendes Szenarium mehr. Das Bild wird durchscheinend, symbolhaft für alle Angst des Menschen. Gleich wird er aufstehen, dem Meer der Angst gebieten, daß es still wird. Gleich wird er den Jüngern sagen: »Was seid ihr so voll Angst! Habt ihr denn gar kein Vertrauen?«

Rettungslos verloren ist der Mensch. Das Schöpfen aus dem Boot der Angst wird ihm nichts nützen. Sein Ruder ist zerbrochen. Eigenes Handeln ist am Ende. Es bleibt nur noch der schreiend-bittende Appell an den Herrn. Drei stehen hier stellvertretend für alle Jünger, für alle Menschen: »Du allein bist unsere Rettung, du mit dem Gesicht voller Frieden, du, der über die Macht verfügt, schöpferisch Stille zu schaffen im Aufruhr der Angst.«[2]

Das alles hat Sieger Köder[3] in starken Farben, in starken Konturen, in einer Komposition, die alles Ähnliche zum Thema in der christlichen Kunst bisher übertrifft, umgesetzt.

Seite 99

Tod-ernst konnte das sein, was die Gemeinde erfuhr, was die Jünger erfuhren. Oft war es so, daß ihr Schiff unterzugehen drohte, das Schiff ihrer Hoffnung, das Schiff ihres Glaubens, das Schiff ihres Lebens.

Die Markuserzählung von der Rettung aus dem Meer der Angst ist in einen historischen Kontext von höchster tödlicher Bedrohung gestellt. Es ist davon

---

1 Sieger Köder, ›Sturm auf dem See‹.
2 Steil ragt das Boot nach oben. Es scheint plötzlich, als würden die ineinandergreifenden Gischtstreifen rechts und links von Jesus, über Jesus, zu rettenden Engelsflügeln.
3 Das Malen ist für Sieger Köder ein Handeln aus Glauben und für den Glauben. »Seine Bilder sind gleichermaßen geprägt von einer eindrücklichen sinnenhaften Darstellung und einer theologisch fundierten Gleichnishaftigkeit. Sie laden die Betrachter(innen) ein, sich durch sie ›hindurchzufragen‹, in die Tiefe zu gehen« (Mario Kaifel).

auszugehen, daß Christen in der Verfolgung unter Nero 64, aber auch bei der Flucht aus Jerusalem angesichts der anrückenden römischen Legionen des Titus im Jahr 70 Todesangst ausgestanden haben. Und es ist keineswegs auszuschließen, daß sie in solcher Not durch Glaubenspredigten, durch erzählte Christus-Wundergeschichten[1] Geborgenheit erfahren haben, Trost: »Er ist da, unser Herr. Er kann beruhigen. Er kann Stille schenken, die tiefe Stille des Herzens, die den Tod ertragen läßt, und sei er noch so schrecklich. Wir müssen uns nur festmachen an ihm. Wir müssen es nur glauben.«[2]

Arbeitsmöglichkeiten:
1. Tafelimpuls: ›Das Wasser geht mir bis zur Kehle‹. Assoziationen – Gespräch: Wer kann so etwas sagen? Wann? Hast du schon einmal so etwas (oder so etwas Ähnliches) gesagt?
   Manchmal schreien Menschen in großer Angst: »Hilf mir, Gott! Das Wasser steht mir bis zum Hals!«
2. Viele Christen haben so geschrien, damals in der Anfangszeit, wenn sie in Not gerieten, in schreckliche Not. Erzählung ›Im Meer der Angst‹ (Material 1). Hier steht die Nero-Verfolgung im Kontext. Als Kurzerzählung (Vorlage S. 99 rechts oben) läßt sich dasselbe noch einmal auf die Situation im Jahr 70 beziehen.
3. Klärung im Gespräch: Die Geschichte ›Im Meer der Angst‹ ist eine Tröstungsgeschichte – Glaubensgeschichte – Symbolgeschichte – Christus-Wundergeschichte.
4. Auch heute gibt es Angsterfahrungen, auch solche, die das Ganze der Welt betreffen. Dazu: ›Die Erde ist ein großes Boot‹ (Material 2) und Bd. 3 S. 102: ›Erde, kleines Schaukelschiff‹, Bild ›terra‹, Oikoumene-Symbol = alle Menschen in der Welt sind wie in einem Boot, dem Weltenboot. Und dieses Boot war schon oft in großer Gefahr.[3] Dazu auch das Kinder-Oikoumene-Symbol auf den Rückumschlägen der Bücher vergleichen.
5. Buch aufschlagen. Bild S. 98: Frei assoziieren, beschreiben, mit der Geschichte vergleichen. Orientierungspunkte und Zielrichtung: Vordergrund groß! Hingegen im Bug des Bootes ganz klein der schlafende Christus voller Ruhe. Die Gesichter, die Handlungen im Boot beschreiben. Dann: Gleich wird die Verzweiflung sich in die große Stille wandeln, in die Stille Gottes, in der er ruhig wird, der Mensch, still wie ein kleines Kind im Arm seiner Mutter. In diesem Zusammenhang lassen sich die weißen Wogen oben dann auch als Engelsflügel deuten.

---

1 »Urchristliche Wundergeschichten sind symbolische Handlungen, in denen durch Berufung auf eine Offenbarung des Heiligen die konkrete Negativität menschlichen Daseins überwunden wird« (Gerd Theißen).
2 Zuversichtliches Glaubenszeugnis angesichts brutaler Tötungsmethoden ist aus den Verfolgungszeiten vielfach belegt.
3 Dazu Aufgabe 3, S. 99. Verwiesen ist auf das Fluchtschiff im Chagall-Bild S. 74 und auf das Angst-Schiff (Seesturm!) im Haiti-Hungertuch S. 77.

6. Das Trostlied ›Auf meinen lieben Gott‹[1] lernen und singen. Mit diesem Lied
haben sich im Lauf der Jahrhunderte viele Menschen trösten können:

Auf meinen lieben Gott
trau ich in Angst und Not.
Der kann mich allzeit retten
aus Trübsal, Angst und Nöten.
Mein Unglück kann er wenden,
steht alles in seinen Händen.

Material 1

Im Meer der Angst – Die große Stille

Die Christen werden gejagt.
Sie werden in die Arena geschleppt.
Sie werden von Löwen zerfleischt.
Andere werden ans Kreuz geschlagen.
Andere werden mit Pech übergossen
und angezündet.
Sie werden verbrannt –
als lebende Fackeln bei Nacht.

Und viele liegen in den Kerkern.
Auch sie werden sterben.
Sie zittern.
Sie haben den Tod vor Augen.
Sie haben schreckliche Angst.
Das Wasser steht ihnen bis zum Hals.
Es ist wie ein Meer der Angst.

»Wer hilft uns?«
Es ist, als ob sie ertrinken:
»Hilf uns, wir gehen unter!«

Das alles geschieht in Rom.
Unter Kaiser Nero. Es ist das Jahr 64.

Nero wollte Rom brennen sehen.
Er wollte das brennende Rom besingen.
Er hielt sich für einen großen Dichter.
Überall hatte er Feuer legen lassen –
heimlich.
Voller Wut war das Volk.
Schuldige mußten her: »Die Christen!
Die Christen sind schuld!«

So gellte es durch die Straßen.
Da begann die Jagd.

Jetzt liegen sie in den Kerkern, die
Christen.
Viele sind schon tot.
Aber, die, die noch leben,
die klammern sich ans Leben.
Sie beten. Sie schreien: »Hilf uns, Herr!
Hilf uns, wir gehen unter!«
Sie schreien ihre Angst hinaus.

Da beginnt einer zu reden
in einem der Kerker des Kaisers.
Ganz still schaut er die anderen an,
alle, die vor Angst schreien.
Er ist ganz ruhig:
»Ich war in Galiläa«, sagt er.
»Damals!
Ich hörte, was sie von Jesus erzählten,
von Jesus, dem Christus.
Von einem Sturm haben sie erzählt,
von einem Wirbelwind
auf dem See Gennesaret.
Ja, so war es:

Die Jünger waren draußen im Boot.
Das Meer erhob seine Stimme.
Die Wellen kamen wild daher.
Die Wellen schlugen hoch.
Sie faßten das Boot mit wilder Gewalt.
Die Jünger hatten Angst.

---

1 EG 345, Strophe 1.

Die Wellen kamen über das Boot.
Da war Finsternis über der Tiefe.
Die Jünger schrien: »Hilf uns, Herr!
Wach auf! Wir gehen unter!«

Jesus, der Christus,
aber schlief mit Frieden.
Hinten im Boot – ganz still.

Todesangst erfaßte die Jünger:
»Hilf uns! Wir verderben!«

Da stand er auf. Er reckte die Hand.
Er bedrohte das Meer: »Sei still!«
Da war es still, das Meer der Angst.

Da sprach er zu ihnen: »Habt Mut!
Ich bin doch da. Gott ist doch da.
Glaubt ihr das immer noch nicht?«

Da wurden sie still, die Jünger im Boot.
Da hatten sie Frieden mit Gott!«
                    Nach Markus 4,35–41

So erzählt der eine in Rom.
Da werden sie still im Kerker
des Kaisers.
Sie zittern nicht mehr, die Christen.
Sie beten: »Hilf uns, Herr!
Bleibe bei uns, wenn wir versinken.
Gib uns deinen Frieden.«

Eine Geschichte wie eine Predigt.
Eine Geschichte, die trösten kann.

Führwahr, meine Seele ist still
wie ein kleines Kind bei seiner Mutter.
                    Psalm 131,2

Material 2

Die Erde ist ein großes Boot.
Es treibt durch Sturm und Wellen.
Hilft einer in dem Boot
dem andern in der Not,
ja, dann sitzt Gott
mit uns im Boot.
Und es wird nicht zerschellen.   *Rolf Krenzer*[1]

Seiten 100–101

»Nichts von allem, was Gott dir verheißt, ist irgend etwas wert ohne Gott selbst. Ganz und gar nicht würde er, Gott, mich sättigen, wenn er sich nicht selbst mir verheiße. Was ist die ganze Erde? Was ist der ganze Himmel? Was sind alle Gestirne? Was die Sonne? Was der Mond? Was die Heere der Engel? Inmitten von all dem dürste ich nach dem Schöpfer: nach ihm hungere ich, ihm sage ich: ›Du bist der Quell des Lebens, du bist das Brot, das vom Himmel gekommen ist‹ (Johannes 6,5). Es lächelt die Welt in vielen schönen, starken, mannigfaltigen Dingen; doch schöner ist er, der alles gemacht hat, schmiegender ist er, der alles gemacht hat. Satt werde ich, wenn deine Herrlichkeit offenbar wird.«[2]

---

1 Aus dem Gedicht ›Die Erde ist ein großer Tisch‹, in: ›Komm, wir gehen Hand in Hand‹, Geschichten und Gedichte, Gedanken und Gebete, hrsg. von Rolf Krenzer, Lahn Verlag, Limburg 1987, © Autor.
2 Aurelius Augustinus, Predigt 158,7,7; in: ›Texte der Kirchenväter‹, Bd. II, Kösel Verlag, München.

Die frühe Christenheit, das läßt die Predigt Augustins erkennen, deutete die Speisungsgeschichte in einem weitgespannten theologischen Horizont: Gott – Schöpfung – Christus. Im Original der Handschrift, der unser Bild entstammt, sieht man beiderseits der wiedergegebenen Szene alttestamentliche Gestalten, die Schriftrollen halten: links König David (Text seiner Rolle: ›Aller Augen warten auf dich, und du gibst ihnen ihre Speise zur rechten Zeit‹, Psalm 145,15); rechts Mose (Text seiner Rolle: ›Vor dem Herrn, deinem Gott, sollst du alles essen an der Stätte, die der Herr erwählt hat, und du sollst fröhlich sein vor dem Herrn, deinem Gott‹, Deuteronium 12,18).

Das Bild[1]

Nach der Matthäusfassung der Speisungsgeschichte gemalt (Matthäus 15,32–38: sieben Brote, einige Fische, 4000 Menschen, sieben Körbe voll Brocken), entspricht es in seiner Dynamik und transzendierenden Kraft gleichzeitig dem Christuszeugnis der johanneischen Speisungsgeschichte: ›Ich bin das Brot des Lebens.‹ Dieser Christus der Dreiergruppe zur Linken (Purpurgewand! Kreuznimbus!), der seine Hände segnend und betend zugleich auf die von Petrus links und Paulus rechts (der überlieferte Gesichtstypus macht die beiden identifizierbar)[2] gehaltenen Schalen (Körbe?) – hier mit einigen Fischen, dort mit sieben Broten – legt, ist der Herr, der *alle* Speise, nicht nur die für die Sättigung des Leibes, segnet, der Herr, der seine Gemeinde in Zeit und Ewigkeit nicht hungern lassen wird.

Im rechten Teil des Bildes lagern sich – als Fünfer- und Vierergruppe – neun Männer in dichtem Grün. Sie stehen stellvertretend für die 4000 des Textes. Vier führen die Hand mit Speise zum Munde. Fünf strecken ihre Rechte (frühchristlicher eucharistischer Gestus!) nach den vor ihnen liegenden Broten und Fischen aus. Alle richten den Blick unverwandt auf den göttlichen Spender.

In der Mitte des unteren Bildrandes – die beiden Teilszenen verbindend – die sieben großen bis obenan mit Brotresten gefüllten Körbe.

Dieses Bild eines unbekannten Mönches des 6. Jahrhunderts lebt von den Farben, von den verweiskräftigen Gesten, vor allem aber von den Augen. Das ist expressive Verkündigung im Bild, wie sie von Malern nachfolgender Generationen kaum wieder erreicht wurde.

Arbeitsmöglichkeiten:

1. Von der Kostbarkeit des Brotes: ›Das halbe Brot‹ (Material 1).
   Ein Brot kehrt als Geschenk zu dem Schenkenden zurück. Brot kann heilig sein. »Solange noch Liebe da ist, die ihr letztes Stück verschenkt, solange habe ich keine Angst um uns.« Erinnerung an Bd. 3, S. 32: »Der Tag ohne den Hunger, der schönste Tag der Welt.«

---

1 Evangelienfragment von Sinope, um 550, Paris, Bibliothèque Nationale. Es handelt sich um ein einmaliges Zeugnis frühchristlicher Bildkunst; vgl. ›Folien 3/4‹, a. a. O., Folie 4.
2 In der Beauftragung der Apostelfürsten gewinnt die Speisungsgeschichte kirchengeschichtliche Bedeutung.

2. Brot brechen, einer für den andern (= Teilen), in der Klasse üben. Dazu immer wieder das Lied: ›Brot in meiner Hand, ich brech ein Stückchen ab . . .‹ (Bd. 2, S. 91).
3. »Wenn jeder gibt, was er hat, dann werden alle satt« als Tafelimpuls. Gespräch über ›Brotvermehrung‹ durch uns. Dazu ›Gebt ihr ihnen zu essen‹ (Material 2) – Brot für die Welt durch uns!
4. Erzählung ›Alle sind satt‹ – nach Matthäus (Material 3). Gespräch. Nachlesen im Buch (hier nach Markus, aber kaum Unterschiede). Gespräch: In Gottes neuer Welt wird keiner hungrig bleiben. Dazu das Lied: ›Kann denn das Brot, so klein, für uns das Leben sein‹ (Material 4).
5. Bildbetrachtung. Entsprechungen zum Text herausarbeiten. Petrus und Paulus erkennen. Das steht nicht in der Geschichte. Was mag es bedeuten? Der Christus gibt Brot und Fisch (frühchristliche Abendmahlsgaben) für alle in der Welt. Durch die großen Völkerapostel Petrus und Paulus. Sie sollen austeilen. Wir sollen austeilen. Wir sollen Abendmahl feiern.
6. Es handelt sich um ein Symbol-Bild. So wie die Geschichte eine Zeichen-, eine Symbolgeschichte ist. Sie weist über sich hinaus. Die im Grünen (vgl. Markus 6,19, Grün in der Wüste) sind die Völker der Erde, ganz besonders die hungernden. Ihnen wird Hoffnung zugesprochen. Dazu die Geschichten ›Die Speisungsgeschichte im Horizont der Armut‹ (Material 5) und ›Abendmahl im Slum‹ (Material 6).
7. Aufgabe 3, S. 101: Eigene Geschichten vom Brot und vom Teilen heute erzählen und malen.

Vorschlag für eine Brotfeier:

1. Liedstrophe: ›Kann denn das Brot so klein . . .‹
2. Erzählung: ›Das halbe Brot‹.
3. Meditatives Gespräch dazu.
4. Lehrerin:
   »Brot ist der Erde Frucht.
   Brot ist vom Lichte gesegnet.«   *Friedrich Hölderlin*
5. Wiederholung Liedstrophe: ›Kann denn das Brot so klein . . .‹
6. Lehrerin:
   »Liebe ist wie ein Korb mit fünf Broten und zwei Fischen.
   Sie wird immer mehr, sobald du anfängst, davon zu verschenken.«
7. Erzählung ›Alle sind satt‹. Danach:
   Lehrerin: »Diese Geschichte vom Hungerstillen und Sattwerden bei Gott ist immer auch eine Geschichte vom Austeilen, vom Verteilen, vom Teilen, so wie es die Christen in der Anfangszeit geübt haben. ›Ihr werdet satt‹, sagten die Christen zu den Armen. ›Kommt zu Jesus, dem Christus. Bei uns bricht jeder dem andern sein Brot. Da essen alle und werden satt, wie einst das Volk in der Wüste.‹«
8. Symbolhandlung: Wir probieren Brot zu vermehren:
   – Gebet:

Gott, wir leben von deinen Gaben.
Segne uns und segne das Brot.
Gib uns die Kraft, von dem, was wir haben,
denen zu geben in Hunger und Not.

– Kinder brechen einander das Brot, jeder/jede seinem Nachbarn/seiner Nachbarin. Sie sagen dazu ein freundliches Wort.
Bei dieser Handlung wird gesungen ›Brot in meiner Hand . . .‹.
– Gebet:

Danke, Gott, für das Brot.	*Du bist freundlich, Gott.*
Es riecht so gut.	*Du bist immer gut zu uns.*
Es schmeckt so gut.	*Bitte, gib auch denen,*
Danke,	*die kein Brot zu essen haben.*
daß wir es jeden Tag haben,	*Bitte, gib ihnen durch uns.*
um satt zu werden.	*Tägliches Brot gib allen . . .*

9. Erzählung: ›Gebt ihr ihnen zu essen‹.
10. Meditatives Gespräch dazu.
11. Lehrerin: Lobpreis:
    »Gepriesen seist du, Herr,
    der du das Brot aus der Erde hervorbringst.«   *Segensspruch der Juden*
12. Liedstrophe (Wiederholung): ›Kann denn das Brot so klein . . .‹.

Material 1

Das halbe Brot

Das Brot war zu dem alten Vater, dem Arzt, zurückgekommen. Er hatte es umfaßt mit seinen Händen. Er hatte es in einen Schrank gelegt, dieses Stückchen vertrocknetes, graugewordenes Brot.
Kostbar war dies Brot.
Warum?
Die Kinder des Alten fragten: »Warum?«
Sie wußten keine Antwort.
Antwort wußte die alte Haushälterin: »Ja, er hat schwerkrank darniedergelegen, euer Vater. Er war zutiefst erschöpft. Die Ärzte haben die Stirn gerunzelt. Sie haben gemurmelt. Mit den Achseln haben sie gezuckt.
Damals hat ein Bekannter ein halbes Brot geschickt. Er hat gesagt: »Eßt nur, Alter, dann werdet ihr zu Kräften kommen.«

Aber der Alte ist nicht zu Kräften gekommen. »Im Nachbarhaus«, hat er gesagt, »dort liegt das Kind krank, die Tochter des Lehrers. Ich bin alt. Sie ist jung. Schickt ihr das Brot, daß sie wieder zu Kräften kommt. Ich alter Mann, ich habe nicht mehr lange zu leben.«
So hat er gesagt. Und die Lehrersfrau bekam das Brot. Aber sie hat es nicht behalten können. Sie gab es blutenden Herzens einer alten Witwe weiter, die, allein in ihrem armseligen Dachstübchen, in tiefe Not geraten war.
Aber auch die Witwe behielt es nicht, hatte sie doch in ihrem Alter nicht mehr viel zu besorgen.
Sie trug es zu ihrer Tochter mit den zwei Kindern in der kümmerlichen Kellerwohnung. Die Tochter erinnerte sich daran, daß ein paar Häuser weiter

der alte Arzt krank lag. Kürzlich noch hatte er einen ihrer Söhne umsonst behandelt. Jetzt lag er auf den Tod. »Das ist die Gelegenheit«, dachte sie, »ihm all das Gute zu vergelten.« Und sie nahm das Brot unter den Arm und ging damit ins Haus des alten Arztes.

»Sofort haben wir das Brot wiedererkannt«, fuhr die alte Haushälterin fort: »Als der Doktor sein eigenes Brot wieder in Händen hielt, da war er in tiefstem Herzen erschüttert. Da hat er gesagt: ›Solange noch Liebe unter uns ist, die ihr letztes Stück teilt, solange habe ich keine Angst um uns . . .‹ Das Brot hat er nicht gegessen«, erzählte die alte Haushälterin: »Nein, er hat gesagt: ›Wir wollen es gut aufheben, und wenn wir einmal kleinmütig werden, dann schauen wir es an. Dieses Brot hat viele Menschen satt gemacht, ohne daß ein einziger davon gegessen hätte. Es ist ein heiliges Brot.‹

Ja, damals hat er das Brot in den Schrank gelegt«, erzählte die Haushälterin: »Ich weiß, daß er es oft angeschaut hat.«

Tief bewegt hatten die Kinder dem Bericht der alten Haushälterin gelauscht. Als sie geendet hatte, schwiegen sie lange Zeit. Endlich sagte der Älteste: »Ich denke, wir sollten das Brot unter uns aufteilen. Ein jeder mag ein Stück davon mitnehmen und es aufbewahren zum Andenken an unseren Vater und zur steten Erinnerung an jene verborgene Kraft, die den Menschen auch in der bittersten Not das Wort vom Brotbrechen lebendig erhielt.«.

Nach Günther Schulze-Wegener[1]
Textfassung Dietrich Steinwede

Material 2

Gebt ihr ihnen zu essen

als jesus aufschaute
sah er eine unübersehbar
große menge menschen
hinkende auf krücken
lahme auf tragbahren
verstümmelte
blinde die ganz ohr waren
taube die ganz auge waren
taube die sich die hand ans ohr hielten
oder große trichter
(um möglichst viel mitzukriegen)

als er sie alle sah
hatte er mitleid
und dachte
die brauchen jetzt was zu essen
wenn ich sie gehen lasse

werden sie auf dem weg
zusammenbrechen
sie werden nicht satt
von bloßer hoffnung
von bloßen worten
und als er stockte
und schwieg
da riefen einig vorne
erzähl weiter
ja erzähl weiter
schrien andere

aber jesus fragte einen seiner freunde
wie kriegen wir die satt
philippus
der früher bevor er mit jesus zog
ein lebensmittelgeschäft gehabt hatte

---

1 Mit freundlicher Genehmigung des Luther-Verlages, Bielefeld.

sagte
brot für 1000 mark reicht nicht aus
für so viele
aber woher nehmen
aus der luft
und andreas
ein anderer seiner freunde sagte
da ist ein kind
ein junge
der hat in seinem netz
fünf brötchen und zwei fische
aber andreas fügte gleich hinzu
das ist soviel wie nichts

und jesus sagte
wo ist der junge
wenn jeder gibt was er hat
dann werden alle satt
und da kam der junge auch schon
jesus schaute den jungen an
der strahlte vor freude
er war von weither gekommen
jesus zu sehen und zu hören
jesus sagte zu ihm
wie heißt du
er sagte
salomon heiße ich
uns jesus darauf
salomon
willst du deine brötchen
und deine fische abgeben
daß alle was bekommen
und ohne zu antworten
gab der junge jesus die brötchen
und die fische
und da hatte jesus
ein brötchen in der hand
und brach es in viele stücke
dann rief er
wer hat ganz viel hunger
der komme
und da kamen einige
kinder und alte
mit schwarzen rändern unter den augen
mit bleichen gesichtern
der hunger schaute ihnen aus den augen

und dann kamen immer mehr
aber o wunder
es kamen auch immer mehr
die auch was mithatten
und jetzt vorne bei jesus abgaben
brote und fische und ziegenkäse
und auch zu trinken hatten einige mit
und jesus und seine freunde
hatten alle hände voll zu tun
zu brechen und zu verteilen
ein geber steckte den *anderen* an
brotvermehrung . . .

brotvermehrung
ging es durch die menge
jesus war zum mittelpunkt geworden
und viele fragten
wo kommt denn das brot her
da kamen einige reiche amerikaner
farmer fabrikanten
der liebe gott weiß
woher die das so schnell erfahren hatten
die kamen mit schiffen und lastern
und flugzeugen
und brachten lebensmittel
die sie sonst vernichtet hätten
um die preise hochzuhalten
jetzt kamen sie
und halfen bei der brotvermehrung
mitten in der wüste
es entstand bald
wer weiß wie schnell
eine weltwirtschaftsgemeinschaft
und es passierte
ein wunder nach dem anderen
die deutschen kamen die franzosen
die japaner die engländer die chinesen
die russen
und die südamerikaner und australier
sie alle brachten was sie hatten
es wurde geteilt und verteilt
es wurde geplant und überlegt
wie die brotvermehrung
weitergehen könne
bis an die grenzen der erde
und kein mensch wagte mehr zu sagen

die erde sei bald am ende
und es drohe
eine weltweite hungerkatastrophe

jesus wurde zum herzen der welt
überall hörte man
seine liebenswürdige stimme
die fragte
wer hat noch hunger
wer ist noch nicht satt
und immer wurde geteilt und verteilt
und alle sagten
wenn jeder gibt was er hat
dann werden alle satt
ja da sieht man's
wenn jeder gibt was er hat
dann werden alle satt

jesus hatte die erde im auge
die ganze erde
nicht nur teile
nicht nur uns
er hat die ganze erde im auge
er überschaut alles
und er meint
so könne alles gut werden
wenn wir
so rückhaltlos anfingen
wie der junge salomon
ein kind fing an ohne berechnung
und da
riskierten es auch die großen
zu teilen
das ist und bleibt
ein wunder

Wilhelm Willms[1]

Material 3

Alle sind satt

»Ich möchte ein Brot
für mich ganz allein,
daß ich hineinbeißen kann
und kauen, kauen
und schlucken,
bis ich fühle,
wie es heilt,
wie es besänftigt den gierigen Magen,
das Brot.«

Das sagt ein Kind,
das sich nach Brot sehnt,
ein Kind, das nur ganz selten
Brot zu essen hat,
ein Kind, das den Hunger kennt,
ein Kind in einem armen Land:
»Nur einmal ein Brot
für mich ganz allein.
Das wäre schön.
Das würde ich genießen.

O, mir läuft das Wasser
im Munde zusammen . . «

Kein Brot wegen Trockenheit,
kein Brot wegen Krieg,
kein Brot wegen Ausbeutung,
kein Brot, weil das Geld fehlt,
das gibt es in der Welt.
Tausende haben kein Brot.
Millionen haben kein Brot,
Millionen Kinder.

Wer Brot hat, leidet keine Not.
Wer Brot hat, der kann leben.

In der Anfangszeit:
Sie kommen zusammen in den Häusern,
die ersten Christen.
Sie essen miteinander.
Sie denken an Jesus, den Christus.
Sie beten. Sie sind fröhlich.

---

1 Aus: ›aus der luft gegriffen‹, Verlag Butzon & Bercker, Kevelaer [4]1984.

Sie helfen einander, die ersten Christen.
Sie geben ab von dem, was sie haben.
Sie geben denen, die arm sind.
Sie geben denen, die Hunger leiden.

Und sie erzählen Geschichten.
Auch die Geschichte
von der großen Speisung.
Markus, Matthäus, Lukas und Johannes
haben sie aufgeschrieben.
Jeder anders.

So schrieb Matthäus sie auf:
Da sind die Menschen bei Jesus.
Er ist mit dem Schiff gefahren.
Sie sind ihm gefolgt auf dem Landweg,
aus allen Orten, eine riesige Menge.
Sie haben ihre Kranken mitgebracht.
Jesus hat Mitleid mit ihnen.
Er heilt ihre Kranken.

Abend ist es geworden.
Die Jünger sagen zu Jesus:
»Es ist schon spät.
Die Gegend hier ist einsam.
Schicke doch die Menschen in die
Dörfer ringsum.
Sie sollen sich etwas zu essen kaufen.«

Jesus sagt: »Das ist nicht nötig.
Gebt ihr ihnen zu essen!«
Die Jünger sind erstaunt.
Wie sollen wir das?
»Wir haben nur fünf Brote
und zwei gebratene Fische«,
sagen sie zu Jesus, »mehr nicht.«

»Bringt sie mir her«, sagt Jesus.
Sie tun es.
Sie bringen die fünf Brote
und die zwei Fische.

»Setzt euch ins Gras«,
sagt Jesus zu den vielen.

Und er nimmt die Brote und die Fische,
schaut auf zum Himmel
und dankt Gott.

Aller Augen warten auf dich,
daß du zu essen gibst.

Und er bricht die Brote in Stücke,
gibt sie den Jüngern.
Und die verteilen sie an die Menge.

Es geht durch unsre Hände,
kommt aber her von Gott.
                              Matthias Claudius

Die Menschen geben einander weiter.
Einer teilt dem andern zu.
Einer achtet auf den andern:
»Komm du. Ich breche dir ab.
Nimm und iß.«

Brot in meiner Hand.
Ich brech ein Stückchen ab.
Und gebe es dann dir.
Auch du sollst werden satt.
Brot, Brot, Brot
kann stillen Hungersnot.
Brot, Brot, Brot
kann retten vor dem Tod.

So reichen sie einander weiter.
So essen sie miteinander.
Vom Gottesbrot.
Und sie reden miteinander.
Und sie sehen sich freundlich an.
Und sie essen auch von den Fischen.

Und siehe, es reicht für alle.

Wenn viele ihr Brot brechen
und teilen davon aus,
dann bricht auf dieser Erde
ein Stückchen Himmel aus.
Brot, Brot, Brot
kann stillen Hungersnot.
Brot, Brot, Brot
kann retten vor dem Tod.
                              H. Neubauer

Alle bekommen genug zu essen,
Tausende, Männer, Frauen und Kinder.
Alle können leben. Weil geteilt wurde.

Mit Christus essen. Mit Gott essen.
Am Tisch des Herrn.
Das ist ein Zeichen:
Bei Gott ist wirklich genug.
                     Nach Matthäus 14,13–21

Material 4

Text: Wilhelm Willms, Melodie: Ludger Edelkötter[1]

1. Kann denn das Brot so klein für uns das Le-ben sein, kann denn das Brot so klein für uns das Le-ben sein.

Material 5

Die Speisungsgeschichte im Horizont der Armut

Arme Menschen sind das,
die all das von Jesus hören,
all die Geschichten.

Es sind Handwerker:
Töpfer, Sandalenmacher,
Lederarbeiter, Lastträger.
Es sind Weber und Färber.
Es sind Bauern,
die mit dem Holzpflug ihr Land
aufritzen,
um Korn zu ernten für Mehl und Brot.

Es sind Weinbauern und Hirten,
Fischer und Schiffsleute.
Es sind Kameltreiber
und Soldaten im Heer.
Es sind Händler auf dem Markt.
Es sind Schreiber in den Schreibstuben.
Viele sind Sklaven.

Arme Leute!

Sie wohnen in den Dörfern,
in elenden Hütten.
Oder in der Stadt,
in schmutzigen, stinkenden Gassen.

Viele sind arbeitslos.
Unterstützung bekommen sie nicht.
Viele sind krank.
Ein Krankenhaus gibt es nicht.

Viele sind Bettler,
die Ärmsten der Armen.
Sie sitzen an der Straße. Sie schreien:
»Gebt uns etwas!«
Sie sind zerlumpt, hungrig,
ohne Unterkunft:
»Gebt uns etwas!«

Und sie bekommen nichts.
Viele Reiche gibt es. Nur wenige helfen.
Sie sind allein, die Bettler.
Sie haben Hunger, Hunger.
Manchmal ist da kein Ausweg mehr:
Wer gibt uns Brot?
Sie sehnen sich nach Hilfe.
Sie sehnen sich nach einem Wunder:
Ach wenn doch nur
ein Wunder geschähe.
Sie glauben an Wunder, diese Menschen
– wie kleine Kinder an Wunder glauben.
Sie wünschen sich,
daß alles ganz anders wird,
daß sie leben können.

Und diese alle, die hören von Jesus.

Die Boten sagen:
»Kommt zu Jesus! Kommt zu uns!
Wir wollen euch helfen, wir Christen.
Jesus Christus will euch helfen.

1 © Impulse-Musikverlag, 48317 Drensteinfurt.

Jesus ist einer von euch«,
sagen die Boten.
»Sein Vater war ein Zimmermann,
ein Handwerker.
Und Jesus selbst
war auch ein Zimmermann.
Nie hat er viel Geld verdient.
Er gehört zu euch.
Er kennt eure Not.
Und er gehört zu Gott.

Er weiß, was Gott will.
Er zeigt es euch:
Gott will euer Freund sein.
Gott will euch helfen,
daß ihr leben könnt. Glaubt das nur.

Wir wollen eure Freunde sein.
Einer ist wie der andere bei uns,
ob reich oder arm.
Jeder hilft dem anderen.
So haben alle zu essen.
So werden alle satt.

Das hat Jesus gemacht.
Das ist wie ein Wunder.

Wo Jesus ist, da geschehen Wunder.«

So sagen die Boten.
Und sie erzählen eine Geschichte.
Markus hat sie aufgeschrieben,
eine wunderbare Geschichte:

Wieder sind viele Menschen
zusammen gekommen
bei Jesus.
Sie umlagern ihn.
Es ist eine einsame Gegend.
Und die Menge der Menschen ist groß,
riesengroß.
Und sie sind hungrig, die vielen.
Sie sind schon lange bei Jesus, tagelang.
Sie haben nichts mehr zu essen.

Jesus ruft die Jünger zusammen:
»Sie müssen essen, die Menschen.
Sie warten, daß ich ihnen helfe.
Viele sind von weit gekommen.

Sie können jetzt nicht nach Hause.
Sie sterben mir sonst vor Hunger.«

Jesus hat Mitleid.

Die Jünger sagen: »Sattmachen?
Hier? In dieser einsamen Gegend?
Wie sollen wir das?
Wo soll das Brot herkommen
für so viele Menschen?«

Er sagt: »Wieviele Brote habt ihr?«

Sie sagen: »Sieben!«

Da spricht er zu den vielen Menschen:
»Setzt euch nieder, hier auf die Erde!«

Er nimmt die sieben Brote.
Er betet zu Gott.
Er dankt. Er bricht die Brote in Stücke.
Er gibt sie den Jüngern:
»Verteilt das unter alle!«

Sie tun es. Sie nehmen das Brot.
Sie geben. Sie verteilen es unter alle.
Und alle essen und werden satt.

Das ist ein Zeichen.

Es sind an die viertausend Menschen.

Und sie sammeln Brocken auf,
die Jünger,
sieben Körbe voll.

Und Jesus läßt die Menschen gehen.
Und alle gehen nach Haus.

Alle sind satt. Das ist ein Zeichen.

So erzählen die Boten.
Und die Armen,
die diese Geschichte hören,
die sagen:
»Und wir? Werden wir auch satt?«

»Ja, ihr werdet auch satt«,
sagen die Boten:
»Kommt zu uns! Kommt zu Christus!
Bei uns bricht jeder
dem andern sein Brot.
Da essen alle und werden satt,
wie einst das Volk in der Wüste.«

Da sind sie getröstet, die Armen:
Da ist ein Weg, ein Ausweg.
Da sind Freunde, die helfen wollen.
Es geht wieder. Sie können leben.

Das ist wie ein Wunder.
Ja, diese Geschichte zeigt etwas
von Christus, von den Christen.

Nach Markus 8,1–9

Material 6

Abendmahl im Slum

Die Leute erwarten den Priester sehnsüchtig. Sie stehen auf dem freien Platz, wo im vergangenen Jahr ein Feuer gewütet und über hundert Hütten zerstört hat. Aber der freie Platz mitten im Slum, dem Armenviertel, ist nicht mehr so groß, wie er nach dem Brand gewesen war. Viele der Menschen, die damals obdachlos geworden sind, haben sich aus Kistendeckeln, gestohlenen Ziegeln, Brettern, Säcken und Wellblechstücken längst neue Hütten in die Asche gebaut. Aber noch jetzt riecht es nach Brand, besonders nach dem Regen.

Die Leute warten geduldig. Am Morgen ist ein Platzregen über dem Slum niedergegangen. Hier gibt es keine Asphaltstraßen. Die Leute stehen im Schlamm, die meisten von ihnen ohne Schuhe. Sehr viele Kinder sind darunter. Sie schlagen nach den Fliegen, von denen sie umschwärmt werden. Manche Kinder haben eitrige Wunden, andere haben Grinde. Die Fliegen wollen sich darauf niederlassen. Die Kinder müssen unaufhörlich mit den Händen wedeln, um dadurch die aufdringlichen Schwärme von sich fernzuhalten. Dann kommt der Priester mit zwei Meßdienern, Jungen in schmuddeligen Kitteln. Der Priester ist jung und lächelt. Aber er sieht müde aus. An diesem Morgen hat er schon zwei Messen gelesen. Für die Slums gibt es nicht genug Priester. Viele Priester möchten lieber reichere Gemeinden betreuen. Die Seelsorge in den Slums ist hart und mühsam und sehr unbequem. Da gibt es keine schönen Kirchen. Da muß der Priester die Messe meistens unter freiem Himmel halten.

Die Erwachsenen winken ihm zu, die Kinder rufen:»Padre, Padrecito!« Das heißt:»Vater, Väterchen!« Sie mögen ihn. Sie setzen große Hoffnungen auf ihn, denn er bemüht sich, ihnen zu helfen. Sie sind dankbar, daß er zu ihnen hält, zu den Machtlosen, den Habenichtsen.

Er hat fünf lange Weißbrote mitgebracht. Zwei Männer tragen einen alten, wackligen Tisch aus einer Hütte und stellen ihn vor den Priester in den Schlamm. Er legt die Brote darauf. Niemand stiehlt sie ihm, obwohl alle, die auf ihn gewartet haben, hungrig sind.

Der Priester liest die Messe. Die Leute um ihn herum singen, sprechen im Chor, hören seinen Worten andächtig zu. »Ach ja, Gott, vergiß uns nicht, auch wenn wir nicht sauber, satt und weißgekleidet in Villen wohnen. Es ist nicht unsere Schuld. Wir wären auch gern reich. Sei uns nahe, Gott. Deine Nähe haben wir besonders nötig.«

»Das ist mein Leib«, sagt der Priester und hebt eines der Brote in die Höhe, so, daß es alle sehen können. Es ist gesegnetes Brot, Gottes Brot, duftendes Brot.

Dann reicht er es in die Menge, ein Brot nach dem anderen. Jemand bricht es durch, der nächste teilt auch die Hälfte noch einmal. Die Hälften werden halbiert, geviertelt, geachtelt, gesechzehntelt, die Teile werden immer kleiner, wandern von Hand zu Hand in alle Richtungen, werden andächtig in den Mund geschoben, mit geschlossenen Augen lange gekaut. Keiner bestiehlt den anderen, niemand erobert sich mit Gewalt ein halbes Brot und rennt damit fort. O nein, hier herrscht Brüderlichkeit, man gönnt den anderen so viel wie sich selbst.

Gott ist im Brot. Auch wenn es nur ein ganz kleines Stück ist, ein Fetzen Kruste. Für viele, die die Messe mitgefeiert haben, ist es die einzige Nahrung an diesem Tag.

Gudrun Pausewang[1]

Teil 16: Er ist unser Friede (Seiten 102–103)

Absichten
Die Kinder sollen:
– die Schwarz-Weiß-Problematik erörtern
– Jesus, den Christus, als den Versöhner aller Nationen und Hautfarben würdigen

Seite 102
Wieder ein Bild[2] von hoher diaktischer Relevanz.[3] Es ist zu Johannes 19,25–27 (Johannes und Maria unter dem Kreuz – Jesus spricht zu Johannes: ›Dies ist deine Mutter‹) entstanden. Da das schwarze Gesicht unten rechts jedoch zumeist nicht als Frauengesicht erkannt wurde, hat sich eine Interpretation durchgesetzt, die die beiden großen Figuren unten als Typen für Schwarz und Weiß schlecht-

---

1 Aus: ›Erzählbuch zum Glauben‹, Bd. 4: Wort und Sakrament, a. a. O., S. 451. © Autorin. Vgl. auch den Schulgottesdienst ›Unser tägliches Brot gib uns heute‹, aus: *Dietrich Steinwede,* ›Meinen Bogen setz ich in die Wolken‹, Schulgottesdienste für die Grundschule, a. a. O., S. 92–100.

2 Azariah Mbatha, ›Er ist unser Friede‹, Linolschnitt zu Johannes 19,25–27. Azariah Mbatha, 1941 in Südafrika geboren, lag, an Tuberkulose erkrankt, 1962 in einem Missionshospital, als seine Begabung von schwedischen Missionaren entdeckt wurde. Er studierte von 1962–1964 am Zentrum für Kunst und Kunsthandwerk in Rorkes Drift in Natal, 1965–1967 an der staatlichen Kunstakademie in Stockholm (1965 hatte er den Südafrikakunstpreis erhalten). Er lebt mit seiner Familie heute in Schweden und ist zu einem international anerkannten Künstler (Ausstellungen in vielen Ländern, weitere Kunstpreise) geworden. Das Museum für Moderne Kunst in New York hat Werke von ihm angekauft. 1995 gestaltete er das Misereor-Hungertuch zum Thema ›Gerechtigkeit in der Welt‹. Seine bevorzugte Technik ist der Linolschnitt. In seiner Intention, zwischen Schwarz und Weiß zu vermitteln, die christliche Botschaft in Bildern sowohl seinen schwarzen Landsleuten in Südafrika wie den weißen Menschen der Welt weiterzusagen, ist er sich treu geblieben.

3 Vgl. ›Folien 3/4‹, a. a. O., Folie 5.

hin ansieht. Wir (und wie sich bei unbefangener Konfrontation herausstellt, auch die Kinder – s. Dokumentation 1) folgen dieser Interpretation.

Die Dreiteilung der Komposition fällt sofort ins Auge. Durch den Mittelbalken mit den wechselnd schwarzen und weißen Masken hat der obere Teil zwei Abschnitte; unten beherrschen die beiden großen Köpfe das Feld[1] Umspannt wird das Ganze von einem dunklen Regenbogen – Zeichen der Hoffnung und des göttlichen Friedensangebotes an die Menschen.[2]

Im Feld links oben sind Schwarz und Weiß durch den schwarzen Balken brutal getrennt. Die Gesichter drücken Trauer aus. Hier besteht noch Rassentrennung. Rechts oben sind schwarze und weiße Menschen gemischt. Immer noch ernsten Gesichtes, sind sie unter dem Versöhnungskreuz Christi versammelt. Der Gekreuzigte, sein Gesicht (schwarze Hälfte – weiße Träne; weiße Hälfte – schwarze Träne) drückt es aus, ist den Schwarzen als Schwarzer, den Weißen als Weißer zugewandt, beide durch seinen Tod einander versöhnend.[3] Der Glaube an den für Schwarz *und* Weiß Gekreuzigten kann verändern, will Azariah Mbatha sagen: Das Kreuz befreit den einen von Überlegenheitsgefühlen, den anderen von bedrückender Sklavenmentalität. Der Mann am Kreuz ist für beide der Friede. Er ist unser aller Friede.

Dieser Friede teilt sich elementar durch den Mittelbalken, indem er in der schwarzweißen Schlußmaske (mit Träne wie beim Gekreuzigten) deren Köpfe verbindet, den beiden großen Figuren mit. Das schwarze Gesicht en face mit den fragenden, hoffenden Augen ist Inbegriff des hingegebenen Lauschens. Der weiße Kopf im Profil (schwarze Haare, schwarzer Bart, ausdrucksvolles Ohr) ist – Mund an Mund, Nase an Nase, vor allem Auge an Auge – ganz in das schwarze Gesicht hineingegeben. Ein Dialog des Horchens hat begonnen; gleich werden die beiden miteinander sprechen. Der Gekreuzigte in seiner Gegenwart hat es erreicht: Die Distanz zwischen Schwarz und Weiß ist ebenso wie die Distanz zwischen damals und heute aufgehoben. Noch zeigt das Bild Leiden und Verzweiflung (links oben), in seiner Gesamtaussage aber ist es tröstlich, voller Frieden.

Arbeitsmöglichkeiten:

1. Den sechs Aufgaben S. 103 – es geht um die Oikoumene der Hautfarben – gerecht werden. Zu den Aufgaben 1 und 2 Dokumentation 1. Ergänzung zu den beiden großen Figuren: »Jeder hat in seinem Kopf ganz die Lebenssituation, die Not des anderen. Im Aufeinanderhören, im Miteinanderreden und

---

1 Eine perspektivische Tiefe findet sich nicht. Das ist altes afrikanisches Erbe.

2 »Azariah Mbathas Bilder sind tröstliche Bilder. Sie verschleiern nicht die harte Wirklichkeit, sind aber sub specie aeternitatis geschrieben. Sie teilen uns etwas mit über die Situation der Menschen in Südafrika und sprechen zugleich davon, daß die Passion, das Leiden der Afrikaner, in Christi Leiden schon aufgehoben ist. Sie laden uns ein, rassistisches Denken zu überwinden, kulturelle Vorurteile abzubauen, Versöhnung zu leben« (Theo Sundermeier).

3 Der Körper des Gekreuzigten ist schwarz. Noch stärker als bei uns drückt in Afrika die schwarze Farbe Schmerz und Trauer aus.

indem sie sich unter den Frieden des Gekreuzigten stellen, finden die beiden Wege für eine gemeinsame Zukunft.« In diesem Zusammenhang ist noch einmal an die jahrhundertelange Versklavung der Schwarzen (in diesem Werkbuch S. 197 f.) zu erinnern.

2. Zu Aufgabe 3 machten Kinder eines 4. Schuljahres folgende Vorschläge: ›Schwarze und Weiße können Freunde sein‹ – ›Es geht auch ohne Haß‹ – ›Versöhnung‹ – ›Gemeinsamkeit‹ – ›Frieden für Schwarze und Weiße‹ – ›Black and white together‹ – ›Das Friedenszeichen‹.

3. Generell gilt, den Gekreuzigten mit den Augen eines Afrikaners sehen zu lernen (vgl. Bd. 3 S. 81, auch S. 80 und 83; vgl. Aufgabe 5), und damit diesem Afrikaner ganz nahe zu kommen. Christus ist auch für die Schwarzen, die an ihn glauben, gestorben. Hier auch an die afrikanische Geschichte vom Verlorenen Sohn erinnern (Bd. 2, S. 60/61). Dann Erweiterung: »Er ist für alle Nationen und Hautfarben gestorben.« Dann Erweiterung mit Material 1.

4. In Ergänzung zu Aufgabe 4 (hier besonders den schwarzen Gekreuzigten von S. 77 beachten) auch an das Bild S. 74 erinnern: Jesus ist – als einer der größten Söhne ihres Volkes – auch der Juden Friede.

5. Schwarz und Weiß im Zusammenleben heute: Dazu die Geschichte von Gudrun Pausewang ›Alle geht das an‹ (Material 2). Ein Afrikaner, der kein Deutsch spricht, wird auf der Post vom Schalterbeamten ausländerfeindlich behandelt. Couragiert und erfolgreich erhebt die Ich-Erzählerin Einspruch.[1]

6. Übergreifend und wiederholend zum Buchthema ›Frieden‹ noch einmal ›Er ist unser Friede‹ in den Mittelpunkt stellen. Dazu das Gebet (S. 103) und die Dokumentation 2 (›Kinderaussagen und Kindergebete zum Frieden‹). Dann Erweiterung mit dem Friedensgebet des Franz von Assisi (Anfang des 20. Jahrhunderts im Geist des Franz von Assisi in Frankreich entstanden):

> *Herr, mache mich zu einem Werkzeug deines Friedens,*
> *daß ich liebe, wo man haßt,*
> *daß ich verzeihe, wo man beleidigt,*
> *daß ich verbinde, wo Streit ist,*
> *daß ich die Wahrheit sage, wo der Irrtum herrscht,*
> *daß ich Glauben bringe, wo der Zweifel droht,*
> *daß ich Hoffnung wecke, wo Verzweiflung quält,*
> *daß ich Licht entzünde, wo die Finsternis regiert,*
> *daß ich Freude bringe, wo der Kummer wohnt.*

Dieses Friedensgebet in acht große Sternsegmente (s. Skizze) umsetzen, von einzelnen Kindern sprechen lassen, auf dem Boden der Klasse zum Friedensstern auslegen (Mittelteil liegt schon), Kinder mit bereitgehaltenen entzündeten Teelichtern einzeln herantreten lassen (jedes Kind stellt sein Licht zum Satz seiner Wahl und liest diesen Satz vor) und dann das Ganze im stillen Kreis auf sich wirken lassen: »Unsere Gebetsworte sollen allen leuchten, die für den Frieden,

---

1 Eine weitere Geschichte zum Thema von Gudrun Pausewang: ›Nicht in meinem Haus‹, in: ›Neues Vorlesebuch Religion 1‹, a. a. O., S. 267–271.

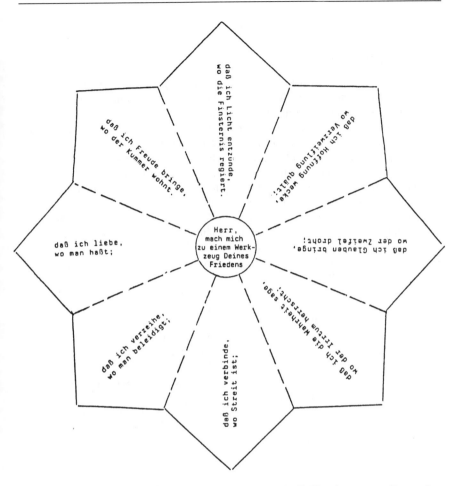

besonders für den Frieden zwischen Schwarz und Weiß, eintreten.« Dazu den Kanon ›Jesus, Friedenskönig‹ (vgl. im vorliegenden Buch S. 95) singen. Abschließend ruhiges Rundgespräch (Reaktionen, Bewertungen, Hoffnungen).[1]

Material 1

Wenn ich einen Wunsch frei hätte . . .

. . . dann würde ich
mir wünschen,
wenn ein Schwarzer an
mir vorbeigeht,

nicht mehr denken
zu müssen:
»Das ist ein Schwarzer.«
Stephanie Schofer (15)

---

1 Anregung zu Feierhandlung und Sternvorlage aus der Zeitschrift ›Impulse‹, Erzbistum Köln.

Material 2

Alle geht das an!

Gestern war ich auf der Post. Vor dem Schalter stand eine ganze Schlange. Ich stand hinter einem Ausländer. Einem Afrikaner. Er hatte krauses Haar und eine sehr dunkle Haut. Einmal dreht er sich um und schaute zu mir herunter. Er lachte, nickte mir zu und zwinkerte mit dem einen Auge. Dann zog er ein Bonbon aus seiner Jackentasche, ein Karamelbonbon in braunem Papier, und reichte es mir. Das ist die Sorte, die ich so gern esse. Er sagte auch was, aber das verstand ich nicht. Als er drankam, reichte er dem Mann am Schalter einen Brief und erklärte was. Er erklärte immer schneller und lauter. Der Schaltermann starrte den Afrikaner finster an, schob den Brief wieder zurück und knurrte: »Wenn du hier was willst, dann lern' gefälligst Deutsch!«
Schon winkte er mir und wollte mich drannehmen. Da sagte ich extra laut, so, daß es alle in der Schalterhalle hören konnten: »Warum duzen Sie ihn?«
Hinter mir in der Schlange wurde es ganz still. Der Schaltermann starrte mich jetzt genauso finster an, wie er vorher den Afrikaner angestarrt hatte, und sagte: »Was geht das dich an?«
»Alle hier geht das an«, rief ich, »wie Sie mit ihm umgehen!«
Jemand hinter mir applaudierte.
»Glaubst du, ich hab' Zeit, mich mit so einem – mich mit so jemandem herumzuplagen?« rief der Schaltermann erbost.
»Wenn's ein Amerikaner gewesen wäre, hätten Sie mehr Geduld mit ihm gehabt«, sagte eine junge Frau in der Nebenschlange.

»Eigentlich sollten wir Sie alle duzen«, sagte ich, »damit Sie sehen, wie das ist.«
Jetzt applaudierten schon zwei Leute, und eine Stimme sagte hinter mir: »Recht hat sie, die Kleine.«
Jetzt wurden auch die Leute von den übrigen Schaltern aufmerksam und schauten herüber.
»Weiter, weiter«, rief der Schaltermann ungeduldig, »sag, was du willst, oder der Nächste kommt dran.« Und dann schnaubte er noch wütend hinterher: »Ich werd' mich doch nicht mit so einer Göre herumärgern.«
»Ich will, daß erst mal dieser Herr drankommt«, sagte ich und zeigte auf den Afrikaner, der neben dem Schalter stand und sich ratlos umsah. »Aber seien Sie höflich zu ihm!«
»Jawohl«, riefen ein paar Leute, »erst er!«
»Ich laß mir doch nicht von so einem Kind vorschreiben – « rief der Schalterbeamte und bekam einen ganz roten Kopf – »was ich zu tun habe! Typischer Fall von heutiger Jugend!«
»Sie ist Postkundin, genauso wie dieser Ausländer«, sagte ein Mann aus der Nachbarschlange. »Und sie hat recht.«
Der Schaltermann warf einen giftigen Blick auf den Afrikaner und schimpfte: »Da sieht man's wieder mal deutlich: Nix wie Unruhe stiften sie, diese –, diese – «
»*Sie* stiften hier Unruhe«, sagte die junge Frau zum Schaltermann. »Sonst niemand.«
Applaus. Jetzt applaudierten sie auch schon in den anderen Schlangen. Der Beamte vom nächsten Schalter rief unserem Schaltermann zu: »Jetzt nimm

ihn doch schon dran, sonst gibt's hier noch einen Aufstand.«

Ich zog den Afrikaner am Ärmel vor den Schalter. »Also los, aber ein bißchen fix!« herrschte ihn der Schaltermann an.

Der Afrikaner zeigte auf seinen Brief und redete in seiner Sprache. Ich stand neben ihm und sah, daß ihm der Schweiß auf der Stirn stand.

»Do you speak English?« fragte ihn jemand. Das verstand ich auch. Ich hab' ja schon ein Jahr Englisch in der Schule. Aber der Afrikaner hob nur die Schultern.

»Na sehen Sie, sehen Sie«, rief der Schaltermann den Leuten in der Schlange triumphierend zu, »der hält Sie alle auf!«

»Und wenn Sie in seinem Land in der Post etwas erledigen wollten und die Sprache nicht könnten?« rief ich. »Möchten Sie nicht auch, daß die Schalterleute Geduld mit Ihnen haben?«

Der Schaltermann grummelte was – so leise, daß ich ihn nicht verstand. »Wir haben Geduld«, rief jemand hinter mir. Und eine Frau aus der Nachbarschlange rief herüber: »Parlez-vous français?«

Da nickte der Afrikaner und strahlte die Frau an. Und schon hatte die Frau aus ihm herausgefragt, was er wollte: Der Brief sollte eingeschrieben geschickt werden. Der Schaltermann erledigte das mit verkniffenem Gesicht, dann nannte er den Preis. Wieder verstand der Afrikaner nichts. Aber drei Leute riefen ihm die Zahl auf Französisch zu, und die junge Frau half ihm, die richtigen Münzen aus seiner Börse zu nehmen. Er zahlte, nahm den Einschreibzettel in Empfang, nickte dem Schaltermann freundlich zu, drehte sich dann um, verbeugte sich lächelnd in alle Richtungen und sagte »Merci, Merci.« Das hieß »danke«. Dann ging er.

Schade, daß meine Omi nicht dabei war. Die hält nämlich immer den Mund und denkt: Nur nichts riskieren, nur nicht auffallen, und man kann sowieso nichts dran ändern. Wahrscheinlich hätte sie nur dauernd geflüstert: »Sei doch still!« und »Misch dich nicht ein!« Aber ich hätte dort in der Post nicht auf sie gehört. Ich hab' ja meine eigene Meinung. Und die laß ich raus, wenn's nötig ist. Laut sogar![1]

Gudrun Pausewang[1]

Dokumentation 1

Azariah Mbatha ›Er ist unser Friede‹ – Protokollauszüge
Offenes Gespräch (die Kinder haben die Einheit ›Martin Luther King‹ absolviert):
Das Bild wird ohne Kommentar zur Interpretation freigegeben. Die Kinder flüstern ihre Feststellungen dem Protokollanten ins Ohr. So ist gewährleistet, daß keine Aussage die andere beeinflußt.
Marc: Das ist auf einem Sklavenschiff.
Annette: Ich glaub', das ist Jesus, der am Kreuz hängt, und die Weißen trauern genauso wie die Schwarzen über den Tod von Jesus.

---

1 Aus: ›Neues Vorlesebuch Religion 1‹, a. a. O. S. 271–273. © Autorin.

Philipp: Da ist ein Schwarzer und ein Weißer auf dem Bild. Und der Schwarze denkt an den Weißen, und der Weiße denkt an den Schwarzen.

Philine: Das erinnert irgendwie an den Busstreik in Amerika. Da links sind Schwarz und Weiß getrennt, und vorne sind sie zusammen.

Marc: Da tut ein weißer Mann mit einem Schwarzen ein Abkommen treffen.

Annette: Die haben so durchdringliche Augen.

Philipp: Da wird Jesus gekreuzigt, und ein weißer und ein schwarzer Pfarrer sind dabei.

Anja: Das ist wie im Bus . . .

Dirk: . . . daß Weiße und Schwarze zusammen den Gottesdienst machen und nicht mehr getrennt sind.

Marc: Das ist Jesus, der hat an der einen Seite ein weißes Gesicht und auf der anderen ein schwarzes Gesicht.

Philine: Die beiden Köpfe, das sieht so aus, als wenn die zwei sich die Hand geben (Philine erinnert ein Plakat der vorangegangenen Stunde, auf dem eine weiße Hand und eine schwarze Hand von zwei Seiten her ein Brot brechen). Da, wo die zusammen sind, das soll ein Freundschaftszeichen sein.

Oliver: Der Schwarze ist wie Jesus aufgehängt – auf der einen Seite weiß, auf der anderen schwarz.

ab jetzt laut für alle:

Annette: Das Bild soll darstellen, daß es gemischte Gefühle sind. Auf der einen Seite Schwarze, die trauern über den Tod von Jesus und die Weißen auch. Aber die anderen lachen.

Philipp: Auf der Leiste sind die Gesichter zur Hälfte weiß und zur Hälfte schwarz. Ganz unten ist das Gesicht schwarz und weiß: vielleicht ist der für beide – genau wie Jesus.

Philine: Der Jesus hat die beiden verschiedenen Gesichter, weil er für beide war, für Weiße und für Schwarze.

Dokumentation 2

Kinderaussagen – Kindergebete zum Frieden

Wenn alle Menschen gottgläubig wären, gäb es auf der ganzen Welt Frieden. Für uns sind der Frieden und Gott sehr wichtig. Gottes Hände haben für uns eine große Bedeutung.   *Felizitas*

Lieber Gott, ich möchte, daß alle Länder, nicht nur wir, Frieden haben. Gott, du hast mir mit allen Mitteln gezeigt, daß ein kleiner Streit zum Frieden werden muß. Ich danke dir. Amen.   *Daniela*

Lieber Gott, erhöre mich. Der Krieg ist grausam. Ich wähle den Frieden, das Reich Gottes, das Paradies. Nicht die Angst, das Morden, keinen Krieg. Ich wähle den Frieden.   *Christoph*

Lieber Gott, rette den Frieden und helfe uns. Daß wir nicht in den dunklen Schlund des Bösen fallen, denn dann fangen wir selber den Krieg an. Laß uns in Ruhe in einer Welt des Friedens leben. *Hannes*

Herr, gib uns Menschen der neuen Generation das Gewissen, was für ein Grauen der Krieg ist. Wir kennen den Krieg nicht, und wir wissen nicht, wie gefährlich er ist. Herr, laß die Friedenstaube bleiben und uns den Krieg für ewig begraben. Amen. *Benjamin*

Teil 17: Gott will im Dunkel wohnen (Seiten 104–109)

Absichten
Die Kinder sollen:
– sich mit der Theodizee-Frage auseinandersetzen – S. 104–105
– die Spannung zwischen Offenbarsein und Verborgenheit Gottes erörtern – S. 106–107
– das ›Trotzdem‹ des Glaubens der von Gott scheinbar Verlassenen wahrnehmen – S. 108–109

Zur Theologie und Didaktik
»Viele Menschen glauben an Gott. Es gibt aber Menschen, die nicht an Gott glauben.«
»Man weiß nicht, wie Gott aussieht.«
»Man weiß nicht, ob es Gott gibt. Man kann es nicht feststellen.«
»Gott ist vielleicht ein Aberglaube.«
»Es ist Quatsch, Gott ist nirgends.«
»Ich glaube an Gott. Obwohl ich ihn nicht sehen kann. Ich glaube an Jesus.«
»Gott tröstet oft. Gott hilft den Menschen.«
»Gott ist bei uns, wenn wir von Gott sprechen. In Gedanken ist Gott bei uns.«

Diese Aussagen von 8- bis 10jährigen Kindern, die in vielen Klassengesprächen häufig und sehr frei über Gott sich geäußert haben, vermögen zu zeigen, was im Unterricht erreicht werden kann. Man kann das stets vorhandene Fragen der Kinder nach Gott fördern, korrigieren, klären, vertiefen. Persönliche Sinnfindung, Einstellung, Entscheidung lassen sich gewinnen. Kinder können lernen, angemessener von Gott zu reden, ihr Wissen zu erweitern, qualifizierter zu fragen.
Man muß nicht an Gott glauben. Immer wieder ist an Gott gezweifelt worden, immer wieder ist Gott geleugnet worden. Aber immer wieder ist er auch von Menschen verehrt worden. Immer wieder haben Menschen in der unmittelbaren Anrede an Gott, im Gebet, Trost und Hilfe erfahren.
Von Gott zu reden ist uns nur möglich im Rahmen unseres Weltbildes, im Rahmen unserer Sprache. Gott bleibt uns auf ewig verborgen. Jesus aber hat uns

diesen Gott als einen väterlichen Gott der liebenden Zuwendung gezeigt. Niemand weiß alles über Gott. Aber die Väter Israels haben es ebenso wie Jesus aus Nazaret gewußt: Gott ist einer, mit dem wir reden können.

Wir wissen, daß kein Mensch letztlich Verbindliches über Gott auszusagen vermag. Wir wissen, daß Gott außerhalb unseres Lebensbereiches für uns nicht zu erfahren ist. Wir können Nichtglauben zum Ausdruck bringen, aber wir können auch glauben – obwohl es absurd erscheint. Menschen aller Religionen haben immer wieder geglaubt, immer neu, in den vielfältigsten Formen. Immer wieder ging ihr Fragen andere Wege.

Solche Erkenntnisse betreffen Lehrende und Kinder gleicherweise. Aber die Lehrenden sind soviel älter, soviel erfahrener, soviel mehr durch die Reflexion hindurchgegangen. Sie können ihre Kinder an die Hand nehmen, können ihnen anhand der Seiten dieses Buches zeigen: Gott ist wie einer, der uns anredet, wie ein Mensch. Er kann uns im Nächsten gegenübertreten, obwohl er uns ewig verborgen bleibt. Lehrende können ihre Kinder voranbringen in der Erkenntnis Gottes.

Wer mit seinen Kindern in Muße von Seite zu Seite voranschreitet – gemeinsam lesend, vorlesend –, wer die Bilder einbezieht – sie haben ihr eigenes Gesetz! –, wer immer wieder auf das erklärende, das sachlich weiterführende Gespräch aus ist, wer verweilt, wer die Spannung vieler Fragen zu verdeutlichen vermag, die Widersprüche und Rätsel, die sich dahinter verbergen, dem wird zugehört werden, der wird erfahren, daß Kinder unmittelbar und intensiv Stellung beziehen, daß sie zu antworten beginnen, daß sie beginnen, Wahrheit zu entdecken, Spuren Gottes, daß sie Gott begegnen; der wird auch erfahren, daß er den eigenen Gottesbegriff zu befragen beginnt, daß er sich selbst hilft, wenn er dem Kinde hilft.

Wenn dich dein ›Sohn‹ fragt, gib ihm Antwort. Laß ihn nicht allein.

Wenn dich deine ›Tochter‹ fragt, gib ihr Antwort. Laß sie nicht allein.

Zitate zum Fragen nach Gott, zum Bekennen Gottes

Bedenke ich diese kurze Dauer meines Lebens, aufgezehrt von der Ewigkeit vorher und nachher, bedenke ich das bißchen Raum, das ich einnehme, die unendliche Weite der Räume, von denen ich nichts weiß und die von mir nichts wissen, dann erschaudere ich . . . Wer hat mich hier eingesetzt? Durch wessen Anordnung und Verfügung sind mir dieser Ort und diese Stunde bestimmt worden?

Blaise Pascal

*

Du, Gott, durchdringst gewaltig groß über begrenzte Räume hin allenthalben die gesamte Welt.

Du dringst darüber hinaus nach allen Seiten ins Unermeßliche, ohne Begrenzung, so daß dich in sich schließe die Erde, der Himmel und alles Seiende, und daß all dieses seine Begrenzung finde in dir, während du nirgends eine Grenze hast.

Das Größte alles Sichtbaren ist die Welt. Das Größte alles Unsichtbaren ist Gott.
Daß es die Welt gibt, wissen wir. Daß es Gott gibt, glauben wir.

Augustinus

Was ist in deinem Herzen geschehen, als du hörtest: ›Gott‹?
Was ist in deinem Herzen geschehen, als ich sagte: ›Gott‹?
Ein großes und überaus hohes Wesen ist gedacht worden,
ein Wesen, das alle veränderliche Kreatur übertrifft.

Augustinus

*

Das erfuhr ich als der Wunder größtes, daß die Erde nicht war,
noch das Himmelsgewölbe noch irgendein Baum,
noch Berg nicht war,
noch die Sonne nicht schien, noch der Mond nicht leuchtete,
noch das glänzende Meer,
als da nichts war an Enden und Wenden,
da war nur der eine allmächtige Gott.

Aus dem Wessobrunner Gebet

Zu Bewußtsein kommt es mir: Sie kann nicht aus sich sein,
die Natur, sie ist von dir, dem Schöpfer.

Augustinus

Groß und viel sind deine Werke, Gott. Du hast sie weise geordnet.

Psalm 104,24

*

Es muß doch irgendwo ein verborgenes Gutes an dir sein,
denn du trägst das Antlitz der Menschen,
um deretwillen Gott sich immerfort erniedrigt und opfert.
Rühme dich. Sei fröhlich!

Rudolf Alexander Schröder

Ich danke Gott und freue mich
wie's Kind zur Weihnachtsgabe,
daß ich bin, bin! und daß ich dich,
schön menschlich Antlitz, habe.

Matthias Claudius

In deiner Hand ist Kraft und Macht.   *1. Chronik 29,12*
Die Himmel sind deiner Hände Werk.   *Psalm 102,26*
Du tust deine Hand auf, und alle werden satt.   *Psalm 104,28*
Meine Zeit steht in deinen Händen.   *Psalm 31,16*
In deine Hände befehle ich meinen Geist.   *Psalm 31,6*

Es ist nur einer,
ewig
und an allen Enden,
und wir in seinen Händen.   *Matthias Claudius*

Der du allein der Ewge heißt
und Anfang, Ziel und Mitte weißt
im Fluge unsrer Zeiten,
bleib du uns gnädig zugewandt
und führe uns an deiner Hand,
damit wir sicher schreiten.   *Jochen Klepper*

*

Was der Herr dich lehrte. Was der Meister vom Himmel dich lehrte.
Rufe Gott als Gott an. Über ihn hinaus ist nichts besser.
Ihn ersehne, ihn begehre.

                                                    Augustinus

Beten ist ein Sehnen der Seele.   *Mahatma Gandhi*

Doppelt betet, wer singend betet.

Singt Gott von Herzen Psalmen, Hymnen und Lieder.   *Kolosser 3,16*

*

Denn, was du in der Schöpfung findest, das ist die Stimme ihres
Lobpreises, mit der sie den Schöpfer rühmt.

                                                    Augustinus

Lobet den Herrn, ihr seine Geschöpfe.
Lobt ihn, Sonne und Mond.
Lobt ihn, ihr endlosen Weiten des Himmels.
Lobt ihn, ihr Tiefen des Meeres.
Lobt ihn, ihr Berge, und alle Hügel,
ihr Bäume und Gräser und Wälder.
Lobt ihn, Blitz und Hagel und Schnee,
Regen und Sturmwind und Wolken.
Lobt ihn, wilde und zahme Tiere. Lobt ihn, alle Völker.
Lobt ihn, ihr Mächtigen der Erde. Lobt ihn, Männer und Frauen.
Alte und Junge, lobt euren Gott, erhebt eure Stimme zu ihm.
Unermeßlich groß ist sein Name.
Lobt ihn – Halleluja.

                                                    Psalm 148

Seiten 104–109
Die Frage nach Gott, bereits in Bd. 1 Gegenstand des Unterrichtes (S. 70–77), im
übrigen durchgehend in allen vier Bänden immer im Kontext, wird in Bd. 4 unter
der Frage nach dem Handeln Gottes angesichts all der vielen Schrecknisse in der
Welt (Theodizee) nachhaltig wiederaufgenommen.[1]

---

1 Zur Theodizee-Frage umfassend: *H. Halbfas,* ›Lehrerhandbuch 4‹, a. a. O., S. 172–176, vor
  allem *ders.,* ›Lehrerhandbuch 8‹, a. a. O., S. 282–299 (Bonhoeffer – Reinhold Schneider –
  Elie Wiesel – Hans Jonas – Widerspruch verschiedener Theologen).

Warum, Gott?

Die Geschichte S. 104/105 begibt sich auf dem Lande in Schweden, ist von daher u.U. für Landkinder besonders geeignet. Die Theodizeefrage entzündet sich für den Bauernjungen Johann an seiner Kuh Embla, der einzigen im Stall der armen Familie. Embla hat einen Nagel gefressen und ist daran eingegangen – während die vielen Kühe des reichen Großbauern aus Bäckhult quicklebendig sind. Johann hadert mit Gott: »Warum gerade Embla?« Johann ist hilflos und verzweifelt. Er kann diese Ungerechtigkeit Gottes nicht fassen. Eindringlich hat Astrid Lindgren das geschildert.

Mit einer vorschnellen Lösung ist nichts getan, denn die Theodizeefrage ist nicht aus der Welt zu schaffen. Darum Jeremia 23,23 (S. 105). Darum das Gebet, das auch von der Ferne Gottes spricht. Darum S. 106 Susannes Klagebrief an Gott (es handelt sich um ein Original aus einem 4. Schuljahr). Darum Psalm 73, der dann aber zum ›Trotzdem‹ des von Gott scheinbar Verlassenen hinüberführt: »Gott, halte mich fest, ganz fest.«

An den vier Bildern S. 107 (hungerndes Kind aus Bd. 3, S. 114; Hand Gottes aus Bd. 1, S. 72 – vgl. Bd. 4, S. 64 –; Taube als Symbol für die Gegenwart Gottes bisher nicht; sterbender Soldat aus Bd. 4, S. 48)[1] soll dann – die Aufgabe verdeutlicht es – das Ineinander der Nähe und Ferne Gottes eingehend erörtert werden: Hier Schrecken, Angst, Verzweiflung – dort Glaube, Liebe, Hoffnung. Bettinas Gedicht – für eine Neunjährige einmalige Formulierungen –, im Original noch umfangreicher (s. Dokumentation 2), ohne direkte Lehrerhilfe geschrieben, zeigt dann das absolut positive Bekenntnis eines Kindes zu Gott: Der Satz ›Gott ist wie ein großes Symbol für Friede und Freude und Glück‹ dürfte kaum zu übertreffen sein. Solche tiefe Gottesverbundenheit befähigt Menschen zum Handeln für Gott in der Welt, ein Handeln, das auch zum Tode führen kann (Oscar Romero, Martin Luther King, auch Gandhi dürfen in diesem Zusammenhang genannt werden).

Das von den Farben her sprechende Foto S. 108/109, das ahnen, schauen, meditieren läßt, das Gefühlstiefen erschließt, will die beiden Seiten Gottes – die dunkle, die helle Seite – noch einmal symbolisieren. Das Foto wird verbunden mit dem berühmten Text aus dem Warschauer Getto, dessen Satz ›Ich glaube an Gott, auch wenn ich ihn nicht sehe‹ von allen Glaubenden zu jeder Zeit gesprochen werden kann. Dieses Glaubenszeugnis eines jüdischen Jungen wirkt um so überzeugender, als es wohl gegen die Theodizeefrage ausgesprochen sein dürfte, als es über die Vergleiche Sonne und Liebe (etwas Sichtbares; etwas Unsichtbares, aber Spürbares) einer Glaubenssicherheit Ausdruck verleiht, der angesichts der ausweglosen Situation höchster Respekt gebührt.

Angesichts des Mordens im Warschauer Getto (angesichts der Verbrechen in Auschwitz und anderen Konzentrationslagern) stellt diese Doppelseite die Theodizeefrage als Jahrhundertfrage vor der ›größten Tragödie der Menschheit‹ (Elie Wiesel), die bei Dorothee Sölle zu einer Theologie vom Tode Gottes nach Auschwitz geführt hat. Die Zeilen von Nelly Sachs

---

1 Vgl. ›Folien‹, a. a. O., Folie 28.

Herr (wenn es dich gibt),
ich kann nicht beten,
denn ich habe zuviele Gebete gehört,
die nur Worte waren,
und sie machen mein Herz krank vor Traurigkeit.

Herr (wenn es dich gibt),
ich kann nicht danken,
denn: wenn ich danke,
weil ich satt bin,
muß ich dir zum Vorwurf machen,
daß Millionen hungern,
wenn ich danke, daß ich gesund bin,
muß ich dir zum Vorwurf machen,
daß Millionen siechen,
wenn ich dir danke, daß ich glücklich bin,
muß ich dir zum Vorwurf machen,
daß Millionen verzweifeln . . .[1]

kommen in Erinnerung, und das Rot-Gelb der Seiten wird für einen Augenblick zum Widerschein der brennenden Krematorien.

Das aber muß die eigentliche Deutung ›Aufkeimendes Licht der Hoffnung‹ nicht beeinträchtigen. Und so ist das Gebet S. 109, verbunden mit dem Lied ›Herr, unser Herr, wie bist du zugegen‹ von Huub Oosterhuis (Material 7) durchaus angebracht.

Arbeitsmöglichkeiten:
1. Tafelimpuls: ›Gott, warum läßt du das geschehen?‹ Assoziationen – Gespräch.
2. Vertiefung der Frage mit der Geschichte ›Warum, Gott?‹ (S. 104–105). Um der Elementarität ihrer Aussage willen wurde diese Geschichte mit dem Foto von der Kuh ganz ins Buch übernommen. Sie sollte am besten laut vorgelesen werden. Das Gespräch sollte die Gottesferne als Grunderfahrung von Menschen (von Christen) festhalten. Auch:»Es gibt keine Entschuldigung Gottes für all das Entsetzliche, das in der Welt geschieht. Für vieles aber – und es ist das meiste – liegt die Verantwortlichkeit bei den Menschen allein!« Das Wort des Propheten« Jeremia und das Gebet unterstützen dann den Gedankengang.
Die Möglichkeit, Johann einen Klagepsalm sprechen zu lassen, wird durch die Dokumentation 1 angeregt. Als Lied empfiehlt sich das ganz elementare, schreitende, immer zu wiederholende ›Höre, wie ich flehe‹ (Material 1), das eine Begleitung (Klavier/Gitarre) erfordert.
3. Eigene Nöte, Schwierigkeiten, Fragen in Briefen an Gott zu Papier bringen. Wenn die Klassensituation es zuläßt, gegenseitiges Vorlesen und Bespre-

---

1 Aus: ›Fahrt ins Staublose‹. © Suhrkamp Verlag, Frankfurt am Main 1961.

chen. In der Dokumentation 3 sind von Kindern eines dritten Schuljahres formulierte Antworten Gottes auf vorher gestellte Fragen zusammengetragen. Hier finden sich auch Antworten eines vierten Schuljahres auf die Fragen ›Wie erfahre ich etwas von Gott?‹ und ›Wie ist Gott?‹

4. Susannes Brief (S. 106) – er enthält die Theodizeefrage als Menschheitsfrage – im Vergleich zum Vorherigen lesen und besprechen. Danach Psalm 73 *er*lesen = mehrfach üben, ihn ruhig, meditativ, der Sache angemessen zu sprechen. Ihn mit verschiedenen Stimmen (Jungen, Mädchen) im Wechsel lesen. Einteilung selbst bestimmen. Ihn abschreiben und mit kleinen Zeichnungen versehen.

Dazu die Erzählungen ›Ich habe das Kind gesehen‹ (Material 2) und ›Lieber Gott der Reichen‹ (Werkbuch 3, S. 14–16).

›Ich habe das Kind gesehen‹: In der Ausweglosigkeit seiner Situation ruft das sterbende Kind unter Trümmern auf dem Bildschirm bei dem Kind vor dem Fernseher – es ist wie ein Tod mitten im Zimmer – tiefste Bestürzung hervor. ›Gott, wir wissen alle nicht weiter. Hilf uns doch‹: der Stoßseufzer aus dieser kleinen Geschichte macht nachhaltig betroffen.

›Lieber Gott der Reichen‹: Müllkinder in Südamerika bitten in der Kirche der Reichen voller Hoffnung den Gott der Reichen um Hilfe. Sie werden vertrieben.

In einer Folgestunde mit ›Ich kann das nicht begreifen‹ (Material 3), den bisherigen Gebeten, den eigenen Briefen an Gott und der Embla-Geschichte eine kleine Andacht gestalten.

5. Die Bilder S. 107 im Gespräch auslegen. U.U. Information über die christliche Bedeutung der Taube: Gottesvogel, Friedensbringer (Noah), Vogel der Taufe (Matthäus 3,16), Vogel des Geistes Gottes zu Pfingsten (auch wenn die Taube in der Pfingstgeschichte nicht erwähnt wird).[1]
Drei der Bilder in den Bänden 1, 3 und 4 aufsuchen, sie im dortigen Kontext noch einmal würdigen. Die Taube in Bd. 4 suchen (Umschlag vorn und hinten, S. 29, 54, 59, 60, 67, 118). Dazu das ›Friedenslied von den Tauben‹ (Material 4).

6. Aufgabe 1, S. 107.

7. Das zentrale Glaubenssymbol für Gott (Lichtkreis mit Umschrift ›Von allen Seiten umgibst du mich‹: Bd. 4, S. 65, Bd. 1, S. 76, Arbeitsheft 1, S. 29) in Erinnerung rufen. Noch einmal groß malen und in freier Gestaltung mit Bettinas Text versehen.

8. Aufgabe 2, S. 107. Menschen (auch Institutionen) benennen.

---

1 »Die Taube ist in der christlichen Kunst vor allem Symbol des Heiligen Geistes. Sie ist Signalvogel für die Gegenwart Gottes bei der Taufe Jesu. Bei der Kindertaufe ist sie Symbol für den göttlichen Frieden, der der Seele des Täuflings gewährt wird. In der frühchristlichen Symbolik ist sie der Seelenvogel schlechthin. Sie steht für die Seelen der Verstorbenen in der himmlischen Freude (vgl. S. 78, Seelenvögel am Auferstehungskreuz Christi). Als Ostertaube symbolisiert sie die Gläubigen, die die geistlichen Wohltaten der Auferstehung und den Frieden der Kirche genießen. Als Zeichen der Inspiration erscheint sie bei allen vier Evangelisten« (*Gerd Heinz-Mohr*, ›Lexikon der Symbole‹. Bilder und Zeichen der christlichen Kunst, Eugen Diederichs Verlag, Düsseldorf und Köln 1971, S. 280 ff.).

9. Die Bildwirkung S. 108/109 beschreiben: Ein dunkler Hintergrund lichtet sich auf. Hoffnung wird spürbar.
10. Text S. 108. Erinnerung an das den Juden zugefügte Leid (Chagall-Kreuzigung S. 74; Erzählungen ›Schalom David‹ (Material 5) und ›Im Getto vom Warschau‹ (Material 6). Das Gebet S. 109 (es stammt aus einem 4. Schuljahr) abschreiben, lesen, immer wieder den Unterricht damit beginnen. Ebenso mit dem Lied ›Herr, unser Herr, wie bist du zugegen‹ (Material 9) verfahren.
11. Mutter Teresas Wort ›Wenn man einmal Gott in sich hat, dann ist das für's Leben‹ (Bd. 2, S. 89) aufgreifen und erneut erörtern.
12. Mit Materialien aus den Seiten 104–109 und dem Kanon S. 40 eine Feier ›Gottes Wort ist wie Licht in der Nacht‹ gestalten.

Material 1

Text: Huub Oosterhuis, Melodie: Jan Baay

Material 2

Ich habe das Kind gesehen

Ich habe das Kind im Fernsehen gesehen.
Und mein Vater sagte, es wäre etwa so alt wie ich.
Sie zeigten die Bilder vom Erdbeben.
Und das Kind steckte unter den Trümmern und wollte heraus und schaffte es nicht allein.
Es weinte. Und sein Gesicht war so groß wie der ganze Bildschirm in unserem Wohnzimmer. Sie konnten das Bild von dem schreienden Kind aus dem fernen Land mitten in unser Wohnzimmer bringen, so daß wir es alle sehen konnten. Und mein Vater sagte, das Kind wäre etwa so alt wie ich.

Ich habe die vielen Leute gesehen, die dem Kind helfen wollten. Hier bei uns im Wohnzimmer habe ich alles gesehen. Aber sie schafften es nicht.
Sie konnten die Bilder von dem Kind zu uns nach Heidelberg senden, so daß alle Leute in Heidelberg das Kind leiden sehen konnten. Aber sie konnten dem Kind nicht helfen. Ich habe die Hände vor mein Gesicht gehalten, weil ich nicht sehen wollte, daß keiner dem Kind helfen konnte. Sein Gesicht war so groß wie der Bildschirm in unserem Wohnzimmer.
Da schaltete mein Vater den Fernseher aus.
»Du sollst nicht soviel fernsehen!«

sagte mein Vater. Er nahm mich auf den Arm und trug mich hinaus. Und ich mußte so weinen. Und mein Vater weinte auch. Später sagten mir meine Eltern, daß das Kind gestorben sei. Sie hatten es nicht befreien können. Und ich kann nicht einschlafen. Ich will nie wieder fernsehen! Ich will nie wieder ein Kind bei uns im Wohnzimmer sterben sehen. Ein Kind, das etwa so alt ist wie ich. Meine Eltern wollen mich trösten. Ich soll doch endlich einschlafen, denn morgen früh soll ich ausgeschlafen sein. »Gott, wir wissen alle nicht weiter!« sagt mein Vater. Hat er gebetet? Er betet sonst nie laut. Ich kann heute nicht beten. Die Gebete, die ich kenne, haben nichts mit dem Kind zu tun, das bei uns im Wohnzimmer gestorben ist.

Meine Eltern nehmen mich in ihr Bett, und ich darf zwischen ihnen liegen. Ich spüre sie auf beiden Seiten von mir. Und ich liege im Arm meiner Mutter. Da bete ich ganz leise, so daß es meine Eltern nicht hören können: »Gott, wir wissen alle nicht weiter. Hilf uns doch!«

Durch das Fenster kann ich den großen Baum in unserem Garten sehen. Jetzt kommt der Mond hinter den Wolken hervor. Es ist so wie immer. Und die Bilder von dem Mädchen gehen zur gleichen Zeit um die Welt.

Es gibt so viele Länder und so viele Menschen und so viele Fernseher.

Und das Kind war etwa so alt wie ich.

Rolf Krenzer[1]

Material 3

Andacht: Ich kann das nicht begreifen

Da ist ein ganz einfacher Mann im Volk Israel. Er lebt in der uralten Zeit. Er hat viel gesehen. Er hat viel ausgehalten. Er hat großes Leid erfahren. Er hat über vieles nachgedacht, auch darüber, wie böse manche Menschen sind. Zweifel sind ihm dabei gekommen, bittere Zweifel an Gott. Er hat ein Lied von all dem gedichtet. Er hat sich beklagt bei Gott:

Gott, ich wäre fast irre geworden.
Um ein Haar.
Denn, was sehe ich?
Ich sehe, daß die Menschen,
die nicht nach dir fragen,
daß es denen so gut geht.

Sie sind gesund.
Sie haben keine Schmerzen.
Sie haben genug zu essen.
Sie sind wohl genährt.
Sie müssen sich nicht quälen.
Sie führen ein Luxusleben.

Und sie tun böse Dinge.
Aber dennoch:
Es geschieht ihnen nichts.

Große Worte machen sie.
Sie verspotten dich, Gott.
Und dennoch:
Es geschieht ihnen nichts.

Sie reißen ihr Maul auf –
bis an den Himmel.

1 Aus: *Ders.,* ›Wenn Bulu etwas zu essen hätte‹, Lahn-Verlag, Limburg 1988.

Und dennoch:
Es geschieht ihnen nichts.

Wie kommt das, Gott?
Ich kann das nicht begreifen.
Ich werde fast irre an dir.

Frech sind diese Menschen.
Sie meinen, du merkst ja doch nichts.
Du weißt nicht,
was los ist auf der Welt.

Sie sagen: Diese Gebote von Gott,
wir müssen sie nicht halten.

Sie denken gar nicht daran ...

Sie haben Reichtum.
Sie haben Macht.
Alle hören auf sie.

Gott, ich werde irre an dir,
wenn ich das sehe, wie sie leben,
wenn ich das sehe, was sie tun,
wie gut es ihnen geht.

Gott, hilf mir gegen diese Menschen.
Das Böse ist so mächtig.

Aber nein, ich darf nicht irre werden.
Du bist ja da. Du bist bei mir.
Hilf mir, Gott, dich zu verstehen.
Ich will doch bei dir sein.

Ich will nicht an dir zweifeln, Gott.
Hilf mir zu verstehen,
wehalb du das zuläßt,
das mit dem Bösen,
das mit denen, die dich lästern.

Was die da tun,
das ist doch nicht richtig.

Die sind wie blind, mein Gott.

Sie werden rutschen.
Sie werden stolpern.
Ja, fallen werden sie.
Ein Ende mit Schrecken
werden sie nehmen.
Ganz plötzlich ist es aus.

Ihr Reichtum, die Macht,
ihre Unverschämtheit,
das alles ist wie ein Traum.
Sie werden erwachen
von diesem Traum.
Sie werden sehen: Das alles ist nichts.

Ich weiß es jetzt Gott
– fast war ich irre –:
Die alle sind verloren.

Aber mich,
mich hältst du bei der Hand.
Du führst mich den richtigen Weg.

Gott, wenn ich dich habe, nur dich,
dann sind die Zweifel
nicht mehr so stark.

Gott, wenn ich dich habe, nur dich,
dann höre ich auf zu fragen.
Dann bin ich getröstet
im Bösen und im Guten.
Dann kann mir nichts mehr geschehen.

Gott, ich halte mich fest an dir.
Ich habe Vertrauen zu dir.
Gott, ich weiß, du bist mir nahe.
Ja, so ist es: Amen.

Nach Psalm 73,1–28

Material 4[1]

---

1 Aus: MC und Buch ›Solange die Erde lebt‹, © Menschenkinder Verlag, Münster. Tanzgestaltung in: *E. Hirsch,* ›Kommt, singt und tanzt‹, a. a. O., S. 55–58.

Text: Rolf Krenzer, Melodie: Detlev Jöcker

1. Die Tau - ben brin - gen den Frie - den mit für
   Die Tau - ben sin - gen das Frie - dens-lied, daß

uns und uns - re Er - de. wer - de.
end - lich Frie - de

Refrain

Fliegt jetzt los, ihr Tau - ben, fliegt mit dem Son - nen -
Fliegt so weit, ihr Tau - ben, fliegt durch Raum und

schein und tragt so un - ser Frie - dens-lied weit
Zeit und tragt jetzt un - ser Frie - dens-lied weit

in die Welt hin - ein. in die Welt hin - ein.

2. Die Tauben bringen die Liebe mit,
damit sie fest bestehe.
Die Tauben singen das Liebeslied,
damit sie nie vergehe.
Fliegt jetzt los, ihr Tauben,
fliegt mit dem Sonnenschein
und tragt so unser Liebeslied
weit in die Welt hinein.
Fliegt so weit, ihr Tauben,
fliegt durch Raum und Zeit,
und tragt jetzt unser Liebeslied
weit in die Welt hinein.

3. Die Tauben bringen die Hoffnung mit,
die neue Welt zu bauen.
Die Tauben singen das Hoffnungslied,
daß wir uns neu vertrauen.
Fliegt jetzt los, ihr Tauben,
fliegt mit dem Sonnenschein
und tragt so unser Hoffnungslied
weit in die Welt hinein.
Fliegt so weit, ihr Tauben,
fliegt durch Raum und Zeit
und tragt jetzt unser Hoffnungslied
weit in die Welt hinein.

4. Die Tauben bringen das Leben mit.
Habt ihr es schon vernommen?
Die Tauben singen das Lebenslied.
Laßt sie doch zu euch kommen!
Fliegt jetzt los, ihr Tauben,
fliegt mit dem Sonnenschein

und tragt so unser Lebenslied
weit in die Welt hinein.
Fliegt so weit, ihr Tauben,
fliegt durch Raum und Zeit
und tragt jetzt unser Lebenslied
weit in die Welt hinein.

Material 5

Sieben Jahre nach dem 2. Weltkrieg. In Deutschland: Als der jüdische Junge David Levin in die 6a kommt, ist er Martin auf Anhieb sympathisch. Sie werden Freunde. Bei einem Wandertag der Klasse wirft der etwas einfältige Gerold eine kleine Maus in das Lagerfeuer. David – entsetzt – muß sich übergeben. Seine Mutter starb in Bergen-Belsen – wie diese Maus.

Schalom David

Anfang Februar 1952 war er eines Morgens gegen acht Uhr in die 6. Klasse hereingekommen. Wir glotzten ihn buchstäblich an. Angefangene Unterhaltungen brachen ab; Georg, der sich immer mit Thomas kabbelte, drehte sich herum und schaute den fremden Jungen an. Es wurde still. »Wer bist du denn?« »Ich bin David Levin, ich gehe in die 6a!« Er sprach mit einem spürbaren Akzent fließend Deutsch. Er war anders als die anderen. Lang, schmal, den Kopf voller brauner Locken, traurige große Augen hinter einer Brille.

Er trug eine lange Hose, bessere Schuhe als wir und einen grauen Wollpullover mit einem kleinen Rollkragen. Als der Lehrer hereinkam, ging er zu ihm hin und sagte leise und höflich: »Guten Tag, ich bin David Levin. Mein Großvater hat mich in der Schule angemeldet. Ich gehe in die 6a.« Der Lehrer sah erstaunt aus, als er ihn musterte und sagte: »Ach, das bist du. Setz dich in die vierte Bank neben Martin Volz.« Das war ich. David zögerte einen Augenblick und setzte sich dann zu mir. Wir schauten zusammen in mein Lesebuch. Einmal drehte er den Kopf zu mir und lächelte mich an. »Danke«, sagte er. Sein Lächeln gefiel mir so gut, daß ich mit Ungeduld auf ein anderes wartete. Er war sehr schweigsam. Einmal fragte der Lehrer nach einem Wort. Wir sollten es erklä-

ren oder ein anderes dafür finden. Der Lehrer schaute uns an; »Na, niemand? Und du, David?« Er wußte es, er konnte auch ein Beispiel geben. »Du mußt den Arm heben, wenn du etwas weißt«, sagte der Lehrer. David wurde dunkelrot, und ich sah, daß seine Hand, die auf dem Tisch lag – lang und fein und sehr sauber gegen meine – ich sah, daß sie zitterte.

In der Pause kamen ein paar Jungen zu uns. »Woher bist denn du?« »Aus Frankfurt, meine Familie ist aus Frankfurt.« »Was macht dein Vater?« »Er ist Landwirt.« So sah er nicht aus. »Richtiger Landwirt?« »Ja«, antwortete David. Dann aber schwieg er. Mittags gingen wir zusammen nach Hause. Er wohnte ein paar Straßen weiter bei seinem Großvater. Heimgekommen konnte ich nicht genug erzählen. »Mama, er ist wie ein König.« »Hast du denn schon Könige gesehen?« »Nee, ein junger König.« Da fing ich schon an, ihn liebzuhaben.

In der Schule wußte er manchmal ganz einfache Dinge nicht, dafür aber löste er alle komplizierten Probleme in Mathematik, und er sprach fließend Englisch. Ich glaube, daß es unserem Lehrer gar nicht so recht war. Am Freitag hatten wir in der letzten Stunde Religionsunterricht. »Du, wir müssen in einen anderen Raum, komm!« Aber David rührte sich nicht. »Bist du denn

katholisch?«»Nein.«»Bist du nichts?«
»Oh doch, ich bin Jude.«
Mein Gott, er war Jude. »Mama, er
ist Jude.«»Wer?«»David.«»Freue
dich«, sagte Mama, »daß du einen Juden kennen darfst, es sind so furchtbar
viele von ihnen in unserem Land umgebracht worden.« Ich hatte in meinem Elternhaus oft von den schrecklichen Verbrechen gehört. Ich wußte,
was ein Konzentrationslager war.
Mein Vater wollte, daß wir Kinder Bescheid wußten. In der Schule hatten sie
mich manchmal Lügner genannt, Er-
finder, blöder Angeber, wenn ich etwas davon gesagt hatte. Ich wußte mit
meinen zwölf Jahren viel, aber ich
stellte mir doch nichts vor. Mit David
begann sich mein Herz zu beunruhi-
gen.
Wenige Tage später hatten wir Wandertag und marschierten morgens früh
los. Wir nahmen die Straßenbahn bis
zum Wald. Dann liefen David und ich
zusammen. An einer Stelle bei einer
schönen Lichtung hielten wir, denn
dort durfte man ein Feuer machen.
Jeder von uns hatte eine Kartoffel und
ein Würstchen mitgebracht, um sie in
der heißen Asche zu garen. Wir waren
sehr guter Dinge, laut und glücklich.
David saß schweigsam neben mir. Da
kam plötzlich Gerold, ein dicker Junge, gutmütig und etwas einfältig, auf
uns zu. In der Hand hielt er eine winzige Maus.
Man sah nur ihr Köpfchen. »Wie die
zappelt«, schrie Gerold. »Laß sie doch
laufen«, sagte David lauter als sonst.
Doch ehe noch ein Wort fallen konnte,
hatte Gerold die Maus ins Feuer
geworfen. Manche schrien: »Du
Schwein, Idiot, Tierquäler!« Sie box-
ten Gerold. Einige aber lachten. Ich
war entsetzt. Ich schaute David an. Er
war weiß bis in die Zähne. Er stand

auf, lief weg bis zu einem Gebüsch
und übergab sich. Gerold heulte, und
der Lehrer sprach mit ihm und mit uns
allen über diese unglückliche Tat. Zu
David sagte er nichts. Beim Rückweg
stellte sich die Fröhlichkeit nicht mehr
ein. David und ich liefen nebeneinander. Ich legte ihm zum ersten Mal den
Arm um den Hals, obwohl ein Kame-
rad schrie: »Ist das deine Braut, Martin?« Ich begleitete David bis nach
Hause aus Angst, es könne ihm etwas
passieren.
David fehlte drei Tage. Der Großvater
rief an, ob ich ihn besuchen wollte. Ich
freute mich unbändig. Er wohnte in
einem großen, etwas düsteren Haus,
aber sein Zimmer war hell. Überall
hingen Fotos der Wüste an den Wänden. »Dahin werde ich gehen«, sagte
David. »Mein Vater ist schon dort.
Er baut unser Leben auf. Das ist Israel.« Auf seinem Tisch stand das Bild
einer großen dunklen Frau in einem
weißen Kleid. »Ist das deine Mutter?« Er nickte nur. »Lebt sie nicht
mehr?« «Nur Vater und ich haben
überlebt. Weißt du, Bergen-Belsen
ist nicht weit von hier. Wir waren
zwei Jahre dort. Mutter starb wie die
Maus.«
David weinte nicht.
Ich durfte noch oft zu David kommen
und blieb auch einmal über Nacht, am
Freitagabend, am Sabat, dem Sonntag
der Juden. Die Sabbatkerzen brannten,
der Tisch war festlich gedeckt. Vor
dem Großvater stand ein silberner Be-
cher, er goß Wein hinein, und jeder
trank daraus. Zwei zugedeckte Brote
wurden hereingeholt und aufgeschnit-
ten. Jeder bekam davon, auch ich. Es
war feierlich, ich fühlte mich wohl und
geborgen. Der Großvater streichelte
meinen Kopf so, wie es nur Mama zu
Hause tat.

Zwei Jahre später ist mein Freund David nach Israel gegangen, wo sein Vater in einem Kibbuz als Landwirt arbeitete.
Höre Israel, der Herr ist unser Gott. Er allein ist Gott; und du sollst Gott lieben mit deinem ganzen Herzen und mit deiner ganzen Kraft.
Schalom David.

Antoinette Becker[1]

Material 6

1941: Eine drei Meter hohe Mauer umschließt das Warschauer Getto, in dem Tausende polnischer Juden eingepfercht vegetieren müssen, hungrig und krank. Immer wieder wagen es einige von ihnen, unter Todesgefahr über die von Deutschen bewachte Mauer zu klettern, um draußen in der Stadt Lebensmittel zu organisieren. Zu diesen gehört auch der kleine Michel Bronsky.

Im Getto von Warschau

Für Michel Bronsky verlief alles programmgemäß. Er kam zu dem bezeichneten Haus, er klopfte, und er erhielt von einem finster aussehenden Mann einen Sack mit Konserven. Sie redeten kaum. Lolek hatte schon vorher alles erledigt.

Der Sack mit den Konserven war schwer. Die Büchsen schlugen manchmal aneinander, obwohl der Sack gut ausgepolstert war. Dann gab es ein scharfes, schepperndes Geräusch, und Michel glaubte jedesmal, das ganze Viertel müsse davon aufwachen.

Knapp vor der Mauer traf er die deutsche Streife. Er sah sie so spät, daß er nicht mehr ausweichen konnte. Es waren zwei Männer mit Gewehren, und sie kamen breitspurig auf ihn zu. Tapp, tapp, schlugen ihre Stiefel gegen das Pflaster. Ihm stockte der Atem. Er sah sich entsetzt um, aber die Straße war zu lang. Zurücklaufen war sinnlos, sie hätten ihn ohne Mühe niedergeschossen. Er wußte nicht, ob sie ihn schon gesehen hatten. Sie gingen langsam, wie Männer gehen, die wissen, daß ihnen ihr Opfer nicht entkommen kann.

Es gab kein Versteck, nur eine kurze Ecke in der Mauer, dort, wo zwei unregelmäßig gebaute Häuser zusammenstießen. Michel drückte sich hinein, aber er wußte, daß es kein gutes Versteck war. Der Sack lehnte schwer gegen seine Knie. Er fühlte, wie der Schweiß über seinen Körper rann. Er zitterte, fühlte seine Zunge riesengroß und trocken in seinem Mund.

Michel Bronsky begann lautlos zu beten. Er war ein kleiner Bursche, und wenn er früher zu Gott gebetet hatte, dann um einen Teddybären, um Schokolade, um den Sieg seiner Mannschaft. Und er hatte das Gebet schnell wieder vergessen.

Tapp, tapp, kamen die Soldaten näher. Tapp, tapp.

»Lieber Gott«, betete Michel Bronsky, »lieber Gott, lieber Gott.«

---

1 Aus: ›meine welt‹ 29/86, Gütersloher Verlagshaus. © Autorin.

Tapp, tapp, schlugen die Stiefel aufs Pflaster.

»Lieber Gott«, betete Michel Bronsky, »mach mich ganz klein, daß sie mich nicht sehen. Mach mich so klein wie eine Maus, daß ich mich verkriechen kann. Lieber Gott, mach, daß sie blind sind, sonst werden sie mich niederschießen oder mit ihren Stiefeln treten. Lieber Gott, es sind so schwere Stiefel, und ich habe Angst davor. Ich bin nicht mutig, lieber Gott, wie David oder Lolek, und ich fürchte mich vor diesen Stiefeln.«

Tapp, tapp. Die Stiefel blieben vor ihm stehen. Er sah die Stiefel, und er sah die Uniform nur bis zum Gürtel. Er sah die Gewehrkolben dicht vor seinem Kopf, und er schloß die Augen und rührte sich nicht.

»Da ist er«, sagte der eine Soldat. Sie waren beide nicht mehr jung, und sie schienen nicht glücklich über diesen Krieg. Sie hatten beide Kinder zu Hause, die ihnen bei jedem Brief ein paar krakelige Zeilen hinzufügten.

»Komm heraus«, sagte der andere, »los, komm schon.« Michel rührte sich nicht. Er spürte, wie sie ihn beim Arm packten; er ließ seinen Sack nicht los.

»Mein Gott, das ist ja ein Kind«, sagte der erste, »was heißt Kind: ein halber Säugling.« Sie hielten ihn gepackt, und beide waren sie verlegen. »Wir müßten ihn mitnehmen oder weiß Gott was«, sagte der Ältere zornig.

»Wahrscheinlich Lebensmittel«, sagte der andere und stieß mit der Spitze seines Stiefels gegen den Sack. Es gab einen hellen Ton. »Konserven«, sagte er.

»Sieh dir das an«, sagte der Ältere, »nur Haut und Knochen. Und so etwas muß über die Mauer kriechen, und man schießt mit einem Maschinengewehr auf ihn. Ich stelle mir immer vor, das wäre mein Junge.«

»Das habe ich die ganze Zeit gedacht«, sagte der andere. »Wie heißt du?« fragte er auf polnisch; die Worte kamen fremd aus seinem Mund. Michel antwortete nicht.

»Wie heißt du?« fragte er geduldig. Michel sah ihn zum erstenmal an, und seine Augen waren trüb vor Angst. »Michel«, sagte er.

»Und wie alt bist du, Michel?«

»Sieben.« Die Soldaten blickten zu Boden. Beide dachten sie an ihre Kinder und an zu Hause und an ihre eigene Kindheit.

»Wir werden dir nichts tun«, sagte der, der Ponisch konnte, langsam.

»Nicht mit dem Stiefel«, flüsterte Michel, »nur nicht mit dem Stiefel.«

»Was sagt er?« fragte der andere.

»Schweinerei, daß wir ihn mit Stiefeln treten.« Er spuckte aus. »Schweinerei, daß Kinder Angst vor unseren Stiefeln haben müssen.«

Sie waren unruhig. Jeden Augenblick konnte irgend jemand die Straße herunterkommen.

»Was machen wir mit ihm?« fragte der Jüngere.

»Ich würde ihn laufenlassen.«

Jetzt, da es ausgesprochen war, atmeten sie auf. Sie waren Soldaten, und sie hatten ihre Pflicht zu tun. Zu schießen, Häuser anzuzünden und Handgranaten zu werfen. Aber sie hatten nichs gegen Frauen und Kinder.

»Lauf«, sagte der Ältere.

Michel starrte ihn an.

»Weglaufen?« fragte er verständnislos.

»Los, geh schon.«

»Aber Sie werden mir nachschießen«, sagte Michel, »nicht wahr, Sie schießen mir nach? Sie schießen mich in den Rücken, und dann bin ich tot, und Sie werden die Konserven essen.«

»Geh schon«, sagte der Soldat rauh,

»keiner wird dir nachschießen, verdammt noch mal.«

»Aber Sie sind doch Deutscher«, sagte Michel.

»Geh«, sagte der Soldat, »aber schnell.«

Michel stürzte davon. Er schleifte den Sack hinter sich her. Er rannte mit eingezogenem Kopf, und die ganze Zeit über wartete er auf den Schuß, und die Konserven klapperten. Die letzten Meter vor der Ecke machte er einen riesigen Sprung vorwärts, er taumelte dabei, aber er war um die Ecke, und die Gewehre konnten ihn nicht mehr erreichen.

Die Soldaten starrten ihm mit zusammengepreßten Lippen nach. Sie sagten nichts. Aber sie verstanden einander auch so, und sie verstanden, was dies für ein elender, lausiger, gemeiner Krieg war, in dem Kinder darauf warteten, daß die Deutschen sie hinterrücks niederschossen.

Winfried Bruckner[1]

Material 7

Text: Huub Oosterhuis, Melodie: Niederländische Volksweise

1. Herr, unser Herr, wie bist du zugegen und wie unsagbar nah bei uns. Allzeit bist du um uns in Sorge, in deiner Liebe birgst du uns.

2. Du bist nicht fern,
   denn die zu dir beten, wissen, daß du uns nicht verläßt.
   Du bist so menschlich
   in unsrer Mitte, daß du wohl dieses Lied verstehst.

3. Du bist nicht sichtbar
   für unsre Augen, und niemand hat dich je gesehn.
   Wir aber ahnen
   dich und wir glauben, daß du uns trägst, daß wir bestehn.

4. Du bist in allem
   ganz tief verborgen, was lebt und sich entfalten kann.
   Doch in den Menschen
   möchtest du wohnen, mit ganzer Kraft uns zugetan.[2]

1 Aus: *Ders.,* ›Die toten Engel‹, © 1963 by Verlag Jungbrunnen, Wien/München, Titel redaktionell.
2 Text: Huub Oosterhuis 1965. Übertragung Peter Pawlowsky und Nikolaus Greitemann 1969. © Christophorus-Verlag, Freiburg i. Br.

Dokumentation 1   Dokumentation 2

Dokumentation 3

Ein Kind stellte die Frage an Gott: »Warum kann man dich nicht sehen?«
Andere Kinder (Kl. 3) antworteten (schriftlich), als seien sie der Adressat.
Auszüge:

- »Da ich unsichtbar bin, kann ich dir kein Foto schicken. Niemand sieht mich, und trotzdem bin ich bei allen Menschen.«
- »Es ist gar nicht schlimm, wenn du sagst, du könntest mich nicht sehen.«
- »Ich bin unsichtbar auf der ganzen Welt zugleich.«
- »Kein Mensch hat jemals ein Bild von mir gehabt.«
- »Mich kannst du nicht sehen. Aber es gibt viele große Menschen, die kannst du sehen.«
- »Ich kann dich sehen. Aber du mich nie. Es stimmt, daß ich immer in deiner Nähe bin. Und ich werde dir aus der Not helfen.«
- »Ich bin immer bei euch.«
- »Ich bin in euch.«
- »Wenn du deiner Mami glaubst, das ist so, als wenn du mich siehst.«

Auf die Frage ›Wie erfahre ich etwas von Gott?‹ gaben Kinder im 4. Schuljahr u.a. folgende Antworten:

- »Weihnachten erzählt das meine Mutter.«
- »In der Kirche erzählen es die Priester und Pfarrer.«
- »Durch Glaubensboten.«
- »Leute wie Lukas haben das aufgeschrieben.«
- »Aus Liedern und Geschichten von Jesus.«
- »Durch Jesus, der hat Geschichten erzählt.«
- »Aus der Bibel – Geschichten von Gott darin.«
- »Durch einen Traum oder wenn jemand von ihm spricht.«
- »Indem man von ihm träumt. Indem man an ihn denkt.«

›Wie ist Gott?‹ – Niederschriften eines 4. Schuljahres (Auszüge):

Hans: »Gott ist wie ein Licht im Dunkeln.«

Christopher: »Gott ist wie einer, der einen anderen aus den Fluten rettet. – Gott gibt einem das Gewissen.«

Daniel: »Gott ist, wie wenn Gutes in einem Menschen ist. – Gott ist wie einer, der alles ernährt.«

Patricia: »Gott ist wie ein zweiter Vater von uns, der uns hilft und beschützt.«

Lynn: »Gott ist wie ein Pfleger für die Armen. Er ist wie ein Lehrer für alle. Er ist, wie ein Mensch es nicht sein kann.«

Mirko: »Gott ist wie ein Vater zu den Reichen, den Armen, den Arbeitslosen, den Kranken und zu den Tieren und den Pflanzen. – Gott ist wie die Freude.«

Hans: »Gott ist wie ein Hirte, der ein Schaf verloren hat. Und die anderen stehen gelassen hat, um das eine zu suchen.«

Lynn: »Gott ist wie ein Retter, wenn ein Mensch in Not ist.«

Christopher: »Gott ist wie einer, der die Natur erhalten will.«

Gerrit: »Gott ist wie ein Grundstein, der das Haus stützt.«

Diana: »Gott ist wie ein Mensch, der singt. – Gott ist wie alles auf der Welt.«

Zusatzaufgaben

1. »Ich glaube, daß Gott in unserem Herzen ist. Und nur das Gute, das wir tun, kommt von Gott. Also von unserem Herzen.«

Evelyn, 9

»Alles, was gut ist, ist Gott.«

Monika, 9

Über diese Worte sprechen. Dazu das Gedicht ›Himmel und Erde‹:

Himmel und Erde reichen nicht, um Gott zu fassen.
Doch im Herzen des Menschen hat er Raum.
Darum sollt ihr acht haben,
niemals das Herz eines Menschen zu verletzen.
Denn in ihm wohnt Gott.

Nikos Kazantzakis

2. Gott spricht zum Menschen: »Mein Angesicht kannst du nicht sehen« (Exodus 33,20). Jakob spricht zu Esau: »Ich sehe dein Angesicht, als sähe ich Gottes Angesicht« (Genesis 33,10).
Darüber sprechen.
Dazu: »Gott sieht man mit den Augen der Seele, oder man sieht ihn nicht.«
3. Gottes Spuren: Erinnerung an Bd. 1, S. 71. Weitere Spuren Gottes benennen. Erinnerung an das Wort: »Jesus ist eine Spur Gottes in der Welt.«
4. »Ich leihe Gott meine Hand.« – Auf ein Blatt Papier einen Handumriß zeichnen. Hineinschreiben, was Gott mit meiner Hand (durch meine Hand) tun kann.
5. »Wer Gott hat, der hat alles. Gott allein genügt.«
Über dieses Wort der Teresa von Avila sprechen.
6. Der Polynesier nennt Gott ›Der Urgrund‹.
Der Indianer nennt Gott ›Unser Vater, das große Geheimnis‹.
Der Jude nennt Gott ›Ich bin für euch da‹.
Wie nennst du Gott?
7. Oliver hat gesagt; »Wenn ich mit Gott spreche, das ist so, als ob Gott wie eine Seele in mich reingeht ... daß man irgendwie so merkt, daß er da ist.«
Darüber sprechen.

Andacht: ›Gott‹

Kinder malen Gott.
Sie machen sich Bilder von Gott:
Gott über den Wolken,
umschwebt von Engeln,
Gott wie ein König
auf einem prächtigen Thron,
Gott im Paradies, wo es schön ist,
wie sonst nirgends,
wo die Tiere friedlich miteinander
leben,
Spinne und Fliege, Katze und Vögel,
Löwe und Gazelle.
Aber:
Ist Gott so?
Sieht Gott so aus?

Künstler malen Gott
in wunderbaren Bildern.
Sie wollen etwas zeigen
von Gottes Macht, von seiner Stärke;
von seinen Wundern,
von seinem Geheimnis.

Aber:
Kann man Gott malen?
Darf man ihn malen?

Wo ist Gott?

Gott ist bei den Menschen!

Eine Mutter hat ein Kind geboren.
Sie dankt Gott.
Kranken Menschen wird geholfen.
Sie danken Gott.
Hungrige Menschen bekommen
zu essen.
Sie danken Gott.

Wie ist Gott?

Kannst du Gott zählen, messen,
ausrechnen?
Kann Gott alles durchdringen
mit seinen Augen?
Ist er ein Geist? Durchsichtig?

Wo ist Gott?

Ist Gott über den Wolken?
Ist er im Weltraum?
Oder jenseits des Weltraumes?

Der Mensch träumt
von der Unendlichkeit.
Er fliegt hinaus ins All.
Aber ist dort Gott?

Im Weltraum ist es dunkel,
ewige Finsternis,
kein ›oben‹ und kein ›unten‹.
Was sollte Gott dort?

Die Welten und aller Welten Unend-
lichkeiten können ihn nicht fassen.

Viele Menschen wissen von Gott
aus der Bibel.
»Ich weiß es, ich glaube es«, sagen sie:
»Gott kennt meinen Weg.
Gott versteht meine Gedanken.
Er ist nahe bei mir.
Gott sieht, ob ich auf bösem Wege bin.
Gott leitet mich auf ewigem Wege.
Finsternis ist nicht finster bei ihm.
Finsternis ist wie das Licht.«

Ein Mensch versöhnt sich
mit seinem Feind.
Er redet wieder mit ihm.
Du kannst sagen: ›Gott ist da.‹

Ein Mensch hat Gedanken des Friedens
und nicht Gedanken des Krieges.
Du kannst sagen: ›Gott ist da.‹

Ein Mensch tröstet einen anderen
Menschen.
Du kannst sagen: ›Gott ist da.‹

Und dennoch bleibt Gott unsichtbar,
verborgen.

Christen und Juden kennen
nur den einen Gott.
Im Alten Testament heißt er JAHWE .
Das bedeutet: ›ICH BIN DA für euch.
Ich bin der Herr, dein Gott.
Du sollst dir kein Bild von mir machen.
Du sollst keine anderen Götter haben.

Du sollst dir kein Bild
von ihnen machen.
Du sollst sie nicht anbeten.

Ich bin bei euch‹,
spricht Gott,
›ich bin heilig.
Ich bin derselbe
bei den Ersten und bei den Letzten.‹

Die Welt ist voll seiner Zeichen
und Wunder.
Du findest Rätsel und viel Geheimnis.
Wenn die Sonne uns wärmt,
wenn sie uns Licht bringt,
wenn Samen aufgehen
und die Knospe sich öffnet,
wenn Wasser in den Tälern quillt,
Saft in den Bäumen und Früchten,
dann sehen wir Gottes Wunder,
dann singen und spielen wir dem Herrn,
dann danken wir unserem Gott.

Aber Gott ist nicht im Samen,
im Baum, im Wasser, im Stein,
im Feuer oder im Blitz.
Gott läßt nicht das Weltall
am Finger laufen.
Gott ist ein anderer Gott,
groß und unbegreiflich.
Er ist ein verborgener Gott.

Und doch ist er nahe,
wenn du ihn anrufst.
Und wenn du schreist,
dann gibt er dir Zuflucht.

Gott redet zu den Menschen.

»Zu unseren Vätern hat Gott
durch die Propheten geredet«,
sagen Juden und Christen,
»durch Jesaja, Jeremia, durch Ezechiel
durch Daniel, durch viele andere.«

»Zu uns aber hat er geredet durch Jesus,
der gekreuzigt worden ist.«
So sagen die Christen.
»Jesus ist Gottes Kind.

Wir alle sind Gottes Kinder.
Jesus hat uns gezeigt, daß wir ›Vater‹
sagen können zu Gott.
Er hat uns gezeigt, daß wir beten sollen
›Vater unser . . .‹.«

Gott ist ein guter Vater.

»Und darum bleibe ich immer bei dir.
Meine rechte Hand hast du angefaßt.
Mit deinem Rat leitest du mich.«

Es ist, als hätte Gott eine Hand.
Er führt mich an seiner Hand
wie ein Vater sein Kind.
Er schützt mich. Das glaube ich.

Dabei hat Gott keine Hand.
Das weiß ich.
Aber vielleicht ist es die Hand eines
anderen Menschen,
die mich führt, die mir hilft.

Gott leitet uns durch die Tage.
Er leitet uns durch die Jahre.
Er leitet uns durch alle Zeit.

Menschen kennen Spuren Gottes.

»Niemand hat Gott je gesehen«,
sagen sie.
»Aber wir wissen von ihm
aus der Bibel,
aus den Worten Jesu,
aus den Worten anderer Menschen,
aus dem, was Menschen tun
im Namen Gottes,
aus den eigenen Gedanken.«

Menschen kennen Spuren Gottes.

Ein Kind sagt:
»Eine Spur Gottes kann nur der sehen,
der daran glaubt,
der fühlt das.«

Ein anderes Kind sagt:
»Spur Gottes,
das ist immer der gleiche Sinn,
nämlich, daß ein Mensch an den
anderen denkt.«

Ein anderes Kind sagt:
»Für Gott, da weiß man nichts,
da müßte man noch Wörter erfinden,
da kann man es eben nicht genauer
beschreiben!
Man weiß nichts von Gott,
nur die Geschichten von Jesus.«

Ein anderes Kind sagt:
»Jesus ist eine Spur Gottes
in der Welt!«

Ein anderes Kind sagt:
»Schon wenn einer sich freut,
der sonst nichts zu lachen hat,
das kann eine Spur Gottes sein.«

Der Krieg hat ein Dorf zerstört.
Bomben sind gefallen.
Panzer haben alles niedergewalzt.
Menschen sind tot, verwundet.

»Warum hat Gott meine Mutter
sterben lassen?«,
so schreit ein Kind, »warum, warum?«

»Warum schickt Gott Hunger?«
»Warum habe ich kein Zuhause mehr?«
»Warum habe ich keinen Vater?«
»Warum bin ich gelähmt
für mein Leben?«
»Warum hilft mir keiner?«
»Warum die Schmerzen?«
»Warum all das Schreckliche?«

Überall schreien Menschen:
»Warum? – – Wo ist Gott?«

»Ich weiß es nicht. Ich schweige«,
sagt einer:
»Es gibt ja doch keinen Gott!«

»Ich finde keine Antwort«,
sagt ein anderer, »aber dennoch
halte ich mich fest an Gott.«

Gott ist ein verborgener Gott,
groß und unbegreiflich.
Gott ist Geheimnis,
das größte Geheimnis.

Menschen suchen Gott:
»Wer bist du, Gott? Wo bist du?
Wer bin ich? Wohin gehe ich?
Kann ich dich finden, Gott?
Hilfst du mir?
Kennst du meinen Weg?«

Menschen erzählen von ihrem Gott.
Sie kennen Namen von ihrem Gott.
Sie reden mit ihrem Gott.
Sie verehren ihn.
Sie beten ihn an.
Sie loben ihren Gott.
Sie machen sich Bilder und Zeichen
– oder auch keine.

Menschen fragen nach Gott.
Immer werden sie fragen.

Wo ist Gott?

Es gibt eine Antwort:
Wo man ihn einläßt, da ist Gott.
Wo der Glaube ist, da ist Gott.
Wo die Liebe ist, da ist Gott.

Ist es so?

Ja, es ist so.

Teil 18: Jona hört Gottes Ruf (Seiten 110–111)

Absichten
Die Kinder sollen
– am Beispiel des Jona das Bestreben des Menschen, sich Gottes Anspruch zu entziehen,
– Gottes unerbittliches Festhalten am Menschen,
– Gottes Barmherzigkeit mit allen Völkern,
– die Interpretation der Jona-Geschichte als Ostergeschichte kennenlernen und erörtern – S. 110–111

Seiten 110–111
Das Buch Jona, im 4.–3. Jahrhundert vor Christus entstanden, verlegt seine Handlung in die assyrische Zeit des 7. Jahrhunderts vor Christus. Alles ist sehr märchenhaft. Jona will sich dem Auftrag Gottes, der verderbten assyrischen Hauptstadt Ninive das Gericht anzusagen, entziehen: »Du tust ja doch nicht, was du sagst. Ich wußte es doch: Du bist voll Güte und Erbarmen. Du hast Geduld mit den Menschen. Deine Liebe kennt keine Grenzen. Du läßt dich immer wieder umstimmen und machst deine Drohungen nicht wahr« (Jona 4,2–3). Jona flieht vor Gott.
Doch Gott holt Jona, indem er ihn in der Tiefe des Meeres, im Bauch des Fisches, zur Besinnung kommen läßt, zurück, erbarmt sich aber zu Jonas Leidwesen der Niniviten, die Reue gezeigt haben. Dies sollte das Volk Israel aus der Jona-Geschichte lernen: Gott ist auch mit den Fremdvölkern barmherzig.
Das Lied S. 110 erzählt den ersten Teil der Jonageschichte (bis zu Jonas Bereitschaft, nach Ninive zu gehen); der Text ist dann eine kurze Nacherzählung des weiteren Geschehens: Jonas Predigt in Ninive hat Erfolg. Gott läßt ab von

seinem Strafwillen. Der ungehaltene Jona verläßt die Stadt, baut sich eine kleine Hütte. Und dann passiert die Sache mit dem Rizinus. Gott appelliert an Jonas Einsicht:»Um den Rizinus betrübst du dich, und ich sollte mich der vielen Menschen und Tiere in der Stadt nicht erbarmen?«

Die Christen der Frühzeit haben der Jona-Geschichte immer eine besondere Bedeutung beigemessen[1]. Schon in Katakombenmalereien, vor allem aber im Jenseitsprogramm ihrer Sarkophage haben sie ihre Jona-Interpretation artikuliert: Jona, das hieß, aus der Tiefe, aus dem Tod hervorkommen zum neuen Leben. Jona, das hieß, aus dem Dunkel ans Licht kommen, Gott schauen, auferstehen. Jona, das hieß: Stellt euch Gott selbst zur Verfügung als Menschen, die aus Toten Lebende geworden sind.

»Das Alte ist vergangen. Und siehe, alles ist neu« (2. Korinther 5,17): Jona, das ist eine Lerngeschichte mit Gott, das ist aber ebenso eine Ostergeschichte (s. Text Matthäus 12,40 S. 111).

Im Sturm beginnt alles, im Sturm, der das Schiff hinaufschleudert in den Himmel und wieder hinab in den gähnenden Abgrund, daß sie vor Angst und Elend vergehen (Psalm 107,26). Die Schiffsleute opfern Jona jenem mächtigen Gott, der diesen Schrecken verursacht hat. Sie schleudern Jona ins Meer. »Da legen sich die tobenden Wellen. Da wird ihnen leicht ums Herz« (Psalm 107,28–30). Jona aber fällt in die Tiefe der Urflut. »Hilf mir Gott. Da ist kein Grund mehr!«

Dann aber kommt der Fisch, das Meeresungeheuer, »Leviathan, die gewundene Schlange, der Drache im Meer« (Jesaja 27,1) – so haben es die frühen Christen immer wieder dargestellt – und verschlingt ihn. »Hilf mir, Gott. Ich werde zerrieben im dunklen Loch, im Bauch des Ungetüms. Weltzeit hinter mir. Nie wieder sehe ich dich!«

Jona will verzweifeln. Aber da begibt es sich plötzlich: Eine neue Erfahrung. Er fühlt sich geborgen. Drei Tage und drei Nächte. Im Bauch des Fisches singt Jona einen Psalm, eine Klage, die in Hoffnung mündet (Jona 2,3–10): »Du wirst mich nicht in die Totenwelt schicken. Du gibst mich nicht der Vernichtung preis. Du zeigst mir den Weg zum neuen Leben. Vor dir ist Freude die Fülle« (Psalm 16,10–11). Uwe Seidel hat das in seinem Lied ›Aus der Tiefe rufe ich zu dir‹ (Material 2) kongenial umgesetzt.

Und Jona kommt ans Licht. Ausgespuckt wird er. Er kann wieder atmen. Frei ist Jona, herausgerufen, frei für ein Leben im Dienste Gottes. Und jetzt geht er nach Ninive.

---

1 Daß der Fisch der Jona-Geschichte »sich in der frühchristlichen Kunst derart intensiver Popularität erfreute, hängt damit zusammen, daß Jona das durch Jesus selbst bestätigte (Matthäus 12,40) klarste und unbestrittenste Vorausbild des Todes und der Auferstehung Jesu war. Dasselbe Symbol drückt auch den Glauben an die allgemeine Totenauferstehung aus. Auf Fresken und Sarkophagen ist in der Regel eine ganze Szenenfolge der Jona-Geschichte geschildert« (*G. Heinz-Mohr,* ›Lexikon der Symbole‹, a. a. O., S. 148).
Die Christen haben auch Jona unter der Rizinusstaude (in frühchristlichen Sarkophagen ist es immer eine Kürbislaube) stets symbolisch gesehen. Er galt ihnen als der, der bereits im Jenseits ist, entspannt, vollkommen glückselig, bei Gott im ewigen Sein.

Das Bild S. 111

Vieles, was sich in der frühchristlichen Jona-Kunst findet, ist bei Azariah Mbatha wiederzuentdecken. Zunächst wirkt der Linolschnitt wie ein undurchdringliches Gewirr. Es ist in der Tat eine komplizierte Komposition aus Linien und Formen. Dann aber, wenn man sieht, daß der Fisch dreimal dargestellt ist (Jona ebenfalls dreimal, Jesus einmal), löst sich alles auf.

Links von oben mit weitgeöffnetem Rachen (Zähne, Zunge!) der erste Fisch. Jona stürzt mit weitgebreiteten Armen kopfüber von oben hinein. Direkt rechts davon: Jona schaut noch, rückwärts gewendet, in den Schlund des zweiten Fisches. Aber es ist der Moment des Herausschleuderns. Die ganze Gestalt des Propheten (Füße rechts außen) ist schon jenseits des Bereiches der spitzen Zähne. Das große Auge des Ungeheuers scheint zu begreifen, was hier geschieht. Oben mit dem schwarz-weißen Gesicht (= mit dem Gesicht für das eigene Volk und dem Gesicht für das fremde Volk), mit einer schwarzen und einer weißen Hand, der in Ninive predigende Jona mit drei Gefährten (Zuhörern?). Unten aber, quer liegend, der dritte, der Christus-Fisch. In Leinentücher gewickelt (wie sonst das Kind in der Krippe) liegt hier der tote Jesus in seinem Grab – drei Tage und drei Nächte in der Tiefe verborgen. Aber an seinem Kopf ist eine kleine Tür schon geöffnet. Und draußen warten die Menschen, Schwarze und Weiße, auf den, der als Überwinder des Todes Leben und unvergängliches Wesen ans Licht bringen wird. Das Untier des Todes, so erzählt uns Mbatha, gibt den Christus frei zum Leben und zu einer Rettung für viele.

Arbeitsmöglichkeiten:

1. Die Jona-Geschichte nach Material 1 (›Du kannst Gott nicht entkommen‹) erzählen. Dabei die eingefügten Refrainzeilen des Jona-Liedes S. 110 bereits einsingen. Gespräch.

2. Anhand der vier Strophen von ›Jona, Jona, auf nach Ninive‹ und der Resterzählung S. 110 die Jona-Geschichte rekapitulieren. Das ganze Lied singen. Dann: ›Was hat Jona von Gott gelernt?‹ Eigene Antworten suchen. Die drei Zeilen S. 111 oben einbeziehen.

3. »Im Bauch des Fisches wird ihm klar, seine Flucht vor Gott vergeblich war«: Intensivierende Erörterung ›Jona im Bauch des Fisches‹:
   a) Das Gebet des Jona formulieren (s. Dokumentation). Austausch über die Ergebnisse.
   b) Mit dem Originalgebet (Auszug) S. 111 vergleichen.
   c) die Liedform kennenlernen und singen: ›Aus der Tiefe rufe ich zu dir‹ (Material 2).

4. Den Fisch gesondert betrachten: Geheimzeichen der frühen Christen. Erinnerung an ›Ichthys‹ als Christussymbol (S. 64). Einen Fisch mit Jona im Bauch malen.

5. Die Jona-Geschichte als Ostergeschichte interpretieren. Dazu den Text Matthäus 12,40 (S. 111) heranziehen. Dann den Linolschnitt von Azariah Mbatha im Gespräch enträtseln und deuten (s. Aufgabe 1). Von frühchristlichen Jona-Sarkophagen erzählen. Der aus dem Fisch neu zum Leben gekommene Jona ist ein Symbol für die Auferstehung Jesu ebenso wie für die Auferstehung der Christen.

6. Die Schwarz-Weiß-Symbolik erörtern: Erinnerung an S. 102/103. Der predigende Jona schwarz und weiß! Christus im Bauch des Fisches schwarz! Die Wartenden: Schwarze und Weiße! Deutungen versuchen.
7. Als Zusammenfassung Aufgabe 2, S. 111: Die Jona-Geschichte ist wie ein Gottes-Märchen. Dies Märchen will etwas sagen:
   – Gott ist auch gegenüber den fremden Völkern barmherzig.
   – Wie Jesus, der Christus, aus der Tiefe zu neuem Leben kam, dürfen auch wir auf ein neues Leben nach dem Tode hoffen.
   – Jesus, der Christus, schenkt das neue Leben allen Völkern (Oikoumene).

Material 1

Du kannst Gott nicht entkommen

Eine Geschichte wird aufgeschrieben in Israel. Sie klingt wie ein Märchen, die Geschichte von Jona. Jona und Gott, das ist wie bei manchen Menschen: Sie wollen Gott entkommen.

Gott spricht zu Jona:
»Auf! Nach Ninive, in die riesige Stadt!
Stelle dich hin! Rufe es aus:
›Untergehen muß Ninive!
Ihr Menschen seid auf bösem Wege.
Strafe Gottes über euch!‹«

Jona, Jona, auf nach Ninive!
Jona, Jona, hör auf Gott und geh![1]

Jona aber will nicht:
»Was soll ich dort, bei diesen Heiden?
Ich will nicht dahin.
Gott ist ja doch barmherzig mit ihnen.«

Jona hat Angst vor der fremden riesigen Stadt,
vor den vielen Menschen. Er will nicht.

Und darum läuft er.
Nur weg, Gott aus den Augen.
Er läuft nach Jaffa, in die Hafenstadt.
Er sucht sich ein Schiff nach Spanien.

Nur weg, übers Meer,
Gott aus den Augen.

Aber da:
Gott schleudert einen Sturm
auf das Meer.
Hin- und hergerissen wird das Schiff.
Da schreien die Schiffsleute: »Hilfe!«

Jeder schreit zu seinem Gott.
Jona aber liegt hinten im Schiff.
Er schläft.

Da kommt der Kapitän und weckt ihn:
»Auf, wie kannst du schlafen?
Auf, bete zu deinem Gott.
Sonst sind wir alle verloren.«

Die Schiffsleute aber sagen:
»Jona ist schuld
an diesem schrecklichen Sturm.«
Und sie greifen ihn
und werfen ihn ins Meer.

Und da: Auf einmal ist Ruhe.
Wind und Wogen sind still.

Jona aber sinkt in die Flut.
Tief hinab.
Und da kommt ein Fisch,
ein riesiger Fisch von Gott.

---

1 Textauszug aus dem Lied ›Jona, Jona, auf nach Ninive‹ von Eberhard Laue. © Mundorgel Verlag, Köln/Waldbröl.

Und Jona sieht den Fisch.
Und Jona wird verschlungen.

Und im Bauch des Fisches
beginnt Jona zu beten:
»Die Wirbelflut kam über mich.
Ich bin so tief versunken.
Gott, laß mich wieder
nach oben kommen,
ans Licht,
befreie mich.
Ich habe alles falsch gemacht.
Hilf mir jetzt.
Dann will ich dir danken.«

Und Jona singt im Bauch des Fisches.
Der ganze Fisch ist voll Gesang.

Drei Tage bleibt Jona in den Tiefen.
Dann spuckt der Fisch ihn aus.

Jona ist jetzt wieder an Land.
Alles ist anders und neu.

Jona, Jona, auf nach Ninive.
Jona, Jona, hör auf Gott und geh!

Und Jona weiß jetzt seinen Weg.
Er geht nach Ninive.
Mitten in die riesige Stadt.
Dort stellt er sich hin und ruft:
»Ihr seid böse, auf falschem Wege.
Gott wird euch alle bestrafen.
Untergehen wird eure Stadt.
Noch vierzig Tage, dann ist es aus.
Dann werdet ihr zugrundegehen.
Weh über Ninive!«

Da hören die Leute der Stadt auf Jona.
Sie sind zu Tode erschrocken:
»Wir sind wirklich böse.
Lüge Zwietracht, Diebstahl, Mord,
das gibt es alles bei uns.«

Und da gehen sie in sich. Sie bereuen.
Sie essen nichts mehr.
Sie ziehen sich Säcke an.
Und streuen Asche darauf.

Ebenso der König.
Und er läßt es ausrufen überall:

»Betet um Vergebung.
Wir haben Böses getan.
Vielleicht erbarmt sich Jonas Gott.
Vielleicht läßt er ab von seinem Zorn.«

Und da: Gott hat Erbarmen.
Er läßt das Unheil nicht
über sie kommen.

Jona aber ist vor der Stadt.
Er hat sich am Weg eine Hütte gebaut.

Er will sehen,
was mit der Stadt geschieht.
Er sitzt da ganz still.
Jona ist neugierig.

Nichts geschieht mit Ninive.

Da ist Jona empört:
»Siehst du, Gott, es war alles umsonst.
Du läßt sie nicht untergehen.
Das habe ich schon zu Hause gewußt:
Du bist ein guter Gott.
Deine Liebe kennt keine Grenzen.
Und deine Drohungen machst du nicht
wahr.
Du bist kein Gott, der strafen will.
Du bist viel lieber barmherzig.«

Jona ist erbost, voller Zorn:
»Ich habe genug von dir, Gott!«
Jona ist todunglücklich.
Er will am liebsten sterben.

Gott aber läßt einen
Rizinusstrauch wachsen.
Mit hohem Stengel und breiten Blättern.
Der gibt Schatten über Jonas Hütte
in der glühenden Mittagshitze.

Da ist Jona froh. Er vergißt seinen Zorn.
Er liegt so schön im Schatten.
Er fühlt sich wohl.

Über Nacht aber läßt Gott einen Wurm
an die Wurzel.
Der Rizinus verdorrt.
Am Morgen hängen die Blätter herab.
Die Sonne sticht auf Jonas Kopf.

Da wird er wieder matt und schwach.
Da will er wieder sterben.

Gott aber spricht zu Jona:
»Du jammerst um deinen Strauch.
Die Leute in Ninive aber jammern mich.

Willst du mir sagen,
mit wem ich Mitleid haben darf
und mit wem nicht?
120 000 Menschen in dieser Stadt.

Und alle bereuen.
Und ich sollte sie vernichten?
Dazu die Tiere?
Jona, was denkst du dir?«

So spricht Gott.

Und Jona, ob er verstanden hat?
Ob er endlich aufgehört hat zu sagen:
›Ich wußte es doch!‹?

Nach Jona 1–4

Material 2

Text: Uwe Seidel, Melodie: Oskar Gottlieb Blarr

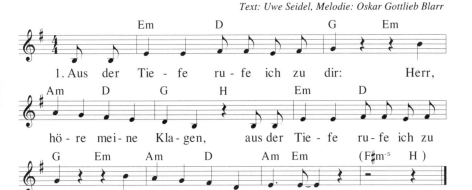

2. Aus der Tiefe rufe ich zu dir:
Herr, öffne deine Ohren.
Aus der Tiefe rufe ich zu dir:
Ich bin hier ganz verloren.

3. Aus der Tiefe rufe ich zu dir:
Herr, achte auf mein Flehen.
Aus der Tiefe rufe ich zu dir:
Ich will nicht untergehen.

4. Aus der Tiefe rufe ich zu dir:
Nur dir will ich vertrauen.
Aus der Tiefe rufe ich zu dir:
Auf dein Wort will ich bauen.[1]

---

1 Aus: ›Wenn der Stacheldraht blüht‹, 1981. Rechte im tvd-Verlag, Düsseldorf.

Dokumentation

Gebete Jonas im Bauch des Fisches – Formulierungen eines 3. Schuljahres

Jona-Gebet der Klasse 3a:

Ich würde gerne sterben.
Ich bin nackt und hungrig.
Ich friere.
Ich bin einsam und fühle mich elend.
Ich habe alles falsch gemacht.
Ich bin für immer verloren.
Gott hat mich verlassen.

Ich bin froh, daß ich nicht
ertrunken bin.
Ich bin jetzt sicher.
Gott, ich danke dir.
Ich bin froh, daß ich gerettet bin.
Gott, verzeih mir.
Ich bin froh, daß du mir verzeihst.

Jona-Gebet der Klasse 3b:

Ich bin einsam und hungrig.
Ich habe Angst.
Mir ist eng.
Ich habe keinen Glauben.
Am liebsten wäre ich tot.
Ich bin böse auf Gott.
Ich kann nicht leben.
Warum gerade ich?

Gott, rette mich!
Ich bete zu dir!

Ich bin froh,
daß ich wieder nach oben ans
Licht komme.

Teil 19: Juden – Christen – Muslime (Seiten 112–117)

Absichten
Die Kinder sollen:
– die biblische Geschichte von Abraham, Hagar und Ismael kennenlernen –
  S. 112–113
– die muslimische Geschichte von Ibrahim, Hagar und Ismael kennenlernen –
  S. 115–117
– unter Einbeziehung der jüdischen Überlieferung den gleichen Stammbaum für
  die drei ›abrahamitischen Religionen‹ erörtern – S. 114

Seiten 112–117
»Christliche und nichtchristliche Religionen wirken heute wie nie zuvor gegenseitig aufeinander ein. Wir anerkennen die verschiedenen Religionen, aber erkennen die Einheit, die ihnen zugrundeliegt. Wir wollen nicht die Vielfalt verfla-
chen oder Gleichförmigkeit auferlegen. Verschiedenheit sollte nicht Teilung
bedeuten, ebenso wie Vielfalt nicht Zwietracht bedeutet. Jede Religion wird es
lernen, unter Aufrechterhaltung ihrer Individualität, die Werte der anderen anzu-
erkennen. Wir glauben nicht an irgendwelche begünstigten Rassen oder auser-
wählte Menschen oder ausschließliche Wahrheiten. Die verschiedenen Glau-

bensbekenntnisse sind wie die verschiedenen Finger der liebenden Hand des Höchsten. Sie wenden sich an alle und bieten Vollkommenheit des Seins für alle.«

Sarvepalli Radhakrishnan[1]

Das Wissen um die Muslime und ihre Glaubensüberlieferung wird im 4. Schuljahr ausgeweitet mit biblischen und muslimischen Erzählungen, die um Abraham (Ibrahim), Hagar und Ismael kreisen. Auf Ibrahim, Hagar und Ismael berufen sich die Muslime im Koran. S. 112/113 wird aus der Bibel nacherzählt, wie Abraham von der ägyptischen Sklavin seiner unfruchtbaren Frau Sara den Sohn Ismael bekommt und wie Sara, nachdem sie doch noch den Sohn Isaak geboren hat, ihre Sklavin samt Sohn vertreibt (Genesis 16,1–15; 21,1–21; 25,12–18). Zusätzlich gibt es auf S. 113 eine Information über das Opferfest, das höchste Fest der Muslime, das in Erinnerung an das Widderopfer Ibrahims (der Widder anstelle des Sohnes Ismael) mit dem Schlachten eines Schafes gefeiert wird (s. Foto). S. 114 wird in einem Überblicksbild[2] deutlich, daß Christen, Juden und Muslime sich gleicherweise auf Abraham (Ibrahim) als ihren Stammvater berufen und daß Jerusalem allen drei Religionen heilig ist: den Muslimen als zweitheiligste Stadt nach Mekka (Felsendom als Wallfahrtsstätte; Al Aksa-Moschee), den Juden als Ort, wo ihr Tempel stand, den Christen als Ort des Sterbens und Auferstehens Jesu. Die Nacherzählung der muslimischen Ibrahim-Überlieferung S. 115–117 setzt dann ihre Akzente u.a. bei Ibrahims Kampf gegen die Götzenbilder, bei seiner Auseinandersetzung mit den Gestirnen (»Ich wende mein Angesicht allein zu Allah«), bei der Prüfung durch Gott (»Opfere deinen Sohn!«; vgl. Genesis 22,1–19) und bei der Errichtung der Kaaba durch Ibrahim. Die Zeichnung von dem Moslem Seyyit Bozdoğan unterstützt die Anschauung. Eine Abbildung des schwarzen Steines (S. 117) in Mekka[3] beschließt diesen Abschnitt.[4]

Die Erzählungen zeigen (abgesehen von seinem energischen Kampf gegen die Gottesbilder) einen friedliebenden Ibrahim. Auf die Strafandrohung des Vaters antwortet er mit »As-salam aleykum«, »Friede sei mit dir«; nach Errichtung der Kaaba bittet er Gott: »Mein Herr, mache diesen Ort zur Friedensstätte.« Mohammed (Muhammad) kannte die jüdische und die christliche Überlieferung. Er hatte Respekt vor den Christen. Er besuchte christliche Klöster und führte intensive Gespräche mit den Mönchen. Im Koran (Sure 5,82) heißt es: »Diejenigen, die den Gläubigen (den Muslimen) in der Liebe am nächsten stehen, sind die Christen.« Mohammed strebte eine gemeinsame monotheistische Religion an, schloß sich der alt- und neutestamentlichen Tradition an, woraus für die

---

1 Aus der Rede in der Paulskirche Frankfurt am 22. 10. 1961 anläßlich der Verleihung des Friedenspreises des deutschen Buchhandels an den indischen Philosophen und ehemaligen Staatspräsidenten.
2 Vgl. ›Folien 3/4‹, a. a. O., Folie 30.
3 Vgl. ›Folien 3/4‹, a. a. O., Folie 29.
4 Es empfiehlt sich, zunächst die Seiten 112–113 und 115–117 zu unterrichten und dann mit dem Schaubild S. 114, das auch die jüdische Überlieferung einbezieht, abzuschließen.

Muslime folgte, daß der eine Gott für Juden, Christen und Muslime derselbe sei. So urteilte auch das Zweite Vatikanische Konzil über den Islam: »Der Heilswille umfaßt auch die, welche den Schöpfer anerkennen, unter ihnen besonders die Muslime, die sich zum Glauben Abrahams bekennen und mit uns den einen Gott anbeten, den barmherzigen.«

Allerdings stellte Mohammed Forderungen. Von den Juden verlangte er die Anerkennung des Islams als einer Fortsetzung der Religion Abrahams, von den Christen erwartete er eine Glaubenskorrektur in der Hinsicht, daß der Prophet Jesus nicht mehr als Gott verehrt und das Kreuz nicht länger als Zeichen der Erniedrigung Gottes verstanden werden dürfe. Für den Islam braucht Gott keine Erniedrigung hinzunehmen, um seine allumfassende Macht gegen die bösen Absichten der Menschen durchzusetzen.

Jesus war für Mohammed (so wie für den Priester Arius im 4. Jh.) wahrer Mensch. Eine Göttlichkeit Jesu hätte gegenüber dem einen, allmächtigen, allumfassenden, barmherzigen Gott Mehrgötterei bedeutet, war also für Mohammed nicht akzeptabel; die Vorstellung von einer dreifachen Gottheit der Christen (Vater-Sohn-Geist) war für ihn gänzlich undenkbar.

Zum Ganzen: Hubertus Halbfas, ›Lehrerhandbuch 6‹, a. a. O., S. 490–526 (insbesondere zur ›Abrahamitischen Ökumene‹, S. 521–526). Halbfas führt aus, der Islam habe wie andere Religionen ein ›Recht auf teilhabendes Verstehen‹. Nur wenn Lehrer in die Innenräume fremder Welten hineinführen könnten, mit Worten, die Interesse wecken, Emotionen stiften, Sympathie übertragen, ließe sich wahrhaft von einer interkulturellen Didaktik sprechen (S. 491). Im Hinblick auf die Abrahamitische Ökumene zitiert Halbfas den Großmufti von Syrien, Ahmad Kaftaro, mit folgenden Sätzen: »Wenn es eine soziale und industrielle Revolution gegeben hat, so müssen wir, die Männer (und Frauen) der Religionen, eine Revolution des Glaubens in Kooperation herbeiführen, der mutigen Erneuerung, des Ernstes, der Weisheit und des modernen Wissens – genauso, wie es unsere geistlichen Vorväter Abraham, Moses, Jesus und Mohammed unternommen haben. Wir umarmen euch. Darum umarmt uns. Wir halten Christus, das Evangelium und die Jungfrau Maria heilig, also erwidert den Gruß eurer moslemischen Brüder, die euch jahrelang aus den Augen verloren haben. Unser Planet gleicht einem Schiff, das durch das Weltall kreuzt, und alle Passagiere sind verantwortlich für Sicherheit und Wartung. Alle Gläubigen und ernsthaften Gelehrten sind aufgefordert, möglichst rasch mit einem Dialog zu beginnen, so daß jeder mit dem vertraut wird, was der andere anzubieten hat. Der Prophet sagt: ›Alle Geschöpfe sind auf Gott angewiesen. Gott zieht den vor, der seinem Geschöpf am meisten hilft. Der Mensch ist ein Bruder des Menschen, ganz gleich, ob er es wahrhaben will oder nicht‹« (S. 526).

Halbfas fügt hinzu: »Wahrscheinlich wird die Möglichkeit zu solchen Gesprächen erst dann gegeben sein, wenn Muslime in ähnlicher Weise wie Juden und Christen (gegenüber der Bibel) die Freiheit gewinnen, den Koran nicht nur als Gottes Wort, sondern zugleich immer auch als Menschenwort zu sehen. Wahrscheinlich ist auf dieser Basis das jüdisch-christlich-islamische Gespräch wieder bei der Abrahamkindschaft anzusetzen. Wenn sich schon die Christen über den Juden und Abrahamssohn Jesus als ›Abrahams Nachkommen‹ (Galater 3,29) verstehen dürfen, also gewissermaßen Nutznießer des Abrahamsbundes werden, ohne Israels Platz dadurch einzunehmen, muß für die Muslime ja auch keine genealogische Linie zu Abraham führen. Allein die Rückführung des islamischen Glaubens auf den im Glauben gemeinsamen ›Vater Abraham‹ könnte eine freundliche Theologie tragen helfen, die eine abrahamitische Ökumene der drei großen monotheistischen Religionen begründen ließe« (S. 525).

Arbeitsmöglichkeiten:
Die wesentlichen Materialien für die Arbeit liefern die Buchseiten.
1. Erzählung S. 112/113: ›Was die Bibel von Abraham, Hagar und Ismael erzählt‹ (dazu Information ›Opferfest‹ mit Foto). Der Text kann frei erzählt, vorgelesen oder von Kindern gelesen werden. Aufarbeitendes Gespräch mit Information und Foto. Wenn möglich, muslimische Kinder über das Opferfest befragen. Auch die Juden brachten in ihrem Tempel Schafe zum Opfer dar (vgl. Bd. 2, S. 52; Bd. 3, S. 73).
Zur Erzählung der Impuls: »Daß ein Engel zu einer jungen Frau kommt, das kennst du!«

2. Erinnerung an die fünf Grundlagen des Islam:
   1. Das Bekenntnis, daß es keinen Gott gibt außer dem einen Gott. Und Mohammed ist sein Prophet.
   2. Das Gebet – fünfmal am Tag von vor Sonnenaufgang bis nach Sonnenuntergang.
   3. Das Fasten im Fastenmonat Ramadan.
   4. Die jährliche Zahlung der Armenabgabe.
   5. Die Wallfahrt nach Mekka zur heiligen Kaaba einmal im Leben (Hadsch).
   Dazu Zeichnung ›Hand‹ und Text Bd. 3, S. 106–109.

3. Erinnerung: »Was sagen die Muslime über die Schöpfung?« (S. 14).
4. Erinnerung: In einem der Religionsbücher steht das Wort ›Allah‹ (= ›Gott‹) in arabischer Sprache. Suchen. Nachgestalten.
5. Erzählungen S. 115–117: ›Was die Muslime über Ibrahim, Hagar und Ismael erzählen‹. Es handelt sich hier um eine Mischung aus islamischen Legenden und Koranstellen. Die Geschichte Ibrahims mit Allah (u. a. Gründung Mekkas, Errichtung der Kaaba, Entstehung des Opferfestes, vgl. S. 113) steht im Mittelpunkt. Eingeschlossen ist die Erzählung von der Forderung Allahs an Ibrahim, Ismael zu opfern. Wieder besteht die Möglichkeit, frei zu erzählen, vorzulesen oder die Kinder lesen zu lassen. Wieder versteht sich ein aufarbeitendes Gespräch von selbst. Zur Kaaba als Ort des Friedens das ›Muslimische Gebet um Frieden‹ (Material 1). Zum Foto vom Schwarzen Stein das Gesamtfoto der Kaaba Bd. 3, S. 109.
6. Der Stammbaum erläutert sich selbst. Ziel: Erarbeitung des Begriffs ›Abrahamitische Religionen‹. Die Seite ist von unten her zu lesen. Im einzelnen:
   – In der Bibel (›Gute Nachricht‹) Genesis 22,1–18 erlesen: ›Abraham soll Isaak opfern‹. Gespräch. Vergleich mit der muslimischen Erzählung S. 116. Beide Erzählungen sind die Grundlage für den Stammbaum.
   – Zum Foto links Bd. 2, S. 68 vergleichen. Auf dem mittleren Foto wird die

Nähe des Felsendoms (Heiligtum der Muslime) zur Westmauer (Heiligtum der Juden) deutlich. Zu beiden Fotos die Sacherzählung ›Im Felsendom‹ (Material 2).

- Symbole: Das ✡ S. 64, dreifach Bd. 3, S. 93. Davidstern auf der Fahne Israels (s. Foto Mitte). Zum Islam-Symbol (Bekenntnis) auch Bd. 3, S. 106.
- Erinnerung an die jüdische Religion: ›Davids Gott heißt Jahwe‹ (Material 3) sowie an das Lied ›Hewenu Schalom alejchem‹ Bd. 2, S. 50.
- Gespräch: ›Abrahamitische Religionen‹. Dazu ›Juden, Christen, Muslime‹ (Material 4). Zur gleichen Wurzel für Juden und Christen: Römer 11,17–20.
7. Den Stammbaum vereinfacht nachgestalten. Als Einzel- oder Gemeinschaftsarbeit auf einem großen Plakat.
8. Feier (mit muslimischen, wenn möglich auch jüdischen Kindern zusammen):
   a) Kanon: ›Lobet und preiset, ihr Völker, den Herrn‹ (Bd. 1, S. 25).
   b) Betrachtung der eigenen Bilder bzw. des Plakates ›Der gleiche Stammbaum‹. Ruhiges Gespräch dazu: Familienstammbaum – ›Was ist allen drei Religionen gemeinsam‹? (der eine Gott, ein Bekenntnis, ein heiliges Buch; Respekt vor den anderen Religionen; Suche nach Gerechtigkeit, Frieden und Bewahrung der Schöpfung) – Begriff ›Oikoumene der Religionen‹ (Bd. 3, S. 109).
   c) Lied: ›Kommt herbei, singt dem Herrn‹ (Werkbuch 3, S. 169).
   d) Text ›Juden, Christen, Muslime‹ (Material 4).
   e) Den Friedensgruß in drei Sprachen sprechen (vgl. Bd. 2, S. 39, Werkbuch 1/2, S. 180).
   f) Lied: ›Hewenu Schalom alejchem‹ (Bd. 2, S. 50).
   g) ›Muslimisches Gebet zum Frieden‹ (Material 1).
   h) Lied: ›Von allen Seiten umgibst du mich‹ (Werkbuch 1/2, S. 116).

Material 1

Muslimisches Gebet um Frieden

Im Namen Gottes, des Allerbarmers, des Alleinbarmherzigen:
Lob sei Gott, dem Herrn der Welten,
dem König am Tage des Gerichts,
dem Allbarmherzigen,
dem Allerbarmer.

Dich beten wir an, und zu Dir flehen wir um Hilfe.
Führe uns den geraden Weg,
den Weg derer, denen Du gnädig bist,
nicht derer, denen Du zürnst,
noch derer, die irregehen.

Gott, Du bist Friede, Friede geht aus von Dir,
und Friede kehrt zu Dir zurück.
Gewähre uns, Gott, in Frieden zu leben

und in die Wohnung des Friedens einzugehen.
Gesegnet bist Du, unser Herr und Höchster,
Gott der Herrlichkeit und der Barmherzigkeit.

Da ist nichts, was wir nicht von Dir erwarten dürfen,
Klugheit, um einander besser zu verstehen,
und die Kraft des Herzens, einander anzunehmen
und füreinander einzutreten,
und alles, was wir zu einem erfüllten Leben brauchen.

So bitten wir Dich,
sei unter uns und in uns gegenwärtig.
Lege Worte in unseren Mund,
die Versöhnung stiften.
Mache uns lebendig für Gerechtigkeit und Frieden.

Erfülle unsere Herzen und Gedanken mit Deinem Licht.
Laß unsere Arbeit Früchte tragen und
schenke uns das Brot des Friedens.   *Aus dem Koran Sure 1 und 49*

Lobet und preiset ihr Völker, den Herrn,
freuet euch seiner und dienet ihm gern.
All ihr Völker, lobet den Herrn.

Material 2

Im Felsendom

In der Mitte ein großer nackter Felsen. Ringsum Gebetsteppiche, kostbare Marmorsäulen und Pfeiler. Sie tragen die mächtige Kuppel, die von innen wunderbar verziert ist. Außen ist die Kuppel vergoldet. Weithin leuchtet sie über die Stadt Jerusalem. Innen rund und außen achteckig, so ist das Gebäude über dem Felsen, ein Dom, der berühmte Felsendom, eine Wallfahrtsstätte der Muslime. 1300 Jahre alt ist der Felsendom. In vier Jahren wurde er erbaut. Unter dem Kalifen Abd el Malik.
Der Fels liegt frei.
Er sei die Spitze des Berges Morija, wird erzählt.
Hier sollte Abraham Isaak opfern. Aber Gott gab den Widder für das Opfer. So steht es im Alten Testament. So erzählen es Christen und Juden. So steht es auch im Koran, im heiligen Buch der Muslime, in der Sure 37. Die Muslime nennen Abraham Ibrahim. Und sie sagen, es sei Ismael gewesen, der Sohn der Hagar, den Ibrahim opfern sollte. Zur Erinnerung daran feiern sie das Opferfest. Es ist ihr größtes Fest. Der Prophet Mohammed war hier, erzählen die Muslime. Er sei von hier für eine Nacht in den Himmel geritten. Auf seinem Pferd Barak. Der Fußabdruck des Pferdes sei in dem Felsen noch zu sehen.
Es ist eine alte Legende.
Der Felsendom steht auf dem alten Tempelplatz der Juden. Ganz nahe dabei ist

die Moschee Al Aksa, das drittgrößte Heiligtum der Muslime nach Mekka und Medina.
Heilig ist der Ort für die Muslime, genauso heilig auch für die Juden. Denn vor 2000 Jahren stand hier der prachtvolle Tempel der Juden, von König Salomo erbaut, von König Herodes erneuert, heiligster Ort für alle Juden der Welt. Hier predigte Jesus. Hier trieb er die Tempelhändler aus.
Hier wurde Paulus gefangengenommen. Hier haben die ersten Christen gebetet. Römer aber brannten ihn nieder, den Tempel. Im Jahre 70. Es war der Feldherr Titus, der spätere Kaiser der Römer, der alles von Grund auf zerstören ließ. Seitdem haben die Juden keinen Tempel mehr. Denn niemand baute ihn wieder auf. Nur eine Mauer blieb übrig, eine Außenmauer am Rand des Tempelplatzes, die Klagemauer, für die Juden heute der heiligste Platz im heiligen Land. Unzählige kommen jeden Tag, um hier zu Gott zu beten.
Jerusalem: heilige Stadt der Muslime; heilige Stadt der Juden, auch heilige Stadt der Christen, denn Jesus starb hier den Tod am Kreuz auf dem Hügel Golgata außerhalb der Stadtmauer von damals.

Material 3

Davids Gott heißt ›Jahwe‹

David gehört zum Volk Israel. Er ist ein jüdischer Junge. Er glaubt an den Gott, der von sich sagt: ›Ich bin, der ich bin. Ich bin da für euch Menschen.‹ Er glaubt an den Gott, der Jahwe heißt. Das bedeutet ›der Herr‹. Viele Juden sagen: »Du darfst den Namen Gottes nicht aussprechen. Er ist heilig und sehr geheimnisvoll.«
Davids Bibel ist das Alte Testament mit den fünf Büchern Mose, der Tora, mit den Propheten, den Psalmen und vielen anderen Schriften.
David geht zum Gottesdienst in die Synagoge, das Bet- und Gemeindehaus der Juden. David betet das ›Höre Israel‹, das ›Schema (sprich Schmah) Israel‹; »Höre Israel, Jahwe, unser Gott, ist einzig. Er allein ist Gott, sonst keiner.« Jede Woche feiert David mit seiner Schwester Sara und mit seinen Eltern den Schabbat. Der Schabbat beginnt am Freitagabend und endet am Samstagabend. Es ist ein Tag der Ruhe und Heiligkeit, weil Gott am siebten Tag von den Werken der Schöpfung ausruhte. Lichter werden entzündet. Es gibt ein festliches Essen. Es wird gesungen, gebetet und gespielt.
Als Kind ist David beschnitten worden. Ein Stück von der Vorhaut seines Gliedes wurde entfernt. Seitdem gehört David in den Bund, den Gott mit seinem Volk Israel geschlossen hat.
Wenn David 13 ist, darf er zum erstenmal in der Synagoge öffentlich aus der Tora vorlesen. Dann ist er ein Bar-Mizwa, ein ›Sohn des Gesetzes‹. Da gibt es ein großes Fest in der Familie. Christliche Kinder kennen die Konfirmation (evangelisch) oder die Erstkommunion (katholisch).
In seiner jüdichen Schule lernt David aus der Tora. Sie erzählt vom Weg Gottes mit Abraham, Isaak, Jakob, Josef und Mose. Die Tora enthält auch die Gebote

(Gesetze) des Volkes Israel, viel mehr als nur die 10 Gebote. Das allerwichtigste Gebot ist:

»Du sollst Jahwe, deinen Herrn, liebhaben von ganzem Herzen, von ganzer Seele und mit all deiner Kraft. Und deinen Mitmenschen sollst du liebhaben wie dich selbst.«

David ißt niemals Schweinefleisch. Das ist den Juden strengstens verboten. Er ißt auch sonst nur koscher zubereitetes Essen, d.h. Milchspeisen und Fleischspeisen niemals aus demselben Geschirr und Fleisch von bestimmten Tieren auch nur, wenn diese Tiere den Vorschriften entsprechend geschlachtet worden sind.

Mit seiner Schwester Sara und seinen Eltern feiert David die Feste der Juden, das Neujahrsfest (Rosch-ha-Schana), den Versöhnungstag (Yom Kippur), im Herbst das Laubhüttenfest (Sukkot), im Dezember das Lichterfest (Chanukka) und im Frühling das Pessachfest. Vor 2000 Jahren feierten Davids Vorfahren das Pessachfest im Tempel in Jerusalem. Die Römer zerstörten den Tempel. Seitdem feiern die Juden Pessach zuhause, eine Woche lang. Sie essen in dieser Woche nur ungesäuertes Brot, Mazzen. Das Fest beginnt mit dem Seder-Abend, an dem sie des Auszugs ihres Volkes aus der ägyptischen Knechtschaft gedenken.

David liebt die jüdische Fahne, weiß, mit blauen Streifen und mit dem blauen Davidsstern in der Mitte. Ein Lied, das David gerne singt, heißt ›Hewenu Schalom alejchem‹ – ›Wir bringen Frieden für alle‹.

Material 4

Juden, Christen, Muslime

Gülten ist ein muslimisches Kind. Du kennst sie aus dem 1. Schuljahr. Ebenso Kristina, das christliche Mädchen. David ist ein jüdischer Junge – aus Israel.

Alle haben den einen Gott, der immer da ist von Ewigkeit zu Ewigkeit. Ihm gehorchen sie. Ihn verehren sie. Zu ihm beten sie von ganzem Herzen, aus ganzer Seele und mit aller ihrer Kraft.

Davids wichtigstes Gebet ist das ›Höre, Israel‹. Gültens wichtigstes Gebet ist das ›Lob sei Gott, dem Herrn der Menschen in aller Welt, dem Barmherzigen und Gütigen.‹ Es ist die erste Sure (der erste Abschnitt) des Korans.

Kristinas wichtigstes Gebet ist das Vaterunser.

Für Juden und Muslime gibt es bestimmte Ordnungen, wie sie beten sollen. Für die Christen nicht. Die Muslime beten auf dem Gebetsteppich. Die Juden beten mit Gebetsschal und Gebetsriemen. Die Christen beten im Herzen oder mit gefalteten Händen.

Alle haben ein wichtiges, ein heiliges, ja ein gesegnetes Buch.

Die Juden haben die hebräische Bibel, unser Altes Testament. Wir Christen haben das Alte und das Neue Testament. Die Muslime haben den Koran, der dem Propheten Mohammed offenbart wurde, eingeteilt in 114 Suren.

Aus dem Koran beten sie immer wieder. Und vieles daraus lernen sie auswendig. Im Koran steht auch vieles über Gestalten der Bibel, über Adam und Noah, über Abraham, Isaak, Jakob, Josef und Mose, über David und Salomo, über Elia und Jona und über Maria und Jesus.

Alle feiern ihre Feste. David freut sich auf Sukkot, auf Chanukka und auch auf das Pessachfest. Gülten freut sich ganz besonders auf Şeker Bayram (türkisch; arabisch: Id al Kidr), das Zuckerfest, das am Ende des Fastenmonats, des Ramadan, gefeiert wird. Kristina freut sich am meisten auf Weihnachten. David wartet noch immer auf den Messias, den verheißenen Retter des Volkes Israel. »Jesus war ein guter Mensch«, sagen die Juden, »aber er ist nicht der Messias.« Für Gülten ist Jesus ein großer Prophet. Für Kristina aber ist er der Christus, der Sohn Gottes.
David, Gülten und Kristina können Freundschaft miteinander halten. Sie haben so vieles gemeinsam. Sie sind Kinder dieser einen Welt. Sie leben miteinander auf dieser Erde, unserem Stern. Sie können einander verstehen. Sie sind Menschen unter Gott, Kinder Gottes, ob dieser Gott nun Jahwe heißt oder Allah oder einfach nur Gott.
›Schalom‹ sagt David, ›Friede mit dir‹. ›Salaam aleykum‹ sagt Gülten: ›Friede mit dir‹. ›Friede mit dir‹, das kann auch Kristina sagen. Alle Menschen sollten es zueinander sagen, jeden Tag. Und sie sollten alles tun, um den Frieden zu erhalten. ›Hewenu Schalom alejchem‹ – ›Wir bringen Frieden für alle . . .‹.

Teil 20: Gemeinsam auf der einen Erde (Seiten 118–119)

Absichten
Die Kinder sollen:
– zusammenfassend erkennen, daß »das große Haus, in dem wir leben, verlangt, daß eine weltweite Nachbarschaft in eine weltweite Bruderschaft verwandelt wird« (M. L. King) – S. 118
– das Bekenntnis eines Kindes in Israel zu den abrahamitischen Religionen wahrnehmen – S. 118
– erkennen, daß schon früh Christen und Muslime in ihren Glaubensstätten einander nahe waren – S. 119
– die oikoumenische Weite der Gottesvorstellung kennenlernen – S. 119

Seiten 118–119
Es handelt sich um die Abschlußseiten des vierten Bandes und damit um die Abschlußseiten des gesamten Unterrichtswerkes (S. 120/121 enthält dann einen Ausblick für die Kinder, die das vierte Schuljahr nun verlassen, und einen – dies ist in allen vier Bänden gleich – Segensteil). Ein bündelnder Sachtext eröffnet die Seite 118. Er faßt wesentliche Inhalte von Bd. 4 (Erde unser, die Erde des Herrn, konziliarer Prozeß, Oikoumene der Völker und Religionen, Zukunft, Frieden) in knapper elementarer Sprache zusammen. Die angesprochene Schule in Holland ist die Juliane von Stolberg-Schule in Ede bei Arnheim, in der muslimische und christliche Kinder in ihrer eigenen Religion unterrichtet wer-

den, in der es aber auch lehrplanmäßig fixierte Begegnungsstunden und gemeinsame Feiern gibt.[1]

Die Zeichnung der 8jährigen! Doar Nir aus Ramat Hascharon, einem arabischen Dorf in Israel,[2] zeigt nebeneinander (in friedlicher Koexistenz) eine Moschee, eine christliche Kirche und eine Synagoge innerhalb Jerusalems (Stadtmauer!). Darunter 6 Kinder, die einander die Hand reichen. Zwei davon (auf der Abbildung nicht erkennbar, auf der Folie gesondert hervorgehoben) tragen ein Kreuz auf ihrer Kleidung, zwei sind durch arabische Kopfbedeckungen hervorgehoben: also sind es zwei jüdische, zwei christliche, zwei muslimische Kinder. Das Ganze unter der riesigen Noah-Taube mit dem Ölzweig, dem stärksten Friedenssymbol, das wir Christen kennen. Doars Botschaft ist unzweideutig: »Ich wünsche mir Frieden unter den drei abrahamitischen Religionen, ein friedliches Miteinander, das bereits bei den Kindern anfängt.«

Die Tolstoj-Geschichte S. 119 spitzt das interreligiöse Miteinander auf die Frage nach dem wahren Gott zu. Mit dieser Erzählung gibt das Buch eine eindeutige Antwort: »Überall auf der Erde ist die Gnade Gottes zu finden, seine Liebe und Barmherzigkeit. Jeder Mensch auf der Welt kann diesen Gott finden, ganz gleich, wie er ihn nennt, ganz gleich, welcher Religion er angehört.«[3]

Mögen auch muslimische oder christliche Fundamentalisten bzw. streng orthodoxe Juden dem widersprechen: Eine universelle Gottesidee entspricht unserem oikoumenischen Bewußtseinsstand. König Hussein von Jordanien ließ in seiner Gedenkrede auf den Tod von Yitzhak Rabin denselben Gott für Juden und Araber gelten. Für die Hindus spiegeln sich in den verschiedenen Wassern derselbe Mond. Und die Tolstoj-Geschichte verdeutlicht es: Je mehr einer weiß und sieht, je weiter sein Erfahrungshorizont ist, um so umfassender ist sein Gottesbild. Darum das Bestreben, schon den Blick der Grundschulkinder zu weiten für die große muslimische Nachbarreligion. Darum das Spiralcurriculum »Islam« über die 4 Bände hinweg.

---

1 Ähnliches findet sich in multikulturellen Schulen Englands, wo z. B. in Birmingham jüdische, christliche, muslimische (auch hinduistische) Kinder ihre je eigenen Gebete sprechen, aber gemeinsame Gotteslieder singen. Zentral für die Begegnung ist, daß die drei unmittelbar benachbarten Religionen Judentum/Christentum/Islam sich auf Abraham/Ibrahim (auf Isaak/Ismael), auf das verhinderte Opfer, das bei den Muslimen zu ihrem größten Fest, dem Opferfest, geführt hat, berufen (vgl. »Der gleiche Stammbaum«, S. 114). Die Opfergeschichte hat für den Islam den gleichen festbegründenden Charakter wie die lukanische Weihnachtsgeschichte für das christliche Weihnachtsfest.

2 Vgl. ›Folien 3/4‹, a. a. O., Folie 31.

3 Vgl. Bd. 1, S. 81: »Allah ist ein arabisches Wort. Es bedeutet ›Gott‹. Derselbe Gott, nur ein anderes Wort.« Vgl. dazu auch aus dem Buch der Religionswissenschaftler *Monika* und *Udo Tworuschka* »Die Weltreligionen, Kindern erklärt« (Gütersloh 1996) die Aussagen auf S. 42: »Sie (die Gesandten) haben den Menschen von Allah erzählt. Das ist ein arabisches Wort und heißt einfach ›der Gott‹. In arabischen Ländern nennen auch die Christen Gott so. Einen anderen Gott gibt es nicht. Der Gott der Muslime und der Gott der Christen ist ein und derselbe.«

Mögliche Arbeitsfolge:

1. Tafelimpuls: ›Meine Religion ist die beste – mein Gott ist allein der wahre Gott.‹ Gespräch darüber. Erwartet wird, daß die Kinder nach dem Programm, das sie in Bd. 1–4 durchlaufen haben, eine andere Religionen tolerierende Meinung vorbringen.

2. Tolstoj-Erzählung S. 119 vorlesen (noch haben die Kinder das Buch nicht aufgeschlagen). Darüber sprechen. Der Geschichte einen Titel geben (»Viele Menschen – ein Gott«; »Der unendlich erhabene Gott« o. ä.). Ein Bild zu der Geschichte malen oder ein kurzes Statement niederschreiben: »Wie ich über Gott und die Menschen in den verschiedenen Religionen denke.«

3. Über Folie die Zeichnung von Doar Nir (S. 118) projizieren. Im Gespräch erschließen (Lehrerimpuls und Informationen aus der Beschreibung). Doars Leistung würdigen. Mit der Illustration S. 2–3 vergleichen. Eine gemeinsame große Tafelzeichnung oder ein Plakat zu diesem Thema gestalten.

4. Den Text S. 118 auf einem Arbeitsblatt präsentieren. Die Kinder unterstreichen ihnen wichtige Sätze, schreiben das Allerwichtigste noch einmal auf. Austausch über die Ergebnisse.

5. Das Foto S. 119 (das Buch ist jetzt aufgeschlagen) betrachten. In einer Kurzerzählung vom Katharinenkloster auf dem Sinai hören (etwa 1500 Jahre alt, Grabkloster der heiligen Katharina von Alexandria, griechisch-orthodoxe Mönche, muslimische Beduinen als Mitarbeiter im Kloster). Gespräch.

6. Sofern möglich, eine Moschee, eine Synagoge besuchen. Gespräch mit Imam und Rabbiner (Aufgabe S. 119). Fragen vorher aus dem in 4 Jahren Gelernten festlegen.

7. Mit muslimischen Kindern eine christlich-islamische Feier ›Miteinander in Gottes Welt‹ gestalten. Materialien Bd. 4, S. 112–119 dazu benutzen; ebenso die Folie 32.[1] Zur Gestaltung des Raumes malen die muslimischen Kinder ein großes christliches Symbol, die christlichen Kinder ein großes muslimisches Symbol. (Alternative: Die muslimischen Kinder malen das Innere einer Kirche, die christlichen Kinder das Innere einer Moschee.) Gebete aus der einen/aus der anderen Religion formulieren. Lieder, die man gemeinsam singen kann, erinnern (›Von allen Seiten umgibst du mich‹ Werkbuch 1/2, S. 116; ›Kommt herbei, singt dem Herrn‹, Werkbuch 3, S. 169). Tendenz: Christen und Muslime sind vor Gott/vor Allah einander Schwestern und Brüder.[2] In der Feier ruhiges Gespräch über Gemeinsamkeiten (*ein* heiliges Buch, Glaube an *einen* Gott, *ein* Friedenswunsch) und Unterschiede (verschiedene Feste; für die Muslime sind die täglichen Gebete und die damit verbundene Reinigung sehr wichtig; sie halten den Ramadan, kennen die feste Armenabgabe – den Christen wäre so etwas zu wünschen –; jeder Muslim/jede Muslimin denkt an die Wallfahrt einmal im Leben). Gespräch über Feste, die man gegenseitig mitfeiern kann.[3]

---

1 Vgl. ›Folien 3/4‹, a. a. O. (dargestellt ist das terra-Schiff von Greta Moder, Bd. 3, S. 102).
2 Vgl. die Gestaltungsvorschläge im Werkbuch 3, S. 168–170.
3 Christliche Kinder können gut das Fest des Fastenbrechens (türkisch Şeker Bayram) mitfeiern. Muslimische Kinder können Weihnachten gut mitfeiern. Sie können den Propheten Isa

Ausblick

Seiten 120–121

Die Seiten bieten einen Ausblick auf Kommendes. Am Ende des 4. Schuljahres schauen die Kinder (über die Ferien hinweg) erwartungsvoll, auch ängstlich voraus auf die neue Schulsituation. Das Foto eines 9–10jährigen Kindes (Mädchen? Junge?) mit den erwartungs-, zugleich hoffnungsvollen Augen spricht das ›Ich‹ der Kinder an. Dieses Kind kann als Sprecher(in) des Textes »Wenn ich an morgen denke« gesehen werden. Persönliches aber auch Weltbewegendes wird in Frageform zum Ausdruck gebracht: »Werde ich mich fremd fühlen oder werde ich Freunde/Freundinnen finden? Wird Krieg sein oder Friede?« Psalm 32,7–8 ist als Antwort darauf gedacht: »Du bist mein Schutz, Gott, du wirst mich vor Angst behüten.«

Zum Abschied gehört die Segensbitte, ausgesprochen und meditiert im Lied S. 121, das zugleich das Friedensthema ein letztes Mal aufnimmt, und der Segen selbst (Text S. 121), der – und das scheint angemessen – die Jahresthemen der Bücher 1–4 in Sprachbilder umsetzt:

›Sehen lernen‹ – ›. . . wie ein lächelndes Auge, das auf dich sieht‹,
›Wege gehen‹ – ›. . . wie ein Weg, der dir freudlich entgegenkommt‹,
›Leben in einem Haus‹ – ›. . . wie ein Haus, in dem du geborgen bist‹,
›Den Frieden suchen‹ – ›. . . wie die Stille des Friedens, der sich über dich breitet‹.

Arbeitsmöglichkeiten:
1. Das Foto betrachten. Von eigenen Gedanken und Gefühlen im Hinblick auf das Vorausliegende erzählen: Hoffnungen, Befürchtungen, Visionen, Wagnisse. Dazu ›Die Geschichte vom jungen Krebs‹ (Material 1).
2. Text S. 120, von der Lehrerin gelesen. Gespräch. Gebet, gemeinsam gesprochen.
3. Aufgabe 1.
4. Aufgabe 2: Neben Segen und Lied S. 121 die Leitworte (direkt und indirekt) auch in Text und Gebet S. 120 auffinden. Zu ›Frieden‹ Kanon ›Friede wünsch ich dir‹ (Material 2).
5. Meditation zu Strophe 3 des Liedes (vgl. in diesem Werkbuch, S. 138–140).
6. Abschließender Schulgottesdienst (Klassengottesdienst) ›Kundschafter‹, der das vorausliegende Unbekannte mit der Situation des Volkes Israel in der Wüstenzeit verbindet. Der Schulgottesdienst vermittelt Hoffnung auf Bewährung angesichts zukünftiger Ansprüche ebenso wie Hoffnung auf Hilfe durch Gott. Kinder des 3. Schuljahres können dazu eingeladen werden.

(Jesus) ehren und seinen Geburtstag festlich begehen. Da Allah für sie indes nicht der Vater eines Sohnes sein kann (er ist der Einzige, der Allerbarmende), können muslimische Kinder nicht das christliche Osterfest, in dem Jesus als der auferstandene Gottessohn gepriesen wird, mitfeiern. Aus demselben Grund können sie auch nicht das Vaterunser mitbeten (Allah ist kein ›Vater‹!).

7. Die letzte Religionsstunde könnte damit schließen, daß Lehrende und Kinder sich gegenseitig segnen (die Hand auflegen und ein freundliches Wort dazu sagen).

Material 1

Die Geschichte vom jungen Krebs

Ein junger Krebs dachte bei sich: »Warum gehen alle Krebse in meiner Familie immer rückwärts? Ich will vorwärts gehen lernen, so wie die Frösche, und mein Krebsschwanz soll mir abfallen, wenn ich es nicht fertigbringe.«
Und heimlich begann er zwischen den großen Steinen seines heimatlichen Bächleins zu üben. In den ersten Tagen kostete ihn dieses Unternehmen ungeheure Kräfte. Überall stieß er sich und quetschte sich seinen Krebspanzer, unaufhörlich verfing sich ein Bein im anderen. Aber von Mal zu Mal ging es ein bißchen besser, denn: alles kann man lernen, wenn man will.
Als er seiner Sache sicher war, stellte er sich vor seine Familie und sagte: »Jetzt schaut mir einmal zu!«
Und er machte einen ganz prächtigen kleinen Lauf vorwärts.
»Sohn«, brach da seine Mutter in Tränen aus, »bist du denn ganz verdreht? Komm doch zu dir – gehe so, wie es dich dein Vater und deine Mutter gelehrt haben. Gehe wie deine Brüder, die dich alle lieben!«
Seine Brüder jedoch lachten ihn nur aus. Der Vater schaute ihn eine gute Weile streng an und sagte dann: »Schluß damit. Wenn du bei uns bleiben willst, gehe wie alle Krebse. Rückwärts! Wenn du aber nach deinem eigenen Kopf leben willst – der Bach ist groß –, geh fort und komm nie mehr zu uns zurück!«
Der junge Krebs hatte die Seinen zwar zärtlich lieb, war aber so sicher, er handle richtig, daß ihm nicht die mindesten Zweifel kamen. Er umarmte seine Mutter, sagte Lebewohl zu seinem Vater und zu seinen Brüdern und machte sich auf in die Welt.
Als er an einem Grüppchen Kröten vorüberkam, erregte er großes Aufsehen. Sie hockten unter den Blättern einer Wasserlilie, um als gute Gevatterinnen ihren Schwatz zu halten. »Jetzt geht die Welt verkehrt herum«, sagte eine dicke Kröte, »schaut euch nur diesen jungen Krebs an! Da müßt ihr mir recht geben!«
»Ja, Respekt gibt es überhaupt nicht mehr«, sagte eine andere.
»Pfui, pfui«, sagte eine dritte.
Doch der junge Krebs ließ sich nicht anfechten und ging aufrecht seine Straße weiter, man muß es wirklich sagen. Plötzlich hörte er, wie ihn ein alter Krebs, an dem er vorüberging, rief. Der sah ganz melancholisch aus und hockte allein auf einem Stein.
»Guten Tag«, sagte der junge Krebs.
Der Alte betrachtete ihn lange, schließlich sagte er: »Was glaubst du, was du da Großartiges anstellst?! Als ich noch jung war, wollte ich auch den Krebsen das Vorwärtsgehen beibringen. Sieh mal, was mir das eingebracht hat! – Ich muß ganz allein leben, und die Leute würden sich lieber die Zunge abbeißen als ein

Wort an mich richten. – Hör auf mich, solange es noch Zeit ist! Bescheide dich, lebe wie die anderen! Eines Tages wirst du mir für meinen Rat dankbar sein!«
Der junge Krebs wußte nicht, was er antworten sollte, und blieb stumm. Aber im Innern dachte er: »Ich habe doch recht! Ich habe recht!«
Und nachdem er den Alten höflich gegrüßt hatte, setzte er stolz seinen Weg fort. Ob er weit kommt? Ob er ein Glück macht? Ob er alle schiefen Dinge dieser Welt geraderichtet?
Wir wissen es nicht, weil er noch mit dem gleichen Mut und der gleichen Entschiedenheit dahinmarschiert wie am ersten Tag. Wir können ihm nur von ganzem Herzen »Gute Reise« wünschen.   *Gianni Rodari*[1]

Material 2

Text und Melodie überliefert

Alle Kinder der Klassen 3 und 4 sind
herzlich eingeladen zu einem Schulabschlußgottesdienst

Kundschafter[2]

Thema: Sich Zeit nehmen – mutig vorausschauen – ein Wagnis eingehen
Text: Numeri 13,1–14.35 (Kundschafter in Kanaan)
Leitorientierung: In der Schulabschlußsituation werden die Kinder einerseits ermutigt, sich Zeit zu nehmen, die Freiheit der Ferien voll auszukosten. Andererseits werden sie im Hinblick auf das Unbekannte, das nach den Ferien kommt (neue Klassen, neue Schulen) aufgefordert, anders als Israel, das vor den Gefahren des verheißenen Landes zurückschreckte und so 40 Jahre in der Wüste bleiben mußte, das Neue voll Hoffnung auf Gelingen und Frucht (Weintrauben als Symbol!), voll Hoffnung auf Gott, zu erproben.

---

1 Aus: ›Gutenachtgeschichten am Telefon‹, © 1964 by K. Thienemanns Verlag, Stuttgart/ Wien/Bern.
2 Dieser Schulgottesdienst wurde erarbeitet von *Christoph Nötzel, Utta Nagel* und *Dietrich Steinwede.*

Lieder: ›Du hast uns Herr, gerufen‹ – ›Wir singen vor Freude‹
›In die Zukunft sehen‹ – ›Bewahre uns, Gott‹ – ›Danket, danket dem Herrn‹ –
›Die Zeit ist nah‹
Leitmedium: Erzählung von der Erkundung des Landes Kanaan
Vorbereitung: Ein Kind (auch Erwachsener) ist auf Teil 1 des Eingangsgebetes
vorbereitet; 2 Kinder haben sich auf Teil 2, 3 weitere Kinder auf das Fürbittengebet am Schluß eingestellt. In genügender Menge stehen Weintrauben in Körben bereit. Für jedes Kind genügt eine halbe Traube. Liedblätter – sie enthalten
auch das Eingangs- und das Fürbittengebet – sind zur Hand.

Verlauf:
Zu Beginn können Instrumente über das Eingangslied präludieren.
Eingangslied:

Text und Melodie: Kurt Rommel

1. Du hast uns, Herr, ge - ru - fen, und da - rum sind wir
hier. Du hast uns, Herr, ge - ru - fen, und da - rum sind wir
hier. Wir sind jetzt dei - ne Gäs - te und dan - ken
dir. Wir sind jetzt dei - ne Gäs - te und dan - ken dir.

2. Du legst uns deine Worte und deine Taten vor.
   Herr, öffne unsre Herzen und unser Ohr.
3. Herr, sammle die Gedanken und schick uns deinen Geist,
   der uns das Hören lehrt und gehorchen heißt.[1]

Begrüßung und Votum
GL[2]: »Im Namen des Vaters und des Sohnes und des Heiligen Geistes
feiern wird diesen Gottesdienst.
Das alte Schuljahr ist zu Ende. Jetzt fangen die Ferien an.
Und danach . . ., aber erst danach, wird ein neues Schuljahr beginnen.
Jetzt aber haben wir erst einmal Zeit. Gemeinsame Zeit. Zeit mit Gott.«

---

1 © Strube Verlag, München/Berlin.
2 GL = Gottesdienstleiter/in.

Eingangsgebet:
Alle   Herr, unsre Zeit steht in deinen Händen.
          Du stellst unsre Füße in weiten Raum.
Einer   Jetzt ist Zeit zum Ausruhen.
          Jetzt ist Zeit zum Freisein.
          Jetzt ist Ferienzeit.
Alle   Herr, unsre Zeit steht in deinen Händen.
          Du stellst unsre Füße in weiten Raum.
Einer   Jetzt ist Zeit zum Wegfahren,
          Zeit zum Wandern, zum Baden, zum Spielen, zum Lesen.
          Jetzt ist Ferienzeit.
Alle   Herr, unsre Zeit steht in deinen Händen.
          Du stellst unsre Füße in weiten Raum.
Einer   Und dann ist auch Zeit,
          Ausblick zu nehmen auf das, was neu kommt.
Alle   Herr, unsre Zeit steht in deinen Händen.
          Du stellst unsre Füße in weiten Raum.
          Amen.

GL: »Wir wollen dir danken Gott, ja, wir danken dir.«
Kind 1   Wir danken dir, daß du uns Zeit läßt, zu leben,
Kind 2   Zeit, uns zu verwandeln zu einem immer reicheren Leben.
Kind 1   Wir danken dir, Gott, daß du uns Zeit gibst, unser Leben zu probieren,
Kind 2   unsere Freiheit zu probieren.
Kind 1   Wir danken dir, Gott, daß du uns Zeit gibst, deine Welt zu probieren, sie
           zu schmecken, sie zu fühlen,
Kind 2   sie in uns hineinzunehmen.

GL: » Dafür danken wir dir, Gott,
und preisen dich
durch Jesus Christus, unseren Herrn,
der uns die Augen geöffnet hat
für deine Welt;
und so singen wir vor Freude:«

Lied: ›Wir singen vor Freude‹ (Werkbuch 1/2, S. 69)

Meditative Mitte:
GL: »Kennt ihr die Geschichte von den Kundschaftern aus dem Alten Testament?«
Kinder antworten (in der Regel: ›Nein‹)
GL: »Aber gehört habt ihr schon davon,
daß das Volk Israel, das Volk Gottes, auf der Flucht war.
Hinaus aus Ägypten.
Hindurch durch das Rote Meer.
Hinein in die Wüste?«
Kinder bringen u.U. Beiträge

GL: »Gehört habt ihr schon davon, wie lange sie unterwegs waren in der Wüste.«
Kinder sagen u.U. ›Vierzig Jahre‹.

Erzählung:
GL: »Vierzig Jahre lang waren die 12 Stämme des Volkes Israel in der Wüste,
doch schon nach einem Jahr standen sie an der Grenze zu dem neuen Land, das
Gott ihnen geben wollte.
Heute will ich euch erzählen, wie es kam, daß die Israeliten vierzig Jahre in der
Wüste geblieben sind. Vierzig Jahre.
Hört die Geschichte, wie die Bibel sie uns erzählt:
Mose war mit dem Volk Israel in der Wüste. Und da sprach Gott: ›Mose‹. –
›Ja, Herr!‹
›Mose, bestelle 12 Männer, die das Land auskundschaften, das vor euch liegt.
Bestelle 12 Kundschafter, die einen Blick werfen in die Welt, die auf euch
wartet. Nimm aus jedem Stamm einen Mann. Aus allen 12 Stämmen je einen.‹«

Zwischenmeditation ›Kundschafter‹
GL: »Jeder weiß, was ein Kundschafter ist: Ein Kundschafter ist einer, der
vorausgeht, um zu sehen, wie das Land ausschaut, das vor ihm liegt.
Kundschafter schauen, probieren, entdecken.
Kundschafter träumen vom Neuen.
Kundschafter wagen sich über Grenzen,
Kundschafter versuchen herauszufinden, wie das Leben morgen sein könnte.
Solche Kundschafter müßten wir hier haben. 4 Kundschafter oder 8, die mal
losgehen, um zu schauen, wie das sein wird nach den Ferien.
Kundschafter, die die neue Schule schon mal ausprobieren, die ins neue Schul-
jahr schon mal hineinriechen. Und die uns davon erzählen. Das wäre toll. Ja,
solche Kundschafter müßten wir hier unter uns haben.«

Kinder melden sich, erzählen von dem Neuen . . .
GL: »Nur – in die Zukunft kann ja niemand sehen. In die Zukunft kann ja keiner
gehen.
Aber – eine Ahnung von der Zukunft tragen wir ja doch in uns. Ein Bild. Ein
Gefühl. Etwas, was wir gehört haben – von der neuen Klasse, von der neuen
Schule.«
Kinder melden sich. GL sammelt Äußerungen wie ein Reporter. Danach:

Liedruf (mehrmals):

Text und Melodie: Dietrich Steinwede

In die Zu - kunft se - hen, in die Zu - kunft ge - hen,
Neu - es aus - pro - bie - ren, ja das ist schön.

Erzählung (Fortsetzung):
GL: »Doch wie ging es in der Wüste weiter?
Mose stellte also 12 Männer frei, die das neue Land jenseits der Wüste, jenseits von Berg und Fluß, erkunden, schon mal ausprobieren sollten.
Nach 40 Tagen, also nach sechs Wochen, also so lang, wie die Sommerferien sind, kehrten die Kundschafter zurück.
Sie brachten eine riesige Traube mit, so groß, daß sie von zweien an einem Stock über der Schulter getragen werden mußte.
Und sie sagten: ›Das Land, das vor uns liegt, ist wunderbar. Laßt alles zurück. Laßt alles Alte hinter euch. Das Land, in das wir ziehen, fließt über von Milch und Honig. Die Kühe können die Milch nicht mehr halten, so saftig sind die Weiden. Die Obstbäume drohen zusammenzubrechen von den vielen Früchten. Die Trauben platzen und lassen den Saft in Strömen fließen. Ein Land der Fülle.‹
So sagten die einen Kundschafter. Aber die anderen sagten etwas ganz anderes.
›Wir sahen in diesem Land Menschen groß und stark. Die werden uns nicht hereinlassen. Wir sahen in diesem Land Städte, mächtig und reich. Man wird uns dort nicht wohnen lassen. Es wird nicht einfach sein, in das neue Land zu kommen.‹
Als das Volk Israel das hörte, gab es große Auseinandersetzungen. Die einen sagten; ›Kommt, laßt uns aufbrechen in das neue Land.‹ Die anderen sagten: ›Nein, das ist viel zu gefährlich.‹
So ging es hin und her. Und die Angst ging unter ihnen um . . . Und es geschah, daß die Ängstlichen die Oberhand behielten. Und so gingen sie nicht in das neue Land. Sie blieben zurück in der Wüste. 40 Jahre lang.
Ihr aber, Kinder, traut eurer Hoffnung. Vertraut auf Gott. Geht mutig in das Neue, das vor euch liegt.
Vertraut auf Gott. Er ist schon da, wohin ihr auch geht.
Gebt der Angst keine Chance. Haltet zusammen. Seid mutig wie die Kundschafter. Betet und singt mit ihnen«:

Lied: ›Bewahre uns, Gott‹ (Bd. 2, S. 5)

Fürbittengebet (von Kindern gesprochen):
Kind 1   Lieber Gott, Mut haben, das will ich.
            Kundschafter sein, das wäre schön.
Kind 2   Ich will es probieren. Die Angst vor dem Neuen
            soll meine Träume nicht fressen.
Kind 3   Guter Gott, du bist schon da, wohin wir auch gehen:
            in die Ferien, in die neue Schule, in das neue Schuljahr.
            Du bist da. Das glauben wir.

Vaterunser (von allen gesprochen oder gesungen)
Aktion:
GL: »Ja, Gott, ist schon da. Und als Zeichen dafür habe ich euch etwas mitgebracht. Ein Zeichen, das euch hoffen lassen soll.
Ich will euch sagen, in dem Land, das vor euch liegt, da läßt es sich leben.
Es wird nicht immer leicht sein. Aber ihr werdet ernten.

Auch wenn es nicht immer sofort geht. Auch wenn ihr warten müßt wie das Volk Israel. Ihr werdet ernten: Süßes, Schönes, Saftiges, wie diese Weintrauben.«

Die Weintrauben aus den Körben werden durch die Reihen gegeben. Die Kinder essen in Ruhe. Danach:
Kanon:

Segen:
GL: »Wenn ihr euch nun aufmacht in das neue Land, das vor euch liegt, soll euch der Segen Gottes begleiten.
Patrick, ein irischer Mönch in alter Zeit, sprach diese Segensworte zu seinen Freunden, wenn die zu etwas Neuem hin aufbrachen. Er sprach, wie ich jetzt zu euch spreche.

Der Weg öffne sich, um dir zu begegnen.
Der Wind wehe immer in deinen Rücken.
Die Sonne scheine warm auf dein Gesicht.
Der Regen falle sanft auf dein Land.
Und bis wir uns wiedersehen
halte Gott dich fest im Schutze seiner Hand.
Amen.«

Schlußlied:

Text: Dietrich Steinwede (nach R. Burns 1759–1796); Melodie: Schottisches Volkslied

Die Zeit ist nah, daß wir nun gehn, die wir zu- sam- men
stehn. Ein je- der rei- che sei- ne Hand. Bis bald, auf Wie- der -
sehn. Wir hal- ten uns. Wir ste - hen fest. Wir wer- den wei- ter -
gehn. Ein je- der rei- che sei- ne Hand. Bis bald, auf Wie-der- sehn.

2. Die Straße dein, der Weg hinaus,
   du sollst kein Unglück sehn.
   Gott schütz die Deinen und dein Haus.
   Leb wohl! Auf Wiedersehn.
   Wir halten uns. Wir stehen fest.
   Wir werden weitergehn.
   Gott schütz die Deinen und dein Haus.
   Leb wohl! Auf Wiedersehn!

3. Du Schwester, du, und Bruder mein,
   du sollst in Frieden gehn.
   Gott segne dich in alle Zeit,
   bis wir uns wiedersehn.
   Wir halten uns. Wir stehen fest.
   Wir werden weitergehn.
   Gott segne dich in alle Zeit,
   bis wir uns wiedersehn.

Gebet der Lehrerin

Gott,
oft drohe ich in meiner Arbeit unterzugehen.
Hilf mir, die wichtigen Anliegen meines Unterrichts
nicht aus den Augen zu verlieren.

Gott,
oft kann ich mit mir selbst nichts mehr anfangen.
Ich resigniere vor meinen eigenen Problemen.
Ich kann dann auch nichts mehr mit dir anfangen, Herr.
Und doch erwarten die Kinder etwas von mir.
Laß mich dann mit ihnen gemeinsam eine gute Lösung finden.

Gott,
befreie mich von dem Zwang zur Selbstbehauptung.

Gib mir Offenheit und Einfühlungsvermögen,
Ich möchte jedes Kind wirklich wahrnehmen.
Ich möchte mir kein falsches Bild von einem Kind machen.

Gib mir Geduld – auch mit den schwierigen Kindern.

Hilf mir bei den Zensuren.
Ich weiß, daß ich manchmal nicht so gute Zensuren geben muß.
Zeige mir einen Weg, Herr, daß die Kinder mich dennoch annehmen.
Zeige mir einen Weg, denen zu helfen,
die nur selten ein Erfolgserlebnis haben.
Laß sie in ihren Mitschülern nicht die besseren Konkurrenten sehen.

Gott,
ich bin nicht die vollkommene Lehrerin.
Laß meine Kinder das erkennen.
Laß sie merken, daß ich auf ihre Hilfe angewiesen bin.

Amen.